Günter Krauthan

Psychologisches Grundwissen für die Polizei

Günter Krauthan

Psychologisches Grundwissen für die Polizei

Ein Lehrbuch

4., vollständig überarbeitete Auflage

Anschrift des Autors:

Dipl.-Psych. Günter Krauthan
Fachhochschule für öffentliche Verwaltung und Rechtspflege in Bayern (FHVR)
FB Polizei
Fürstenfeld 5
82256 Fürstenfeldbruck

4., vollständig überarbeitete Auflage 2004

1. Auflage 1990 Psychologie Verlags Union, München
2. Auflage 1993 Psychologie Verlags Union, Weinheim
3. Auflage 1995 Psychologie Verlags Union, Weinheim

© Beltz Verlag, Weinheim, Basel 2004
Programm PVU Psychologie Verlags Union
http://www.beltz.de

Lektorat: Ines Heinen
Herstellung: Uta Euler
Umschlaggestaltung: Federico Luci, Köln
Umschlagbild: Bild oben: Verkehrserziehung, Ullstein Bild Berlin; Bild unten: 7000 Menschen bei Demos in Berlin-Kreuzberg, dpA Picture-Alliance GmbH, Frankfurt a. M.
Satz, Druck und Bindung: Druckhaus „Thomas Müntzer", Bad Langensalza
Printed in Germany

ISBN 978-3-621-27556-9   ND 03-09-10

Inhalt

Teil III Psychologie im Polizeialltag

Vorwort zur 4. Auflage

Inzwischen liegt die vierte Auflage meines Buches vor. Die Neuauflage wurde inhaltlich ergänzt und vor allem unter didaktischen Gesichtspunkten überarbeitet. Dafür verantwortlich sind vom Beltz-Verlag Frau Dr. Heike Berger und insbesondere Frau Ines Heinen, die durch ihr engagiertes Lektorat ganz maßgeblich an der Neugestaltung des Buches mitwirkte. So besorgte sie u.a. die Fotografien, erstellte das Internetadressenverzeichnis und sammelte weiterführende Literatur.

Meine Frau Lore tippte wiederum das Manuskript und schlug Verbesserungen vor. Meine Söhne Dominic und Benedict konnten uns helfen, wenn es Probleme mit dem Computer gab.

Dafür allen ein ganz herzliches Dankeschön!

Puchheim, März 2004   Günter Krauthan

Bei der Polizei gibt es immer mehr Frauen. Ich bitte alle Leserinnen um Verständnis, dass in diesem Buch jedoch häufig die männliche Form gewählt wird. Dies dient ausschließlich der besseren Lesbarkeit. Selbstverständlich sind in allen Fällen ebenso die Frauen gemeint.

Anmerkungen

Neu in der 4. Auflage ist das Glossar psychologischer Begriffe ab Seite 237. Begriffe, die mit einem Pfeil (→) gekennzeichnet sind, werden in diesem Glossar erklärt.

Falls polizeiliche Laien dieses Buch lesen sollten, sollen die benutzten Abkürzungen erklärt werden. Es werden folgende, dem Rang nach geordnete Dienstgradbezeichnungen benutzt:

Mittlerer Dienst
- ▶ POW = Polizeioberwachtmeister
- ▶ PM = Polizeimeister
- ▶ POM = Polizeiobermeister
- ▶ PHM = Polizeihauptmeister

Gehobener Dienst
- ▶ PK = Polizeikommissar
- ▶ POK = Polizeioberkommissar
- ▶ PHK = Polizeihauptkommissar
- ▶ EPHK = Erster Polizeihauptkommissar

Höherer Dienst
- ▶ PD = Polizeidirektor
- ▶ Ltd. PD = Leitender Polizeidirektor

Weiterhin kommt diese Abkürzung vor:
- ▶ PI = Polizeiinspektion; wurde früher Polizeirevier genannt

Ist statt des P ein K vorangestellt, handelt es sich um entsprechende Dienstgrade bei der Kriminalpolizei, somit ist z.B. ein KHK ein Kriminalhauptkommissar.

In manchen Bundesländern gibt es einige der obigen Dienstgrade nicht mehr, da dort der mittlere Dienst bei der Polizei abgeschafft wurde. Die Darstellung orientiert sich an bayrischen Verhältnissen.

Die Personennamen und Dienstgradbezeichnungen in den Beispielen sind fiktiv. Übereinstimmungen mit realen Personen sind rein zufällig und nicht beabsichtigt.

Teil I
Einführung

1 Psychologie für Polizeibeamte: Eine Notwendigkeit?

Die folgenden Aussagen stellen typische Vorurteile über die Psychologie und Psychologen dar:

▶ Vor Psychologen muss man sich in Acht nehmen, da sie bereits nach kurzer Zeit einen Menschen völlig durchschaut haben.

▶ Psychologie ist keine ernst zu nehmende Wissenschaft. Ihr „Wissen" beruht auf vagen Vermutungen und ist für die Praxis nicht verwertbar.

▶ Ein Polizeibeamter muss gesetzesmäßig richtig handeln. Angemessenes psychologisches Vorgehen ist ein Luxus, den man sich leisten kann, aber nicht muss.

▶ Auf Menschen psychologisch richtig einzugehen, ist eine Naturbegabung. Dies kann man nicht lernen.

Solche und ähnliche → Einstellungen zur → Psychologie kann man immer wieder von Polizeibeamten hören. Das ändert allerdings nichts daran, dass diese Aussagen falsch sind. Warum das so ist, soll dieses Kapitel und letztlich das ganze Buch zeigen. Auswertungen von Beschwerden über Polizeibeamte zeigen z. B. immer wieder, dass die Bürger seltener die Rechtmäßigkeit des polizeilichen Handelns in Frage stellen, sondern die Behandlung durch die Polizeibeamten kritisieren. Polizeibeamte, die intensiver psychologisch geschult wurden, hatten jedoch weniger mit Widerständen seitens des Gegenübers zu kämpfen. Störverhalten von Bürgern kann häufig besser durch geschicktes psychologisches Vorgehen statt durch drastisches Einschreiten unterbunden werden. Die psychologisch richtige Behandlung des Gegenübers verbessert die Ergebnisse der Ermittlungsarbeit und erhöht die Kooperationsbereitschaft der anderen Seite. Somit erleichtert die Psychologie den Berufsalltag des Polizeibeamten und verbessert das Image der Polizei in der Bevölkerung. Bevor aber solche und weitere Themen behandelt werden, sollen zunächst folgende Fragen beantwortet werden:

▶ Was ist Psychologie?

▶ Was sind wichtige Gebiete der Psychologie?

▶ Welche Aufgaben hat die Psychologie?

▶ Welche Probleme ergeben sich für die Psychologie bei der Erfüllung ihrer Aufgaben?

▶ Welchen Nutzen bringt die Psychologie für Polizeibeamte?

1.1 Begriffsdefinition: Was ist Psychologie?

Zunächst soll der Begriff Psychologie erklärt werden. Wörtlich übersetzt heißt er Seelenkunde. Diese Bezeichnung ist heutzutage ungebräuchlich, weil das, was unter der Seele des Menschen verstanden wird, zumeist Gegenstand der Theologie und Philosophie ist.

> **DEFINITION**
>
> **Psychologie** ist die Wissenschaft vom Verhalten und Erleben.

Die Psychologie beschäftigt sich mit der Frage, warum bestimmte Menschen bestimmte Dinge in bestimmten Situationen tun bzw. nicht tun und was dabei in ihnen vorgeht. Die Psychologie untersucht ferner, welche Motive Menschen haben, was sie denken, welche Erinnerungen sie haben, was sie fühlen oder wie sie etwas erleben. Da nach dem Verständnis der Psychologie auch solche gedanklichen bzw. kognitiven und emotionalen Vorgänge bestimmte Formen des → Verhaltens sind (s. Kap. 3), würde es ausreichen, von der Wissenschaft des Verhaltens zu sprechen. Um aber zu verdeutlichen, dass nicht nur äußerlich sichtbares Verhalten interessiert, wird das → Erleben als eigene Dimension betont.

1.2 Gebiete der Psychologie: Was alles interessiert die Psychologie?

Bevor wir uns ausgewählten Disziplinen der Psychologie zuwenden, die für Polizeibeamte relevant sind, soll ein kurzer Überblick über die wichtigsten Teilgebiete der Psychologie gegeben werden. Man kann zunächst zwischen → theoretischer und → praktischer Psychologie unterscheiden.

> **DEFINITION**
>
> Die **theoretische** Psychologie erklärt die Gesetzmäßigkeiten, denen menschliches Verhalten und Erleben unterliegt.
>
> Die **praktische** Psychologie setzt diese theoretischen Erkenntnisse für konkrete Fragestellungen um, daher wird sie auch **angewandte Psychologie** genannt.

1.2.1 Theoretische Psychologie

Die theoretische Psychologie beschäftigt sich damit, wie z. B. die folgenden Prozesse beim Menschen entstehen und ablaufen:
- Wahrnehmung
- Denken
- Lernen
- Motivation
- Entwicklung des Menschen
- Persönlichkeit
- Soziale Prozesse.

Wahrnehmung. Die Wahrnehmungspsychologie interessiert sich für die Aufnahme von Information durch die Sinnesorgane. Hierzu gehören das Sehen, das Hören, das Riechen, das Tasten und das Schmecken. Für einen Polizeibeamten sind z. B. die Abläufe des Sehens und des Hörens bei Befragungen wichtig, wenn der Tathergang mit Hilfe der Wahrnehmungen der Zeugen festgestellt werden soll.

Denken. In diesem Zweig der Psychologie geht es um das Speichern, Abrufen und Verknüpfen von Informationen im Gehirn. Allgemeiner ausgedrückt sind hier u. a. das Erinnern, das Wissen und das Nachdenken von Interesse. Im Polizeialltag spielen Denkprozesse z. B. bei Vernehmungen eine Rolle, da hierbei Zeugen oder Täter nach ihren

Erinnerungen an bestimmte Vorgänge befragt werden.

Lernen. Die Veränderung des Verhaltens aufgrund von Erfahrungen steht in diesem Teilgebiet der Psychologie im Mittelpunkt. Es geht darum, wie ein Mensch unter welchen Bedingungen etwas Bestimmtes lernt. Die Bandbreite reicht hierbei vom → Lernen, wie eine Anzeige erstellt wird, bis zum Erlernen des Umgangs mit renitenten Bürgern und schwierigen Mitarbeitern.

Motivation. Die Motivationspsychologie (→ Motivation) beschäftigt sich mit den Beweggründen des Verhaltens. Sie ist für die Polizeiarbeit sehr wichtig, weil das Motiv für eine Straftat von großem Interesse ist, da es z. B. in das Strafmaß einfließt.

In der Allgemeinen Psychologie werden diese Prozesse der Wahrnehmung, des Denkens, des Lernens und der Motivation untersucht.

Entwicklung des Menschen. In der Entwicklungspsychologie werden die Entfaltung und die Rückbildung bestimmter Fähigkeiten und Fertigkeiten beleuchtet. Die unterschiedliche geistige Entwicklung und Reife eines Menschen wurde von der Gesetzgebung z. B. im Jugendstrafrecht berücksichtigt.

Persönlichkeit. Die Persönlichkeitspsychologie befasst sich mit der Einzigartigkeit des Individuums, aber auch mit der Möglichkeit, in diese Vielfalt eine gewisse Ordnung zu bringen. Zusätzlich werden von ihr auch → Persönlichkeitsstörungen untersucht. Die → Persönlichkeit eines Menschen spielt z. B. in Führungssituationen eine Rolle. Ein Beispiel für eine Persönlichkeitsstörung ist die Schizophrenie (s. Kap. 6.4.1).

Soziale Prozesse. Die Sozialpsychologie interessiert sich für die Vorgänge zwischen Menschen, wie die → Kommunikation, Gruppenprozesse (→ Gruppe) und Massenphänomene (→ Masse). Zwischen der Sozialpsychologie und der Soziologie gibt es fließende Grenzen. Soziale Prozesse beeinflussen z. B. die Bildung von Gruppen, das Verhalten der Einzelnen innerhalb der Gruppen und die Beziehungen zwischen verschiedenen Gruppen. Unter sozialen Gruppen werden in der Psychologie so unterschiedliche Konstellationen wie ein Team, eine Dienststelle, eine Gang, eine Gruppe von Fans, Hunderte von Demonstranten aber auch eine Familie gefasst.

1.2.2 Praktische Psychologie

Die praktische Psychologie spielt in alle Lebensbereiche des Menschen hinein, so dass eine Vielzahl von Aufgabenstellungen genannt werden könnte. Daher soll hier nur eine kleine Auswahl vorgestellt werden:

▶ Diagnostische Psychologie
▶ Klinische Psychologie
▶ Pädagogische Psychologie
▶ Forensische Psychologie
▶ Arbeits-, Betriebs- und Organisationspsychologie
▶ Werbe- und Marktpsychologie.

Diagnostische Psychologie. Mit Hilfe der psychologischen Diagnostik werden Messungen des menschlichen Verhaltens und Erlebens vorgenommen. Sie beantwortet z. B. Fragen nach der Intelligenz eines Menschen, der Zurechnungsfähigkeit eines Täters oder der Eignung eines Bewerbers als Polizeibeamter.

Klinische Psychologie. Im Bereich der klinischen Psychologie beschäftigten sich Therapeuten mit der Prävention und der Therapie psychischer Krankheiten. Psychologen, die in der klinischen Psychologie tätig sind, erfüllen somit das klassische Bild eines Psychologen als Therapeut und sind vor allem in Praxen, Krankenhäusern oder Beratungsstellen tätig.

Pädagogische Psychologie. Die pädagogische Psychologie befasst sich mit der Erziehung und der Bildung des Menschen, bzw. allgemeiner gesagt mit dem Lehren und Lernen. Alle Prozesse, welche das Lernen beeinflussen, werden hier beleuchtet, z. B. wie Lerninhalte präsentiert werden sollen, damit ein optimaler Lernerfolg erzielt werden kann (mündlich, schriftlich, bildlich).

Forensische Psychologie. In diesem Teilgebiet werden psychologische Probleme im Justiz- und Gerichtswesen und im Strafvollzug behandelt. Die Beurteilung der Zurechnungsfähigkeit eines Täters, welche auch eine Aufgabe der diagnostischen Psychologie ist, die Gestaltung des Strafvollzugs oder die Resozialisation eines Straftäters fallen in den Bereich der forensischen Psychologie.

Arbeits-, Betriebs- und Organisationspsychologie. Die Gestaltung des Arbeitsplatzes, die Verbesserung des Betriebsklimas, die Förderung der Arbeitsmotivation, das Führungsverhalten, die Struktur von Organisationen und vieles mehr sind Themen, die in der Arbeits-, Betriebs- und Organisationspsychologie behandelt werden. Die Führungslehre fällt somit weitgehend unter die angewandte Psychologie.

Werbe- und Marktpsychologie. Das Erforschen und Erwecken von Bedürfnissen nach bestimmten Produkten, aber auch das Durchführen von Meinungsumfragen werden von diesem Teilgebiet der Psychologie abgedeckt. So werden Werbekampagnen für den Beruf des Polizeibeamten u. a. nach psychologischen Gesichtspunkten gestaltet.

Spezialgebiete. Zusätzlich gibt es noch viele weitere spezielle und eng begrenzte Arbeitsgebiete, wie z. B. die Verkehrs- oder Vernehmungspsychologie, das Täterprofiling, die Schulung von SEK-Beamten und die Opferbetreuung, die im Polizeialltag eine sehr wichtige Rolle spielen.

Störungen des Verhaltens und Erlebens

Die theoretische Psychologie erforscht neben den oben angeführten Themen, wodurch das Verhalten und Erleben des Menschen gestört sein kann. Die praktische Psychologie versucht, Lösungen für die Behebung konkreter Störungen anzubieten.

Theoretische Psychologie. Die theoretische Psychologie interessiert sich für vielfältige Probleme und Störungen, die auch im Polizeialltag relevant sind. Einige Beispiele für solche Fragen sind:

▶ Warum haben zwei Zeugen den Tathergang unterschiedlich wahrgenommen?

▶ Wieso kann sich ein Opfer nur noch bruchstückhaft an die Straftat erinnern?

▶ Weshalb fällt es Menschen so schwer, komplizierte Gesetzestexte auswendig zu lernen?

▶ Wie löst ein Polizeibeamter den Motivationskonflikt, entsprechend den Bestimmungen gegen einen guten Freund ermitteln zu müssen?

▶ Weswegen sind manche Täter in ihrer Entwicklung so verzögert, dass sie trotz gesetzlicher Volljährigkeit nach dem Jugendstrafrecht abgeurteilt werden müssen?

▶ Wie kann ein guter Familienvater gefühlskalt ein Nachbarskind töten?

▶ Warum wird ein Mitglied einer Dienstgruppe von den Kollegen gemobbt?

Praktische Psychologie. Auch die praktische Psychologie kann Hilfen und Richtlinien vorgeben, die für den Polizeialltag relevant sind. So beantwortet sie folgende Fragen:

▶ Welche der vielen Bewerber sind für den höheren Polizeivollzugsdienst am geeignetsten?

▶ Wie kann man einen Polizeibeamten bei der Bekämpfung seines Alkoholproblems unterstützen?

▶ Wie kann man die Ausbildung der Polizei praxisnäher gestalten?

▶ Wie kann man wegen Körperverletzung verurteilten Straftätern gewaltfreie Lösungsmöglichkeiten für Konflikte beibringen?

▶ Wie kann man schwierige Mitarbeiter führen?

▶ Welche Maßnahmen helfen, das Bild der Polizei in der Bevölkerung zu verbessern?

> **!** Sowohl die theoretische als auch die praktische Psychologie kann im Polizeialltag wertvolle Hilfestellungen zur Verfügung stellen.

Abbildung 1.1. Zur Erklärung und Abschätzung des Erfolgs der Lernsituation auf dem Photo können mehrere Teilgebiete der Psychologie einen Beitrag leisten, z. B. die Allgemeine Psychologie (Wahrnehmung, Denken, Lernen, Motivation), die Entwicklungspsychologie (Entfaltung und Rückbildung von Fertigkeiten und Fähigkeiten), die Sozialpsychologie (Kommunikation, Gruppenprozesse, Führung) und die Pädagogische Psychologie (Lernen und Lehren)

1.3 Aufgaben der Psychologie: Was will die Psychologie?

Die Psychologie hat drei Aufgaben, die aufeinander aufbauen:
(1) Beobachtung und Beschreibung von Verhalten und Erleben
(2) Erklärung von Verhalten und Erleben
(3) Kontrolle von Verhalten und Erleben.

(1) Beobachtung und Beschreibung von Verhalten und Erleben

Die erste Aufgabe der Psychologie besteht darin, menschliches Verhalten und Erleben in bestimmten Situationen zu beobachten und zu beschreiben. Idealerweise möchte man darüber hinaus noch messen, wie stark ein Verhalten ausgeprägt ist. Man will also z. B. nicht nur feststellen, dass sich jemand fürchtet oder dass er aggressiv zuschlägt, sondern auch, wie ängstlich oder aggressiv er ist. Dies ist allerdings nicht in jedem Fall möglich. Ein weiteres Problem besteht darin, dass viele Verhaltensweisen nicht unmittelbar beobachtbar sind, wie Denkprozesse, Träume, Phantasien, Gefühle usw. Hier wird versucht, indirekt entsprechende Beobachtungen zu machen, beispielsweise durch Befragung der Person, anhand psychologischer Tests und physiologischer Messungen. Unter die direkte Beobachtung fällt hingegen die Observation einer Person. Ein Ziel der Psychologie ist es, objektive und standardisierte Maßstäbe zu finden, anhand derer das Verhalten und Erleben beobachtet, beschrieben und gemessen werden kann. Die Eignung eines Bewerbers für den Polizeidienst wird daher aufgrund von standardisierten Tests und Auswahlverfahren festgestellt, so dass z. B. die Sympathie des Einstellungsbeamten gegenüber dem Bewerber kein Auswahlkriterium darstellt. Die Psychologie trennt stark zwischen der Beobachtung und der Interpretation eines Verhaltens, da das Verhalten zunächst nur beobachtet wird. Im Alltag – sozusagen als psychologische Laien – neigen wir dazu, Beobachtung und Erklärung des Verhaltens zu vermischen.

BEISPIEL

Vermischung von Beobachtung und Erklärung
Bei einer Befragung sagt der Polizeimeister (PM) Schneider aus, der Beschuldigte, Herr Leone, sei aggressiv gewesen. Wirklich beobachtet hat er allerdings nur, dass Herr Leone lautstark auf ihn eingeredet hat. Aber möglicherweise war Herr Leone gar nicht aggressiv, sondern er schrie so, weil er schwerhörig ist, weil er es als Südländer so gewohnt ist oder weil er den Eindruck hatte, der Polizeibeamte verstehe ihn nicht.
Eine solche Verwechslung von Beobachtung und Erklärung führt leicht dazu, dass man sein Gegenüber falsch behandelt, weil man glaubt, Beweggründe für sein Verhalten festgestellt zu haben, die jedoch vielleicht gar nicht vorliegen.

In der beschriebenen Situation deutete PM Schneider das laute Schreien des Beschuldigten Leone als Aggression, er fühlte sich bedroht und wehrte sich dagegen. Der Beschuldigte Leone, der aber nur wegen seiner Schwerhörigkeit so lautstark redete, fühlte sich durch PM Schneider angegriffen und verteidigte sich jetzt erst recht durch aggressives Auftreten.

Unterschiedliche Erklärungen eines Verhaltens

Hans will Polizeibeamter werden. Diese Entscheidung wird in der Psychologie als Verhalten bezeichnet. Für dieses Verhalten kann es verschiedene Erklärungen geben.

Mögliche Erklärungen

„Hans wird durch das Vorbild seines Vaters, der ebenfalls bei der Polizei ist, positiv beeinflusst."
Diese Erklärung bezieht sich allein auf das Verhältnis zwischen Hans und seinem Vater und zeigt nur, warum Hans zur Polizei gehen will.

„Die Berufswahl von Jugendlichen wird durch den Beruf der Eltern beeinflusst."
In dieser Erklärung ist nicht allein von Hans und seinem Vater die Rede. Zudem beinhaltet sie außerdem die Möglichkeit, dass der Beruf der Eltern abstoßend wirken kann, da die Richtung der Beeinflussung nicht angegeben wird.

„Das Verhalten Jugendlicher wird durch das Verhalten der Eltern beeinflusst."
Hier wird nicht mehr nur von der Berufswahl, sondern vom Verhalten Jugendlicher generell gesprochen, welches durch die Eltern beeinflusst wird.

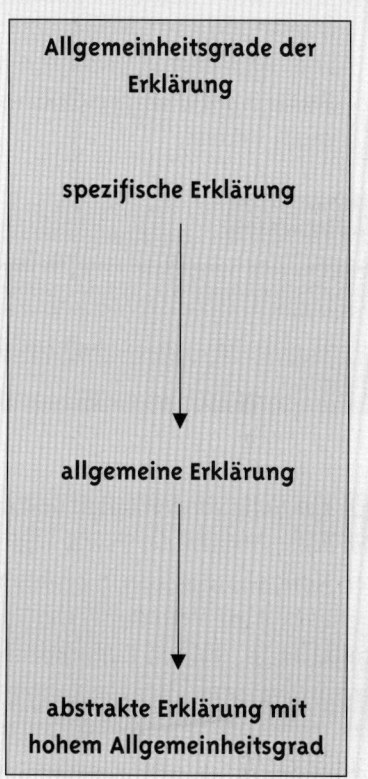

Allgemeinheitsgrade der Erklärung

spezifische Erklärung

allgemeine Erklärung

abstrakte Erklärung mit hohem Allgemeinheitsgrad

(2) Erklärung von Verhalten und Erleben

Die zweite Aufgabe der Psychologie besteht nach der Beobachtung im anschließenden Erklären des beobachteten Verhaltens. Hier stehen also die Überlegungen an, welche Ursachen dem vorher beobachteten Verhalten zugrunde liegen können. Solche Erklärungen können verschiedene Allgemeinheitsgrade haben, d. h. sie können auf unterschiedlich viele Beobachtungen zutreffen. Die folgende Übersicht soll diese unterschiedlichen Erklärungsmöglichkeiten verdeutlichen.

Ein Verhalten kann somit auf spezifischer, allgemeiner oder abstrakter Ebene erklärt werden. Das Ziel jeder Wissenschaft ist es, abstrakte und allgemein gültige Erklärungen, → Theorien, zu finden, denn sie haben zwei Vorteile.

(1) Sie helfen, beobachtetes Verhalten zu erklären. Wer weiß, dass → Frustration zu → Aggression führen kann (s. Kap. 4), versteht, dass ein Autofahrer, der unter Zeitdruck steht, bei einer Verkehrskontrolle (einer Frustration) schon mal ausfällig, also aggressiv reagiert.

(2) Sie ermöglichen Voraussagen auf zukünftiges Verhalten. Ein Polizeibeamter, der die oben genannten Zusammenhänge kennt, wird bei Verkehrskontrollen über Aggressionsäußerungen von Autofahrern nicht sonderlich überrascht sein und sie richtig einzuordnen wissen, sie also z. B. nicht als persönlich auf ihn bezogen werten.

DEFINITION

Als **Theorie** bezeichnet man in der Wissenschaft abstrakte Erklärungen, die einen sehr hohen Allgemeinheitsgrad haben.

---

(3) Kontrolle von Verhalten und Erleben

Die dritte Aufgabe der Psychologie besteht in der Kontrolle des zuerst beobachteten und dann erklärten Verhaltens. Der Begriff Kontrolle ist in diesem Zusammenhang völlig wertneutral gemeint. Man versteht darunter, dass erwünschtes Verhalten aufgebaut oder stabilisiert und unerwünschtes Verhalten verhindert oder beseitigt wird. Voraussetzung für eine solche Kontrolle ist, dass man die Ursachen des Verhaltens kennt. Zur Erreichung dieses Ziels kann man entsprechende Beweggründe schaffen, die das erwünschte, positive Verhalten auslösen. Eine andere Möglichkeit ist, diejenigen Beweggründe zu beseitigen, die das erwünschte, positive Verhalten bisher verhinderten. Um unerwünschtes Verhalten zu unterdrücken, muss man demzufolge die fördernden Ursachen für solches Verhalten beseitigen oder Umstände schaffen, die dieses Verhalten hemmen.

Manche Menschen haben nun → Angst, dass die Möglichkeit der Verhaltenskontrolle von anderen Personen dafür missbraucht werden könnte, sie zu manipulieren. Sie fürchten, dazu gebracht zu werden, etwas zu tun, was ihnen eigentlich zuwider läuft. Prinzipiell besteht die Gefahr, dass alles, was nützlich ist, auch missbraucht werden kann. Andererseits kann aber eine Person mit psychologischen Kenntnissen Manipulationsversuche von außen vielleicht sogar eher durchschauen und ihnen entgegensteuern. Außerdem

---

BEISPIEL

Erklärungen für aggressives Verhalten

► Als Polizeimeisterin (PM'in) Wagner einen Autofahrer wegen regelwidrigen Fahrens anhält und ihm eine gebührenpflichtige Verwarnung auferlegt, reagiert der Autofahrer zunächst sehr aggressiv. PM'in Wagner vermutet, dass der Autofahrer sein Fehlverhalten nicht zugeben will, weil er glaubt, sich dadurch vor seiner Familie, die mit im Wagen sitzt, zu blamieren. Daher bittet sie den Fahrer aus dem Auto, und plötzlich akzeptiert dieser die gebührenpflichtige Verwarnung widerspruchslos.

► Nach einem Fußballländerspiel ist der Einsatzleitung klar, dass die betrunkenen Fußballfans mit ihren beleidigenden Sprechchören die Polizei zum Einschreiten provozieren wollen, um so einen Grund zum Zurückschlagen zu haben. Deshalb werden die Beamten aufgefordert, das Gegröle zu missachten. Auf diese Weise wird eine gewalttätige Eskalation der Situation verhindert.

---

müssten für gravierende und wesentliche Manipulationen alle Faktoren kontrolliert werden können, die einen Menschen in seinem Verhalten und Erleben beeinflussen. Dies ist in der Regel nicht möglich. In den meisten Fällen – wie auch in den oben beschriebenen Beispielen – geht es daher eher darum, das augenblickliche Verhalten eines anderen Menschen einzuschätzen, um dann selber angemessen auf ihn reagieren zu können.

Modell zur Erklärung konkreten Verhaltens und Erlebens

Eine wichtige Aufgabe der Psychologie ist, das Verhalten und Erleben eines Menschen zu erklären, um es dann gegebenenfalls auch beeinflussen zu können. Für diese Erklärung soll ein einfaches Modell vorgestellt werden. Das Verhalten eines Menschen wird durch seine Persönlichkeit und die → Reize, denen er ausgesetzt ist, bestimmt. Die Persönlichkeit eines Menschen wird durch seine Erfahrungen, seine Erbanlagen, seinen allgemeinen körperlichen Zustand, sein Temperament, seine Einstellungen, seine Interessen usw. beeinflusst. Ganz allgemein gesprochen handelt es sich bei der Persönlichkeit um dauerhafte Eigenschaften und Merkmale, die für einen Menschen typisch sind. Reize, die auf einen Menschen einwirken, können Gegenstände, andere Menschen, Geschehnisse in der Umwelt oder chemische und physikalische Einwirkungen wie Gerüche, Licht, Berührungen, Geräusche, Kälte und Wärme sein. Aber auch innere Stimuli wie ein plötzlicher Schmerz, eine Gefühlsregung, eine Idee oder eine Erinnerung werden in der Psychologie als Reiz aufgefasst. Unter Reizen werden demnach vorübergehende Einflüsse auf den Menschen verstanden.

> **BEISPIEL**
>
> **Erklärung eines Verhaltens**
> Auf der Wache flucht und schimpft PM Schulte unflätig über seinen Kollegen (Verhalten von PM Schulte). Die Beschimpfung erklärt sich dadurch, dass Schulte leicht erregbar ist (Aspekt der Persönlichkeit), und weil der Kollege aus der vorausgegangenen Schicht den gemeinsamen Schreibtisch nicht aufgeräumt hat (Reiz).
>
> PM'in Koch schimpft dagegen in solchen Fällen nicht, weil sie weniger leicht reizbar ist (Aspekt der Persönlichkeit).

Das Verhalten kann also als das Ergebnis des Wechselspiels zwischen Persönlichkeit und Reiz erklärt werden. Die folgende Formel stellt diese Erklärung von Verhalten dar.

> **!** $V = P \rightleftarrows R$
>
> Das konkrete Verhalten (V) und Erleben eines Menschen hängt von seiner **Persönlichkeit** (P), den **Reizen** (R), die in dem Moment auf ihn einwirken, und der Wechselbeziehung zwischen Persönlichkeit und Reizen ab.

Die oben dargestellte Wechselbeziehung zwischen der Persönlichkeit und den Reizen kann sich unterschiedlich auswirken. Wenn die betreffenden Aspekte der Persönlichkeit und die Reize in die gleiche Richtung wirken, verstärken sich beide Seiten. Andererseits können die Persönlichkeit und die Reize auch gegenläufiger Natur sein, so dass sich beide blockieren oder ein Aspekt zumindest dämpfend auf den anderen wirkt. Ebenso ist es möglich, dass sich einzelne Elemente in-

BEISPIEL

Gegenseitige Beeinflussung von Persönlichkeit und Reizen

Die Erregung von PM Schulte über den unordentlichen Schreibtisch durch seinen Kollegen kann mit seinem Naturell erklärt werden. Wenn PM Schulte auf dem Weg zum Dienst auch noch in einen längeren Stau gerät, wird er mit noch größerer Wahrscheinlichkeit beim Anblick seines unordentlichen Schreibtisches in Wut geraten. Eines Tages flucht PM Schulte aber nicht, sondern murmelt nur etwas Unverständliches vor sich hin, obwohl er im Stau stand und der Schreibtisch nicht aufgeräumt ist. Es ist gerade eine sehr hübsche und nette Kollegin anwesend, die erst vor einer Woche ihren Dienst angetreten hat und vor der PM Schulte einen möglichst guten Eindruck machen möchte. Die Anwesenheit der Kollegin und die Angst vor Blamage und Sympathieverlust dämpfen seine Erregung. Er ist aber immerhin noch so verärgert, dass er leise schimpft.

nerhalb der Persönlichkeit gegenseitig hochschaukeln oder außer Kraft setzen. Die gleichen Mechanismen können auch die Reize verändern.

Vielzahl der Ursachen. Das letzte Beispiel zeigt bereits, dass für jedes Verhalten ein ganzes Bündel von Ursachen verantwortlich sein kann. Für das leise Schimpfen von PM Schulte waren seine Erregbarkeit, die Unordnung seines Kollegen, der Verkehrsstau auf dem Weg zum Dienst, die Anwesenheit der Kollegin und die Angst vor Blamage und Sympathieverlust verantwortlich. Doch diese Aufzählung ist nicht unbedingt vollständig. Weitere Faktoren, die beim oben gezeigten Verhalten von PM Schulte eine Rolle gespielt haben könnten, könnten die Einstellung von PM Schulte, Frauen fänden deftige Schimpfworte abstoßend, seine Fähigkeit, Wutausbrüche in einem bestimmten Umfang zu kontrollieren, die Vorfreude auf den bevorstehenden Urlaub, wodurch er generell besser gelaunt ist, die Tatsache, gut geschlafen zu haben, seine Erfahrung, dass schon öfter Mitmenschen sein Fluchen kritisierten oder eine teilweise Gewöhnung an die Schlampigkeit des Kollegen sein. Wie weiter oben bereits gezeigt wurde, entstehen zusätzliche Komplikationen bei der Erklärung und Vorhersage eines Verhaltens (→ Verhaltensvorhersage) dadurch, dass sich diese Ursachen gegenseitig beeinflussen können. Aus der Vielfalt von Ursachen und deren Wechselwirkung ergibt sich die Schwierigkeit, in einer konkreten Situation alle wesentlichen Aspekte zu erfassen, um das Verhalten eines Menschen erklären, voraussagen oder kontrollieren zu können.

1.4 Probleme der Psychologie bei der Erfüllung ihrer Aufgaben

Menschliches Verhalten und Erleben kann von sehr vielen Ursachen abhängen, die sich zusätzlich noch auf vielfältige Weise gegenseitig beeinflussen können. Die Vielzahl der Ursachen und ihre möglichen Wechselwirkungen können jedoch bei der Erklärung und Vorhersage von Verhalten Probleme schaffen. Dieses Problem soll an einem Beispiel aus der Physik veranschaulicht werden.

> **BEISPIEL**

Erklärung und Vorhersage der Reaktion einer Metallkugel

Was geschieht mit einer Metallkugel, die man in der Hand hält und dann loslässt?

Diese Frage ist zunächst einfach zu beantworten: Sie fällt aufgrund der Schwerkraft zu Boden. Was passiert aber, wenn oberhalb der Kugel ein Magnet angebracht ist, die Kugel aus einem unbekannten Metall besteht und wenn sich unter der Kugel ein Behälter mit einer unbekannten Flüssigkeit befindet? Jetzt besteht die Möglich

keit, dass die Kugel auf den Boden des Gefäßes sinkt, in der Flüssigkeit schwimmt, von dieser zersetzt wird oder vom Magneten nach oben gezogen wird. Weil man in diesem Fall einige Einflussgrößen, die nicht auszuschalten sind, nicht exakt erfassen kann, lässt sich keine eindeutige Antwort geben. Man kann nur sagen, was wahrscheinlich geschehen wird: Wahrscheinlich wird die Metallkugel wegen der Erdanziehung auf den Boden des Gefäßes fallen.

In der Psychologie liegt die Problematik bei der Erklärung und Vorhersage von Verhalten und Erleben ähnlich wie in dem physikalischen Beispiel. Wie ein einzelner Faktor wirkt, sei es ein einzelnes Persönlichkeitsmerkmal oder ein einzelner Reiz, ist häufig bekannt. Weil aber der Mensch vielen Einflüssen unterliegt, die sich nicht ausschalten oder isolieren lassen, die teilweise unbekannt sind oder über deren gegenseitige Beeinflussung man nichts weiß, sind Voraussagen in einer konkreten Situation schwer. Wie viele Aspekte für ein bestimmtes Verhalten eine Rolle spielen können, hat das Beispiel der wütenden Reaktion von PM Schulte auf den unaufgeräumten Schreibtisch seines Kollegen gezeigt. Bereits bei der simplen Frage, ob PM Schulte schimpfen wird oder nicht, ist es schwierig, eine exakte Antwort zu geben. Sehr viel komplizierter wird die Vorhersage, wenn nach komplexeren Verhaltensweisen gefragt wird. Es ist schwierig, die Vorhersage zu machen, ob ein Baby später kriminell wird, selbst wenn die Eltern und das Umfeld bekannt sein sollten. Ebenso ist die Entscheidung schwer zu fällen, wie eine fremde Person behandelt werden soll, damit sie sich so verhält, wie es in der aktuellen Situation wünschenswert erscheint. Für den Polizeibeamten ist jedoch der Umgang mit Fremden alltäglich. Aufgrund der hohen Anzahl möglicher Wirkfaktoren und deren Wechselwirkungen untereinander ist es nicht möglich, einfache Handlungsrezepte zu vermitteln, wie sich ein Polizeibeamter gegenüber seinen Mitmenschen verhalten soll. Es gibt keine verbindliche Antworten auf Fragen wie:

- „Welche Maßnahmen können einen erregten Bürger beruhigen?"
- „Woran erkennt man einen Lügner?"
- „Wie bringe ich Autofahrer dazu, die Verkehrsregeln einzuhalten?"
- „Warum sind manche Fußballfans aggressiv?"

Allerdings ist es gar nicht so selten, dass zu solchen Problemen einfache Lösungen in Zeitschriften, Büchern, TV- oder Radiosendungen angepriesen werden. Diese Ratschläge sind unseriös! Man kann höchstens angeben, was mit einer größeren Wahrscheinlichkeit den erwünschten Effekt erzielt und was sich vermutlich eher negativ auswirkt, ohne im konkreten Fall eine Erfolgsgarantie geben zu können. Daher bedeutet psychologisches Handeln immer auch flexibles Handeln. Ebenso falsch sind jedoch Ansichten, man könne menschliches Verhalten nie eindeutig erklären, alle denkbaren Reaktionen auf das Gegenüber könnten richtig sein und psychologisches Wissen sei daher überflüssig. Die Wahrscheinlichkeit, dass man durch psychologische Überlegungen die Erklärung für und die Kontrollmöglichkeit von Verhalten findet, ist sehr viel höher als ohne entsprechende Kenntnisse. Häufig ergibt sich ein weiteres Problem bei der Entscheidung für ein korrektes Verhalten für Polizeibeamte dadurch, dass der Entscheidungsprozess für juristisch richtiges und psychologisch angemessenes Verhalten unterschiedlich abläuft. Die Unterschiede zwischen juristischem und psychologischem Verhalten werden im Folgenden dargestellt.

Juristisches Verhalten. Herr Arnd hat unter Androhung körperlicher Gewalt Frau Schmidt ihre Ersparnisse entwendet. Daraufhin muss der Polizeikommissar (PK) Müller prüfen, inwieweit einschlägige Bestimmungen und Gesetze in diesem konkreten Fall zum Tragen kommen. Es wird geklärt, welcher Tatbestand vorliegt und welche juristischen Maßnahmen ergriffen werden müssen. Dementsprechend ergibt sich in unserem Fall, dass Herr Arnd nach § 250 StGB einen schweren Raub begangen hat. Da Herr Arnd zudem keinen festen Wohnsitz hat und Fluchtgefahr besteht, wird er vom ermittelnden Polizeibeamten festgenommen. Das Problem ist juristisch gelöst, weil es für die Behandlung von Herrn Arnd genaue Bestimmungen und Gesetze gibt, nach denen sich PK Müller richten kann.

Psychologisches Verhalten. Ein Polizeibeamter hat Schwierigkeiten im Umgang mit einem Zeugen, der bei einer Befragung durchweg aggressiv reagiert. Wie läuft nun der Entscheidungsprozess für richtiges psychologisches Handeln ab? Hier muss der Polizeibeamte Vermutungen anstellen, worauf das negative Auftreten des anderen beruhen

---

BEISPIEL

Entscheidungsprozess für richtiges psychologisches Handeln

Im Rahmen einer Verkehrskontrolle stoppt Polizeiobermeister (POM) Stern einen Mercedesfahrer, der bei schlechten Lichtverhältnissen ohne Licht fährt. Als er den Fahrer deswegen belehren will, mischt sich ein älterer Herr, der im Wagenfond sitzt, massiv ein und versucht, das Gespräch an sich zu reißen. POM Stern glaubt zunächst, der Beifahrer sei so aggressiv, weil er sich als Chef seines Fahrers als eigentlicher Ansprechpartner fühlt. Daraufhin redet POM Stern direkt mit dem älteren Herrn. Da sich dieser jedoch weiterhin als widerspenstig erweist, überlegt POM Stern nun, ob dies nicht daran liegen könnte, dass der ältere Herr die ganze Angelegenheit als Lappalie empfindet und er über den aus seiner Sicht unnötigen Zeitverlust verärgert ist. Daher verdeutlicht POM Stern die Gefährlichkeit des Fahrens ohne Licht und deutet an, dass bei einem Einlenken die Angelegenheit sofort erledigt sei. Danach beruhigt sich der Beifahrer. Diesmal hat POM Stern mit seiner Hypothese Recht. Durch sein verändertes Verhalten konnte die Situation entspannt werden.

könnte. Hat er eine Hypothese, muss er sein Verhalten entsprechend darauf einstellen. Verändert sich das Verhalten des Gegenübers daraufhin in positiver Weise, waren die Überlegungen des Beamten richtig, und somit ist das Problem bewältigt. Bestehen die Schwierigkeiten weiter oder verschärfen sie sich sogar, muss der Polizeibeamte erneut Ursachenforschung betreiben und folglich andere Schlussfolgerungen für sein weiteres Vorgehen ziehen.

Wie das obige Beispiel ansatzweise zeigt, kann häufig ein Wechselspiel von Ursachenforschung, der Entscheidung für ein bestimmtes Vorgehen und dem entsprechenden Verhalten entstehen, wenn das zunächst gewählte Verhalten nicht den gewünschten Erfolg hat. Wenn psychologisch angemessenes Verhalten gefunden werden soll, kann immer erst durch entsprechendes Handeln überprüft werden, ob die Entscheidung richtig war. Andernfalls müssen Veränderungen vorgenommen werden. Erschwerend kann hinzukommen, dass die Ursachen für das Verhalten des Gegenübers zwar erkannt werden, aber keine Möglichkeit der Beeinflussung besteht. So ist sich PM'in Weber darüber klar, dass ihr Gegenüber wegen seiner Betrunkenheit ausfällig ist. In dieser Situation kann sie aber den anderen nicht ausnüchtern, um dadurch eine günstigere Gesprächsbasis zu schaffen.

1.5 Nutzen der Psychologie für Polizeibeamte

Wir haben bereits in der Einleitung zu diesem Kapitel die Frage aufgeworfen, inwieweit psychologisches Wissen für einen Polizeibeamten nötig sei, da er doch in erster Linie bei seinem Einschreiten dem Legalitätsprinzip unterliegt, also an Recht und Gesetz gebunden ist. Aber bereits die → Wahrnehmung eines Straftatbestandes unterliegt psychologischen Prozessen. Wieweit entspricht das, was man zu sehen glaubt, der Realität? Will das Gegenüber die Amtsautorität des Polizeibeamten nicht anerkennen und ist daher aggressiv und beleidigend? Oder fühlt sich der andere ungerecht behandelt und kämpft mit allen Mitteln darum, sein Recht zu bekommen? Ist der Beamte selbst schlecht gelaunt und bekommt leicht etwas in die falsche Kehle? Würde er an einem anderen Tag die gleiche Situation ganz anders erleben (s. Kap. 2 u. 7)? Unter Umständen ist es sogar möglich, dass die Polizei mit daran beteiligt ist, dass jemand kriminell wird (s. Kap. 7.6). Die Polizei hat die Aufgabe, nicht nur bereits geschehene oder aktuelle Gesetzesverstöße zu ahnden, sondern künftige Verstöße auch zu verhindern. So soll der Radfahrer, der bei Rot über die Kreuzung fährt, dafür nicht nur zur Rechenschaft gezogen werden, sondern auch einsehen, warum er das in Zukunft tunlichst unterlassen sollte. Dies gelingt sicherlich nicht, indem allein die Bestimmungen der StVO zitiert werden, wonach dieses Verhalten verboten ist. Entscheidend ist, wie der Beamte auf den Radfahrer eingeht und mit ihm redet (s. Kap. 8). Die Kommunikation spielt besonders beim Umgang mit „speziellen" Personengruppen wie Kindern, Jugendlichen, alkoholisierten Personen, psychisch erkrankten oder suizidalen Menschen eine große Rolle (s. Kap. 12 bis 15). Der Beamte muss sich immer wieder auf neue Menschen in neuen Situationen einstellen.

Nutzen im Dienstalltag. Bei Auseinandersetzungen mit dem Bürger muss sich der Beam-

Abbildung 1.2. Im Polizeialltag treffen Polizeibeamte auf viele unterschiedliche Personengruppen. Es ist wichtig, dass sie sich in der Situation entsprechend anpassen können. Die Psychologie kann hierbei Hilfestellungen geben

te zudem bewusst sein, dass er in dieser Situation der Profi und sein Gegenüber der Laie ist. Der Polizeibeamte sollte für solche Konflikte geschult sein und es gehört zu seinen beruflichen Aufgaben, solche Situationen für beide Seiten möglichst reibungslos über die Bühne zu bringen. Dazu reicht juristisches Wissen allein nicht aus, sondern es sind auch psychologische Fertigkeiten vonnöten. Es ist rechtlich in Ordnung, einen Bürger, der sehr aufgebracht ist und schimpft, wegen Beamtenbeleidigung anzuzeigen. Die Frage stellt sich aber, ob dies in jedem Fall auch psychologisch richtig ist. Verbessert der Beamte hier sein Verhältnis zum anderen wirklich, auch wenn dieser zunächst ruhiger wird? Unter-

drückt der Bürger nur seine Wut und wirkt lediglich nach außen ruhiger, während er sich innerlich vielleicht sogar noch mehr aufregt? Wird das Gegenüber die Anordnungen des Polizeibeamten aus Einsicht und Überzeugung befolgen oder nur, weil es dazu gezwungen wurde? Auch die langfristigen Folgen polizeilichen Handelns müssen bedacht werden. Manches Problem lässt sich unter Beachtung rechtlicher Fragen für den Augenblick regeln, führt aber ohne die Berücksichtigung psychologischer Aspekte langfristig zu weiteren Schwierigkeiten. Der Bürger, der wegen Beamtenbeleidigung angezeigt wird, ist oberflächlich vorübergehend friedlich, entwickelt aber eventuell eine negative

Einstellung zur Polizei und ist nicht mehr zur Kooperation bereit, wenn die Polizei darauf angewiesen ist. Solche und ähnliche Beispiele zeigen, dass der Polizeibeamte durch psychologisch geschicktes Vorgehen die Lage nicht nur für das Gegenüber erträglicher gestalten, sondern auch sich selbst das Leben und das Erfüllen seines polizeilichen Auftrages erleichtern kann. Bereits aus diesem Eigeninteresse heraus sollten im Polizeialltag psychologische Erkenntnisse berücksichtigt werden.

Persönlicher Nutzen. Der Polizeibeamte kann aber von der Psychologie auch für sich persönlich profitieren. Durch effiziente Techniken der Stressbewältigung (s. Kap. 11, → Stress) kann er berufliche Belastungen besser ertragen, sein Wohlbefinden erhöhen und langfristige Stressschäden wie Magengeschwüre oder Schlaflosigkeit vermeiden. Des Weiteren helfen ihm psychologische Kenntnisse im Umgang mit Kollegen, Vorgesetzten und Mitarbeitern (s. Kap. 8) und beim Bewältigen persönlicher und privater Schwierigkeiten. Daher lässt sich sagen, „dass psychologische Kenntnisse durch Erklärung, Bewusstmachung und Reflexion des eigenen polizeilichen wie des fremden polizeipflichtigen Verhaltens den Beamten befähigen helfen, seine beruflichen Aufgaben leichter, kompetenter und in bezug auf den gesellschaftlichen Rahmen sozial integrativer zu erfüllen" (Korbmacher, 1980, S. 4), wobei auch die persönlichen und privaten Vorteile des Beamten nicht vergessen werden dürfen.

> **!** Psychologische Kenntnisse und Fertigkeiten sind für einen Polizeibeamten kein Luxus, sondern eine Notwendigkeit; sie erst lassen ihn zu einem guten Polizisten werden.

Zusammenfassung

Definition der Psychologie. Die Psychologie ist die Wissenschaft vom Verhalten und Erleben des Menschen, wobei die Psychologie das Erleben als eine Form des Verhaltens versteht.

Gebiete der Psychologie. Die theoretische Psychologie erforscht die Gesetzmäßigkeiten, denen menschliches Verhalten unterliegt. Die praktische oder angewandte Psychologie setzt diese Erkenntnisse ein, um konkretes Verhalten in einer bestimmten Situation erklären und kontrollieren zu können.

Ziele. Die Ziele der Psychologie sind
(1) die Beobachtung und Beschreibung von Verhalten und Erleben,
(2) die Erklärung von Verhalten und Erleben und
(3) die Kontrolle von Verhalten und Erleben, d. h., deren Aufbau, Stabilisierung, Abbau oder Verhinderung.

Verhaltensvorhersage. Das Verhalten eines Menschen in einer konkreten Situation ergibt sich aus der Wechselwirkung zwischen relativ stabilen Merkmalen seiner Persönlichkeit und den Reizen, die situativ auf ihn einwirken. Dabei können sich verschiedene Persönlichkeitsmerkmale bzw. Reize in ihrer Wirkung gegenseitig verstärken oder abschwächen. Durch die Vielfalt der Faktoren, die menschliches Verhalten bedingen können, ergibt sich das Problem, dass keine simplen Rezepte oder eindeutigen Handlungsanweisungen gegeben werden können, wie das Verhalten eines Menschen in einer konkreten Situation erklärt und kontrolliert werden kann bzw. wie man mit hundertprozentiger Trefferquote sofort die richtige Reaktion auf das Gegenüber findet. Trotzdem ist für die Suche nach Erklärungen und Kontrollmöglichkeiten psychologisches Wissen äußerst hilfreich.

Nutzen. Psychologisches Wissen erleichtert es einem Polizeibeamten, sein Verhalten zum Gegenüber effizienter zu gestalten, sein eigenes Wohlbefinden zu verbessern und größere Akzeptanz bei seinem Gegenüber und in der Gesellschaft zu finden.

Weiterführende Literatur

▶ Bourne, L. E. & Ekstrand, B. R. (2001). Einführung in die Psychologie. Eschborn: Klotz.
▶ Hermanutz, M., Ludwig, C., Schmalzl, H. P. (2001). Moderne Polizeipsychologie in Schlüsselbegriffen. Stuttgart: Boorberg.
▶ Nolting, H.-P. & Paulus, P. (2002). Psychologie lernen. Weinheim: Beltz.
▶ Sticher-Gil, B. (2003). Polizei- und Kriminalpsychologie. Teil 1: Psychologisches Basiswissen für die Polizei. Frankfurt: Verlag für Polizeiwissenschaft.
▶ Zimbardo, P. G. & Gerrig, R. J. (2003). Psychologie (7. Aufl.). Berlin, Heidelberg: Springer.

Teil II
Psychologisches Wissen

Teil I dieses Buches beschäftigte sich ganz allgemein mit der Psychologie: Was ist Psychologie, was interessiert sie, was will sie? Zusätzlich wurde kurz angerissen, auf welchen Gebieten die Psychologie dem Polizeibeamten von Nutzen sein kann. Im folgenden Teil II werden nun die psychologischen Theorien dargestellt, die im Polizeialltag eine Rolle spielen. Von den Grundlagen der menschlichen Wahrnehmung über das Lernen und Verhalten, den Stress und die Persönlichkeitspsychologie wird der Bogen zu sozialen Urteilen, Kommunikation und Gruppen gespannt. Diese grundlegenden psychologischen Konzepte werden jeweils mit Beispielen aus dem polizeilichen Alltag illustriert.

2 Wahrnehmung

Nach einer gewalttätigen Demonstration werden verschiedene Zeugen vernommen. Im folgenden werden die Schilderungen von zwei unbeteiligten Beobachtern, die die Vorgänge am gleichen Standort miterlebten, einander gegenübergestellt.

Zeuge Herrmann:

„… bevor der Demonstrationszug sich näherte, war bereits ein riesiges Polizeiaufgebot vorhanden …"

„… Schon das martialische Aussehen der Polizisten war furchteinflößend …"

„… und so näherte sich friedlich und Parolen skandierend die Demonstration …"

„… Da stellte plötzlich einer der Polizisten einem Demonstranten den Fuß, so dass dieser stürzte …"

„… Sofort wurden die anderen Polizisten aktiv und packten den Gestürzten, um ihn wegzuzerren …"

„… Als die übrigen Demonstrationsteilnehmer dies verhindern wollten, schlugen die Polizisten brutal mit ihren Schlagstöcken zu …"

Zeuge Berg:

„… Mehrere Polizeibeamte standen schon vor Demonstrationsbeginn am Straßenrand …"

„… und ich sah, dass sich die Beamten wegen der erwarteten Ausschreitungen mit Helm und Schild gesichert hatten …"

„… dann hörte man schon von weitem die grölende, Beleidigungen und Beschimpfungen schreiende Menge …"

„… Ein Demonstrant, der neben dem Zug mit einem Megaphon mitlief, überrannte einen Polizeibeamten und fiel hin …"

„… Kollegen des Beamten wollten dem Gestürzten aufhelfen …"

„… Da fielen plötzlich andere Demonstranten wie Hyänen über die Polizeibeamten her und schlugen blindlings auf diese ein …"

Obwohl beide Zeugen die gleiche Situation beobachteten und aus ihrer Sicht die Wahrheit sagten (wir kennen sie und können das beurteilen), kommt es zu verschiedenen Aussagen.

Menschen beobachten die gleichen Ereignisse häufig unterschiedlich. Dies gilt selbst für Tatsachen, die objektiv überprüfbar und leicht erfassbar wären – z. B. die Anzahl der Polizeibeamten – und erst recht für subjektive Einschätzungen wie die Friedfertigkeit bzw. die Gewaltbereitschaft der Demonstrationsteilnehmer. Aus den unterschiedlichen Aussagen der Zeugen ergeben sich allgemeine Fragen, denen in diesem Kapitel nachgegangen werden soll:

► Worauf sind die Unterschiede in der Wahrnehmung zurückzuführen?
► Bekommen wir tatsächlich weitgehend mit, was sich in unserer Umgebung abspielt?
► Findet alles wirklich so statt, wie wir es wahrzunehmen glauben?

2.1 Sensorische Beschränkungen der Wahrnehmung

Zunächst soll der Frage nachgegangen werden, wie die Sinnesorgane (Sensorik) die Wahrnehmung beeinflussen. Die Wahrnehmungsprozesse werden von Beschränkungen der Sinnesorgane beeinflusst. Zu den → sensorischen Beschränkungen zählen

▶ die Kapazität der Sinnesorgane und des Bewusstseins,
▶ die Empfindlichkeit der Sinnesorgane und
▶ die Gestaltbildung.

Hierbei bestimmen weitgehend genetische Faktoren, dass und wie etwas vom Menschen wahrgenommen wird. In einem beschränkten Ausmaß kommen aber auch Lernprozesse oder sehr frühe Sinneseindrücke zum Tragen. Aufgrund des Aufbaus und der Arbeitsweise der Sensorik gibt es natürliche Grenzen, die dem Menschen nur bestimmte Wahrnehmungen ermöglichen.

DEFINITION

Unter **sensorischen Beschränkungen** werden in der Psychologie Einflüsse auf unsere Wahrnehmung bzw. die Beschränkungen der Wahrnehmung, die durch den Aufbau und die Funktionsweise unserer Sinnesorgane (Sensorik) bedingt sind, verstanden.

2.1.1 Kapazität der Sinnesorgane und des Bewusstseins

Dieser Abschnitt widmet sich der Frage, ob wir Menschen alle vorhandenen Informationen verarbeiten können. Der Mensch ist normalerweise von einer Fülle von Informationen umgeben, die er nicht alle aufnehmen

kann, da die Sinnesorgane nur ein beschränktes Fassungsvermögen haben. Dies beginnt mit der banalen Einschränkung, dass Menschen nur vorne Augen haben und nicht sehen können, was hinter ihrem Rücken passiert. Die Reize, die auf die Sinnesorgane treffen, werden in den Sinneszellen in eine physiologische Erregung umgewandelt und durch die Nerven weitergeleitet. Jedoch gibt es hierbei Grenzen, da z. B. eine Faser des Sehnervs „nur" 30 bis 50 Reize pro Sekunde übermitteln kann. Von dieser aufgenommenen Informationsmenge wird nur ein Teil weiterverarbeitet, so dass nicht jeder Reiz, der zur Erregung einer Nervenzelle führt, bewusst wahrgenommen wird. Dadurch bleibt Vieles unbewusst. Informationen, die registriert werden, stehen dem Menschen höchstens zehn Sekunden zur Verfügung. Erfolgt in dieser Zeit keine weitere Verarbeitung, können die Reize nicht mehr ins Bewusstsein gelangen. Aber selbst die in zehn Sekunden aufgenommene Informationsmenge kann der Mensch in ihrer Gesamtheit nicht bewusst wahrnehmen, weil das Bewusstsein nochmals weniger Kapazität als die Sinnesorgane hat. Auf diese Weise gehen zwangsläufig viele Informationen verloren, indem sie entweder gar nicht oder nur unbewusst wahrgenommen werden.

Die Kapazitäten der Sensorik können durch weitere Einflüsse zusätzlich reduziert werden. So können sich Müdigkeit, fehlende → Aufmerksamkeit, Motivation, Störungen der Sinnesorgane und Krankheiten negativ auf die Informationsverarbeitungskapazität auswirken. Tröstend ist aber, dass viele Informationen für den Menschen gar nicht wichtig sind. Zudem kann durch Bildung über-geordneter Einheiten bei der Informations-aufnahme und -weiterverarbeitung die

Informationsmenge vereinfacht und reduziert und damit die Verarbeitungskapazitäten indirekt erhöht werden. In der Abbildung 2.1 wird die indirekte Erhöhung der Aufnahmekapazität durch Bildung übergeordneter Einheiten beispielhaft dargestellt. Wenn man versucht, sich die dargestellten Striche isoliert einzuprägen, wird sehr viel Aufnahme- und Verarbeitungskapazität verbraucht. Es wird hingegen viel weniger Kapazität beansprucht, wenn man die Linien zu Buchstaben oder einem Wort zusammenfasst. Solche Vereinfachungen sind aber nicht endlos möglich, so dass der Mensch immer wieder einer Informationsfülle ausgeliefert ist, die er nicht verkraften kann. Daher können aus Kapazitätsgründen auch wichtige Information verloren gehen.

Abbildung 2.1. Kapazität der Sinnesorgane und des Bewusstseins: Wenn man in der Darstellung die Striche zu Buchstaben zusammensetzt, werden die Informationen vereinfacht und dadurch leichter aufgenommen. Durch die Bildung solch übergeordneter Einheiten erfordert die Verarbeitung der visuellen Information weniger Kapazität

2.1.2 Empfindlichkeit der Sinnesorgane

Nachdem wir uns mit der Frage beschäftigt haben, wie sich die Beschränkungen der Sinnesorgane und der späteren Informationsverarbeitung auf die Wahrnehmung auswirken, soll nun darauf eingegangen werden, welche Reize der Mensch prinzipiell wahrnehmen kann. Abgesehen davon, dass der Mensch aus Kapazitätsgründen nicht alle Informationen aufnehmen kann, sind noch weitere Faktoren dafür entscheidend, inwieweit die menschlichen Sinnesorgane auf Reize reagieren. Dies hängt mit der Empfindlichkeit der Sinnesorgane zusammen. Die Empfindlichkeit der Sinnesorgane führt dazu, dass Reize eine gewisse Quantität und Qualität aufweisen müssen, damit sie wahrnehmbar sind. Aufgrund der Beschränkung durch die Empfindlichkeit der Sinnesorgane kann ein Reiz zu schwach sein, um vom Menschen registriert zu werden. Eine Person hört z. B. ein sehr leises Geräusch nicht, während eine Katze es noch wahrnimmt. Andererseits kann ein Reiz u. U. aufgrund seiner Beschaffenheit trotz großer Intensität durch die menschlichen Sinnesorgane nicht wahrgenommen werden, wie es bei radioaktiver Strahlung der Fall ist. Im Folgenden sollen diese Phänomene bezüglich der Empfindlichkeit unserer Sinnesorgane beispielhaft vorgestellt werden:

▶ Untere und obere Wahrnehmungsschwelle
▶ Unterschiedsschwellen
▶ Adaptation
▶ Verschmelzung
▶ Maskierung.

Untere und obere Wahrnehmungsschwelle

Reize können eine Fülle unterschiedlicher Erscheinungsformen aufweisen. Der Mensch kann aber nur bestimmte Reize empfangen, die wiederum zwischen einem Minimal- und einem Maximalgrenzwert liegen müssen (→ untere und obere Wahrnehmungsschwelle). Diese Wahrnehmungsschwellen gelten sowohl hinsichtlich der Quantität als auch bezogen auf die Qualität der Reize. Daher werden Reize nur innerhalb einer gewissen Ausprägung wahrgenommen, z. B. Töne ab einer gewissen Lautstärke. Gleichzeitig werden Reize nur dann vom Menschen erfasst, wenn sie eine gewisse Qualität aufweisen, wie das Licht, das innerhalb eines bestimmten elektromagnetischen Wellenbereichs liegt.

> **DEFINITION**
>
> **Untere** und **obere Wahrnehmungsschwelle** nennt man die Grenzwerte, zwischen denen der Mensch Reize aufnehmen kann.

Wahrnehmungsschwellen beim Sehen. Das Licht besteht aus elektromagnetischen Wellen. Elektromagnetische Wellen weisen eine Wellenlänge von 10^3 m bis 10^{-14} m auf. Der Mensch kann jedoch nur Wellen im Bereich von 380 bis 750 Nanometer (1 Nanometer = 10^{-9} m) aufnehmen bzw. sehen. Dieser Wellenbereich entspricht dem, was Licht genannt wird. Damit der Mensch etwas erkennen kann, muss zusätzlich eine bestimmte Lichtstärke gegeben sein.

Wahrnehmungsschwellen beim Hören. Menschen können Töne nur in einem Frequenzbereich von ca. 20 Hz bis 20 KHz hören. Dabei reagieren die Sinnesorgane am empfindlichsten für Frequenzen von 3000 Hz, dem Bereich, in dem die menschliche Stimme liegt. Die Reduktion der Frequenzwahrnehmung auf diesen Ausschnitt zeigt, dass die menschliche Stimme die wichtigste akustische Informationsquelle für den Menschen ist (Betz, 1974, Kretch et al. 1969).

Obwohl diese Reduktion der Wahrnehmung auf den Bereich zwischen der unteren und oberen Wahrnehmungsschwelle bedeutet, dass der Mensch viele Informationen gar nicht wahrnehmen kann, würde eine weitergehende Empfindlichkeit der Sinnesorgane manchmal eher zu einer Beeinträchtigung der Qualität der Wahrnehmung führen. Wer

möchte hören, dass die Luft wärmer wird – in einem bestimmten Frequenzbereich wäre die Wärmebewegung von Luftmolekülen zu hören? Oder wer möchte sehen, dass die Sehnerven wachsen, was die optische Wahrnehmung der Umwelt negativ beeinflussen würde?

Unterschiedsschwellen

Damit Reize überhaupt wahrgenommen werden können, müssen sie eine bestimmte Intensität und Qualität aufweisen. Um als Mensch jedoch den Unterschied zwischen verschiedenen Reizen erkennen zu können, müssen sie ein Mindestmaß an Unterschiedlichkeit aufweisen (→ Unterschiedsschwelle). So werden zwei Geräusche von objektiv unterschiedlicher Lautstärke unter Umständen als gleich laut empfunden. In anderen Fällen kann der Mensch zwischen zwei grünen Farbtönen keinen Unterschied feststellen oder eine minimale Veränderung der Luftfeuchtigkeit nicht registrieren.

> **DEFINITION**
>
> Als **Unterschiedsschwelle** bezeichnet man die kleinste Differenz zwischen zwei Reizen, ab der ein Unterschied zwischen den Reizen feststellbar wird.

Die Abkürzung bzw. das mathematische Symbol für die Unterschiedsschwelle lautet ΔS. Dabei steht das Δ, das griechische D oder Delta, für die gerade noch erkennbare Differenz zwischen den beiden Reizen, auch Stimuli genannt, und das S für die unterschiedlichen Stimuli. Für die Bestimmung der Unterschiedsschwelle kann man kein absolutes Ausmaß an Unterschiedlichkeit angeben, ab dem der Mensch eine Veränderung bemerkt, da dieses Ausmaß relativ ist und vom

Ausgangsreiz abhängt. Je stärker oder intensiver der Ursprungsreiz ist, desto größer muss der Unterschied zum zweiten Reiz werden, damit er wahrnehmbar ist. Anders ausgedrückt ist die Unterschiedsschwelle umso höher, je stärker oder intensiver der Ursprungsreiz ist.

Der noch wahrnehmbare Unterschied. Zündet man in einem dunklen Raum, in dem eine Kerze brennt, eine zweite Kerze an, wird es merklich heller. Andererseits bemerkt man keinen Unterschied, wenn im gleichen Raum an einem Kronleuchter statt 100 nun 101 Kerzen brennen. In beiden Fällen hat die Lichtstärke physikalisch im gleichen Umfang zugenommen; dies entspricht aber nicht der subjektiven, menschlichen Empfindung. Wenn bei einem Bläserduett ein Musikant nicht mehr mitspielt, wird es hörbar leiser. Bläst ein Mitglied eines vielköpfigen Posaunenchors nicht mehr mit, scheint die Lautstärke gleich zu bleiben. Wie groß der gerade noch wahrnehmbare Unterschied zwischen verschiedenartigen Reizen ist, hat der Physiologe Ernst Heinrich Weber bereits 1834 untersucht. Er wies nach, dass der Quotient, also das Ergebnis der Teilung der Unterschiedsschwelle (ΔS) durch den Ausgangsreiz (S), konstant ist. Diese Konstanz bedeutet, dass sich bei jeder Reizart immer der gleiche, allerdings je nach Reizart unterschiedliche Wert ermitteln lässt. Diesen gerade noch wahrnehmbaren Unterschied zwischen zwei Reizen bezeichnet man als Unterschiedsschwelle ΔS. Wenn ein Ausgangsreiz also sehr intensiv ist, dann muss auch die Unterschiedsschwelle sehr groß sein, damit man bei der Teilung mindestens den Wert der Konstante erzielt. Diese Beziehung zwischen verschiedenen Reizen wird im → Weberschen Gesetz dargestellt.

Kapitel 2
Wahrnehmung

> **! Das Webersche Gesetz**
> Je größer der Ausgangsreiz S ist, desto größer muss der Unterschied zwischen zwei Reizen (ΔS) sein, damit ein Unterschied zwischen zwei Reizen wahrgenommen wird.
> $\Delta S/S = k$
> In dieser Formel steht ΔS (Delta S) für die Unterschiedsschwelle, S für die Stärke des Ausgangsreizes und k für eine Konstante. Die Konstante k hat für jede Reizart einen anderen Wert.

Adaptation

Der menschliche Organismus kann sich an einige Umweltbedingungen gewöhnen. Hält man sich einige Zeit in einem Raum mit schlechter Luft auf, riecht man den Gestank nicht mehr. Wer länger in einer Bar mit schummrigem Rotlicht bleibt, bemerkt diese Rottönung nicht mehr in voller Intensität. Das heiße Badewasser wird als angenehm warm empfunden, lange bevor es tatsächlich abgekühlt ist. Diese und ähnliche Erscheinungen nennt man → Adaptation.

DEFINITION

Unter **Adaptation** versteht man die Gewöhnung des Organismus an bestimmte Reize.

Adaptation tritt auf, wenn eine Folge gleicher Reize längere Zeit andauert. Dadurch sinkt in vielen Fällen die Wirksamkeit späterer Reize, so dass diese Reize nicht mehr oder zumindest nicht mehr in voller Intensität wahrgenommen werden. Die Adaptation oder Gewöhnung ist darauf zurückzuführen, dass sich die Erregung der Nerven verändert, weil die Nerven auf bestimmte Reize weniger stark als anfangs oder gar nicht mehr reagieren können. Dafür können mehrere Prozesse verantwortlich sein:

▶ Durch Hilfsmechanismen können Reize vom Sinnesorgan abgeschottet werden. Daher verengt sich die Pupille, so dass weniger Licht auf die Netzhaut fallen kann. So gewöhnt sich das Auge an starke Helligkeit.

▶ Durch physiologische Prozesse in den einzelnen Nervenzellen kann sich deren Empfindlichkeit verändern, so dass sie auf bestimmte Reize nicht mehr oder nur noch abgeschwächt reagieren. Daher sprechen die Riechnerven nach einiger Zeit auf die meisten, gleichbleibenden Gerüche nicht mehr an.

▶ Durch Korrekturprozesse im Nervensystem kann eine bestimmte Überreizung ausgeglichen werden. Aus diesem Grunde wird die übermäßige Rottönung von Objekten durch Rotlicht genauso wenig bemerkt wie die farbige Tönung der Umwelt, wenn man eine Sonnenbrille trägt.

Allerdings ist das Ausmaß der Adaptation bei verschiedenen Reizen bzw. bei den einzelnen Sinnesorganen unterschiedlich. Die unterschiedliche Adaptionsfähigkeit der Sinnesorgane hängt auch davon ab, wie wichtig der Informationsgehalt der Sinneseindrücke für den Menschen und sein Überleben ist. Bei Schmerzen, einer sehr wichtigen Information für den Menschen, erfolgt die Adaptation sehr langsam oder gar nicht.

Verschmelzung

Wenn man sich im Kino einen Film ansieht, so sieht man keine unbewegten Einzelbilder, sondern eine fließende Handlung. Ebenso bemerkt man nicht, dass eine Neonröhre ständig an- und ausgeht. Auch zwei schnell hintereinander abgefeuerte Schüsse werden als ein einziger lauter Knall gehört. Bei all diesen Phänomenen werden zeitlich getrennte Reize zu einem einzigen, kontinuierlichen Reiz zusammengefasst. Man spricht daher von → Verschmelzung.

DEFINITION

Bei der **Verschmelzung** werden einzelne Reize, die sehr schnell hintereinander dargeboten werden, nicht mehr als isolierte Einzelreize wahrgenommen, sondern gehen ineinander über und erscheinen als Dauerreiz.

Maskierung

Neben der Verschmelzung von mehreren Reizen können einzelne Reize andere auch überdecken. So übertüncht der Geruch von Chlorkalk den Verwesungsgeruch und Parfüm kaschiert den Körpergeruch. Die Überdeckung eines Reizes durch einen anderen tritt sowohl innerhalb eines Sinnesorganes als auch zwischen verschiedenen Sinnesorganen auf. So können Schmerzen die Hör- und Sehschwelle heraufsetzen. Diese Überdeckung nennt man → Maskierung.

DEFINITION

Bei der **Maskierung** überdeckt ein sensorischer Reiz einen gleichzeitig auftretenden, anderen Reiz, so dass nur noch ein Reiz wahrgenommen wird.

2.1.3 Gestaltbildung

Im folgenden Abschnitt wird erläutert, warum der Mensch manche Reize verändert wahrnimmt (→ Gestaltbildung). Wenn der

Mensch seine Umwelt wahrnimmt, sieht er andere Menschen und Gegenstände, er hört, wie sich Personen unterhalten und welche Geräusche ein Auto von sich gibt, er riecht das Parfüm einer Frau und den Gestank eines Müllautos und vieles mehr. Reize wie Licht, Schall und Gerüche lösen durch biologische und physiologische Prozesse einzelne Nervenimpulse in den Sinnesorganen aus, die im Verlauf der Wahrnehmung und Verarbeitung ins Gehirn gelangen. Für die optische Wahrnehmung bedeutet dies, dass, ähnlich wie bei einem Zeitungsbild, das unter der Lupe betrachtet wird, einzelne Punkte von schwarz über grau bis weiß auf der Netzhaut abgebildet werden. Das analoge Prinzip gilt für das Farbensehen und die Wahrnehmung durch andere Sinnesorgane. Wir nehmen aber nicht isolierte, voneinander unabhängige Reize wahr, sondern Objekte, komplexe Gebilde oder umfassende Einheiten. Dieses Phänomen wird Gestaltbildung genannt.

> **DEFINITION**
>
> Unter **Gestaltbildung** verstehen Psychologen, dass bei der Wahrnehmung Einzelreize organisiert, geordnet und zusammengefasst werden. Menschen nehmen subjektiv keine isolierten Einzelreize wahr, sondern fügen diese Einzelreize zu übergeordneten Einheiten oder Gestalten wie Objekten, Geräuschen und Gerüchen zusammen.

Die Gestaltbildung erfolgt nach bestimmten Gesetzmäßigkeiten, den sog. Gestaltgesetzen. Dabei ist es weitgehend angeboren, dass die wahrgenommenen Reize entsprechend dieser Gesetzmäßigkeiten strukturiert und organisiert werden. Andererseits spielen aber auch allererste Umwelteindrücke eine Rolle, die

dann zu bestimmten Vernetzungen von Nerven führen und für die künftige Verarbeitung der Reize verantwortlich sind. So neigen Menschen im europäischen Kulturkreis dazu, Winkel möglichst rechtwinkelig wahrzunehmen. Im Folgenden sollen fünf der wichtigsten Gesetzmäßigkeiten dargestellt werden:

▶ Gesetz der Ähnlichkeit
▶ Gesetz der Nähe
▶ Gesetz der Geschlossenheit
▶ Figur-Grund-Prinzip
▶ Prägnanzprinzip oder Tendenz zur guten Gestalt.

Gesetz der Ähnlichkeit

Sensorische Reize werden als zueinandergehörig wahrgenommen, wenn sie Ähnlichkeiten oder Gemeinsamkeiten im Erscheinungsbild haben. Diese ähnlichen Reize werden von andersartigen Reizen abgegrenzt. Sie werden also zu einer Einheit zusammengefasst, die ihrerseits wieder Gestalten bilden kann. So sehen wir bei einem Verkehrsunfall z. B. einen roten PKW mit eingeknautschter Kühlerhaube, der auf einen gelben PKW aufgefahren ist. Im Hintergrund steht ein grün belaubter Baum und über der ganzen Szene wölbt sich der blaue Himmel. Hier werden die gleichfarbigen Reize zu jeweils einer Gestalt zusammengefasst und man hat nicht den Eindruck, ein buntes Farbenchaos zu sehen. Das Gesetz der Ähnlichkeit wirkt sich z. B. auf die Wahrnehmung und Gruppierung von verschiedenen Symbolen aus, wie in Abbildung 2.2 verdeutlicht wird.

Gesetz der Nähe

Räumlich oder zeitlich nahe beieinander liegende Reize werden zusammen wahrgenommen und als zueinander gehörig inter-

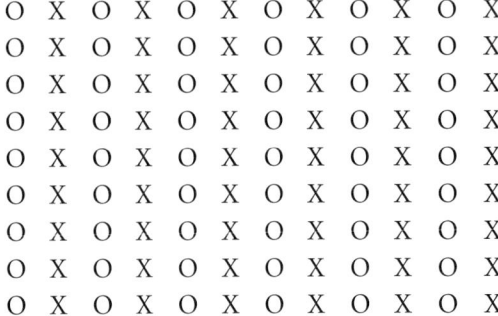

Abbildung 2.2. Das Gesetz der Ähnlichkeit führt dazu, dass man Reize nach der Ähnlichkeit gruppiert wahrnimmt. Daher sieht man in dieser Abbildung O und X eher in Spalten als in Zeilen

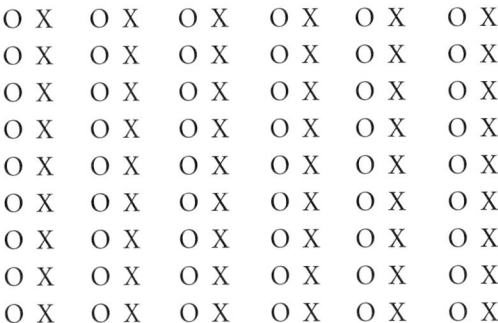

Abbildung 2.3. Das Gesetz der Nähe besagt, dass man Reize nach der räumlichen Nähe gruppiert wahrnimmt. In dieser Darstellung wird jeweils ein OX als zusammengehörige Einheit empfunden

pretiert. Dabei setzt das Gesetz der Nähe das Gesetz der Ähnlichkeit außer Kraft. In Abbildung 2.3 sind im Vergleich zu Abbildung 2.2 lediglich die Spalten mit dem Buchstaben O rechtsbündig gesetzt worden. Aufgrund dieser Veränderung setzt das Gesetz der Nähe das Gesetz der Ähnlichkeit außer Kraft und man nimmt jetzt ein OX-Paar als Einheit wahr.

Gesetz der Geschlossenheit

Der Mensch neigt dazu, unvollendete Figuren als vollendet und geschlossen wahrzu-

nehmen. Gleichzeitig werden auch Einzelreize während des Wahrnehmungsprozesses zu Figuren zusammengefasst. So werden die Punkte in Abbildung 2.4 als Kreis wahrgenommen.

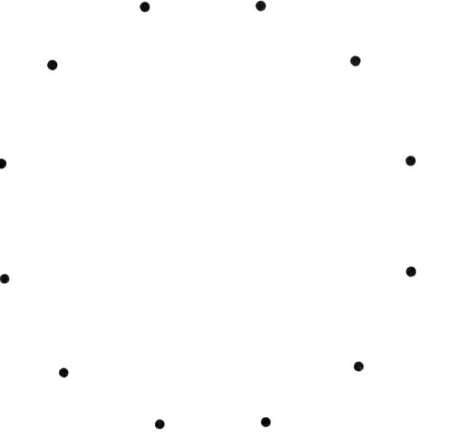

Abbildung 2.4. Das Gesetz der Geschlossenheit besagt, dass Einzelreize gruppiert und als in sich geschlossene Figuren wahrgenommen werden. Man sieht daher in dieser Abbildung nicht nur eine Anzahl von Punkten, sondern einen Kreis

Figur-Grund-Prinzip

Die menschliche Wahrnehmung ist so strukturiert, dass bestimmte Informationen als bedeutsam hervorgehoben werden und in den Vordergrund treten. Dadurch können einige Reize zur „Figur" werden, während andere Reize zurücktreten, weniger differenziert wahrgenommen werden und somit den „Grund" bilden. Durch die Konzentration auf bestimmte Objekte werden diese klarer und deutlicher als ihre Umgebung wahrgenommen. Deswegen kann man z. B. seinen Gesprächspartner trotz der vorhandenen Nebengeräusche einer Party verstehen. Die Strukturierung in Figur und Grund wird sehr schön durch den Rubinschen Becher in Abbildung 2.5 verdeutlicht. Bei dieser sogenannten Kippfigur werden entweder zwei Gesichter oder ein Becher wahrgenommen. Jeweils eine dieser Informationen tritt als bedeutsame Figur in den Vordergrund, der Rest bildet den Grund. Es ist aber nicht möglich, den Becher und die Figur gleichzeitig zu sehen.

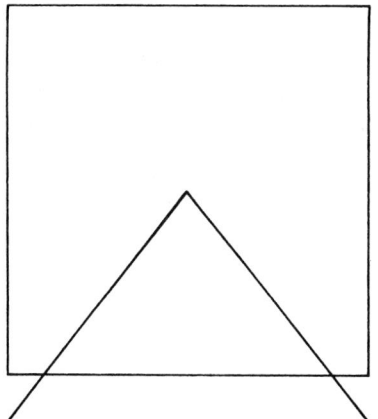

Abbildung 2.6. Aufgrund des Prägnanzprinzips werden in der Abbildung ein Quadrat und ein Dreieck wahrgenommen und nicht ein Siebeneck, ein Dreieck und ein Trapez. Ein Quadrat und ein Dreieck sind einfacher und regelmäßiger und stellen dadurch prägnantere Figuren dar

 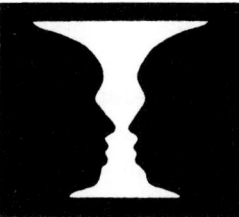

Abbildung 2.5. Das Figur-Grund-Prinzip wird hier am Rubinschen Pokalbild verdeutlicht. Man sieht entweder zwei Gesichter oder einen Pokal, beides gleichzeitig ist nicht möglich, weil entweder die Gesichter oder der Pokal zur Figur werden und sich vom jeweiligen Grund abheben

Prägnanzprinzip oder Tendenz zur guten Gestalt

Die menschliche Wahrnehmung ist so aufgebaut, dass bei minimalstem Aufwand die größte Ordnung entsteht. Anders ausgedrückt versucht der Mensch, sensorische Informationen möglichst als einfache, regelmäßige oder prägnante Formen wahrzunehmen. Dieses Wahrnehmungsphänomen nennt man das Prägnanzprinzip oder die Tendenz zur guten Gestalt.

Es gibt noch viel mehr Gestaltgesetze, die die Wahrnehmung beeinflussen und verändern, zur Demonstration ihrer Wirkweise sollen die obigen Beispiele genügen. Diese Gestaltbildungsmechanismen haben nun einen ganz wesentlichen Einfluss auf die

menschliche Wahrnehmung. Dies soll im Folgenden dargestellt werden.

Die menschliche Wahrnehmung ist relativ und nicht absolut

Die Relativität der Wahrnehmung führt dazu, dass die Umgebung eines Reizes die Wahrnehmung dieses Reizes beeinflussen kann. Somit kann ein und derselbe Reiz ganz unterschiedlich wahrgenommen werden, wenn er in eine andere Umgebung eingebettet ist. Dies beweist die sog. Ebbinghaussche Kreistäuschung, bei der die jeweils mittleren Kreise als unterschiedlich groß wahrgenommen werden, obwohl sie den gleichen Durchmesser haben (Abb. 2.7).

Die Relativität der Wahrnehmung gilt auch für komplexere Wahrnehmungen. Ein Auto scheint in einer sehr engen, mit Bäumen bestandenen Straße sehr viel schneller zu fahren als mit derselben Geschwindigkeit auf einer dreispurigen Schnellstraße. Die Um-

2.1 Sensorische Beschränkungen der Wahrnehmung | **29**

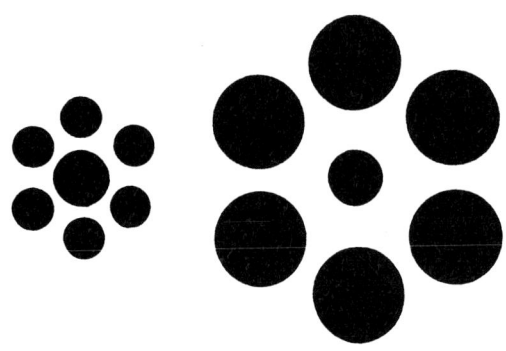

Abbildung 2.7. Ebbinghaussche Kreistäuschung: Durch die unterschiedliche Gestaltung der Außenkreise scheinen die zwei gleich großen, mittleren Kreise in den beiden Figuren verschiedene Durchmesser zu haben

gebung des Reizes muss nicht nur wie in den obigen Beispielen aus der räumlichen Umgebung bestehen, sondern kann auch das soziale Umfeld oder zusätzliche Informationen betreffen, in die der Reiz eingebettet ist.

BEISPIEL

Unterschiedliche Wahrnehmung identischer Reize
Verschiedene Personen sollten in einem Versuch die Körpergröße eines Mannes schätzen. Der Mann wurde auf 1,77 m, 1,80 m oder 1,83 m geschätzt, je nachdem, ob er den Personen als Student, Dozent oder Professor vorgestellt wurde. Hier hatte sich das soziale Prestige der Person auf die Wahrnehmung der Körpergröße übertragen (Mietzel, 1979).

Die Wahrnehmung tendiert zur guten Gestalt
Unter dieser Aussage wird in der Gestaltpsychologie die Tendenz des Menschen verstanden, Situationen und Sachverhalte möglichst einfach, prägnant, logisch, widerspruchsfrei und unkompliziert wahrzunehmen. Aufgrund dieser Tendenz erkennen besonders

Europäer bei der Wahrnehmung von Gegenständen bevorzugt rechte Winkel, weil diese prägnanter und einfacher sind als stumpfe oder spitze Winkel. Schaut man schräg auf eine Türe, wird auf der Netzhaut kein einziger rechter Winkel abgebildet (auf einer Fotografie kann man das erkennen!), trotzdem sieht man subjektiv ein Rechteck. Es finden hier u. a. Verrechnungsprozesse statt, die bei der Wahrnehmung die „gute Gestalt" des Rechtecks erhalten. Auch die Tendenz zur guten Gestalt gilt im übertragenen Sinn für komplexere Wahrnehmungen. Straßenpassanten, die kurz vor einem Autounfall laute Bremsgeräusche hören, glauben in der Regel, beobachtet zu haben, dass einer der Unfallbeteiligten zu bremsen versuchte. Dies ist eine einfachere und unkompliziertere Wahrnehmung der Situation, als davon auszugehen, dass Unfall und Bremsgeräusche nichts miteinander zu tun hatten, was aber vielleicht tatsächlich der Fall war. Diese Tendenz kommt noch stärker zum Tragen, wenn nur eine sehr kurzzeitige Wahrnehmung möglich ist, also ein Objekt oder eine Situation nicht längere Zeit beobachtet werden

---

BEISPIEL

Tendenz zur guten Gestalt
Der Zeuge eines Banküberfalls berichtet voller Überzeugung bei der Gerichtsverhandlung einige Monate später, er habe beobachtet, dass der Täter sich nach Verlassen der Bankfiliale in einen roten Sportwagen gesetzt habe und weggefahren sei. Tatsächlich hatte er nur gesehen, dass der Täter aus dem Gebäude rannte und beobachtet, dass kurz danach ein Sportwagen in Tatortnähe wegfuhr. Der Fahrer des Autos hatte mit dem Überfall nichts zu tun.

---

kann. Ebenso wirkt sich dieses Phänomen auf Inhalte aus, die im Gedächtnis gespeichert und erst nach längerer Zeit wieder abgerufen werden.

Das Ganze ist mehr als die Summe seiner Teile

Der Gesamteindruck eines Objektes oder einer Situation setzt sich aus der Wahrnehmung entsprechender Einzelreize zusammen. Dieser Gesamteindruck besteht nicht einfach aus einer Summierung der Einzelreize, sondern er geht weit darüber hinaus. Er kann Eigenschaften oder Qualitäten aufweisen, die in keinem Einzelreiz enthalten sind. Man sieht auf dem Ölgemälde eines alten Meisters nicht Farbtupfer und Pinselstriche, sondern eine Madonna. Es ist auch nicht nötig, alle Einzeldetails zu registrieren, und trotzdem erhält man einen Gesamteindruck. Daraus ergibt sich u. a. auch für Zeugen die Schwierigkeit, den Täter bei der Polizei genau zu beschreiben. Sie haben den Tatverdächtigen tatsächlich nicht so genau beobachtet, wie sie glauben. Außerdem erklärt das beschriebene Phänomen die Tatsache, dass man Gestalten auch in veränderter Darbietungsform wiedererkennen kann. Spielt uns jemand ein Lied in zwei verschiedenen Tonarten vor, so bemerken wir, dass die Melodie identisch ist, obwohl sich die Einzeltöne, also die Reize, aus denen sich die Melodie zusammensetzt, verändert haben.

All die besprochenen sensorischen Beschränkungen, denen die menschliche Wahrnehmung unterliegt, führen dazu, dass Menschen die Umwelt nicht so registrieren, wie es der objektiven Realität entspricht. Die Wahrnehmung ist ein aktiver Prozess, bei dem sich der Mensch im wahrsten Sinn des Wortes ein Bild der Welt erschafft. Was man sieht, hört, riecht, schmeckt und fühlt, muss nicht unbedingt mit der Realität übereinstimmen.

2.2 Kognitive Beschränkungen der Wahrnehmung

Neben den sensorischen Beschränkungen beeinflussen auch kognitive Faktoren (→ kognitive Beschränkungen) des Gehirns die Wahrnehmung. Das Gehirn wird auch das Zentrale Nervensystem genannt, so dass man von zentralnervösen Faktoren sprechen kann, die auf die Wahrnehmung wirken. Diese kognitiven oder zentralnervösen Faktoren hängen mit Informationsverarbeitungsprozessen zusammen. Sie liegen damit auf einer höheren Verarbeitungsebene als die sensorischen Beschränkungen. Hierzu zählen

▶ die Aufmerksamkeit,
▶ die Motivation und
▶ die Abwehrmechanismen.

> **!** Die kognitiven Beschränkungen der Wahrnehmung beruhen auf Erkenntnisprozessen. Es handelt sich um zentralnervöse Vorgänge, an denen nicht nur Nerven, sondern auch Hirnstrukturen beteiligt sind.

2.2.1 Aufmerksamkeit

Forschungen zur Aufmerksamkeit beschäftigen sich mit der Frage, welche Informationen der Mensch wahrnehmen kann. Unter der Aufmerksamkeit versteht man in der Psychologie einen Bewusstseinszustand, in dem sich der Mensch auf einen oder mehrere Reize konzentriert und der Körper vorbereitet ist, auf diese Reize zu reagieren.

Einfluss der Aufmerksamkeit auf die Wahrnehmung

Eine Polizeibeamtin, ein hungriger Mann und ein kleines Mädchen, das zum ersten Mal seinen Hund spazieren führt, gehen gleichzeitig dieselbe Straße entlang und berichten alle drei von teilweise ganz verschiedenen Wahrnehmungen. Die Polizeibeamtin erzählt von einem mit Gastarbeitern besetzten PKW, der sichtlich überladen war, und dass die Bushaltestelle trotz der neu angebrachten Fahrbahnmarkierung wieder total zugeparkt war. Dem hungrigen Mann fällt auf, dass im Gasthof „Zum goldenen Hirschen" ein preiswertes Mittagsmenü angeboten wird und der Bäcker würzig duftendes Brot in ein Lebensmittelgeschäft bringt. Das Mädchen sieht besonders viele Hunde auf der Straße laufen.

Obwohl die drei Personen verschiedene Beobachtungen machen, hat keine den Eindruck, dass ihre Wahrnehmung lückenhaft ist. Jeder Person aber sind nur bestimmte Dinge aufgefallen, während sie auf anderes weniger oder gar nicht achtete, wie die unterschiedlichen Erzählungen zeigen. Ein solches Phänomen nennt man in der Psychologie → selektive Wahrnehmung.

In der Psychologie wird von **selektiver Wahrnehmung** gesprochen, wenn nur ein Teil der vorhandenen Informationen registriert wird.

Manche Eindrücke sind unter Umständen auch falsch. Es liefen in der im Beispiel beschriebenen Situation gar nicht sehr viele Hunde durch die Straße. Weil das Mädchen aber gerade einen Hund geschenkt bekommen hatte, achtete sie verstärkt auf andere Hunde. Daher nahm sie diese überhaupt wahr und überschätzte in der Folge ihre Anzahl. Andererseits muss nicht alles unbeobachtet geblieben sein, was nicht voll bewusst wahrgenommen wurde. So kann der Polizeibeamte auf Befragen angeben, dass er vor dem Lebensmittelladen einen Lieferanten bemerkt habe, er wisse aber nicht mehr, was geliefert wurde. Er hat also die Lieferung des Bäckers, von welcher der hungrige Passant berichtete, durchaus registriert, aber nur nebenbei und lückenhaft. Wie diesen drei Personen ergeht es jedem Menschen. Menschen sind normalerweise ständig von einer Fülle von Objekten und Vorgängen umgeben, die nicht alle bewusst aufgenommen werden können. Ein Teil der Informationen wird komplett erfasst, ein anderer nur teilweise und der letzte Teil wird überhaupt nicht wahrgenommen. Oder anders ausgedrückt: Unterschiedlichen Inhalten wird unterschiedlich viel Aufmerksamkeit gewidmet. Man kann nie alles gleich aufmerksam wahrnehmen. Je intensiver man sich einem bestimmten Sachverhalt widmet, desto weniger Aufmerksamkeit bekommt ein anderer geschenkt.

Formen der Aufmerksamkeit

Um Reize bzw. Informationen wahrnehmen zu können, muss ein gewisses Maß an Aufmerksamkeit gegeben sein. Je aufmerksamer man ist, desto genauer, detaillierter und umfassender kann man Sachverhalte mitbekommen. Man unterscheidet zwischen der → aktiven (willkürlichen) und der → passiven (unwillkürlichen) Aufmerksamkeit.

> **DEFINITION**
>
> Unter **aktiver Aufmerksamkeit** versteht man, dass man die Wahrnehmung gezielt und bewusst auf bestimmte Reize oder Informationen richtet, weil man etwas wahrnehmen will.
>
> Bei der **passiven Aufmerksamkeit** schaffen es die Reize auf Grund ihrer Beschaffenheit, die Wahrnehmung mehr oder weniger automatisch auf sich zu ziehen. Dies kann auch gegen den eigenen Willen geschehen.

Aktive Aufmerksamkeit liegt vor, wenn eine Politesse kontrolliert, ob in der Kurzparkzone in jedem Auto ein gültiger Parkschein liegt. Ihre passive Aufmerksamkeit wird geweckt, als ein Düsenjäger die Schallmauer durchbricht und sie aufgeschreckt nach oben blickt. In manchen Situationen kommen sich beide Formen der Aufmerksamkeit ins Gehege. Ein Autofahrer möchte sich bewusst auf den Verkehr konzentrieren, da erweckt eine farbenprächtige Lichtreklame seine passive Aufmerksamkeit, der Fahrer achtet nicht mehr auf die übrigen Autos und fährt auf seinen Vordermann auf. Oft wird die Möglichkeit der Ablenkung gezielt eingesetzt. Dies macht ein Taschendieb, der einen Passanten rechts rempelt und ihm links die Brieftasche aus dem Mantel zieht. Aktive und passive Aufmerksamkeit gehen manchmal ineinander über und sind nicht scharf getrennt. So bemerkt man unwillkürlich einen Briefkasten, wenn man einen Brief einwerfen will, obwohl man dies schon längst vergessen hat und schaut dann aktiv nach, wann die nächste Leerung erfolgt. Genau die umgekehrte Abfolge von aktiver und passiver Aufmerksam-

keit wurde im obigen Fall mit der Politesse geschildert.

Aufmerksamkeitslenkung

Wie geschieht es, dass der Mensch verschiedene Informationen unterschiedlich aufmerksam wahrnimmt? Hierfür sind zwei Prozesse verantwortlich, die sich gegenseitig ergänzen, nämlich → Filter- und → Verstärkungsprozesse (→ Aufmerksamkeitslenkung). Die Filter- und Verstärkungsprozesse sollen noch genauer dargestellt werden.

Filterprozesse. Ein junges Ehepaar wacht nachts nicht auf, obwohl Betrunkene lauthals grölend am Schlafzimmerfenster vorbeiziehen. Das leise Wimmern des Babys weckt dagegen beide sofort. Allerdings können Reize, die scheinbar total ausgefiltert wurden, zumindest teilweise und unbewusst verarbeitet werden. Dies zeigt das sogenannte → „Cocktailparty-Phänomen". Unterhält man sich auf einer Party mit einer Gruppe von Gästen, wird man hellhörig, wenn in einer anderen Gesprächsrunde der eigene Name fällt. Obwohl man über den vorherigen Gesprächsverlauf keine Angaben machen kann, hört man plötzlich seinen Namen. Also hat man auch zuvor der anderen Runde zugehört, deren Gespräch aber als unwichtig eingestuft. Dieses Zuhören bzw. gleichzeitige Registrieren zusätzlicher Informationen geschieht unbewusst, und die Informationen werden vor der bewussten Wahrnehmung ausgefiltert. Dieses Phänomen zeigt zudem, dass Filtervorgänge auf verschiedenen Ebenen der Verarbeitung der wahrgenommenen Reize stattfinden können. Welche Informationen ausgefiltert werden und welche nicht, ist z. B. von unseren augenblicklichen Interessen und Bedürfnissen abhängig, d. h. dass zu verschiedenen Zeitpunkten die Filterung nach ganz unterschiedlichen Aspekten erfolgt. Neben Filtervorgängen innerhalb eines Sinnesorgans gibt es solche zwischen verschiedenen Sinnen. Wer ganz konzentriert ein Buch liest (optische Information), überhört die Türklingel (akustische Information).

Verstärkungsprozesse. Während Herr Meier am PC arbeitet, hört er eine Stimme im Nebenzimmer. Er schreibt weiter, achtet aber stärker auf die Stimme und erkennt, dass seine Frau telefoniert. Jetzt konzentriert er sich noch mehr auf das Telefonat und bekommt mit, dass seine Frau mit Freunden ein gemeinsames Treffen bespricht. Die hier beschriebenen Wahrnehmungsprozesse der Verstärkung laufen also folgendermaßen ab: Zunächst wird die aufgenommene Information minimal, d. h. nach leicht und schnell erfassbaren Kriterien verarbeitet und bewertet. Fällt die Bewertung positiv aus, wird die Aufmerksamkeit in Richtung dieser Reize verstärkt, so dass weitere Einzelheiten und Details wahrnehmbar werden. Werden die wahrgenommenen Reize dann immer noch als positiv, d. h. interessant, wichtig oder attraktiv eingestuft, erfolgt eine weitere Zuwendung von Aufmerksamkeit. Fällt diese letzte Bewertung der Reize anders aus, wird die Aufmerksamkeit in eine andere Richtung gelenkt. Ansonsten erfolgt Verstärkung, bis eine voll bewusste und detaillierte Wahrnehmung der Reize möglich ist. Diese Bewertungsprozesse laufen in Sekundenbruchteilen ab. Dies ist möglich, weil sie meist unbewusst erfolgen. Die Bewertungskriterien sind zudem nicht immer gleich. Was an einem Tag interessant ist, kann an einem anderen langweilig erscheinen.

> **!** Durch Filterprozesse wird ein Teil der Reize, die auf unsere Sinnesorgane eintreffen, abgeblockt. Diese Reize werden entweder nicht registriert oder nach der Aufnahme durch die Nerven nicht in höhere Hirnregionen weitergeleitet.
> Durch Verstärkungsprozesse wird Reizen bzw. Informationen, die nicht ausgefiltert wurden, weitere Aufmerksamkeit zugewandt. Dadurch wird eine immer detailliertere und schließlich bewusste Wahrnehmung dieser Reize möglich.

2.2.2 Motivation: Wie wirken unsere Bedürfnisse auf die Wahrnehmung?

Im Zusammenhang mit der Aufmerksamkeitslenkung wurde dargestellt, dass u. a. die menschliche Motivation, Bedürfnisse und Interessen eine wichtige Rolle dafür spielen, was wahrgenommen wird. Viele Informationen werden dem Menschen nicht aufgezwungen, sondern er sucht aktiv nach ihnen. Wer hungrig durch eine fremde Stadt geht, sucht nach Gaststätten, und der Polizeibeamte auf Streife achtet auf Verstöße gegen die StVO. Dabei entscheiden Menschen in vielen Fällen bereits bei einer vagen und ungenauen Wahrnehmung, ob bestimmte Reize der Bedürfnisbefriedigung dienlich sein könnten. Wer also einen Brief einwerfen will und daher einen Briefkasten sucht, achtet vor allem auf gelbe Gegenstände und konzentriert sich weniger auf andersfarbige Objekte. Erblickt er dann etwas Gelbes, sieht er genauer hin, um herauszufinden, worum es sich dabei handelt. Es besteht also eine sehr enge Beziehung zwischen Motivation und Aufmerksamkeit (s. Kap. 2.2.1). Die Motivation lenkt aber nicht nur die Aufmerksamkeit auf bestimmte Reize (selektive Wahrnehmung), sondern führt eventuell zu → Wahrnehmungsverzerrungen entsprechend der momentanen Bedürfnisse und Interessen. Zunächst einmal soll die Motivation definiert, bevor ihre Auswirkungen auf die Wahrnehmung in einem Beispiel dargestellt werden.

DEFINITION

Motivation ist die Summe der Beweggründe für unser Wollen und Handeln.

BEISPIEL

Wahrnehmungsverzerrungen auf Grund der Motivationslage
Ein hungriger Tourist streift durch eine fremde Stadt. Er ist auf der Suche nach einem Restaurant, um seinen Hunger zu stillen (Motivation). Da erblickt er am Ende der Straße ein Gasthausschild und eilt auf das Gebäude zu. Als er vor dem Haus steht, entpuppt sich jedoch das vermeintliche Gasthausschild als das Zeichen einer Schlosserei.

Das Schild am Gebäude wurde vom Touristen verzerrt wahrgenommen, weil seine Wahrnehmung durch seine Motivation beeinflusst wurde.

2.2.3 Abwehrmechanismen

Als Abschluss dieses Kapitels wird diskutiert, wie Konflikte zwischen Bedürfnissen und dem Gewissen die Wahrnehmung beeinflussen können. Einen wesentlichen Einfluss auf unsere Wahrnehmung können die sog. → Abwehrmechanismen haben. Diese psychischen Prozesse sind zuerst von Sigmund Freud, dem Begründer der → Psychoanalyse, beschrieben und von seiner Tochter Anna Freud 1937 systematisch dargestellt worden (Freud, A., 2003).

Manchmal möchte man gern eine Handlung vornehmen, die den Moralvorstellungen widerspricht. Dann müssen diese widersprüchlichen Forderungen zwischen den Bedürfnissen und dem Gewissen unter einen Hut gebracht werden. Dazu können neben anderen, bewusst eingesetzten Möglichkeiten die unbewusst ablaufenden Abwehrmechanismen dienen.

DEFINITION

Abwehrmechanismen sind unbewusst eingesetzte Strategien, um Konflikte zwischen den Triebbedürfnissen und dem Gewissen zu regeln.

Im Folgenden sollen einige der wichtigsten Abwehrmechanismen, die die menschliche Wahrnehmung beeinflussen, kurz dargestellt werden:

Verdrängung
Der elementarste Abwehrmechanismus ist die Verdrängung. Durch die Verdrängung drückt man seine Triebbedürfnisse, Gedanken, Gefühle und Motive ins Unterbewusstsein, so dass man von der Existenz dieser Bedürfnisse nichts mehr weiß. Verdrängte Bedürfnisse, Gedanken, Gefühle oder Motive sind dem subjektiven Empfinden nach nicht mehr vorhanden, obwohl sie noch immer existieren.

Die Wahrnehmung wird durch die Verdrängung also insofern beeinflusst, dass die verdrängten Bedürfnisse von der betroffenen Person nicht mehr erkannt werden. Situationen, die die Möglichkeit zur Befriedigung dieser Bedürfnisse bieten würden, werden nicht mehr oder so verzerrt wahrgenommen, dass kein Anlass mehr zum Ausleben dieser Bedürfnisse existiert.

Häufig reicht die Verdrängung nicht aus. Die Triebbedürfnisse sind so stark, dass sie immer wieder ins Bewusstsein dringen. In diesem Fall müssen weitere Abwehrmechanismen eingesetzt werden:

► Reaktionsbildung
► Projektion
► Realitätsleugnung
► Verschiebung
► Rationalisierung
► Regression.

Reaktionsbildung
Die Verdrängung kann durch den Mechanismus der Reaktionsbildung verstärkt werden. Reaktionsbildung bedeutet, dass man sich unbewusst genau entgegen seinen ursprünglichen Bedürfnissen verhält. Ein solcher Mechanismus tritt vor allem dann auf, wenn die ursprünglichen Bedürfnisse oder Triebe als unmoralisch wahrgenommen wer-

BEISPIEL

Verdrängung
Polizeihauptkommissar (PHK) Gerlach verdrängt seit langem unbewusst seine Aggressionen. Aggressionen empfindet er als unmoralisch, obwohl er sich dieser Einstellung nicht bewusst ist. Daher kritisiert er seine Mitarbeiter nicht mehr, auch wenn dies nötig wäre, denn Kritik kann als eine schwache Form von Aggression verstanden werden. Hauptkommissar Gerlach sieht somit weder die Notwendigkeit für Kritikäußerungen, noch hat er ein Bedürfnis danach. Allerdings führt seine Verdrängung dazu, dass der Hauptkommissar seine Aufsichtspflicht vernachlässigt. Unbewusst will er bestimmte Sachverhalte einfach nicht wahrhaben und nimmt sie dadurch auch nicht wahr, z. B. das regelmäßige Zu-spät-Kommen eines Mitarbeiters.

den. Da man sich selbst keine unmoralischen Bedürfnisse zugestehen will, werden sie unbewusst ins Gegenteil verwandelt. So können z. B. Aggressionen durch übertriebene Liebe ersetzt werden. Auch bei diesem unbewussten Prozess kommt es zur selektiven Wahrnehmung und Wahrnehmungsverzerrungen. Bei der Ersetzung von Aggressionen durch übertriebene Liebe wird das Gegenüber nur noch so wahrgenommen, dass man es gerne haben muss.

Projektion

Ein anderer unbewusster Abwehrmechanismus bei Konflikten zwischen den Trieben und den Moralvorstellungen ist die Projektion. Hierbei werden die eigenen Bedürfnisse und Gefühle in das Gegenüber verlagert oder – anders ausgedrückt – hineinprojiziert. Als Folge dieser Projektion empfindet man nicht sich selbst als aggressiv, sondern den anderen. Auf diese Weise können z. B. Vorurteile entstehen.

Realitätsleugnung

Es kann auch zur Realitätsleugnung kommen, wenn man bestimmte Aspekte der Realität nicht wahrhaben will und sie daher auch nicht wahrnimmt. Aufgrund der Realitätsleugnung existieren für die betroffene Person unerwünschte oder unangenehme Tatbestände nicht mehr. Die Person bedient sich unbewusst der Realitätsleugnung, wenn die bewusste Auseinandersetzung mit der Realität sie zu einem aus ihrer Sicht inakzeptablen Verhalten verleiten würde.

Verschiebung

Eine weitere Möglichkeit, um mit widersprüchlichen Forderungen von Trieben und Moralvorstellungen umzugehen, ist die Verschiebung. Dabei werden → emotionale Reaktionen anstatt auf das eigentliche Objekt auf ein anderes Objekt gelenkt oder verschoben. Aufgrund der Verschiebung kann die Realität so verzerrt wahrgenommen werden,

---

BEISPIEL

Reaktionsbildung

Polizeidirektor (PD) Sommer kümmert sich aufopferungsvoll um seinen Sohn, der aufgrund einer unheilbaren Krankheit ans Bett gefesselt ist. Sommer ärgert sich jedoch maßlos darüber, dass der Sohn beständig Forderungen an ihn stellt, die er mit seinem Beruf nicht gut vereinbaren kann. Da PD Sommer seine Aggressionen jedoch für unmoralisch hält, verwandelt er sie unbewusst ins Gegenteil. Anstatt aggressiv zu reagieren, kümmert sich PD Sommer noch hingebungsvoller um seinen Sohn. Wenn ihn jemand von außen darauf hinweist, dass die Forderungen seines Sohnes maßlos sind, streitet er das ab und erklärt, dass er seinen Sohn über alles liebe und ihm jeden Wunsch erfüllen werde.

Projektion

Der bereits erwähnte PHK Gerlach glaubt, seine Mitarbeiter seien aggressiv. Er erkennt nicht, dass er selber aggressive Gefühle hat, die er jedoch verdrängt hat. Daher meint er sogar Aggressionen zu erkennen, die gar nicht vorhanden sind. Einen Mitarbeiter, der zu ihm besonders freundlich und zuvorkommend ist, empfindet er als heimtückisch. Seine Freundlichkeit ist in Gerlachs Augen nur eine List, um sich beim Vorgesetzten einzuschmeicheln und ihn umso besser austricksen zu können.

BEISPIEL

Realitätsleugnung

Polizeidirektorin (PD'in) Winter will nicht wahrhaben, dass ihr Mann sie betrügt. Als sie ihren Mann zu Hause telefonisch nicht erreichen kann, um ihn von einem plötzlichen Termin außerhalb der normalen Arbeitszeiten zu unterrichten, erklärt sie diese Situation vor sich und ihren Mitarbeitern damit, dass er sich wahrscheinlich hingelegt habe. Auch als ihr Kollegen berichten, ihren Mann während ihrer Dienstzeit mit einer anderen Frau gesehen zu haben, will sie die Möglichkeit des Fremdgehens nicht wahrhaben. PD'in Sommer wirft den Kollegen vor, einen Fremden mit ihrem Mann verwechselt zu haben.

Verschiebung

Polizeihauptkommissar (PHK) Schmidt traut sich nicht, wichtige Entscheidungen seines Vorgesetzten zu kritisieren, obwohl Schmidt sich im Recht weiß und ungerecht behandelt fühlt. Als PHK Schmidt mit einem Kollegen nach dem Dienst in ein Restaurant geht, bekommt er von der Bedienung aus Versehen ein falsches Gericht. Die Bedienung bemerkt jedoch am Tisch den Fehler, entschuldigt sich und will das Essen sofort zurückbringen. Als PHK Schmidt den falschen Teller sieht, beschimpft er die Bedienung als unfähig und unverschämt und unterstellt ihr, dass sie ihm absichtlich das falsche Essen gebracht habe. PHK Schmidt kann auch von seinem Kollegen nicht davon überzeugt werden, dass der Bedienung ungewollt ein Fehler unterlaufen sei und keinesfalls extra die Bestellungen vertauscht habe. Die Bedienung im Restaurant bekommt den aufgestauten Ärger von PHK Schmidt auf seinen Vorgesetzten ab, wobei PHK Schmidt das überhaupt nicht bewusst ist.

---

dass die Wahrnehmung zur emotionalen Reaktion passt.

Rationalisierung

Ein anderes Beispiel für einen psychischen Abwehrmechanismus ist die Rationalisierung. Die Rationalisierung wird unbewusst vom „Ich" eingesetzt, wenn das „Ich" befürchtet, dass die wahren Gründe für ein Verhalten von außen kritisiert werden könnten oder sie den eigenen Moralvorstellungen nicht entsprechen. Im Prozess der Rationalisierung werden für das eigene Verhalten oder die Gefühle vernunft- und verstandesmäßige Erklärungen gegeben, die die eigentlichen, verwerflichen Beweggründe verdecken.

Regression

Ein wichtiger Prozess, der auch als Abwehrmechanismus dienen kann, ist die Regression. Unter Regression versteht man das Zurückfallen auf eine frühere Entwicklungsstufe, die man eigentlich bereits überwunden hat. So sieht ein Erwachsener in bestimmten Bereichen die Welt wie ein Kind und verarbeitet seine Wahrnehmungen auch so. Dies kann sogar dazu führen, dass Wirklichkeit und Phantasie vermischt werden und das Denken unlogisch wird. Die Regression ist ein Abwehrmechanismus, weil sie die mit dem Scheitern verbundenen Minderwertigkeits-, Schuld- und Angstgefühle nicht ins Bewusstsein kommen lässt. Die bewusste

Rationalisierung

Polizeidirektor (PD) Fuchs ist zu faul, bestimmte Aufgaben, zu denen er verpflichtet wäre, selbst zu erledigen, und delegiert diese Aufgaben an seine Mitarbeiter. Sein Vorgehen begründet er damit, dass dieses Verhalten kooperative Führung sei und seine Mitarbeiter dadurch viel lernen könnten. PD Fuchs ist selbst davon überzeugt, dass sein Wunsch nach kooperativer Führung das wahre Motiv seines Handelns ist.

Regression

In der Abteilung wurden ein neues Betriebssystem und neue Programme auf den Computern installiert. Polizeikommissar (PK) Bus sitzt am PC und will einen neuen Dienstplan erstellen. Seit 45 Minuten versucht er es. Schließlich gibt PK Bus auf, schlägt die Tastatur auf den Tisch und brüllt den Computer an: „Du blödes Ding! Wer hat sich so einen Schwachsinn nur ausgedacht!" Laut fluchend verlässt er den Raum und knallt die Tür hinter sich zu.

Ein solch ausfallendes Verhalten ist nicht typisch für das normale, „erwachsene" Auftreten von PK Bus, sondern stellt eine „kindische" Reaktion auf einen Misserfolg dar.

Auseinandersetzung mit belastenden Inhalten wird z. B. durch eine kindische Ersatzhandlung verdeckt.

Es gibt noch weitere Abwehrmechanismen, jedoch sind die hier vorgestellten für die Wahrnehmung am wichtigsten. All diesen psychischen Prozessen ist gemeinsam, dass sie unbewusst ablaufen und eine selektive Wahrnehmung sowie Wahrnehmungsverfälschungen zur Folge haben können.

Mit den kognitiven Beschränkungen der Wahrnehmung wurden vorher Faktoren aufgezeigt, die zum einen für die Informationsauswahl verantwortlich sind und zum anderen zu Informationsverfälschungen führen können. Diese Mechanismen bewirken, dass die menschliche Wahrnehmung und die Realität nicht immer übereinstimmen. Im folgenden soll dies noch einmal am Eingangsbeispiel dargestellt werden. Die zwei unterschiedlichen Zeugenaussagen über den Verlauf der Demonstration kamen durch verschiedene Einflüsse auf die Wahrnehmung zustande. Zeuge Herrmann hatte eine negative Einstellung zur Polizei und eine positive zu den Demonstranten. Bei Zeuge Berg war das Gegenteil der Fall. Beide Personen richteten ihre Aufmerksamkeit dementsprechend auf unterschiedliche Vorkommnisse (die Polizisten schlugen zu – die Demonstranten fielen über die Polizeibeamten her), bewerteten die selben Fakten unterschiedlich (riesiges Polizeiaufgebot – mehrere Polizeibeamte) und zumindest einer sah das Geschehene falsch (ein Polizist stellte einem Demonstranten das Bein – ein Demonstrant überrannte einen Polizeibeamten und fiel hin). Beide glaubten aber, die Situation objektiv und realistisch beobachtet zu haben.

Zusammenfassung

Die menschliche Wahrnehmung unterliegt sensorischen und kognitiven Beschränkungen.

Sensorische Beschränkungen der Wahrnehmung. Diese Einschränkungen hängen mit dem Aufbau und der Funktionsweise der Sinnesorgane zusammen. Hierzu zählen die Kapazität der Sinnesorgane und des Bewusstseins, die Empfindlichkeit der Sinnesorgane und die Mechanismen der Gestaltbildung.

Kapazität. Die menschlichen Sinnesorgane haben nur eine beschränkte Kapazität, so dass nicht alle Informationen (Reize), die vorhanden sind, aufgenommen werden können. Das Bewusstsein hat eine noch beschränktere Kapazität als die Sinnesorgane. Daher können im Bewusstsein noch weniger Reize verarbeitet werden und manche der aufgenommenen Informationen bleiben unbewusst.

Empfindlichkeit. Aufgrund der spezifischen Empfindlichkeit unserer Sinnesorgane (Sensorik) müssen Reize eine gewisse Quantität und Qualität aufweisen, damit sie wahrnehmbar sind. Die Phänomene der unteren und oberen Wahrnehmungsschwelle, Unterschiedsschwelle, Adaption, Verschmelzung und Maskierung sind für die sensorische Empfindlichkeit relevant.

Gestaltbildung. Durch die Mechanismen der Gestaltbildung werden die wahrgenommenen Einzelreize zu übergeordneten Einheiten („Gestalten") zusammengefasst. Die Gestaltgesetze beeinflussen den Wahrnehmungsprozess. Dieser Prozess bewirkt u. a., dass die Wahrnehmung relativ und nicht absolut ist.

Kognitive Beschränkungen der Wahrnehmung. Diese Einschränkungen können wie die sensorischen Beschränkungen zu einer veränderten Wahrnehmung führen und beruhen auf Erkenntnisprozessen. Kognitive Beschränkungen sind nicht nur auf Nerven-, sondern auch auf Hirnaktivität zurückzuführen. Zu den kognitiven Einflüssen auf die Wahrnehmung gehören die Aufmerksamkeit, die Motivation und die Abwehrmechanismen.

Aufmerksamkeit. Man kann zwei Formen der Aufmerksamkeit unterscheiden. Bei der aktiven Aufmerksamkeit richtet der Mensch seine Aufmerksamkeit bewusst auf ein Objekt. Bei der passiven Aufmerksamkeit ziehen Objekte die Aufmerksamkeit des Menschen aufgrund ihrer Beschaffenheit auf sich. Beide Formen der Aufmerksamkeit führen zur selektiven Wahrnehmung und werden durch Filter- und Verstärkungsprozesse gelenkt. Bei der Filterung werden Reize entweder gar nicht wahrgenommen oder zumindest nicht in höhere Verarbeitungszentren geleitet. Nicht ausgefilterte Reize können durch stufenweise Aufmerksamkeitszuwendung so verstärkt werden, dass eine bewusste Wahrnehmung möglich ist. Ob eine bewusste Wahrnehmung erfolgt, hängt von einer meist unbewussten Bewertung der Informationen ab. Die Filterung auf verschiedenen Ebenen der Informationsverarbeitung führt u. a. zum „Cocktailparty-Phänomen" (man hört seinen Namen, der in einem anderen Gespräch fällt, auch wenn man dort nicht bewusst zugehört hat).

Motivation. Die Motivation oder Bedürfnislage eines Menschen kann zur selektiven Wahrnehmung führen. Der Mensch nimmt bevorzugt die Inhalte wahr, die zur Motivation passen. Andere Informationen, die nicht zur Motivation stimmig sind, werden vom Menschen nicht oder weniger stark registriert. Wahrnehmungsverzerrungen stellen eine zweite mögliche Auswirkung der Motivation dar. Die wahrgenommenen Inhalte werden verzerrt wahrgenommen, so dass sie im Einklang mit der Motivation stehen.

Abwehrmechanismen. Abwehrmechanismen sind unbewusst eingesetzte Strategien des „Ichs", um Konflikte zwischen dem Gewissen („Über-Ich") und den dazu widerstrebenden Bedürfnissen („Es") zu lösen. Sie können zur selektiven Wahrnehmung und zu Wahrnehmungsverzerrungen führen. Beispiele für Abwehrmechanismen sind die Verdrängung, die Reaktionsbildung, die Projektion, die Realitätsleugnung, die Verschiebung, die Rationalisierung und die Regression.

Weiterführende Literatur

▶ Guski, R. (2000). Wahrnehmung. Stuttgart: Kohlhammer Urban-Taschenbuch.
▶ Köhler, T. (1995). Freuds Psychoanalyse. Stuttgart: Kohlhammer.
▶ Müsseler, J. & Prinz, W. (2002). Allgemeine Psychologie. Heidelberg: Spektrum Verlag.
▶ Schönpflug, W. & Schönpflug, U. (1996). Psychologie (4. Aufl.). Weinheim: Beltz.
▶ Spada. H. (1992). Lehrbuch allgemeine Psychologie. Bern: Huber.
▶ Zimbardo, P. G. & Gerrig, R. J. (2003). Psychologie (7. Aufl.). Berlin: Springer.

3 Lernen und Verhalten

▶ Als POM Heinrich einen Autofahrer, der auf einem Behindertenparkplatz sein Auto abstellen will, höflich und freundlich auffordert, wegzufahren, beschimpft der Mann den Polizeibeamten. Der Autofahrer reagiert so heftig, weil er durch frühere, negative Erfahrungen Aggressionen gegen Polizeibeamte entwickelte.

▶ Seitdem POW Unger enger mit seinem Kollegen POW Keßler befreundet ist, verfasst er dienstliche Schriftsätze viel präziser.

▶ Der Kriminalkommissarin (KK'in) Seger ist es zunächst unerklärlich, wie die Einbrecher die Alarmanlage der Villa ausschalten konnten. Als sie in ihrem Büro darüber nochmals konzentriert nachdenkt, fällt ihr die Lösung plötzlich ein.

▶ Als in der Innenstadt fast alle Kurzparkplätze von Dauerparkern blockiert sind, fordern die Geschäftsleute die Polizei auf, härter gegen die Parksünder durchzugreifen. Nach wenigen Wochen hat sich die Parkmoral wieder verbessert.

Auch wenn die Gemeinsamkeit der oben genannten Beispiele nicht sofort ins Auge springt, beschäftigen sie sich alle mit verschiedenen Lernsituationen. Natürlich spielen in den Beispielen auch andere Aspekte eine Rolle, aber diese sollen im folgenden Kapitel nicht behandelt werden. Dieses Kapitel beschäftigt sich mit → Lernen und will solche und ähnliche Fragen beantworten:

▶ Was versteht die Psychologie unter Lernen und Verhalten?

▶ Wie lernen Menschen?

▶ Warum verhalten sich Menschen in einer bestimmten Art und Weise?

▶ Wie kann die Polizei die Mitbürger dazu bringen, Verordnungen und Gesetze einzuhalten?

▶ Wie kann der Vorgesetzte seine Mitarbeiter beeinflussen und umgekehrt?

3.1 Was versteht die Psychologie unter Lernen und Verhalten?

Wenn wir den Begriff Lernen hören, denken wir in der Regel an die Schule und das bewusste Aneignen von Wissen. Die Psychologie hat aber ein viel umfassenderes Verständnis von Lernen. Nur einen Bruchteil dessen, was wir im Laufe unseres Lebens lernen, eignen wir uns bewusst, gezielt und systematisch an. Sehr viel mehr erwerben wir unbewusst, nebenbei, ohne Absicht und teilweise sogar gegen unseren Willen.

Unter Lernen versteht man in der Psychologie nicht nur der Erwerb von Wissen, sondern auch das Erlernen von Verhaltensweisen oder Reaktionen wie Gefühlen. Aufgrund eines Lernvorgangs muss es auch nicht immer zu einer Leistungssteigerung kommen, sondern es kann auch ein Leistungsabfall

Unbewusstes und ungewolltes Lernen

▶ POW'in Walter hat selbst gar nicht bemerkt, dass sie ihren Vorgesetzten seit einiger Zeit als „Chef" bezeichnet, weil dies auch ihre Kollegen tun.

▶ Im Dienstunterricht werden wichtige Gesetzesänderungen vorgestellt. Der Referent erzählt im Verlauf des Unterrichts einen ziemlich dummen Witz. Einige Wochen später stellt POM Roh mit Entsetzen fest, dass er sich an wesentliche Inhalte des Unterrichts nicht mehr erinnern kann. Er ist aber immer noch in der Lage, den Witz zu erzählen.

eintreten. Dies geschieht durch Übertraining, indem wir Falsches lernen oder auch weil uns die neuen Informationen verunsichern.

Die Psychologie definiert **Lernen** als relativ überdauernde Veränderung des Verhaltenspotentials (Möglichkeit des Verhaltens) aufgrund vorausgegangener Erfahrung (Bredenkamp et al. 1976).

Die in der Definition angesprochene Veränderung des Verhaltenspotentials bedeutet, dass man auch etwas gelernt haben kann, ohne dass sich später die Gelegenheit ergibt, das neu erworbene Können zu beweisen. Ebenso kann es sein, dass man das erlernte Verhalten nicht zeigt, weil man dazu nicht motiviert ist. Man muss aber rein theoretisch in der Lage sein, sich entsprechend zu verhalten. Wenn man in diesem Zusammenhang von Veränderung spricht, muss die Veränderung durch Erfahrungen bedingt sein und nicht auf Reifung oder vorübergehende Einflüsse wie Krankheiten, Motivation oder Drogen zurückzuführen sein. Auch der Begriff Verhalten ist in der Psychologie sehr weit gefasst. Dies soll an einem Beispiel verdeutlicht werden.

Verhalten

Ein Polizeibeamter wird in einer kalten Winternacht zu einem Verkehrsunfall gerufen. Mehrere Personen wurden verletzt, ein kleines Kind wurde getötet. Der Unfallverursacher ist betrunken. Der Beamte zeigt in dieser Situation u. a. folgendes Verhalten:

Er sichert die Unfallstelle ab und versorgt die Verletzten. Er friert. Als er erkennt, dass das Kind tot ist, läuft es ihm kalt den Rücken hinunter und das Herz schlägt schneller. Außerdem ist er zornig und wütend auf den betrunkenen Autofahrer, schaut ihn dementsprechend grimmig an und denkt voll Schrecken, was es für ihn bedeuten würde, wenn sein Sohn Tim verunglückt wäre. Dann überlegt er, welche Maßnahmen ergriffen werden müssen.

Die Psychologie unterscheidet zwischen vier Arten von Verhalten oder Reaktionen, wie auch im oben beschriebenen Beispiel deutlich wurde:

(1) Motorisches Verhalten
(2) Physiologische Reaktion
(3) Emotionale Reaktion
(4) Kognitives Verhalten.

Zunächst sollen diese vier verschiedenen Verhaltensformen kurz definiert werden.

Motorisches Verhalten: Zum motorischen Verhalten zählt alles Verhalten, wozu der Mensch seine willkürliche (willentlich beeinflussbare) Muskulatur bzw. seinen Skelettapparat benötigt (z. B. gehen, sich hinknien und die Mimik).

Physiologische Reaktion: Unter einer physiologischen Reaktion versteht man Nerven-, Organ- und Drüsentätigkeiten wie die Reaktion der Nerven auf Reize, den Pulsschlag oder die Hormonausschüttung.

Emotionale Reaktion: Mit der emotionalen Reaktion sind Gefühle wie Ärger, Wut, Freude und Liebe gemeint.

Kognitives Verhalten: Das kognitive Verhalten umfasst die Wahrnehmungs- und Denkprozesse wie z. B. sehen, nachdenken und sich erinnern.

Die Einteilung in vier verschiedene Verhaltensformen soll allerdings nur als Orientierungshilfe dienen. So gibt es Verhaltensweisen, die mehreren Bereichen zugehören. Eine emotionale Reaktion wie Trauern setzt sich aus einer gebeugten Körperhaltung (→ motorisches Verhalten, Motorik), Weinen (→ physiologische Reaktion), Niedergeschlagenheit (→ emotionale Reaktion, Gefühl) und wehmütigen Erinnerungen (→ kognitives Verhalten) zusammen. Außerdem hat eine Veränderung in einem Bereich auch Auswirkung auf die anderen Verhaltensformen. Wer von einem Hund angefallen wird, erkennt die Gefahr (kognitives Verhalten), bekommt Angst (Gefühl), fängt an zu schwitzen (physiologische Reaktion) und läuft eventuell weg

(Motorik). Allen vier Arten von Verhalten ist gemeinsam, dass hier Lernen stattfinden kann. Dies soll noch einmal in einer Auflistung dargestellt werden:

▶ Motorisches Verhalten: Man kann Skifahren lernen.
▶ Physiologische Reaktion: Es kann gelernt sein, in einer bestimmten Situation verstärktes Herzklopfen zu haben.
▶ Emotionale Reaktion: Aufgrund unangenehmer Erfahrungen bekommt man Angst vor einer bestimmten Person.
▶ Kognitives Verhalten: Man prägt sich Gesetzestexte ein.

Bei den unterschiedlichen Verhaltensweisen gibt es ganz verschiedene Möglichkeiten, wie der Lernprozess abläuft bzw. wie die Erfahrung gemacht wird, die zu einer Veränderung des Verhaltenspotentials führt. Diese verschiedenen Lerntheorien werden im Folgenden näher beschrieben:

▶ Klassisches Konditionieren
▶ Operantes Konditionieren
▶ Lernen am Modell
▶ Lernen durch Einsicht

3.2 Klassisches Konditionieren: Lernen durch Signale

▶ POW Schuhmacher freut sich immer, wenn er den Kollegen POW Beyer trifft.
▶ Der Taschendieb Fischer wird nervös, wenn er in der Menge einen uniformierten Polizeibeamten bemerkt.
▶ Der Fahrschüler Harald denkt daran, abzubremsen, wenn er das Verkehrsschild „Vorsicht Kinder" sieht.
▶ Mancher Autofahrer reagiert immer aggressiv, wenn er mit einem Polizeibeamten in Kontakt tritt.

Die im Beispiel beschriebenen Reaktionen bzw. Verhaltensweisen wurden nach dem Prinzip des → klassischen Konditionierens oder Signallernens erworben. Diese Form des Lernens wurde durch gezielte Experimente von dem russischen Physiologen Ivan Pawlow (1972) Anfang des letzten Jahrhunderts untersucht. Pawlow erkannte, dass ein Hund auf einen Glockenton mit vermehrtem Speichelfluss reagiert, wenn er den Ton vorher immer beim oder vor dem Fressen gehört hatte. Damit ist der Glockenton zu einem gelernten oder konditioniertem Reiz bzw. einem Signal für den Speichelfluss geworden. Dieser Prozess soll ausführlicher dargestellt werden: Der Ton ist zunächst ein so genannter neutraler Reiz, neutral, weil er keinen Speichelfluss auslöst. Das Futter ist der so genannte ungelernte (unkonditionierte) Reiz für Speichelfluss, weil es von Natur aus ohne vorheriges Lernen eine entsprechende Reaktion auslöst. Das Futter (unkonditionierter Reiz) und der Glockenton (neutraler Reiz) werden nun mehrmals gemeinsam dargeboten. Dadurch wird der Glockenton zum gelernten (konditionierten) Reiz, d. h. er kann jetzt auch dann den Speichelfluss hervorrufen, wenn er alleine dargeboten wird. Zur weiteren Verdeutlichung soll dieser Lernprozess am Beispiel von POW Schuhmacher, der sich freut, wenn er den Kollegen POW Beyer trifft, in einem Schema aufgezeigt werden (Abb. 3.1).

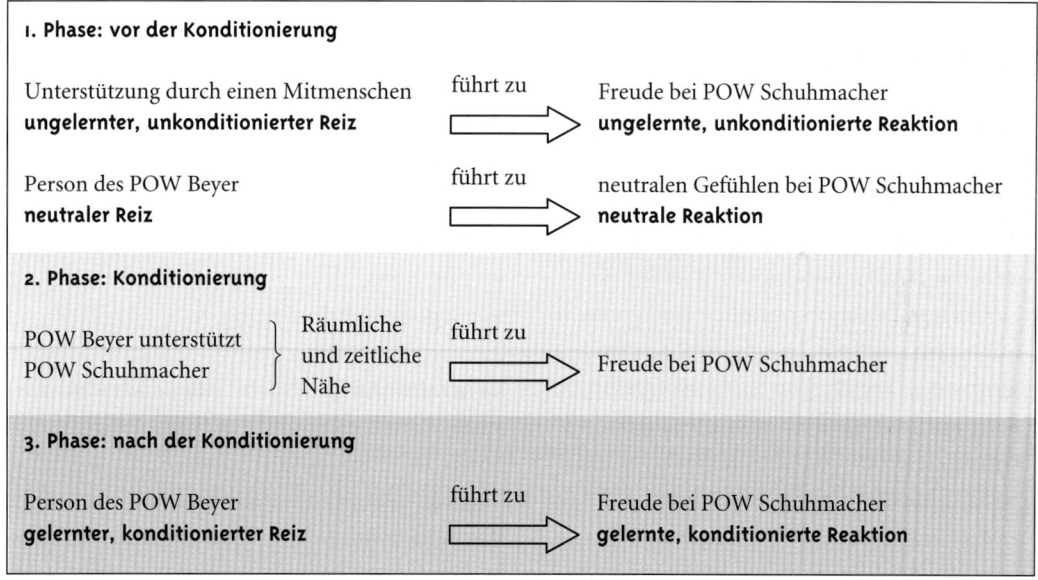

Abbildung 3.1. Ablauf einer Konditionierung. In der **ersten Phase, vor der Konditionierung**, löst die Unterstützung durch einen Mitmenschen bei POW Schuhmacher Freude aus (unkonditionierte Reaktion). Die Person des POW Beyer ist für POW Schuhmacher ein neutraler Reiz, der eine neutrale Reaktion auslöst. Dann unterstützt POW Beyer jedoch POW Schuhmacher in der **zweiten Phase der Konditionierung**, dies freut POW Schuhmacher. Danach stellt die Person des POW Beyer für POW Schuhmacher einen konditionierten Reiz dar und löst bei POW in der **dritten Phase nach der Konditionierung** die konditionierte Reaktion Freude aus

Wie in der Abbildung dargestellt wird, wurde POW Beyer zum konditionierten Reiz, der bei POW Schuhmacher Freude auslösen kann. Man spricht von einem konditionierten Reiz, weil Beyer in der 1. Phase vor der Konditionierung bei Schuhmacher keine Freude auslöste, sondern erst nach dem Konditionierungsprozess in der 2. Phase. Dieses Beispiel zeigt, dass konditionierte Reize, die ein bestimmtes Verhalten auslösen, nicht nur einfacher physikalischer oder chemischer Natur wie Töne und Futter sein müssen. Konditionierte Reize können auch sehr komplex und umfassend sein, z. B. eine soziale Situation. Allerdings muss für eine Konditionierung ein unkonditioniertes Verhalten bereits vorliegen. Mit Hilfe der Konditionierung können nur neue Reize mit bereits bekanntem Verhalten oder Reaktionen gekoppelt werden. Es können durch die klassische Konditionierung keine neuen Verhaltensweisen erlernt werden.

> **!** Um eine klassische Konditionierung vorzunehmen, muss zunächst ein ungelernter, unkonditionierter Reiz für eine bestimmte Reaktion räumlich und zeitlich mit einem anderen, neutralen Reiz zusammen auftreten. Durch die Koppelung wird der neutrale Reiz zum gelernten, konditionierten Reiz für die Reaktion, weil er diese auch alleine auslösen kann. Die Reaktion wird als gelernt bzw. konditioniert bezeichnet, wenn sie vom gelernten, konditionierten Reiz ausgelöst wird.

Bei der Konditionierung sind drei weitere Aspekte wesentlich:
(1) Lernprozesse können nach dem Prinzip des klassischen Konditionierens unbewusst ablaufen. Dies führt dazu, dass wir uns selbst nicht immer darüber klar sind, warum wir in einer Situation auf eine bestimmte Art reagieren.
(2) Gelernte Reaktionen werden in der Regel automatisch ausgelöst, so dass eine willentliche Beeinflussung nur im beschränkten Ausmaß möglich ist. So freut sich Herr Schuhmacher ganz einfach, wenn er Herrn Beyer sieht, und der Taschendieb Fischer wird immer nervös, wenn er einen Polizeibeamten bemerkt.
(3) Normalerweise sind mehrmalige Koppelungen des neutralen und ungelernten Reizes nötig, damit ein Lern- bzw. Konditionierungsprozess stattfindet. In bestimmten Fällen reicht jedoch auch ein einmaliger Vorfall aus, weil die Erfahrung sehr intensiv oder schwerwiegend war.

Prozesse bei der klassischen Konditionierung
Bei der klassischen Konditionierung können folgende, wichtige Prozesse stattfinden:
▶ Generalisierung
▶ Diskrimination
▶ Löschung
▶ Gegenkonditionierung.

Generalisierung. Nach einer Konditionierung dürfte eigentlich nur der Reiz die gelernte Reaktion auslösen, der am Lernprozess beteiligt war. Ein Autofahrer, der sich über die Behandlung eines Polizeibeamten maßlos geärgert hat, dürfte somit nur gereizt sein, wenn er diesen Beamten sieht. Meist bewirken aber auch ähnliche Reize eine entsprechende Reaktion. Daher reagiert der Autofahrer auch auf einen völlig fremden Polizeibeamten aggressiv. Er hat also seine → Aggressivität übertragen. Hier kommt das Phänomen der → Generalisierung zum Tragen. Dies bedeutet, dass Reize, die äußerliche Ähnlichkeiten mit dem konditionierten Reiz aufweisen oder eine ähnliche Bedeutung wie dieser haben, die gelernte Reaktion nach sich ziehen können. Dann reagiert der Autofahrer auch auf Polizeibeamte aggressiv, mit denen er bisher noch keinen Kontakt hatte (äußerliche Ähnlichkeit), oder es steigt ihm die Galle hoch, wenn er nur das Wort Polizei (ähnliche Bedeutung) hört.

DEFINITION

Unter **Generalisierung** versteht man beim klassischen Konditionieren, dass auch Reize, die dem gelernten Reiz nur äußerlich oder der Bedeutung nach ähnlich sind, die konditionierte Reaktion auslösen können. Um die Reaktion auszulösen, muss kein weiterer Lernvorgang stattgefunden haben.

Diskrimination. Neben der Generalisierung gibt es noch das entgegengesetzte Phänomen der → Diskrimination. Damit eine Diskrimination ausgelöst werden kann, hat zumeist vorher eine Generalisierung stattgefunden. Aufgrund der Diskrimination zeigt man die konditionierte Reaktion nur noch auf ganz bestimmte Reize und ihnen ähnliche Reize lösen die Reaktion nicht mehr aus.

DEFINITION

Bei der **Diskrimination** engt sich die Bandbreite der Reize, die eine bestimmte Reaktion auslösen, ein. Es erfolgt eine Unterscheidung oder Diskrimination zwischen relevanten und irrelevanten Reizen.

Bei der Diskrimination erfolgt eine Differenzierung, da zwischen relevanten und irrele-

vanten Reizen unterschieden wird und nur noch die relevanten Reize die Reaktion auslösen. Diese Unterscheidungsfähigkeit zwischen verschiedenen Reizen ist für das (Über-)Leben sehr wichtig. So wie Tiere zwischen verschiedenen Geräuschen unterscheiden müssen, um sich entweder für Angriff oder Flucht zu entscheiden, sollten auch Menschen nicht auf ähnliche Reize immer die gleiche Reaktion zeigen.

BEISPIEL

Diskrimination
Polizeimeister (PM) Anton ist als Junge von dem Terrier des Nachbarn gebissen worden. Seitdem hatte er vor allen Hunden Angst, denen er begegnete. Im Rahmen seines Dienstes hat er jedoch immer wieder mit Hundeführern und ihren Hunden zu tun. Zunächst hat er auch vor diesen Hunden Angst. Mit der Zeit verliert er aber die Angst vor den meisten Hunden. Nur Terrier, die dem Nachbarshund sehr ähnlich sehen, lösen noch seine Angst aus.

Löschung. Ein weiterer Aspekt, der beim Lernen berücksichtigt werden muss, ist die → Löschung. Wenn POW Schuhmacher längere Zeit keine erfreulichen Erlebnisse mit POW Beyer hat, Taschendieb Fischer seit Monaten nicht mehr von der Polizei erwischt wurde und der Autofahrer immer nur noch auf Polizeibeamte trifft, die ihn sachlich und objektiv behandeln, können die auf die Reize gelernten Reaktionen schwächer werden oder ganz verschwinden. In der Psychologie wird dieser Vorgang als Löschung bezeichnet. POW Schuhmacher freut sich also nur, POW Beyer zu treffen, wenn dieser Kontakt manchmal mit angenehmen Erlebnissen verbunden ist. Ansonsten wird er Beyer nach einiger Zeit wieder eine neutrale Reaktion entgegen bringen. Durch die Löschung „vergisst" der Mensch bzw. der Organismus sozusagen, dass der konditionierte Reiz eine bestimmte, konditionierte Reaktion auslöst.

DEFINITION

Bei der **Löschung** wird ein gelernter Reiz nach einiger Zeit wieder zum neutralen Reiz, wenn er nicht ab und zu mit dem ursprünglichen ungelernten Reiz gemeinsam auftritt.

Gegenkonditionierung. Neben der Löschung eines Verhaltens können natürlich auch Umlernprozesse zu einem veränderten Verhalten auf einen konditionierten Reiz führen. In der Psychologie werden solche Prozesse → Gegenkonditionierungen genannt. Der Autofahrer, der einmal von einem Polizeibeamten schikaniert wurde, trifft z. B. innerhalb mehrerer Jahre nur noch auf besonders freundliche und verständige Beamte. Reize, die im Zusammenhang mit Polizeibeamten aggressive Gefühle auslösen, bleiben aus. Stattdessen treten nur solche Reize auf, die positive Stimmungen bewirken. Dadurch kann der Autofahrer eine positive Einstellung zur Polizei entwickeln.

DEFINITION

Im Fall der **Gegenkonditionierung** tritt der gelernte Reiz nicht mehr mit dem ursprünglichen ungelernten Reiz gemeinsam auf, sondern es kommt ein weiterer Reiz hinzu, der ein anderes Verhalten als der ungelernte Reiz auslöst.

3.3 Operantes Konditionieren: Lernen durch Konsequenzen

Den Beispielfällen unten ist Eines gemeinsam: Das Verhalten der Personen änderte sich aufgrund der Konsequenzen des Verhal-

---

BEISPIEL

Lernen durch Konsequenzen

► Kriminalhauptkommissar (KHK) Rühl hat eine raffinierte Fragetechnik entwickelt, mit der er Lügner ziemlich sicher identifizieren kann. Daher wendet er diese Form der Befragung öfter an.

► Polizeiobermeisterin (POM'in) Bauer wird von ihrem Vorgesetzten gelobt, weil sie sich besonders geduldig mit älteren Mitbürgern befasst, die mit einem Anliegen auf die Polizeiinspektion kommen. Seither kümmert sich POM'in Bauer noch stärker um ältere Menschen.

► Im letzten Monat hatten sich die Kollegen von POW Herzog öfters darüber lustig gemacht, dass er unrasiert und ungekämmt zum Dienst kam. Seit einer Woche erscheint er wie aus dem Ei gepellt und bekommt keine dummen Sprüche mehr zu hören.

► Nachdem die Polizei sechs Monate lang sehr viele Falschparker in der Innenstadt gebührenpflichtig verwarnte, verbesserte sich die Parkmoral.

► Herr Wegener wurde auf Bewährung entlassen. Er wird von der Polizei beim Verstoß gegen seine Bewährungsauflagen erwischt. Daraufhin wird er wieder inhaftiert.

---

tens. Die Personen hatten die Erfahrung gemacht, dass bestimmtes Verhalten erfolgreich war bzw. anderes negative Folgen hatte. Dementsprechend wurde manches Verhalten aufgebaut und stabilisiert, während anderes seltener wurde oder ganz verschwand. Diese Form des Lernens nennt man → operantes Konditionieren oder instrumentelles Lernen.

> **DEFINITION**
>
> Beim **operanten Konditionieren** kommt es zu einer Verhaltensänderung durch die Konsequenzen des Verhaltens.

Das operante Konditionieren wird auch als instrumentelles Lernen bezeichnet, weil die Konsequenzen als Instrumente aufgefasst werden können, die das Lernen beeinflussen. Der Ablauf und die Gesetzmäßigkeiten des operanten Konditionierens bzw. des instrumentellen Lernens wurden vor allem von dem Amerikaner Burrhus F. Skinner (1974) erforscht. Im Folgenden sollen die Grundprinzipien des Lernens kurz dargestellt werden.

3.3.1 Allgemeine Grundprinzipien des Lernens

Bevor auf die Besonderheiten des operanten Konditionierens eingegangen wird, sollen zunächst Prinzipien erklärt werden, die für diese Form des Lernens allgemein von Wichtigkeit sind. Hierzu gehören vor allem → Verstärker und → Strafen. Jede Handlung eines Menschen hat eine Auswirkung oder eine Konsequenz. Auch in den Beispielen erlebten die Personen aufgrund ihres Verhalten Reaktionen von Dritten. Aufgrund dieser Auswirkungen veränderten die Personen ihr Verhalten oder behielten es bei. Die Konsequenzen eines Verhaltens können ganz un-

terschiedlich sein. In den Beispielen wurden folgende Reaktionen dargestellt:

▶ Fragetechnik von KMK Rühl: Er hat Erfolg bei den Befragungen – positive Konsequenz.
▶ Engagement für alte Menschen von POM'in Bauer: Sie wird gelobt – positive Konsequenz.
▶ Erscheinungsbild von POW Herzog: Er wird von den Kollegen nicht mehr gehänselt – Ausbleiben einer negativen Konsequenz.
▶ Falschparker: Gebührenpflichtige Verwarnungen von Seiten der Polizei – Strafe.
▶ Verstoß gegen die Bewährungsauflagen durch Herrn Wegener: Freiheitsentzug – Strafe.

> **DEFINITION**
>
> Unter **Verstärkern** werden in der Psychologie die positiven Konsequenzen eines Verhaltens verstanden.
> Unter **Strafen** werden negative Verhaltensfolgen zusammengefasst.

In der Psychologie wird bei den Verstärkern einer Handlung zwischen diesen Erscheinungsformen unterschieden:

▶ Positiver Verstärker
▶ Negativer Verstärker

> **DEFINITION**
>
> **Positiver Verstärker:** Wenn auf ein Verhalten ein positiver Zustand folgt, nennt man diese Konsequenz einen positiven Verstärker.
> **Negativer Verstärker:** Wenn aufgrund eines Verhaltens ein negativer Zustand beendet wird, nennt man diese Konsequenz einen negativen Verstärker.

Das Konzept des → negativen Verstärkers ist oft nicht sofort verständlich. Daher werden zur Klärung des Begriffs negative Verstärker noch weitere Beispiele aufgeführt. Typische negative Verstärker sind,

- Schmerzen, die nachlassen,
- Angst, die aufhört, oder
- ein Konflikt mit einem geliebten Menschen, der beendet wird.

Beiden Arten von Verstärkern (→ positiven und negativen) ist gemeinsam, dass sie als positiv empfunden werden. Dies gilt auch für die negative Verstärkung, da es angenehm ist, wenn ein negativer Zustand beendet wird. Entsprechend unterscheidet man auch bei der Strafe zwischen zwei Formen, wofür es allerdings keine unterschiedlichen Bezeichnungen gibt. Beim ersten Typ der Strafe setzt ein negativer Zustand aufgrund eines Verhaltens ein, bei der zweiten Art wird ein positiver Zustand durch das Verhalten beendet (Tab. 3.1).

> Positive und negative Verstärker bewirken, dass das entsprechend verstärkte Verhalten mit größerer Wahrscheinlichkeit in der Zukunft wieder gezeigt wird.
>
> Eine Bestrafung führt dazu, dass das bestrafte Verhalten abgebaut wird oder zumindest solange unterdrückt wird, wie mit Bestrafung gerechnet wird.

Bleiben die Verstärker auf ein Verhalten aus, erfolgt eine → Löschung, so dass das betreffende Verhalten wie nach einer Bestrafung seltener wird oder ganz verschwindet.

Bei erzieherischen Maßnahmen werden oftmals Verstärkungen und Strafen eingesetzt, um auf das Verhalten einzuwirken. Neben den Konsequenzen von außen kann man sich

BEISPIEL

Löschung eines operant konditionierten Verhaltens

- Wenn KHK Rühl mit seiner Fragetechnik eine Zeit lang keine besonderen Erfolge mehr hat, wird er sie nicht mehr einsetzen.
- Wenn POM'in Bauer keinen persönlichen Gewinn mehr darin sieht, sich engagiert um ältere Mitbürger zu kümmern, wird ihre Initiative nachlassen. Dabei kann es sein, dass es POM'in Bauer keinen Spaß mehr macht oder sie für ihre Bemühungen nicht mehr gelobt wird.
- PM'in Huber erzählt keine Witze mehr, nachdem niemand mehr darüber lacht.

aber auch selbst verstärken oder bestrafen. In manchen Fällen sind Verstärkung oder Bestrafung automatische oder zwangsläufige Konsequenzen eines Verhaltens. So wird man beschwingt, wenn man etwas Alkohol trinkt, und tut sich fürchterlich weh, wenn man einen heißen Ofen berührt. Es kann auch zufällig nach einem bestimmten Verhalten etwas geschehen, was mit dem Verhalten gar nichts zu tun hat und trotzdem kann sich dieses Ereignis bestrafend oder verstärkend auswirken. Dadurch entsteht abergläubisches Verhalten. Wenn man bei einer Prüfung, auf die man schlecht vorbereitet war, einen Talisman bei sich trägt und die Prüfung besteht, kann man den Grund für das Bestehen im Talisman sehen. Folglich wird man bei allen weiteren Prüfungen diesen Talisman bei sich tragen.

Unbewusstes Lernen. Es ist nicht nötig, dass die beschriebenen Lernprozesse bewusst ablaufen. Dies wurde bereits am Beispiel von

Tabelle 3.1. Überblick über die verschiedenen Arten von Verstärkung und Bestrafung: In Abhängigkeit von den Veränderungen des augenblicklichen Zustandes (Beendigung oder Beginn) und der Art des augenblicklichen Zustands (positiv, negativ) können die verschiedenen Formen von Verstärkung und Bestrafung erklärt werden. Jeweils kleingedruckt sind die vorher benutzten Beispiele aufgeführt

Veränderung / Zustand	Positiver Zustand	Negativer Zustand
Beginn des Zustandes	Positive Verstärkung Erfolg bei Befragungen, Lob	Strafe Verwarnung
Beendigung des Zustandes	Strafe Freiheitsentzug	Negative Verstärkung Stopp der Hänseleien

POM Roh verdeutlicht, der von der Fortbildung ungewollt den dummen Witz behielt, nicht aber die fachlichen Informationen. Da also Lernprozesse unbewusst ablaufen können, kann man unter Umständen die Frage nicht beantworten, warum man sich auf eine ganz bestimmte Art und Weise in einer Situation verhält.

3.3.2 Besonderheiten des operanten Konditionierens

Das operante Konditionieren weist einige Besonderheiten auf, die berücksichtigt werden sollten, wenn auf diese Art Verhalten gezielt beeinflusst werden soll.

Unmittelbarkeit. Konsequenzen, die unmittelbar auf ein Verhalten einsetzen, beeinflussen dieses Verhalten stärker als später einsetzende Konsequenzen. Daher sollte ein Vorgesetzter möglichst schnell gute Leistungen seiner Mitarbeiter loben und auch Fehler umgehend kritisieren.

Resistenz. Eine weitere Konsequenz aus den beschriebenen Lernprozessen ist, dass ein Verhalten, das zunächst verstärkt und später bestraft wird, trotz der Bestrafung weiter bestehen bleiben kann. Die erste Reaktion auf ein Verhalten wird meist am besten verinnerlicht. Der Nachteil einer zeitlichen Verzögerung der Bestrafung kann jedoch durch eine entsprechende Intensität der Strafe ausgeglichen werden.

Vor diesem Hintergrund der Unmittelbarkeit von Folgen und der Resistenz des Verhaltens ist neben anderen Gründen erklärbar, warum ein Autofahrer weiterhin falsch parkt, obwohl er wegen Falschparkens gebührenpflichtig verwarnt wurde. Bevor er für sein Vergehen die gebührenpflichtige Verwarnung bezahlen musste, ist sein Fehlverhalten meistens bereits verstärkt worden. Diese Verstärker könnten beim Falschparker eine Rolle gespielt haben:

▶ Der Fahrer freute sich, nach langer Suche endlich einen Parkplatz gefunden zu haben.

▶ Er musste seine schweren Einkaufstüten nicht weit tragen.

▶ Er hatte die Gebühren für das Parkhaus gespart.

Wenn zuerst eine Bestrafung und erst danach eine Verstärkung eintritt, dann gelten die gleichen Phänomene mit umgekehrten Vorzeichen: Ein zuerst bestraftes Verhalten wird nicht leicht durch Verstärkung etabliert werden. Es benötigt häufig ein konsistentes Verstärken und eine gewisse Zeitspanne, bis die Erinnerung an die Bestrafung verblasst. Beim operanten Konditionieren muss zusätzlich berücksichtigt werden, dass Verstärkung und Bestrafung individuell unterschiedlich erlebt werden können. Es hängt von der einzelnen Person und ihren aktuellen Bedürfnissen ab, was sie als positiv oder negativ empfindet.

BEISPIEL

Individuelle Unterschiede bei Verstärkung und Bestrafung

▶ Als PM'in Kraft von ihrem Ehemann ein Skiwochenende geschenkt bekommt, freut sie sich riesig. Für PM'in Riessel wäre ein solches Geschenk jedoch eher eine Strafe, weil sie Skifahren schrecklich findet.

▶ POW Lind findet es angenehm, an einem langweiligen, verregneten Sonntagnachmittag Besuch zu bekommen. An einem Sonntag nach einer anstrengenden und ereignisreichen Nachtschicht stört ihn jedoch der Besuch seiner Schwester sehr.

▶ Eine gebührenpflichtige Verwarnung in Höhe von 30 Euro kann für einen Studenten eine große Belastung sein, wohingegen der Besitzer einer großen Firma sich dadurch nicht bestraft fühlt.

Probleme bei Bestrafung

Neben dem Problem der Individualität bei der ausgewählten Bestrafung können sich weitere Schwierigkeiten ergeben, wenn sie zu pädagogischen Zwecken wie in der Verkehrserziehung oder Mitarbeiterführung eingesetzt wird. Einige davon sollen im Folgenden dargestellt werden.

Zeitliche Begrenztheit. Zumeist unterdrückt eine Strafe ein Verhalten nur so lange, wie man mit einer Bestrafung rechnen muss. Sobald keine Strafe mehr zu erwarten ist, weil z. B. die Aufsichtsperson nicht mehr anwesend ist, wird das vorher bestrafte Verhalten wieder gezeigt werden.

Inkonsistenz. Nicht immer wird ein Verhalten in der gleichen Art und Weise bestraft. Eine solche Inkonsistenz ist ein Grund, warum es so viele Falschparker gibt. Viele Falschparker nämlich hoffen oder sind sich ziemlich sicher, nicht erwischt zu werden. Außerdem werden die Fälle, bei denen eine befürchtete Strafe ausbleibt, als Verstärkung des Fehlverhaltens erlebt. Dem Autofahrer, der mit einer gebührenpflichtigen Verwarnung wegen Falschparkens gerechnet hat, fällt ein Stein vom Herzen, wenn diese Verwarnung ausbleibt. Durch diesen für ihn positiven Vorfall wurde das Falschparken verstärkt, und es kommt mit noch größerer Wahrscheinlichkeit bald wieder zu einem Verstoß gegen die StVO.

Begrenzter Informationsgehalt. Wird jemand für ein bestimmtes Verhalten bestraft, bekommt er dadurch meist nur die Information, was falsch, nicht aber, was richtig ist. Ein Vorgesetzter, der seine Mitarbeiter für Fehler nur rügt, gute Leistungen aber nie lobt, erreicht daher unter Umständen nur, dass einzelne Mitarbeiter gar nichts mehr tun oder weiterhin die alten Fehler machen. Die Mitarbeiter wissen, dass sie falsch handeln, aber weil sie keine andere Möglichkeit haben und nicht wissen, wie sie sich korrekt verhalten sollen, wiederholen sie ihre Fehler. Daher sollte dem Bestraften immer mitgeteilt werden, welches Verhalten erwünscht ist und wie er es erreichen kann.

Unbeabsichtigte Folgen. Eine Bestrafung kann neben dem unerwünschten Verhalten auch erwünschtes und positives Verhalten unterdrücken. Ein Mitarbeiter, der für bestimmte Überschreitungen seiner Kompetenz zur Rechenschaft gezogen wird, gibt vielleicht auch in anderen Bereichen seine Eigeninitiative und Selbständigkeit auf. Strafen können die zwischenmenschlichen Beziehungen belasten, so dass Spannungen auftreten. Nach der Rüge durch einen Vorgesetzten kann es sein, dass der Mitarbeiter den Kontakt zu ihm möglichst meidet, ihn belügt oder Fehler zu vertuschen sucht. Daneben können durch häufige und intensive Strafen beim Bestraften körperliche, psychosomatische und psychische Nebenwirkungen auftreten, die sich z. B. in Magenbeschwerden, Unsicherheit oder Ängsten äußern können. Hinzu kommen natürlich noch mögliche körperliche Folgen von körperlichen Strafen.

> **!** Man sollte versuchen, positives Verhalten zu verstärken, anstatt negatives Verhalten zu bestrafen.

Aus lerntheoretischen Gesichtspunkten wäre es also besser, jedem Autofahrer, der richtig parkt, einen Geldschein hinter den Scheibenwischer zu klemmen als Falschparker gebührenpflichtig zu verwarnen. Dieses Beispiel zeigt bereits, dass obiger Hinweis in der Praxis nicht immer durchführbar ist. Man sollte sich aber immer wieder überlegen, ob im Einzelfall statt einer Bestrafung nicht auch eine Verstärkung von erwünschtem Verhalten möglich wäre. Dies gilt gerade für die Mitarbeiterführung. Nicht immer muss die Verstärkung in Form von Geld, Geschenken oder Privilegien erfolgen. Gerade bei der Mitarbeiterführung wirkt ein Lob mindestens genauso stark wie eine Prämie. Daher sollte versucht werden, so oft wie möglich auf zwischenmenschlicher Ebene eine angemessene Verstärkung zu finden, wie ein Lob, eine nette Geste oder eine kleine Aufmerksamkeit.

3.4 Lernen am Modell: Lernen durch Beobachtung

> ▶ PM Fröhlich findet es gut, dass PM'in Martin jugendliche und erwachsene Verkehrssünder unterschiedlich auf ihr Fehlverhalten anspricht und versucht, ihr Verhalten nachzuahmen.
> ▶ POW Peter zeigt POW Eichel, wie man Schriftsätze verständlich abfasst.
> ▶ POW Hesping gefällt es, wie POK Rath seine Mütze aufsetzt, und trägt sie auf die gleiche Art.
> ▶ Seitdem PM'in Stadler in einer Dienstgruppe ist, in der alle Dialekt sprechen, redet sie ebenfalls nicht mehr hochdeutsch.

Die oben angeführten Beispiele zeigen eine weitere Form des Lernens: Es ist möglich, neues Verhalten zu erwerben, indem man andere beobachtet und sie imitiert (→ Lernen am Modell). Diese Lernart wurde vor allem von Albert Bandura (1969) untersucht. Beim Modelllernen finden die meisten Lernprozesse unbewusst und unbeabsichtigt statt. Man hat in solchen Fällen weder den Vorsatz, etwas von einer anderen Person zu übernehmen, noch fällt einem auf, dass man etwas lernt. So merkt PM'in Stadler aus dem Einleitungsbeispiel vielleicht gar nicht, dass sie Dialekt spricht. Es ist für den Lernprozess nicht unbedingt nötig, das Modell direkt zu beobachten, sondern es reicht aus, durch irgendwelche Medien Informationen über das Verhalten des Modells zu bekommen. Bei spektakulären Kriminalfällen gibt es aufgrund von Zeitungsberichten immer wieder Nachahmungstäter (Trittbrettfahrer), die versuchen, auf die gleiche Weise zum Erfolg zu kommen. Außerdem muss das Modell nicht detailliert imitiert werden, sondern der Beobachter kann das beobachtete Verhalten entsprechend seinen persönlichen Bedürfnissen, Fähigkeiten, Vorstellungen usw. verändern. So verwendet PHM Fröhlich aus unserem Eingangsbeispiel nicht exakt die gleichen Formulierungen wie PHM'in Martin beim Ansprechen von Verkehrssündern, sondern imitiert nur den Sprachstil.

DEFINITION

Lernen am Modell erfolgt durch die Beobachtung und die mehr oder weniger exakte Nachahmung des Verhaltens eines Vorbildes durch den Lernenden.

Durch das Lernen am Modell sind drei Effekte möglich:

(1) Neuerwerb. Neues Verhalten wird gelernt, so dass der Beobachter in der Lage ist, etwas zu tun, was er vorher noch nicht konnte. Daher kann POW Peter durch die Hilfe von POW Eichel jetzt auch allein Schriftsätze verständlich abfassen. Natürlich müssen bereits vor dem Neuerwerb vorher bestimmte Fertigkeiten und Fähigkeiten vorhanden sein. So kann man trotz intensiver Beobachtung eines Trapezkünstlers im Zirkus dessen Kunststücke in der Regel nicht nachmachen.

(2) Hemmung oder Enthemmung. Vorhandenes Verhalten wird gehemmt oder enthemmt, je nachdem welche Folgen dieses Verhalten beim Modell hat. PM'in Stadler hat schon früher Dialekt sprechen können, es aber unterlassen, weil sie dafür bisher gehänselt wurde. Aber da jetzt die Kollegen nicht Hochdeutsch sprechen, macht sie es auch nicht mehr. In der Regel kommt es häufiger zu einer Enthemmung von Verhalten als zu dessen Hemmung. Dies liegt daran, dass oft ein starkes Bedürfnis vorhanden ist, Verhalten zu zeigen, bei dem man bisher Strafe befürchtete. Ein weiterer Grund für die häufigere Enthemmung von Verhalten ist, dass man mit dem Verhalten, das beim Modell bestraft wurde, selbst bereits positive Erfahrungen gemacht hat. Außerdem kann man glauben, die Sache besser als das Modell durchführen zu können bzw. eine günstigere Situation als das Vorbild vorzufinden, so dass man für sich selbst keine negativen Konsequenzen befürchtet.

(3) Situationsbezug. Durch das Modelllernen wird erlernt, in welchen Situationen bereits vorhandenes Verhalten angebracht bzw. unangebracht ist. So lernt PHM Fröhlich durch Beobachtung von PHM'in Martin, dass eine bestimmte Form der Zurechtweisung nur Jugendlichen, aber nicht Erwachsenen gegenüber angemessen ist.

Bestimmte Eigenschaften des Vorbilds erhöhen die Wahrscheinlichkeit, dass eine Person zum Modell für eine andere wird. Diese persönlichen Merkmale des Modells sind beim Lernen durch Beobachtung förderlich:

▶ Hoher sozialer Status, Anerkennung, Prestige, Erfolg
▶ Soziale Macht, die Möglichkeit zu belohnen oder zu bestrafen

- Beliebtheit, Sympathie, Freundlichkeit
- Ähnlichkeiten und Gemeinsamkeiten in wichtigen Merkmalen, z. B. körperlichen, psychischen oder soziologischen, zwischen dem Modell und dem Beobachter
- Eigenschaften, die für den Beobachter wichtig und attraktiv sind.

Beim Lernen durch Beobachtung werden nicht nur diese positiven Eigenschaften imitiert, sondern auch anderes Verhalten des Modells. Dies macht sich die Werbung zunutze, wenn in Zeitschriften, die sich in erster Linie an Polizeibeamte richten, auch Polizeibeamte bestimmte Produkte anpreisen. Die Werbeagentur erwartet, dass sich der Leser mit dem Werbermodell (wichtige Gemeinsamkeit des Berufes) identifiziert und damit auch das übrige Verhalten (Kauf des beworbenen Produktes) nachahmt. Neben den persönlichen Eigenschaften des Modells hängt es auch von Merkmalen des Verhaltens ab, ob Imitationslernen stattfindet. Positive Merkmale des Verhaltens sind beispielsweise:

- Neuartigkeit und Auffälligkeit des Verhaltens
- Emotionale Erregung durch das Verhalten beim Beobachter
- Verstärkung (Erfolg) des beobachteten Verhaltens – dies ist aber nicht unbedingt nötig
- Bisherige Bestrafung und dadurch bedingte Hemmung des Verhaltens beim Beobachter.

Diese Merkmale erleichtern, dass ein Verhalten und eine Person zum Modell wird, und führen dazu, dass besonders aggressives Verhalten leicht gelernt wird. So führt ein aggressives Verhalten beim Beobachter meist zu emotionaler Erregung, was die Wahrscheinlichkeit des Nachahmens erhöht. Au-ßerdem wird Aggressivität meist bestraft und dadurch gehemmt und zumindest kurzfristig scheint das aggressive Verhalten Erfolg zu haben.

Vorteile des Modelllernens

Das Modelllernen hat gegenüber dem klassischen und operanten Konditionieren ganz entscheidende Vorteile, die nachfolgend aufgezeigt werden:
- Neues Verhalten
- Risikofreiheit
- Effizienz.

Neues Verhalten. Durch das Modelllernen kann Verhalten erworben werden, das der Lernende bisher noch nicht zeigte oder beherrschte. Beim klassischen Konditionieren wird das Verhalten vor dem Lernvorgang bereits durch den ungelernten Reiz ausgelöst. Es gehört also bereits zum Verhaltensrepertoire des Lernenden. Beim klassischen Konditionieren entsteht nur eine neue Verbindung zwischen dem neuen, gelernten Reiz und der gelernten Reaktion. So hat sich POW Schumacher immer schon über alles Mögliche freuen können, hat aber aufgrund der Ereignisse gelernt, sich auch beim Anblick von POW Beyer zu freuen. Damit Verhalten nach dem Prinzip des operanten Konditionierens aufgebaut werden kann, muss es ebenfalls irgendwann auftreten, um es anschließend verstärken zu können. Wenn sich POM'in Bauer nie geduldig mit älteren Mitbürgern befasst hätte, wäre sie dafür nicht von ihrem Vorgesetzten gelobt worden und dann wäre dieses Verhalten nicht gefestigt worden.

Risikofreiheit. Viele Reaktionen werden besser nicht durch die eigene Erfahrung und die Konsequenzen gelernt, weil die Folgen äu-ßerst negativ sein können. Dies wird deut-

Abbildung 3.2. Durch das Lernen am Modell kann Kindern beispielsweise das richtige Verhalten im Straßenverkehr gefahrlos gezeigt werden

lich, wenn man sich überlegt, welche chaotischen und lebensgefährlichen Zustände herrschen würden, wenn richtiges Verhalten im Straßenverkehr durch Ausprobieren gelernt werden müsste.

Effizienz. Viele Verhaltensweisen können durch das Nachahmen schneller und ökonomischer erlernt werden. Würden Menschen das Sprechen nur nach dem Prinzip des operanten Konditionierens lernen, müssten jeder richtig geäußerte Laut und jede korrekte Lautkombination von den Mitmenschen verstärkt werden, indem sie in Jubelschreie ausbrechen, den Sprechenden mit Süßigkeiten belohnen usw. So reicht es aber

beim Modelllernen aus, die Mundstellung anderer zu beobachten und auf einzelne Laute zu hören, um sie imitieren zu können.

Praktische Relevanz

Für Polizeibeamte und für Vorgesetzte ist das Modelllernen wichtig, da es eine gute Möglichkeit bietet, den Bürger oder den Mitarbeiter positiv zu beeinflussen. Man muss das Verhalten vorleben, das man von anderen erwartet. Dies ist die beste Möglichkeit, erwünschtes Verhalten beim Gegenüber zu erzielen. Andererseits kann man leicht für andere zum Modell werden, ohne die entsprechende Absicht zu haben. So hat möglicherweise ein Vorgesetzter Eigenschaften, die ihn mit großer Wahrscheinlichkeit zum Modell für Mitarbeiter werden lassen. Diese Eigenschaften wären sein sozialer Status, seine Macht, seine dienstliche Position und andere Merkmale, die für die Mitarbeiter attraktiv sind. Deshalb muss gerade er darauf bedacht sein, sich vorbildhaft zu verhalten, da er zum Modell für die Mitarbeiter wird. Diese ungewollte Modellfunktion muss besonders beachtet werden, weil die Erfahrung und die Forschung zeigen, dass eher die negativen als die positiven Eigenschaften eines Modells imitiert werden. Von daher kann ein Vorgesetzter als negatives Vorbild leider viel eher Schaden anrichten als ein gutes Modell Nutzen bringt.

3.5 Lernen durch Einsicht: Lernen durch Problemlösen

Die unten dargestellten Beispiele fallen alle unter die Kategorie des → Lernens durch Einsicht oder des einsichtigen Problemlösens (Oerter, Dreher & Dreher, 1977). Obwohl sie sich mit unterschiedlichen Situationen beschäftigen, ist den Beispielen gemeinsam, dass die Personen zunächst nachdenken, bevor die Erkenntnisse in Handlungen umgesetzt werden.

> **DEFINITION**
>
> Beim **Lernen durch Einsicht** setzt man sich in Gedanken mit einer Problematik auseinander und versucht, Lösungsmöglichkeiten zu finden. Die möglichen Konsequenzen der gefundenen Handlungsalternativen werden in Gedanken vorweggenommen.

Diese Art des Lernens zeichnet sich vor allem durch die Abwägung der Konsequenzen der möglichen Handlungsalternativen aus. Um dieses Vorgehen zu verdeutlichen, soll der Problemlöseprozess noch einmal anhand des Beispiels der Champions League genauer dargestellt werden.

Beim Lernen durch Einsicht stellt man vor dem eigentlichen Handeln Überlegungen

> **BEISPIEL**
>
> **Lernen durch Einsicht**
> ▶ Der neue Dienststellenleiter ist dabei, eine Diensteinteilung zu erstellen, da durch eine Grippeepidemie die bisherige Regelung total über den Haufen geworfen wurde. Da er diese Aufgabe zum ersten Mal durchführt, braucht er dafür mehr Zeit als sein Vorgänger, weil er sich zunächst einige Varianten überlegt, bis die Diensteinteilung endgültig steht.
> ▶ POM Lübke überlegt, wie er seine verschiedenen Aufträge am ökonomischsten erfüllen kann. Dabei hat er das Problem, dass verschiedene Personen, die er aufsuchen muss, nur zu bestimmten Zeiten anzutreffen sind.
> ▶ In der Stadt wird das Endspiel der Champions League stattfinden. Dazu werden größere Gruppen von Rowdys und Hooligans erwartet. Deswegen laufen die Überlegungen zum Einsatzkonzept der Polizei auf Hochtouren. Bisher waren noch keine Endspiele in der Stadt ausgetragen worden.
> ▶ KM'in Seger denkt angestrengt nach, wie die Einbrecher die Alarmanlage ausschalten konnten, bis ihr plötzlich die Lösung einfällt.

Abwägung der Konsequenzen möglicher Handlungsalternativen

In der Stadt soll das erste Mal das Endspiel der Champions League ausgetragen werden. Die für das Fußballspiel verantwortliche Einsatzleitung macht sich im Vorfeld u. a. Gedanken darüber, ob ein massives Polizeiaufgebot auf gewaltbereite Fans eher einschüchternd wirkt oder diese erst richtig reizt. Man überlegt außerdem, wie eine Solidarisierung zwischen gewalttätigen und friedlichen Zuschauern verhindert werden kann. Mehrere Szenarien werden von der Einsatzleitung durchgespielt und die möglichen Konsequenzen diskutiert. Schließlich wird ein Einsatzplan erstellt.

zu den möglichen Konsequenzen an. Dabei werden bereits in der Planungsphase unbrauchbare Lösungen verworfen. Erst nach diesem Denkprozess setzt man den Ansatz, der am besten erscheint, in die Tat um. Im obigen Fall wird das Einsatzkonzept zunächst diskutiert, dann erstellt und anschließend durchgeführt. Auch bei diesen Problemlösungsprozessen können wir von einer Form des Lernens sprechen. Zuvor wurde Lernen als Veränderung des Verhaltenspotentials durch vorausgegangene Erfahrungen definiert (Kap. 3.1). Beim Lernen durch Einsicht findet auch eine Veränderung des Verhaltenspotentials statt, da man sich nach den Überlegungen zu möglichen Lösungen des Problems tatsächlich anders verhalten kann als vorher.

Vorteile des Lernens durch Einsicht

Das Lernen durch Einsicht hat gegenüber den bisher besprochenen Formen des Lernens (klassisches Konditionieren, operantes Konditionieren, Modelllernen) einige Vorteile, die im Folgenden vorgestellt werden.

Abbildung 3.3. Bei der Planung für das Vorgehen bei einer Großveranstaltung, z. B. dem Endspiel der Champions League, wägt die Einsatzleitung die möglichen Handlungsalternativen und ihre Konsequenzen ab (Lernen durch Einsicht)

Indirekte Erfahrungen. Beim Problemlösen werden Erfahrungen nicht dadurch gemacht, dass man die Lösungsmöglichkeiten selbst ausprobiert (operantes Konditionieren) oder andere bei deren Umsetzung beobachtet (Modelllernen). Stattdessen überlegt man sich die Auswirkungen der möglichen Handlungsalternativen und entscheidet sich für brauchbar Erscheinendes. Der Lernprozess findet damit im Kopf statt.

Übertragbarkeit der Lösungen. Die durch das Problemlösen gefundene Lösung des Problems bleibt nicht nur auf den aktuellen gelösten Fall beschränkt, sondern kann auf ähnlich gelagerte oder strukturierte Probleme leicht übertragen werden. Steht z. B. wieder ein wichtiges Fußballspiel an, ist dementsprechend weniger Planungsarbeit nötig.

Unabhängigkeit. Beim Lernen durch Einsicht haben Menschen die Möglichkeit, sich eigenständig und aktiv durch Nachdenken mit der Umwelt auseinander zu setzen und „nur" dadurch Probleme zu bewältigen. Da das Lernen im Kopf stattfindet und die Handlung erst danach durchgeführt wird, ist man nicht wie beim klassischen Konditionieren von äußeren Umständen wie Reizen, die ein Verhalten auslösen müssen, abhängig. Ebenso erlebt man die Konsequenzen nicht wie beim operanten Konditionieren direkt an der eigenen Person, sondern kann sie gedanklich vorwegnehmen. Ebenso ist man nicht wie beim Modelllernen von anderen abhängig, die ein Verhalten vormachen, um Lösungen für ein Problem zu finden.

Kein Probelauf. Im Alltag ist es häufig nicht möglich, durch Ausprobieren zur richtigen Lösung zu kommen, da falsche Wege sehr negative Folgen haben können (der Geisel-nehmer, der falsch behandelt wird, tötet seine Geiseln) oder weil die Situation einmalig ist (es ist unmöglich, vorher zu testen, wie die Teilnehmer einer bestimmten Demonstration auf unterschiedliches polizeiliches Vorgehen reagieren). In diesen Fällen stellt das Problemlösen eine sehr gute Möglichkeit dar, sich sozusagen theoretisch die möglichen Konsequenzen des Handelns vor Augen zu führen.

Effizienz. Trotz der notwendigen Denkpause wird manchmal Zeit (und Geld) gespart, wenn nicht gleich gehandelt und die erste – nicht unbedingt beste – Lösung spontan in die Tat umgesetzt wird. Der Vorteil des Problemlösens liegt darin, dass aufgrund der Vorüberlegungen wahrscheinlich ineffektive Lösungen nicht zeit- und kostenintensiv probiert werden.

Bewusstheit. Die Lösungen aufgrund des Lernens durch Einsicht können anderen mitgeteilt werden – ein unbewusstes Lernen ist hier nicht möglich. Die Lösungen und die Schritte dorthin können vom Lernenden besser eingeprägt werden, da eine aktive Auseinandersetzung mit dem Problem stattfindet.

Die Lösung für ein Problem stellt sich beim Lernen durch Einsicht häufig plötzlich und schlagartig ein. Es geht einem ein Licht auf, man hat ein Aha-Erlebnis, wie Psychologen es nennen. Dabei findet man plötzlich die Lösung, wenn man genau weiß, was erreicht werden soll. Oder – anders ausgedrückt – ist die präziseste Fassung des Problems zugleich seine Lösung (Oerter et al., 1977). Diese Art des Lernens ist nicht nur auf den Menschen beschränkt, sondern auch bei höher entwickelten Tieren möglich. Bereits 1929 zeigte Wolfgang Köhler, dass Schim-

---

BEISPIEL

Problemlösen bei Schimpansen

Um zu testen, ob Menschenaffen Probleme einsichtig lösen können, führte Wolfgang Köhler (1929) folgenden Versuch mit Schimpansen in einem Käfig durch: Schimpansen bekamen außerhalb ihrer Reichweite Bananen vor ihren Käfig gelegt. Zunächst versuchten die Affen mit Bambusstäben, die im Käfig lagen, die Früchte heranzuholen, was aber nicht gelang. Nach einiger Überlegung kamen die Affen auf die Idee, zwei Stöcke mit unterschiedlichem Durchmesser zusammenzustecken und mit den verlängerten Stöcken die Bananen heranzuziehen. War diese Lösung einmal gefunden, blieb sie immer verfügbar und konnte auch auf ähnliche Probleme übertragen werden. Die Affen hatten gelernt, dass sie mit herumliegenden Stöcken oder, abstrakt ausgedrückt, mit Werkzeugen ihre Reichweite vergrößern konnten. Lagen keine Stöcke im Käfig, erkannten die Affen daraufhin schnell, dass sie sich entsprechendes Werkzeug beschaffen konnten, indem sie die Äste von einem Baum abbrachen, der im Käfig wuchs.

---

pansen in der Lage sind, durch Einsicht zu lernen.

Nachteile des Lernens durch Einsicht

Das Lernen durch Einsicht oder Problemlösen hat neben den beschriebenen Vorteilen auch Grenzen und Nachteile, die ebenfalls kurz dargestellt werden sollen.

Überschaubarkeit des Problems. Die zu bewältigende Situation muss überschaubar sein, damit eine Lösung durch das Lernen durch Einsicht gefunden werden kann. Manche Probleme sind aber so komplex, dass sie nicht völlig durchdacht werden können, so dass ab einem bestimmten Zeitpunkt nur das Ausprobieren einzelner Lösungsmöglichkeiten bleibt. Die Vorstellungskraft des Menschen reicht bei komplexen Problemen nicht aus, um alle möglichen Konsequenzen gedanklich vorauszusehen und zu bedenken.

Intelligenzanforderung. Einsichtiges Lernen setzt gewisse geistige Fähigkeiten des Lernenden voraus. Einsicht lässt sich nicht erzwingen. Häufig gibt es auch keine eindeutigen Kriterien, wann die Überlegungen abgeschlossen werden können. Man weiß nicht, ob es nicht vielleicht eine noch bessere Lösung gibt und traut sich daher unter Umständen nicht, zu handeln, um nicht voreilig etwas Falsches zu tun. Denkfehler tun zudem nicht weh, so dass man Fehler in der Planung nicht immer erkennt.

Unvorhersagbares. Manchmal gibt es bei Problemen Unwägbarkeiten, die die Überlegungen behindern können. Die Polizei weiß z. B. nicht, ob es durch getrennten Kartenverkauf tatsächlich gelungen ist, die Fußballanhänger der beiden Mannschaften auf verschiedene Blöcke im Stadion zu verteilen.

Zeit. Beim Lernen durch Einsicht muss man eine Denkpause einlegen. Jedoch hat man in manchen Fällen nicht die Zeit, lange über Lösungsmöglichkeiten nachzudenken, weil sofortiges Handeln nötig ist. Andererseits erlebt man oft, dass die spontane Reaktion im Nachhinein doch nicht die beste Lösung war und dass man intensiver hätte nachdenken sollen.

3.6 Führungsstile und Lernarten: Wie hängen Führung und Lernen zusammen?

Es gibt zwischen den verschiedenen → Führungsstilen und den bisher vorgestellten Lernarten einen interessanten Zusammenhang, der an dieser Stelle an den folgenden Führungsstilen erklärt werden soll:

▶ Autoritärer Führungsstil
▶ Kooperativer Führungsstil

Autoritärer Führungsstil. Beim → autoritären Führungsstil kommen vor allem Prinzipien des klassischen und operanten Konditionierens zum Tragen. Der Mitarbeiter lernt z. B., dass er auf Anordnungen und Befehle sofort mit deren Ausführung zu reagieren hat, Vorgesetzte zackig grüßen und in Eingreifsituationen vorher eingeübte Verhaltensabläufe zeigen muss. Wie beim klassischen Konditionieren sollen auf Reize bestimmte Reaktionen automatisch ausgelöst werden. Entsprechend dem operanten Konditionieren wird der Mitarbeiter geführt, indem er für positives Verhalten verstärkt und für negatives Verhalten bestraft wird. Erwünschtes Verhalten wird dabei allerdings meist als selbstverständlich angesehen, so dass häufig auf Lob, Auszeichnungen o. ä. verzichtet wird. Dafür wird das Fehlverhalten umso stärker sanktioniert. Die Angst des Mitarbeiters vor Bestrafung, die durch dieses Vorgehen erzeugt wird, gilt als wichtiges und bewusst eingesetztes Führungsmittel. Zum Teil wird auch Modelllernen angewandt, indem der Vorgesetzte dem Mitarbeiter vormacht, was er wie zu tun hat, und von diesem erwartet, das er diese Vorgaben möglichst exakt imitiert.

Kooperativer Führungsstil. Der → kooperative Führungsstil weist starke Parallelen mit Prinzipien des einsichtigen Lernens auf. Der Mitarbeiter wird mit Zielvorgaben geführt, d. h. es werden ihm Probleme und Aufgaben, die gelöst bzw. erledigt werden müssen, vorgegeben. Der Mitarbeiter muss für diese Probleme und Aufgaben eigenständig Lösungen finden, die er dem Vorgesetzten anschließend vorstellt. Der Vorgesetzte muss diese Vorschläge akzeptieren, wenn sie sachlich vertretbar sind, selbst wenn er ursprünglich andere Vorstellungen hatte. Bei diesem Führungsstil werden Arbeitsbereiche delegiert, die der Mitarbeiter selbstständig und eigenverantwortlich zu bewältigen hat. Dazu muss ihm transparent gemacht werden, was und wann er etwas zu tun hat. Vom Mitarbeiter werden wie beim einsichtigen Lernen eigenständige Überlegungen, flexible Anpassung an veränderte Situationen und durchdachtes Handeln erwartet. Automatisiertes Tun nach Schema F ist dagegen eher unerwünscht. Der Mitarbeiter soll durch Mitdenken und (Mit)Entscheiden seine Aufgaben bewältigen, wozu ihm die erforderliche Handlungsfreiheit gewährt wird. Außerdem soll ihm einsichtig sein, was und warum er etwas tut.

Zusammenfassung

Lernen und Verhalten. Lernen ist eine relativ überdauernde Veränderung des Verhaltenspotentials aufgrund vorausgegangener Erfahrungen. Es kann auch unbewusst und gegen unseren Willen erfolgen. Unter Verhalten werden in der Psychologie motorische, physiologische, emotionale und kognitive Reaktionen zusammen gefasst. Je nachdem, worin die Erfahrung besteht, die zu einer Veränderung des Verhaltenspotentials führt, kann man klassisches Konditionieren (Signallernen), operantes Konditionieren (instrumentelles Lernen), Modelllernen (Lernen durch

Beobachtung) und Lernen durch Einsicht (einsichtiges Problemlösen) unterscheiden.

Klassisches Konditionieren. Beim klassischen Konditionieren werden ein ungelernter (unkonditionierter) Reiz und ein neutraler Reiz für eine bestimmte Reaktion zeitlich und räumlich gekoppelt. Dadurch wird der neutrale Reiz zum gelernten (konditionierten) Reiz für die gelernte Reaktion.

▶ Reize, die äußerliche oder inhaltliche Gemeinsamkeiten mit dem gelernten (konditionierten) Reiz aufweisen, können die gelernte (konditionierte) Reaktion auch ohne entsprechende Erfahrung auslösen. Dieses Phänomen heißt Generalisierung.

▶ Engt sich die Bandbreite der gelernten (konditionierten) Reize ein, die die gelernte Reaktion auslösen können, liegt Diskrimination vor.

▶ Wird nur noch der gelernte (konditionierte) Reiz ohne den ungelernten (unkonditionierten) Reiz dargeboten, wird ersterer wieder zum neutralen Reiz und es kommt zur Löschung.

▶ Der gelernte (konditionierte) Reiz tritt zusammen mit einem anderen Reiz auf und dadurch verändert sich die gelernte (konditionierte) Reaktion. Dieser Lernvorgang heißt Gegenkonditionierung.

Operantes Konditionieren. Beim operanten Konditionieren (instrumentellen Lernen) wird das Verhaltenspotential durch die Konsequenzen des Verhaltens beeinflusst.

▶ Positive Konsequenzen des Verhaltens heißen Verstärker. Sie können darin bestehen, dass ein angenehmer Zustand auf ein Verhalten hin beginnt (positiver Verstärker) oder ein negativer Zustand durch das Verhalten beendet wird (negativer Verstärker). Verstärkung führt zum Aufbau und zur Stabilisierung des Verhaltens.

▶ Strafe bzw. Bestrafung bedeutet, dass ein Verhalten negative Konsequenzen nach sich zieht. Sie kann dadurch erfolgen, dass ein positiver Zustand durch das Verhalten beendet wird oder ein negativer Zustand auf das Verhalten hin einsetzt. Bestrafung führt zur Reduktion und der Unterdrückung eines Verhaltens.

▶ Es hängt vom einzelnen Individuum bzw. seinen Bedürfnisse ab, was das Individuum als Verstärkung oder Bestrafung empfindet.

▶ Konsequenzen, die unmittelbar auf ein Verhalten folgen, haben in der Regel einen stärkeren Einfluss auf das Verhalten als später eintretende Konsequenzen.

▶ Bleibt die Verstärkung eines Verhaltens aus, kann es zur Löschung kommen, d. h. das Verhalten wird seltener oder gar nicht mehr auftreten.

▶ Will man Verhalten eines Menschen gezielt verändern, ist es normalerweise besser, das erwünschte Verhalten zu verstärken als das unerwünschte Verhalten zu bestrafen, da Bestrafung auch nicht beabsichtigte Nebeneffekte haben kann.

Lernen am Modell. Lernen am Modell oder Lernen durch Beobachtung bedeutet, dass man das Verhalten anderer Personen, das man direkt oder indirekt mitbekommt, mehr oder weniger genau imitiert.

▶ Menschen werden mit größerer Wahrscheinlichkeit zum Modell, wenn sie einen hohen sozialen Status haben, beliebt sind, mit dem Beobachter wesentliche Gemeinsamkeiten oder für diesen erstrebenswerte Eigenschaften haben.

- Durch das Modelllernen kann neues Verhalten erworben werden, das bisher nicht zum Repertoire des Lernenden gehörte, bereits vorhandenes Lernen kann gehemmt oder enthemmt werden oder es kann erlernt werden, welches Verhalten in bestimmten Situationen angebracht bzw. unangebracht ist.
- Das Modelllernen hat gegenüber dem klassischen und operanten Konditionieren die Vorteile, dass völlig neues Verhalten gelernt werden kann und der Lernprozess ökonomischer verläuft.

Lernen durch Einsicht. Wenn man durch Nachdenken und Überlegen die Lösung des Problems findet, spricht man vom Lernen durch Einsicht oder einsichtigem Problemlösen.

- Positive Aspekte am Lernen durch Einsicht sind, dass wir nicht erst ausprobieren müssen, was an Lösungen möglich wäre, nicht von den Konsequenzen unseres Verhaltens geleitet werden, keine Modelle oder Reize brauchen, die ein bestimmtes Verhalten auslösen, die Lösungen anderer Menschen mitteilen und die Resultate auf andere, ähnliche Probleme übertragen können.
- Wesentliche Grenzen und Nachteile des Lernens durch Einsicht liegen darin, dass die Problematik geistig zu verkraften sein muss, bestimmte intellektuelle Fähigkeiten des Lernenden nötig sind, Kriterien für eine wirklich brauchbare Lösung nicht immer zu finden sind und Denkfehler unter Umständen nicht erkannt werden.

Führungsstile. Es gibt einen interessanten Zusammenhang zwischen den verschiedenen Führungsstilen und Lernarten.

- Beim autoritären Führungsstil kommen vor allem Prinzipien des klassischen und operanten Konditionierens zum Tragen. Auf bestimmte Reize werden bestimmte Reaktionen erwartet, der Mitarbeiter wird durch Verstärkung und häufig noch mehr durch Bestrafung geführt. Zum Teil liegt auch Modelllernen vor, indem der Vorgesetzte dem Mitarbeiter vormacht, was er wie zu tun hat.
- Eine kooperative Führung baut verstärkt auf einsichtiges Lernen. Eigeninitiative und Verantwortung werden vom Mitarbeiter erwartet. Durch Mitdenken und -entscheiden soll der Mitarbeiter seine Aufgaben bewältigen, wozu ihm auch die erforderliche Handlungsfreiheit gewährt wird. Außerdem soll ihm einsichtig sein, was und warum er etwas tut.

Weiterführende Literatur
- Edelmann, W. (2000). Lernpsychologie (6. Aufl.). Weinheim: Beltz.
- Rudolf, U. (2003). Motivationspsychologie. Weinheim: Beltz.
- Schermer, F. J. (2002). Lernen und Gedächtnis. Stuttgart: Kohlhammer Urban-Taschenbücher.
- Seel, N. M. (2000). Psychologie des Lernens. Stuttgart: Uni-Taschenbuch.
- Spada. H. (1992). Lehrbuch allgemeine Psychologie. Bern: Huber.
- Zimbardo, P. G. & Gerrig, R. J. (2003). Psychologie (7. Aufl.). Berlin: Springer.

4 Gefühle

> ▶ Als POM'in Rosen den Einbrecher in der Lagerhalle stellt, starrt dieser sie mit weit aufgerissenen Augen an. Es schnürt ihm die Kehle zu, und sein Herz schlägt ihm bis zum Hals.
> ▶ PHM Lindner lacht lauthals über den Witz seines Kollegen und schlägt sich vor Vergnügen auf die Schenkel.
> ▶ KK Wolf gratuliert seiner Frau mit einem Blumenstrauß zum Geburtstag, umarmt und küsst sie zärtlich.
> ▶ Immer wenn POM Drexler an die Ungerechtigkeiten bei der letzten Beurteilung denkt, steigt ihm die Galle hoch und er verflucht seinen Vorgesetzten.

Das folgende Kapitel beschäftigt sich mit den → Gefühlen und den Reaktionen, die sich im Menschen aufgrund der Gefühle abspielen. Im Kasten werden Situationen beschrieben, in denen Personen Gefühle bzw. entsprechende Gefühlsreaktionen zeigen. Solche Reaktionen können in verschiedenen Bereichen des Menschen ablaufen:

▶ biochemische oder physiologische Vorgänge, wie erhöhter Pulsschlag
▶ motorisches Verhalten, z. B. Umarmen
▶ Denkprozesse, den Vorgesetzten verwünschen usw.

Ganz allgemein sollen im Verlauf dieses Kapitels Fragen beantwortet werden wie:

▶ Welche Gefühle gibt es?
▶ Wie entstehen Gefühle?
▶ Wie gehen wir am besten mit Gefühlen um?
▶ Was hat es vor allem mit Angst und Aggression auf sich?

Diese Fragen sind im Polizeialltag relevant und sollen daher im Folgenden diskutiert werden.

4.1 Was versteht die Psychologie unter Gefühlen?

Bei den Gefühlen können wir zwischen positiven und negativen oder besser zwischen angenehmen und unangenehmen Gefühlen unterscheiden. Die Begriffe positiv und negativ suggerieren leicht, dass es gute oder erlaubte und schlechte oder unerlaubte Gefühle gibt. Das ist aber nicht so, denn jeder hat das Recht auf seine Gefühle. Es gibt keine verwerflichen Gefühle. Eine andere Frage ist natürlich, was man aus seinen Gefühlen macht bzw. wie man mit ihnen umgeht.

Angenehme Gefühle. Angenehme Gefühle sind solche, die man herbeizuführen oder aufrecht zu erhalten versucht, wie Freude, Liebe und Stolz.

Unangenehme Gefühle. Als unangenehm bezeichnet man Gefühle, die man vermeiden oder beenden möchte, wie Trauer, Wut und Angst.

Gemischte Gefühle. Die Unterscheidung zwischen angenehmen und unangenehmen

Abbildung 4.1. Bei einer Festnahme erleben die Beteiligten die unterschiedlichsten, zum Teil sehr starken Gefühle wie Erleichterung oder Anspannung auf Seiten der Beamten, während der Festgenommene eher Angst, Aggressionen, Verzweiflung oder Panik empfindet

Gefühlen ist allerdings nur eine grobe Einteilung. So gibt es gemischte Gefühle, die angenehme und unangenehme Elemente beinhalten, wie Heimweh, das aus Zuneigung und Trauer besteht. Bei anderen Gefühlen hängt es von der Intensität ab, wie sie empfunden werden. Leichte Angst ist für uns eher angenehm, was sich manche Fahrgeschäfte auf Jahrmärkten zunutze machen. Außerdem gibt es beim Empfinden und Bewerten von Gefühlen persönliche Unterschiede. Masochisten, die Leid als lustvoll empfinden, sind ein extremes Beispiel dafür, wie unterschiedlich Menschen die gleichen Empfindungen bewerten können.

Wahrnehmung und Gefühle

In den Beispielen am Anfang des Kapitels werden relativ intensive Gefühle dargestellt. Die Psychologie geht davon aus, dass jede Wahr-

nehmung mehr oder weniger mit Gefühlen einhergeht. Das hängt damit zusammen, dass wir alles Wahrgenommene bewerten und dazu innerlich Stellung nehmen. Dabei fließen die persönlichen Erfahrungen, Erwartungen, Einstellungen usw. in den Bewertungsprozess mit ein. Weil wir dadurch das Wahrgenommene z. B. als angenehm oder unangenehm, lustig oder traurig, furchterregend oder ermutigend empfinden, entstehen Gefühle. Diese Bewertungsprozesse laufen in der Regel unbewusst ab, d. h. wir bemerken nicht, was wir tun, und warum wir die Situation auf eine ganz bestimmte Art bewerten.

Gefühle und Verhalten

Die Gefühle können als Ergebnis der Bewertung der wahrgenommenen Situation verstanden werden. Dadurch beeinflussen sie unser weiteres Verhalten. Durch das Verhalten verändern wir wiederum die Situation. Diese wird entsprechend neu bewertet, was dann unsere Gefühle verstärken, abschwächen oder verändern kann. Auf diese Art entsteht eine Wechselwirkung zwischen Situation, Bewertung, Gefühl und Verhalten, die Abbildung 4.2 vereinfacht zeigt.

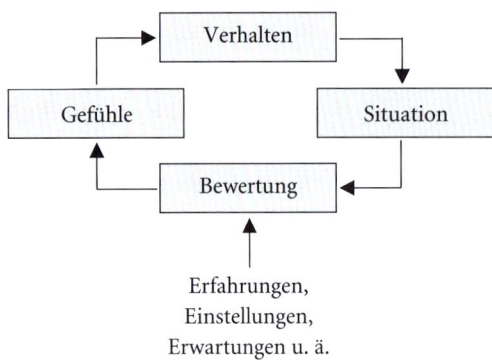

Erfahrungen,
Einstellungen,
Erwartungen u. ä.

Abbildung 4.2. Darstellung der Wechselwirkungen zwischen der aktuellen Situation, den Bewertungsprozessen, den Gefühlen und dem Verhalten. Die Bewertungsprozesse werden durch persönliche Erfahrungen, Einstellungen, Erwartungen u. ä. beeinflusst. Eine Situation löst einen Bewertungsprozess aus, der Gefühle bewirkt, die in einem Verhalten resultieren, das auf die Situation einwirkt

Die in der Abbildung dargestellte Wechselwirkung zwischen der aktuellen Situation, den Bewertungsprozessen, den Gefühlen und dem Verhalten verläuft oft in einem Kreislauf, der sich mehrfach wiederholt. Dieser Kreislauf wird im Beispiel unten verdeutlicht.

In diesem Beispiel wird gezeigt, wie es durch die Wechselwirkungen zwischen Situation, Bewertung, Gefühl und Verhalten zur Eskalation in einer Situation kommen kann. Dies muss aber nicht so sein. Es gibt auch die Möglichkeit, dass die Situation vorzeitig beendet wird oder die Gefühle sich verändern. Dies wäre der Fall gewesen, wenn PM Kunz in dem Autofahrer einen alten Schulfreund erkennt und sich darüber freut, ihn wieder zu sehen. Dann hätte er sich für sein Verhalten entschuldigt und mit seinem Freund ganz anders geredet. Genau wie jedes andere Verhalten kann auch die Wahrnehmung so durch Gefühle beeinflusst werden, dass nur solche Dinge wahrgenommen werden, die zur augenblicklichen Gefühlslage passen oder es können sogar Wahrnehmungsverzerrungen entstehen. Dies wird auch in Sprichwörtern verdeutlicht, in denen

Eskalation einer Situation

Als PM Kunz auf Streife geht, ertappt er innerhalb kurzer Zeit zwanzig Falschparker (Situation). Herr Kunz hält diese Autofahrer für uneinsichtig und egoistisch (Bewertung), daher ist er verärgert (Gefühle). Als PM Kunz einen Falschparker an dessen Auto antrifft, spricht er ihn gereizt an (Verhalten). Das ärgert den Autofahrer, der ebenfalls in einem barscheren Ton antwortet, als er es normalerweise tun würde (Situation).

Dadurch sieht sich PM Kunz in seinem Urteil bestätigt (Bewertung) und ärgert sich noch mehr (Gefühle). Dementsprechend behandelt er den Autofahrer erst recht von oben herab (Verhalten). Dieser will sich das nicht gefallen lassen, was bei ihm Aggressionen wachruft (Situation).

So könnte die Situation noch einige Zeit weiterlaufen und PM Kunz und der Autofahrer würden sich gegenseitig in ihren Aggressionen hoch schaukeln.

es heißt, dass „man blind vor Liebe ist" oder „alles durch die rosarote Brille der Liebe sieht". Welche Auswirkungen dies haben kann, wurde ausführlich in Kapitel 2 dargestellt. Das Resümee aus den bisherigen Ausführungen ist, dass Gefühle, neben anderen Faktoren, wesentlich mit verantwortlich dafür sind, wie wir uns in bestimmten Situationen verhalten bzw. wie eine Situation verläuft.

> **!** Gefühle haben einen wesentlichen Einfluss darauf, wie sich Menschen in bestimmten Situationen verhalten.

Aus der großen Menge von Gefühlen sollen zwei Gefühle, die für den polizeilichen Alltag eine größere Rolle spielen, näher betrachtet werden. Es handelt sich um Aggression und um Angst.

4.2 Aggression

> ▶ Ein Autofahrer beschimpft PM Schulte, weil er von ihm wegen Falschparkens gebührenpflichtig verwarnt wird.
> ▶ PHM Hofinger schießt auf den flüchtenden Gewalttäter, nachdem dieser trotz mehrfacher Aufforderung und Warnschüssen nicht stehen bleibt.
> ▶ Weil sich KK'in Wiese über KK'in Fischer maßlos geärgert hat, beantwortet sie einige Tage lang keine ihrer Fragen.
> ▶ Die Demonstranten behindern durch ihre Sitzblockade die Zufahrt zur Baustelle eines Flughafenterminals.

Im folgenden Teil werden wir die Aggression genauer betrachten. Zu den aggressiven Ge-

fühlen wird neben der Aggression die Aggressivität gezählt. Aggressivität und Aggressionen treten in unterschiedlichen Formen auf. Auch wenn es auf den ersten Blick vielleicht nicht so scheint, werden in allen Fällen im Kasten aggressive Gefühle dargestellt. Zuerst sollen jedoch die Begriffe Aggressivität und Aggression definiert werden, damit die Unterscheidung zwischen ihnen klar ist.

> **DEFINITION**
>
> Unter **Aggressivität** versteht man die Bereitschaft zur Aggression, also die Bereitschaft zur Schädigung von Personen oder Gegenständen.
> Unter **Aggression** versteht man ein Verhalten, das absichtlich Personen oder Gegenstände schädigen soll.

4.2.1 Formen der Aggression

In der Definition der Aggression wurde die Absicht zur Schädigung von Personen oder Gegenständen betont. In jedem der oben aufgeführten Beispiele liegt eine solche Absicht zur Schädigung vor. Dabei ist es für die Klassifikation als aggressives Gefühl unwesentlich, ob das Vorhaben zum Erfolg führt oder nicht. Für die Bezeichnung als Aggression ist nur wichtig, dass eine entsprechende Absicht vorliegt. Daher ist PHM Hofinger, der auf den flüchtenden Gewalttäter schießt, aggressiv, auch wenn er diesen nicht trifft. Dagegen liegt bei POM Ott keine Aggression vor, als er beim Reinigen seiner Waffe einen Schuss auslöst und seinen Kollegen Winter schwer verletzt. Kompliziert wird die Unterteilung in aggressives und nicht aggressives Verhalten, weil man auch unbewusst aggressiv handeln kann. In einem solchen Fall kann man sich selbst über die eigene Schädigungsabsicht unklar sein. Gleichzeitig zeigt das Beispiel von PHM Hofinger, dass eine Aggressionshandlung nicht nur negativ ist, sondern auch positiv und angemessen sein kann. Im positiven Sinn ist jemand aggressiv, der sein Leben oder seine Rechte verteidigt, berechtigte Bedürfnisse durchsetzt oder im fairen Wettbewerb jemanden besiegt und dies jeweils nur dadurch erreichen kann, indem er eine Sache oder eine Person absichtlich schädigt. In einem fair ausgetragenen Boxkampf sind die Boxer aggressiv, weil sie bewusst die Schädigung des Gegners in Kauf nehmen. Jedoch kann man hier von positiver Aggression sprechen. Aggressionen können sich auf unterschiedlichste Art und Weise äußern. Man kann in diesem Zusammenhang zwischen aktiven und passiven Formen von Gewalt unterscheiden. Zusätzlich kann man Aggressionen danach trennen, ob man eine Handlung vornimmt oder ob man bestimmte Dinge unterlässt. Menschen können außerdem körperlich oder verbal aggressiv sein. Die verschiedenen Ausdrucks-

formen aggressiver Handlungen werden in der Tabelle 4.1 übersichtlich dargestellt.

Verhaltensweisen, wie sie in der Tabelle 4.1 aufgelistet werden, können jedoch nur dann als Aggressionen bezeichnet werden, wenn eine Schädigungsabsicht mit ihnen verbunden ist. Des Weiteren kann man zwischen feindlicher und instrumenteller Aggression unterscheiden. Diese zwei Typen sollen noch ein wenig genauer erläutert werden. Die feindliche Aggression wird auch feindselig genannt. Bei der feindlichen oder feindseligen Aggression ist das vorrangige Ziel die Schädigung, die man durch die Handlung erzielt. Es handelt sich hierbei um eine aggressive Tat, die um ihrer selbst willen stattfindet. Häufig spielen bei feindseliger Aggression Gefühle wie Ärger, Wut und Angst eine Rolle.

Im Gegensatz zur feinseligen Aggression spricht man von instrumenteller Aggression, wenn die Aggression nur Mittel zum Zweck ist. In diesem Fall will man ein bestimmtes Ziel erreichen, das man ausschließlich oder einfacher über die Schä-

Tabelle 4.1. Darstellung der verschiedenen Aggressionsformen. Ein Beispiel für eine passive, körperliche Aggression ist das Blockieren einer Straße durch sitzende Demonstranten

Formen von Aggressionen	Aktiv	Passiv
Körperlich	▶ schlagen ▶ eine Falle stellen ▶ schießen	▶ Sit-in ▶ Hilfestellung unterlassen ▶ eine besetzte Straße nicht räumen
Verbal	▶ beschimpfen ▶ üble Nachrede ▶ andere Personen aufhetzen	▶ eine Warnung unterlassen ▶ eine Frage nicht beantworten ▶ keine Zustimmung geben

Feindselige Aggression

▶ Eine Autofahrerin beschimpft PM Zöllner, weil sie von diesem gebührenpflichtig verwarnt wurde.

▶ Weil sich KK'in Wiese über KK'in Fischer maßlos geärgert hat, antwortet sie ihr einige Tage lang auf keine Frage.

Instrumentelle Aggression

▶ Die Demonstranten behindern die Baufahrzeuge mit ihrer Sitzblockade nicht, weil sie die Arbeiter ärgern wollen, sondern weil sie den Bau des Flughafenterminals verhindern wollen.

▶ PHM Hofinger schießt auf den Gewalttäter, um ihn an der Flucht zu hindern. Wäre dies anders möglich, würde PHM Hofinger nicht zur Waffe greifen.

▶ Der Räuber entreißt einer alten Dame die Handtasche, obwohl er gegen sie persönlich nichts hat, aber dadurch leicht an Geld kommen will.

digung einer Person oder einer Sache erreichen kann. Die Schädigung ist damit lediglich ein Nebenprodukt bei der Zielerreichung.

Wenn man die bisherigen Ausführungen zusammenfasst, kann man folgende Formen von Aggressionen unterscheiden:

▶ Aktive
▶ Passive
▶ Körperliche   ⎫
▶ Verbale   ⎬ Aggression
▶ Feindliche/feindselige ⎭
▶ Instrumentelle

All diesen Aggressionstypen ist gemeinsam, dass eine Person oder ein Gegenstand geschädigt werden soll. Nachdem wir aufgezeigt haben, welche Formen der Aggression vorkommen, beschäftigen wir uns nun mit der Frage, warum und wann Menschen aggressiv sind. Aus der Antwort darauf lässt sich dann ableiten, wie man mit Aggressivität und Aggression umgehen kann. Der Umgang mit Aggressivität und Aggressionen ist eine für die Polizei sehr wichtige Aufgabe und wird in Kapitel 14 näher erläutert.

! Aggressivität und Aggressionen treten in unterschiedlichen Erscheinungsformen auf. Ein aggressives Verhalten ist jedoch immer durch die Absicht motiviert, eine Person oder einen Gegenstand zu schädigen. Man unterscheidet aktive, passive, körperliche, verbale, feindselige und instrumentelle Aggressionen.

4.2.2 Entstehung von Aggressionen

Für die Entstehung von Aggressivität und Aggressionen gibt es verschiedene Erklärungsmodelle. Einige dieser Theorien werden in diesem Kapitel dargestellt. Die Psychologie versucht Aggressionen u. a. anhand folgender Theorien zu erklären:

(1) Lerntheorien
  ▶ Klassisches Konditionieren: Lernen durch Signale
  ▶ Operantes Konditionieren: Lernen durch Konsequenzen
  ▶ Lernen am Modell: Lernen durch Beobachtung
(2) Frustrations-Aggressions-Theorie
(3) Triebtheorien

Lerntheorien

Ebenso wie jedes andere Verhalten können auch Aggressionen gelernte Verhaltensweisen darstellen. Bei diesem Ansatz wird das Auftreten von Aggressionen mit Hilfe der Lerntheorien erklärt.

Klassisches Konditionieren. Bereits in Kapitel 3 wurde in einem Beispiel ein Autofahrer erwähnt, der aggressiv auf Polizeibeamte reagiert. Anhand dieses Beispiels soll das Erlernen aggressiver Verhaltensweisen aufgrund klassischer Konditionierungsprozesse dargestellt werden (s. Beispiel unten).

Allgemein ausgedrückt läuft der Lernprozess der klassischen Konditionierung von Aggressionen so ab: Irgendwelche Reize, die Aggressionen auslösen, treten räumlich und zeitlich mit anderen, neutralen Reizen, die diese Fähigkeit zunächst noch nicht haben, gemeinsam auf. Durch die Koppelung der Reize erlangen auch die ursprünglich neutralen Reize die Fähigkeit, Aggressionen auszulösen. Sie werden somit zu gelernten Reizen für Aggressionen.

Operantes Konditionieren. Als zweiter Lernprozess für Aggressivität und Aggressionen ist das operante Konditionieren zu nennen (s. Kap. 3.3). Wenn aggressives Verhalten durch positive Konsequenzen verstärkt wird, tritt es mit größerer Wahrscheinlichkeit in Zukunft wieder auf. Typische Verstärker für Aggressionen sind:

▶ Durchsetzen eigener Bedürfnisse und Abwehr von Nachteilen
▶ Anerkennung und Beachtung
▶ Spannungsreduktion
▶ Selbstverstärkung
▶ Freude am Leid des Opfers.

Diese Verstärker für Aggressionen werden in der Tabelle 4.2 noch einmal aufgeführt und mit Beispielen erläutert.

Lernen am Modell. Generell spielt bei den Lerntheorien das Lernen am Modell eine wichtige Rolle (s. Kap. 3.4). Daher ist das

---

> **BEISPIEL**
>
> ### Klassisches Konditionieren
>
> Ursprünglich hatte Herr Sievers nichts gegen Polizeibeamte. Sie waren für ihn – lerntheoretisch ausgedrückt – neutrale Reize. Eines Tages fühlte sich Herr Sievers von einem Polizeibeamten äußerst ungerecht und von oben herab behandelt, als er für das kurzzeitige Parken im Halteverbot eine saftige Geldstrafe zahlen musste. Die ungerechte und herablassende Behandlung des Beamten (ungelernter Reiz) machte den Autofahrer aggressiv (ungelernte Reaktion). Die beiden Reize „Person des Polizeibeamten" und „Verhalten des Beamten" traten in der gleichen Situation auf. Daher übertrug sich die Fähigkeit des Reizes „ungerechte und herablassende Behandlung", der bei Herrn Sievers die Reaktion „Aggressionen" auslösen kann, auf den Reiz „Person des Beamten". Von nun an reichte allein das Erscheinen eines Polizeibeamten aus, damit Herr Sievers aggressiv wird. Zusätzlich zur klassischen Konditionierung fand eine Generalisation statt, so dass Herr Sievers seit diesem Vorfall auf alle Polizeibeamte aggressiv reagiert, obwohl er mit diesen keine schlechten Erfahrungen gemacht hat.

Tabelle 4.2. Darstellung von verschiedenen, typischen Verstärkern für Aggressivität und Aggressionen, die anhand von Beispielen erläutert werden

Verstärker für Aggressionen	Beispiel für diesen Verstärker
Durchsetzen eigener Bedürfnisse und Abwehr von Nachteilen	▶ Ein Bankräuber ist eher erfolgreich, wenn er den Kassierer mit der Schusswaffe bedroht. ▶ PHM Engelhard hat die Erfahrung gemacht, dass er weniger unangenehme Einsätze aufgetragen bekommt, seit er seinen Dienstgruppenleiter in einer Dienstbesprechung scharf angriff.
Anerkennung und Beachtung	▶ In bestimmten kriminellen Gruppierungen genießt derjenige das höchste Ansehen, der mit seinen Opfern am brutalsten umgeht. ▶ Über Demonstrationen wird vor allem dann berichtet, wenn es zu Ausschreitungen gekommen ist.
Spannungsreduktion	▶ Wer sich ärgert oder wütend ist, befindet sich in einem Spannungszustand, der zumeist als unangenehm empfunden wird. Lebt man dagegen seine Aggressionen aus, fühlt man sich hinterher erleichtert.
Selbstverstärkung	▶ Man verstärkt sich selbst für seine Aggressionen, indem man z. B. das Gefühl hat, Gerechtigkeit walten zu lassen oder stolz auf sein Verhalten ist („ich habe mir nichts gefallen lassen, sondern gekämpft wie ein Mann").
Leid des Opfers	▶ Manche Menschen weiden sich am Unglück des Opfers oder empfinden Schadenfreude.

Modelllernen auch beim Erlernen von Aggressionen wesentlich. Vorbilder können dem Beobachter zeigen, in welchen Situationen und auf welche Art man aggressiv sein kann. Durch das Modelllernen wird die Bereitschaft zur Aggression erhöht und es findet eine Enthemmung bereits vorhandener aggressiver, aber bisher unterdrückter Verhaltensweisen statt. Dabei muss das Modell nicht vollständig imitiert werden, indem man genau das gleiche Verhalten zeigt, sondern es ist auch möglich, dass die vorgelebte Aggression in veränderter Form ausgelebt wird.

Generell kann man zwei Formen des Modelllernens unterscheiden: Die Imitation des gezeigten aggressiven Verhaltens und die Anstiftung zu einem anderen aggressiven Verhalten. Im ersten Beispiel wiederholt der Beobachter exakt das vorgelebte, aggressive Verhalten (Imitation), während im zweiten Beispiel der Beobachter ebenfalls aggressiv wird, aber auf eine andere Art als das Modell (Anstiftung). In beiden Fällen waren die aggressiven Handlungen für den Beobachter keine neuen Verhaltensweisen. Durch das Modelllernen kann jedoch auch aggressives Verhalten erlernt werden, das man bisher

---

BEISPIEL

Modelllernen

▶ Auf dem Schulhof beobachtet Markus, wie Stefan und Andreas den neuen Mitschüler Torsten hänseln. Als die beiden nach einigen Minuten die Lust daran verlieren und sich beim Kiosk Getränke kaufen, geht Markus zu Torsten und beschimpft ihn in gleicher Weise weiter.

▶ Während eines Fußballspieles sieht ein Fan von Schalke 04, wie ein anderer Schalke-Fan einen Borussia-Dortmund-Fan zu Boden stößt. Darauf wirft der Beobachter seine Bierdose in die Richtung der gegnerischen Fans.

---

nicht beherrschte. Damit erweitern sich die Möglichkeiten, aggressiv zu handeln. Für das Lernen von Aggressionen gilt genau wie für das Erlernen anderer Handlungsweisen, dass Personen, die bestimmte Eigenschaften haben, besonders leicht zum Modell für andere werden (s. Kap. 3.4). Diese Merkmale des Modells erhöhen neben anderen Eigenschaften, dass ein Modelllernen stattfindet:

▶ Beliebtheit

▶ Hoher sozialer Status

▶ Wichtige Gemeinsamkeiten zwischen Modell und Beobachter

▶ Modell besitzt für den Beobachter erstrebenswerte Eigenschaften.

Aggressive Handlungen werden mit größerer Wahrscheinlichkeit imitiert, wenn weitere Faktoren in der Situation hinzu kommen.

▶ Das Modell ist mit seinen Aggressionen erfolgreich.

▶ Die Aggressionen des Modells werden als gerechtfertigt dargestellt.

▶ Das Leid des Opfers kann nicht beobachtet werden.

▶ Der Beobachter ist emotional erregt.

Manchmal wird man, ohne es zu wollen und ohne es zu merken, zum Modell für Aggressivität und Aggression. Dieser Prozess wird in Abbildung 4.3 dargestellt. Der Vater schlägt seinen Sohn in der Absicht, das aggressive Verhalten des Sohnes zu bestrafen und abzubauen. Zugleich liefert der Vater dem Sohn jedoch ein Vorbild, dass Aggressionen ein brauchbares Mittel zur Zielerreichung sein können. Wie in Kapitel 3 schon dargelegt wurde, findet Modelllernen in allen möglichen Lebenslagen statt, nicht nur bei der Erziehung von Kindern. Daher sollte auch ein Vorgesetzter darauf achten, welche Formen von Aggressionen er auf welche Art und Weise deutlich werden lässt.

Frustrations-Aggressions-Theorie

Neben lerntheoretischen Modellen gibt es noch weitere Konzepte, um Aggressionen zu erklären. Nach der → Frustrations-Aggressions-Theorie (Dollard & Miller, 1970) führen Frustrationen stets zu Aggressionen, und Aggressionen sind immer von Frustrationen abhängig. Wie wir noch sehen werden, ist diese Theorie eine gute Ergänzung zur Lerntheorie. Allerdings ist sie nicht in dieser absoluten Definition gültig, weil sie nicht in jedem Fall zutrifft. Bevor wir auf diese Einschränkung näher eingehen werden, soll der Begriff Frustration definiert werden.

Abbildung 4.3. „Dies wird dich lehren, andere Leute nicht zu schlagen!"

DEFINITION

DEFINITION

Unter **Frustration** wird in der Psychologie „jede Situation, in der ein Organismus an der Erreichung seines Zieles gehindert wird" verstanden (Asanger & Wenninger, 1988, S. 465).

Die Definition und die Situationen, in denen Menschen an der Zielerreichung gehindert werden, sollen mit Hilfe der Beispiele unten verdeutlicht werden.

Wie jeder aus seinem eigenen Leben weiß und wie es auch in den Beispielen dargestellt wird, passieren tagtäglich frustrierende Si-

BEISPIEL

Frustrationen

► PM Zakowski ist frustriert, weil er heute pünktlich heimkommen möchte und dann zu einem Einsatz gerufen wird, der sich weit über das Dienstende hinauszieht.

► Der unter Zeitdruck stehende Geschäftsmann, der in eine Verkehrskontrolle gerät, reagiert sehr unwillig.

► Der Einbrecher, der in der pompösen Villa keine Wertsachen findet, ist enttäuscht, weil sich das Risiko nicht gelohnt hat.

► POW Weinert ist frustriert, weil er seit 5 Minuten versucht, die Batterien im Spielzeugesel seiner Tochter zu ersetzen. Er kann die Klappe des Batteriefachs einfach nicht öffnen.

► PK'in Heilmann fährt die S-Bahn vor der Nase weg. Sie ist frustriert, weil sie jetzt nicht mehr pünktlich zum Dienst kommen kann.

tuationen. In diesen Fällen können Personen aufgrund der ausgelösten Frustrationen aggressiv werden, sie müssen aber nicht zwangläufig in dieser Art und Weise reagieren. Es gibt verschiedene Gründe, weshalb Menschen trotz einer Frustrationserfahrung nicht aggressiv handeln.

▶ Andere Faktoren können die Aggression hemmen. Obwohl PM Zakowski frustriert über die Überstunden ist, reagiert er äußerlich nicht aggressiv oder verärgert, weil sein Vorgesetzter dabei ist, der ihn demnächst beurteilen wird.

▶ Man kann befürchten, durch das Ausleben der Aggressionen Nachteile zu bekommen. Der Einbrecher, der keine Wertgegenstände in der Villa findet, befürchtet, die Aufmerksamkeit der Nachbarn zu erregen, wenn er die Wohnung demoliert und kontrolliert seine Aggressionen daher.

▶ Man hat nicht gelernt, aggressiv zu sein oder hat anderes Verhalten gelernt. Der Geschäftsmann, der durch eine Verkehrskontrolle einen wichtigen Termin versäumt, wurde als Kind für aggressives Verhalten bestraft und hat stattdessen gelernt, immer höflich zu seinem Gegenüber zu sein.

▶ Die Frustration ist zu gering. Durch die Frustration kommt es zwar zu einer verstärkten Erregung, diese reicht aber nicht aus, um in Aggressionen umgesetzt zu werden. POW Weinert ist gar nicht so traurig darüber, wenn der Spielzeugesel seiner Tochter keinen Krach mehr machen kann. Trotzdem ärgert es ihn, dass er das Batteriefach nicht öffnen kann.

▶ Es finden Bewertungsprozesse statt, die mögliche Aggressionshandlungen verhindern. PK'in Heilmann bewertet jegliche

Aggressionshandlung als nutzlos, weil sie dadurch die S-Bahn nicht zum Umkehren bewegen wird. Ihr ist klar, dass sie durch aggressives Verhalten nicht schneller zur Dienststelle kommen wird. Sie könnte sich außerdem sagen, dass ein einmaliges Zu-Spät-Kommen von 20 Minuten nicht tragisch sei.

▶ Die Situation wird nicht als starke Behinderung empfunden oder in ihrer Wichtigkeit herabgesetzt. POW Weinert versuchte, den Spielzeugesel seiner Tochter zu reparieren, weil er etwas Langeweile hatte und nicht wusste, was er sonst am Samstag Nachmittag machen sollte.

Wenn nun eine Frustration nicht zur Aggression führt, welche Prozesse laufen dann in der Person ab? Es gibt verschiedene Möglichkeiten, wie Menschen auf Frustrationen reagieren, wenn sie nicht aggressiv handeln. Diese Verhaltensweisen sind nicht immer scharf voneinander zu trennen und können ineinander übergehen.

Umbewertung. Zum einen kann es, wie bereits gezeigt, aufgrund von Frustrationen zu Umwertungen der Situation kommen. Dazu gehört auch, dass man eine Sache mit Humor trägt oder mit einer „Sauren-Trauben-Taktik" reagiert, indem man die Situation in ihrer Bedeutung herunter spielt („ich wollte ja sowieso nicht").

Resignation. Eine weitere Möglichkeit, mit Frustrationen umzugehen, ist die Resignation. Man gibt sich seinem Schicksal hin, bleibt passiv oder tut irgendetwas anderes Destruktives, wie sich zu betrinken.

positive Ersatzhandlungen. Neben der Umbewertung der Situation und der Resignation gibt es noch die Möglichkeit der positiven

Abbildung 4.4. Eine Verkehrskontrolle kann für einen Autofahrer je nach Situation eine sehr frustrierende Maßnahme sein, die auch Aggressionen auslösen kann. Polizeitbeamte müssen immer mit aggressivem Verhalten seitens der Kontrollierten rechnen und entsprechende Maßnahmen zum Selbstschutz vornehmen

Ersatzhandlung. Unter einer positiven Ersatzhandlung versteht man in der Psychologie, wenn eine Person ein unerreichbares Ziel durch ein anderes ersetzt.

BEISPIEL

Positive Ersatzhandlung
PM Zakowski wollte heute pünktlich heimkommen, um mit seiner Frau ins Kino zu gehen. Durch den späten Einsatz verspätet er sich aber so, dass die Filmvorstellung schon begonnen hat. Darauf beschließen beide, noch in eine Kneipe mit Lifemusik zu gehen.

Motivation. Aufgrund einer Frustration kann man unter bestimmten Umständen mit noch mehr Energie oder auf eine andere Weise an die Schwierigkeit herangehen. Man versucht dadurch erneut, das aufgetretene Problem zu lösen.

Aggressionsverschiebung. In vielen Fällen richtet sich die ausgelebte Aggression nicht gegen die eigentliche Quelle der Frustration, sondern auf ein Ersatzobjekt. Man spricht hier von Aggressionsverschiebung. Aggressionsverschiebungen treten vor allem auf, wenn das frustrierende Gegenüber zu stark oder nicht greifbar ist. Ersatzobjekte, an denen die Aggressionen ausgelassen werden, können andere Personen, Gegenstände aber auch die eigene Person sein. Außerdem ist es möglich, dass die Aggressionen nur in der Phantasie ausgelebt werden.

Aggressionsverschiebung

▶ Der Einbrecher, der in der Wohnung nichts Wertvolles findet, demoliert die Tatwohnung nicht, weil er Angst hat, zu viel Aufmerksamkeit zu provozieren. Stattdessen zerstört er auf dem Heimweg einen Mülleimer im Park.

▶ POM Drexler macht seinem Ärger über die ungerechte Beurteilung durch seinen Vorgesetzten Luft, indem er sich beim Squashspielen vorstellt, das Gesicht des Vorgesetzten hinge an der Wand, auf die er mit dem Ball eindrischt.

Praktische Relevanz. Die Kenntnis der Frustrations-Aggressionstheorie ist aus zwei Gründen für Polizeibeamte sehr wichtig:

(1) Viele Maßnahmen der Polizei dem Bürger gegenüber frustrieren diesen. Daher sind Aggressionen als Folge der polizeilichen Handlung nicht verwunderlich. So reagieren viele Autofahrer, die wegen einer Geschwindigkeitsüberschreitung angehalten und mit einem Bußgeld verwarnt werden, mit Unverständnis und Ärger.

(2) In manchen Fällen werden Polizeibeamte Opfer von Aggressionsverschiebungen, d. h. sie bekommen Aggressionen ab, die eigentlich jemand anderem gelten. Wenn die Polizei z. B. zu einer Schlägerei gerufen wird und die Beamten die Streitenden mit Gewalt trennen müssen, kann es gut sein, dass sie selber auch von den Randalierern angegriffen werden, weil sie einen Ersatzgegner benötigen.

Triebtheorien

Weitere Theorien zur Entstehung der Aggression gehen davon aus, dass es sich bei der Aggression um einen angeborenen Trieb handelt (→ Triebtheorien der Aggression). Bedeutende Vertreter dieser Richtung sind Sigmund Freud (1920) und Konrad Lorenz (1984). Wenn die Aggression ein Trieb ist, entstehen im Körper ohne Einwirkung der Umwelt ständig aggressive Impulse. Vergleichbar ist dies mit Hunger und Durst, die nach der letzten Nahrungsaufnahme allmählich stärker werden. Diese aggressiven Impulse stauen sich im Körper an. Der Druck wird mit der Zeit immer größer, wie bei einem Dampfkessel, der ständig befeuert wird. Daher werden die Triebtheorien auch als Dampfkessel-Modelle bezeichnet. Durch ein äußeres Ereignis kommt es zur Entladung des Aggressionstriebes, es wird gleichsam das Ventil des Dampfkessels geöffnet. Dabei ist die Art des äußeren Ereignisses von untergeordneter Bedeutung. Im Grunde bedarf es nur einer günstigen Gelegenheit, um die mehr oder weniger lang angestauten, aggressiven Impulse endlich abzuführen. Dementsprechend reicht bei einem massiven Triebstau ein relativ nichtiger Anlass zur Entladung aus. In Extremfällen kann es sogar ohne äußere Ursache zum Ausbruch der aggressiven Impulse kommen. Der Dampfkessel explodiert gleichsam, da der Druck zu stark wird. Die Triebtheorien der Aggression sind allerdings sehr umstritten und werden von der Wissenschaft heute weitgehend abgelehnt. Zu viele Befunde, die später noch dargestellt werden, sprechen gegen die Triebtheorien (s. Kap. 12.1). Dass wir trotzdem darauf eingehen, hängt damit zusammen, dass diese Theorien gerade bei psychologischen Laien sehr verbreitet sind. Aus diesen

Annahmen werden häufig Ratschläge für den Umgang mit Aggressionen abgeleitet, die allerdings falsch sind.

4.3 Angst

In diesem Teil des Kapitels 4 wird das Gefühl Angst näher beleuchtet und es sollen Fragen wie diese beantwortet werden:
▶ Worum handelt es sich bei dem Gefühl Angst?
▶ Warum haben wir vor bestimmten Situationen und Objekten Angst?

DEFINITION

Angst ist ein unangenehmes Gefühl und tritt auf, wenn man sich bedroht fühlt. Kennzeichnend für die Angst sind auffallende, körperliche Symptome wie Schwitzen, beschleunigte Atmung und erhöhter Pulsschlag.

Ebenso wie die Aggression kann auch die Angst in unterschiedlichen Formen auftreten. POM Lehmann, die Autoknacker, der Geiselnehmer, KK Breuer und PHK Mertens in den Beispielen unten haben alle mehr oder weniger Angst, die sich jeweils in unterschiedlichen Reaktionen äußert.

4.3.1 Formen der Angst

Wie schon in den Beispielen deutlich wurde, kann Angst in unterschiedlicher Intensität und in verschiedenen Situationen auftreten. Stärkere Angst führt dazu, dass man die Kontrolle über sich immer mehr verliert und schließlich zu Panikreaktionen oder Ohnmachtsgefühlen neigt. Wenn wir sagen, Angst entsteht in bedrohlichen Situationen, dann sind Bedrohungen unterschiedlichster Art gemeint. Viele Menschen haben vor bestimmten Situationen oder Objekten Angst. Hierunter fallen die Ängste vor Höhen, Dunkelheit, Hunden, Schlangen, Insekten oder Flugzeugen. Manche Personen fürchten sich jedoch vor sozialen Situationen. So können

---

BEISPIEL

Angst
▶ Als POM Lehmann das Dienstzimmer seines Vorgesetzten zur Eröffnung seiner Beurteilung betritt, wischt er sich verstohlen seine verschwitzte rechte Hand an der Hose ab, bevor er seinen Vorgesetzten mit Handschlag begrüßt.
▶ Sobald die jugendlichen Autoknacker ein Polizeiauto auf den Parkplatz fahren sehen, ergreifen sie die Flucht.
▶ Als der Geiselnehmer keinen Ausweg mehr sieht, schießt er blindlings um sich.

▶ KK Breuer hat die Gelegenheit, einen Kasten Bier, der unten im Einkaufswagen steht, unbemerkt an der Kassiererin des Supermarktes vorbeizuschmuggeln. Sein schlechtes Gewissen veranlasst ihn aber, den Kasten zu bezahlen.
▶ Als ein Hund knurrend und zähnefletschend auf PHK Mertens zukommt, erstarrt er vor Angst. Er hat das Gefühl, in Ohnmacht zu fallen.

Menschen Angst davor haben, ihre Bedürfnisse durchzusetzen, mit einem fremden Menschen ein Gespräch zu führen, in einer Gesellschaft aufzufallen oder von anderen abgelehnt zu werden. Solche Ängste nennt man in der Psychologie soziale Ängste. Auch durch unser Gewissen kann Angst ausgelöst werden, wenn wir etwas tun wollen, was unseren Moralvorstellungen zuwiderläuft. In der Psychologie unterscheidet man zwischen normalen und → neurotischen oder krankhaften Ängsten. Neurotische Ängste werden als übersteigerte normale oder nicht nachvollziehbare Ängste klassifiziert. So ist es für die meisten von uns unangenehm, in einer Gesellschaft negativ aufzufallen. Bei manchen Menschen ist diese Angst aber so stark, dass sie sich überhaupt nicht mehr trauen, sich mit anderen Leuten zu treffen. Krankhafte Ängste werden in der Psychologie als → Phobien bezeichnet.

Ängste treten häufig zusammen mit anderen psychischen Krankheiten auf bzw. fördern deren Entstehung. Viele depressive Menschen leiden zusätzlich unter Ängsten. Dadurch leiden die Betroffenen nicht nur unter der depressiven Stimmung mit Auswirkungen wie Schlafstörungen, Konzentrationsschwierigkeiten, Traurigkeit, Mutlosigkeit u. ä., sondern auch unter Ängsten, das Haus zu verlassen (Agoraphobie), Angst vor bestimmten Tieren oder auch Panikattacken. Eine Zwangsneurose hingegen entsteht aus einer Angst heraus. Ein Waschzwang entwickelt sich z. B. häufig aus der ursprünglichen Angst vor Ansteckung durch Bakterien oder Keime, was zu vermehrtem Waschen führt. Schließlich entwickelt die Person den Zwang, sich ständig die Hände intensiv waschen zu müssen, aus der Angst heraus, sich anzustecken.

4.3.2 Entstehung von Angst

Angst kann sehr unterschiedliche Ursachen haben. Nachfolgend werden mögliche Auslöser dargestellt:

▶ Bewertungsprozesse
▶ Lernprozesse: Lernen am Modell, Klassisches Konditionieren, Operantes Konditionieren
▶ Genetische Grundlagen
▶ Psychoanalytische Theorien.

Bewertungsprozesse

Menschen bekommen Angst, weil sie bestimmte Ereignisse oder Situationen als bedrohlich bewerten. Sie erleben die Situation als gefährlich und sehen keine Bewältigungsmöglichkeit bzw. sind unsicher, ob sie mit dem Problem fertig werden können. Diese Bewertung erfolgt in der Regel nicht bewusst, sondern geschieht automatisch und in Sekundenbruchteilen, wenn Menschen etwas wahrnehmen. Die angelegten Kriterien zur Beurteilung einer Situation sind nicht unbedingt vernünftig und logisch. Man kann in Situationen Angst haben, wo es völlig unnötig ist, wie bei der neurotischen Angst, und in gefährlichen Situationen angstfrei sein, weil man die Gefahr verkennt. So hat beispielsweise PHM'in Zumdiek panische Angst vor kleinen, harmlosen Hausspinnen, fürchtet sich aber nicht, mit Sandalen im Hochgebirge herumzuklettern, obwohl dies objektiv beurteilt sehr viel gefährlicher ist. Sehr schön kann man die Entwicklung von Ängsten bei Kindern beobachten. Kinder haben von Geburt an starke Angst vor plötzlichen und lauten Geräuschen. Diese Angst lässt mit dem Alter allmählich nach, da die Kinder diese Geräusche immer besser einordnen können und damit umgehen lernen. Die Angst vor Feuer entwickelt sich dagegen erst ab dem zweiten Lebensjahr, weil die Kinder dann erkennen, welchen Gefahren sie durch Feuer ausgesetzt sind.

Lernprozesse

In die Bewertung von potentiell Angst einflößenden Situationen fließen frühere Erfahrungen, also Lernprozesse, ein.

Lernen am Modell. Bei der Entwicklung von Angst spielt das Modelllernen eine wichtige Rolle (s. Kap. 3.4). Man beobachtet andere Menschen direkt oder erfährt durch Erzählungen, vor welchen Dingen oder Situationen sie Angst haben und bekommt dann in den entsprechenden Situationen selber Angst. Früher wurde häufig durch das Erzählen von Geschichten und Märchen Angst vor bestimmten Situationen oder Fremden erzeugt. Heutzutage geschieht dies eher durch das Fernsehen, wo man jeden Tag Horrorfilme oder Krimis sehen kann.

Klassisches Konditionieren. Sehr wesentlich für das Entstehen von Angst ist das klassische Konditionieren (s. Kap. 3.2). Erklären wir den Vorgang nochmals kurz: Ein bestimmter Reiz (neutraler Reiz) löst bisher keine Angst aus. Der neutrale Reiz tritt mit einem Reiz, der Angst bewirken kann (ungelernter Reiz), räumlich und zeitlich gemeinsam auf. Nach dieser Koppelung zwischen gelerntem und ungelerntem Reiz kann der gelernte Reiz allein ebenfalls Angst auslösen.

Operantes Konditionieren. In eher seltenen Fällen entsteht Angst auch durch operantes Konditionieren (s. Kap. 3.3). Jemand hat in einer bestimmten Situation Angst und erreicht damit etwas Positives. Die Person erfährt z. B. Aufmerksamkeit und wird getröstet. Dadurch wird die Wahrscheinlichkeit größer, dass die Person in einer ähnlichen Situation wieder Angst zeigt. Dieser Mechanismus passiert häufig bei Kindern.

Obwohl das operante Konditionieren für die Entstehung einer Angst nicht so wichtig ist, ist es für das Aufrechterhalten der Angst wesentlich. Wenn eine Angst aufgrund eines einmaligen Erlebnisses durch klassisches Konditionieren entsteht, müsste sie nach einiger Zeit wieder gelöscht werden (s. Kap. 3.2). Tritt also nur der gelernte Reiz

---

BEISPIEL

Angst durch klassisches Konditionieren
Frau Frank ging seit 20 Jahren angstfrei durch den Stadtpark (neutraler Reiz). Eines Tages wurde ihr dort die Handtasche geklaut. Dieses Verbrechen (ungelernter Reiz) versetze sie in Angst und Schrecken. Seither hat Frau Frank Angst vor dem Stadtpark (gelernter Reiz), auch wenn ihr dort in der Folgezeit nichts passiert. Bereits der Gedanke, in den Park zu gehen, erschreckt sie.

Entstehung von Angst durch operantes Konditionieren
Der kleine Tim liegt abends im Bett. Er jammert und weint vor sich hin, weil er sich im dunklen Zimmer fürchtet. Daraufhin kommen seine Eltern, schauen nach ihm und unterhalten sich ein wenig mit ihm. Dies kann dazu führen, dass Tim auch künftig weint, wenn er alleine ist, um seine Eltern herbeizurufen. Dabei weint er nicht nur, um seine Eltern herbei zu locken und später schlafen gehen zu können, sondern empfindet tatsächlich Angst.

ohne den ungelernten Reiz auf, verliert der gelernte Reiz seine Fähigkeit, Angst auszulösen. Wenn Frau Frank aus unserem Beispiel häufiger durch den Stadtpark geht, ohne dass ihr etwas passiert, dürfte sie nach einiger Zeit keine Angst mehr haben. Häufig geschieht dies aber nicht. Dafür ist u. a. das operante Konditionieren verantwortlich. Es entwickelt sich nämlich das so genannte → Flucht- und → Vermeidungsverhalten.

DEFINITION

Fluchtverhalten besteht darin, dass man versucht, aus angstbesetzten Situationen möglichst schnell zu entkommen.

Vermeidungsverhalten dient dazu, angstbesetzten Situationen erst gar nicht ausgesetzt zu sein, indem man sie komplett vermeidet.

Das Vermeidungsverhalten hat zwei Konsequenzen:

(1) Durch das Vermeidungsverhalten ergibt sich keine Möglichkeit zur Löschung der Angst, denn dazu müsste man sich den angstauslösenden Reizen aussetzen. Wenn sich die Person in die Angst auslösende Situation begeben würde, würde sie vielleicht feststellen, dass ihr gar nichts passiert.

(2) Das Vermeidungsverhalten wird negativ verstärkt (s. Kap. 3.3.1), weil durch diese Handlung die Angst beendet wird. Und diese Verstärkung festigt das Vermeidungsverhalten.

Durch das Vermeidungsverhalten wird also die Angst in zweifacher Weise verfestigt. Diese Mechanismen des Vermeidungsverhaltens sollen an dem bereits erwähnten Beispiel verdeutlicht werden.

BEISPIEL

Aufrechterhaltung der Angst
Bisher war Frau Frank immer durch den Park gegangen, weil er eine Abkürzung zu ihrer Arbeitsstelle ist. Nach dem Handtaschenraub bekommt sie jedoch sofort furchtbare Angst, wenn sie nur daran denkt, durch den Park zu gehen. In dem Augenblick, wo sie überlegt, wie sie den Gang durch den Park vermeiden kann, und sie eine Alternative findet, fällt ihr ein Stein vom Herzen. Seither geht sie immer um den Park herum, auch wenn sie dafür wesentlich früher das Haus verlassen muss.

Durch das im Beispiel dargestellte Vermeidungsverhalten wird die Angst von Frau Frank beendet, aber gleichzeitig unterbleibt eine Löschung der Angst, da sie hierfür in den Park gehen und erleben müsste, dass ihr nichts passiert. Frau Frank wird wahrscheinlich auch künftig den Park meiden und somit das Vermeidungsverhalten stärken. Nicht nur Vermeidungsverhalten, sondern auch Fluchtverhalten wird negativ verstärkt. Je schneller und besser man aus der gefährlichen Situation herauskommt, umso größer ist die Erleichterung, und umso eher neigt man wieder zur Flucht. Kann Frau Frank den Park nicht vermeiden, läuft sie so schnell wie möglich hindurch. Auch dies kann bewirken, dass nicht genügend Zeit für eine effektive Löschung bleibt, weil sie den Park noch im gleichen Angstzustand verlässt wie beim Eintritt. Wenn Frau Frank langsam durch den Park ginge, könnte sie feststellen, dass ihr gar nichts passiert und dass der Überfall ein – sehr wahrscheinlich – einmaliges Ereignis war. Allerdings müsste Frau Frank so lange im Stadtpark bleiben, also sich der Angst auslösenden

Situation aussetzen, bis sie ihre Angst verliert. Der menschliche Körper kann nämlich nicht dauerhaft ein hohes Angstniveau halten, da die dafür notwendigen physiologischen Prozesse mit der Zeit reduziert werden. Die Verhaltenstherapie bzw. die Konfrontationstherapie nutzt diese physiologischen Gesetzmäßigkeiten aus (s. Bsp. Konfrontationstherapie).

Neben Flucht- und Vermeidungsverhalten können noch weitere Verstärkungsprozesse die Angst verfestigen. Angst zu haben, kann neben den negativen Auswirkungen zusätzlich positive Konsequenzen für die betreffende Person haben. Immer, wenn Frau Frank von ihrem furchtbaren Erlebnis im Stadtpark erzählt, erweckt sie Interesse und Mitleid. So positiv die Reaktionen der Mitmenschen sein mögen, tragen sie leider dazu bei, dass Frau Frank ihre Angst nicht verliert. Sie wird durch die besorgten Reaktionen und die Anteilnahme darin bestärkt, ihre Angst weiterhin zu zeigen. Häufig leiden Personen mit Ängsten

zusätzlich an Wahrnehmungsverfälschungen (s. Kap. 2.2). In ihrer Angst hat Frau Frank den Eindruck, dass jeder harmlose Spaziergänger sie verfolgt und nur auf eine günstige Gelegenheit wartet, sie zu überfallen. Auf diese Weise ist ein erneuter Lernprozess nach dem Prinzip des klassischen Konditionierens abgelaufen. Der Park (gelernter Reiz für Angst) wurde erneut mit einem Reiz für Angst (angebliche Verfolgung) gekoppelt.

Genetische Grundlagen

Es ist nicht von der Hand zu weisen, dass bestimmte Ängste oder zumindest die Bereitschaft, diese Ängste zu entwickeln, vererbt werden. Ein Hinweis auf eine genetische Prädisposition ist, dass Menschen vor bestimmten Reizen eher Angst entwickeln als vor anderen. Dabei handelt es sich um Dinge, die für unsere Urahnen gefährlich werden konnten. So haben viele Menschen Angst vor Spinnen, Schlangen, Kröten usw., obwohl sie höchstens indirekt mit diesen Tieren Erfah-

---

BEISPIEL

Konfrontationstherapie

KK Hildebrand ist bei einer Verfolgung in einem alten Lagerhaus durch eine hohe, morsche Treppe gefallen, hat sich einen komplizierten Beinbruch zugezogen und hat seitdem Angst vor Treppen und vor Höhen. Die Angst vor Treppen und Höhen schränkt sein tägliches Leben mit der Zeit immer mehr ein, weil er ständig versucht, Treppen und Höhen zu vermeiden. KK Hildebrand zieht sogar von seiner Wohnung im dritten Stock ins Erdgeschoss um. Diese Angst ist jedoch mit seinem Beruf nicht zu vereinbaren, weil er auf Dauer nicht umhin kann, Treppen zu benutzen.

Seine anfängliche Entschuldigung, er sei durch sein Bein behindert, Treppen zu steigen, lassen die Kollegen nach drei Monaten nicht mehr gelten. Schließlich entschließt er sich auf Drängen seines Vorgesetzten zu einer Psychotherapie. Nach sorgfältiger Vorbereitung und Übungen geht der Psychologe mit ihm zu einem hohen Kirchturm und sie steigen zusammen die Treppen hinauf. KK Hildebrand glaubt, vor Angst sterben zu müssen. Nach 45 Minuten hat er sich jedoch beruhigt. Nach einigen weiteren Therapiestunden kann KK Hildebrand die Behandlung erfolgreich abschließen. Er hat seine Angst vor Treppen und Höhen überwunden.

rungen gemacht haben und manchmal sogar gar nicht. Ebenso fürchten sich viele Menschen vor engen Räumen oder vor der Dunkelheit. Andererseits gibt es seit einigen Jahrzehnten brisante Gefahrenquellen für den modernen Menschen, denen gegenüber er jedoch sehr schwer Angst entwickelt. Dazu gehören elektrischer Strom, radioaktive Strahlen, chemische Gifte und der Straßenverkehr. Diese Gefahren bedrohen heutzutage den Menschen wesentlich stärker als (wilde) Tiere. Trotzdem entwickeln Menschen so gut wie nie Phobien vor Strommasten oder einer Steckdose, jedoch sehr häufig vor Insekten, Hunden oder Schlangen. Die evolutionsgeschichtlich bedingten Ängste, die sehr leicht entstehen oder ausgelöst werden, sind viel schwerer wieder abzubauen als andere, d. h. sie können nicht so leicht gelöscht werden.

Psychoanalytische Erklärung

Sigmund Freud, der Begründer der Psychoanalyse, hat zwei unterschiedliche Theorien über die Entstehung bzw. die Funktion von Angst entwickelt.

Erste Angsttheorie. Nach der ersten Angsttheorie (1895) entsteht Angst als Folge von Spannungszuständen. Die Angstreaktionen mit den typischen Schweißausbrüchen, der motorischen Unruhe und dem erhöhten Pulsschlag bauen einen Teil der Spannung ab. Dabei entsteht diese Spannung bei normalen Ängsten durch eine äußere Gefahr, der das Individuum ausgesetzt ist. Bei der krankhaften oder neurotischen Angst ist der Spannungszustand darauf zurückzuführen, dass sich verdrängte Triebbedürfnisse anstauen, die nicht befriedigt werden dürfen oder können.

Zweite Angsttheorie. Entsprechend der zweiten Angsttheorie (1926) hat die Angst eine Signalfunktion, daher auch der Name Signalangst. Die Angst entsteht in Gefahrensituationen und dient als Warnung oder Signal, die Gefahr abzuwenden. Damit hat die Angst Motivationsaufgaben. Die Signalangst ist nach Freud eine abgeschwächte Form der allerersten Angst, die der Mensch in seinem Leben erlebte. Unter diesem furchtbaren, ersten Angsterlebnis versteht Freud die Geburt, die zu einer massiven Reizüberflutung und der Trennung vom angenehmen Zustand im Mutterleib führt. Diesem Vorgang war der Mensch völlig passiv und hilflos ausgesetzt. Nach Freud hat die Signalangst daher unbewusst folgenden Inhalt für den Menschen: „Du bist in einer gefährlichen Situation, und wenn du dagegen nichts unternimmst, passiert etwas genauso Furchtbares wie damals bei der Geburt.".

Die erste und zweite Angsttheorie schließen sich nicht aus, sondern ergänzen sich gegenseitig. Zum einen motiviert uns die Angst, etwas gegen Gefahren zu tun, und gleichzeitig verringert sich die Spannung durch die Angstreaktion. Sigmund Freud unterscheidet bei beiden Angstformen zudem zwischen normaler und neurotischer, krankhafter Angst.

Normale Angst. Bei der normalen Angst liegt eine äußerliche Bedrohung vor. Der Kaufhausdieb, der auf frischer Tat ertappt wurde, wird sich der Folgen seines Handelns und der Tatüberführung bewusst. Er bekommt Angst, was ihn dazu motiviert, zu fliehen oder sich durch Ausreden aus der Schlinge zu ziehen.

Neurotische Angst. Bei der neurotischen Angst entsteht die Gefahr dadurch, dass

Triebregungen zur Befriedigung drängen, die nicht befriedigt werden dürfen. Es sind z. B. aggressive Bedürfnisse vorhanden, deren Ausleben das Gewissen oder – wie Freud es nennt – das „Über-Ich" verbietet. Daraufhin löst das „Über-Ich" Angst aus. Die Angst motiviert den Menschen, diese Triebe zu verdrängen und unter Umständen andere Abwehrmechanismen einzusetzen (s. Kap. 2.2.3).

Die psychoanalytische Erklärung der Angstentstehung ist teilweise spekulativ, also nicht beweisbar, und außerdem ist sie kompliziert, schwer verständlich und heutzutage in vielen Bereichen angezweifelt. Der Vollständigkeit halber sollte sie jedoch an dieser Stelle erwähnt werden.

Zusammenfassung

Gefühle. Die Psychologie unterscheidet zwischen angenehmen Gefühlen, die man herbeizuführen oder beizubehalten versucht, und unangenehmen Gefühlen, die man vermeiden oder abbauen will. Gefühle entstehen zumeist unbewusst, indem Menschen ihre Wahrnehmungen bewerten. Es besteht eine Wechselwirkung zwischen der Situation, in der man sich befindet, der Art, wie man sie bewertet, den Gefühlen, die entstehen oder vorliegen, und dem Verhalten.

Aggressivität und Aggressionen. Unter Aggressivität versteht die Psychologie die Bereitschaft einer Person, eine aggressive Handlung vorzunehmen. Aggression ist ein Verhalten, das Menschen oder Sachen absichtlich schädigen soll. Es gibt positive und negative, aktive und passive, körperliche und verbale und feindliche und instrumentelle Aggression.

▶ Aggression kann durch Modelllernen, klassisches und operantes Konditionieren erworben und aufrecht erhalten werden.
▶ Aggression kann die Folge einer Frustration sein. Allerdings führt nicht jede Frustration zur Aggression. Wenn beispielsweise negative Auswirkungen der Aggression befürchtet werden, man nicht gelernt hat, aggressiv zu sein, die Frustration zu gering ist oder aggressionshemmende Bewertungsprozesse stattfinden, dann resultiert eine Frustration nicht in einer aggressiven Handlung.
▶ Alternativen für aggressives Handeln nach einer Frustration sind Umwertungen der Frustration, Resignation, positive Ersatzhandlungen oder erneute Problembewältigung.
▶ Bei einer Aggressionsverschiebung richtet sich die Aggression statt auf den Verursacher der Frustration auf ein Ersatzobjekt.
▶ Die wissenschaftlich umstrittenen, psychoanalytischen Triebtheorien der Aggression gehen davon aus, dass durch biologische Prozesse im Körper aggressive Impulse entstehen, die entladen werden, wenn sich eine Gelegenheit dazu bietet (Dampfkesselmodell).

Angst. Angst ist ein unangenehmes Gefühl, das in Situationen des Bedrohtseins eintritt und mit auffälligen Symptomen wie Schwitzen, Zittern, Übelkeit oder Herzrasen einhergeht. Man kann u. a. zwischen sozialen, Objekt-, Gewissens- und krankhaften Ängsten unterscheiden.
▶ Ängste entstehen vor allem durch Lernprozesse, zusätzlich können jedoch auch Bewertungsprozesse und genetische Ursachen eine Rolle spielen.

▶ Für das Erlernen von Ängsten sind vor allem das Modelllernen und das klassische Konditionieren relevant. Beide Prozesse spielen auch bei der Beibehaltung von Ängsten eine Rolle. Bei der Aufrechterhaltung von Ängsten ist jedoch vor allem das operante Konditionieren wichtig, das zu Vermeidungs- und Fluchtverhalten führt.

▶ Eine teils spekulative und komplizierte Angsttheorie liefert die Psychoanalyse. Danach hat Angst zwei Funktionen: Zum einen soll die Angst Spannungszustände abbauen und zum anderen vor Gefahren warnen.

Weiterführende Literatur

▶ Hipler, M. (2000). Gefühle sind veränderbar. Moers: Brendow Verlag.
▶ Otto, J. H., Euler, H. A. & Mandl, H. (Hrsg.). (2000). Emotionspsychologie. Weinheim: Beltz.
▶ Rost, W. (2001). Emotionen. Berlin: Springer.
▶ Ulich, D. (1995). Das Gefühl (3. Aufl.). Weinheim: Beltz.
▶ Zimbardo, P. G. & Gerrig, R. J. (2003). Psychologie (7. Aufl.). Berlin: Springer.

5 Stress

Polizeiobermeister (POM) Lauer regelt an der Kreuzung zweier Bundesstraßen den Verkehr, da die Lichtzeichenanlage ausgefallen ist. Es ist ein drückend heißer Sommernachmittag. Schwere Lastkraftwagen verpesten mit ihren Auspuffgasen die Luft. Viele Autofahrer sind aufgrund der Hitze und des zähflüssigen Verkehrs genervt und fahren entsprechend aggressiv. POM

Lauer schwitzt stark, hat Durst und ist müde, da er in der Nacht zuvor schlecht geschlafen hat. Er denkt an seine Tochter, die das erste Mal alleine in Urlaub gefahren ist und macht sich Sorgen, ob sie wohlbehalten zurückkehren wird. Sein Rücken schmerzt, er hat leichte Kopfschmerzen und hofft, bald abgelöst zu werden.

Eine ähnliche Situation wie die oben beschriebene kennt bestimmt jeder. Bei POM Lauer zeigen sich die verschiedensten körperlichen und geistigen Reaktionen auf seine momentane Situation. Um es kurz zu sagen, POM Lauer steht massiv unter Stress. In diesem Kapitel werden wir uns mit Fragen beschäftigen, was Stress eigentlich ist, wie er sich äußert und wodurch er ausgelöst wird.

5.1 Was versteht die Psychologie unter Stress?

Der Organismus reagiert in Stresssituationen als ein ganzheitliches System, d. h. es laufen auf den motorischen, physiologischen, emotionalen und kognitiven Verhaltensebenen → unspezifische Reaktionen ab (s. Kap. 3.1).

Motorische Reaktion. Nach der Wahrnehmung eines möglichen → Stressors kommt es zu einer Voranspannung der willkürlichen Muskulatur (motorische Ebene). Der Sinn liegt für den Organismus bzw. den Menschen darin, schneller angreifen oder weglaufen zu

können. Diese Reaktionsmuster liefen bereits bei unseren Urahnen so ab und waren für die Bewältigung von Gefahren eminent wichtig.

Physiologische Reaktion. Die physiologischen Reaktionen bestehen in einer erhöhten Funktion des vegetativen Nervensystems und bestimmter Organe, die durch das vegetative Nervensystem gesteuert werden. So steigern sich ganz allgemein die Kreislauf- und Stoffwechselvorgänge, es werden die Hormone Adrenalin und Noradrenalin ausgeschüttet und Zucker- und Fettvorräte bereitgestellt.

Emotionale Reaktion. Weiterhin entstehen im Rahmen einer Stressreaktion unterschiedliche Gefühle wie Angst, Ärger, Wut, aber auch Freude kann ausgelöst werden. Besonders die zuerst aufgezählten Gefühle führen zu einer Motivationssteigerung, die negativen Zustände der Stresssituation zu beseitigen bzw. eine positive Situation herbeizuführen.

Kognitive Reaktion. Auf der kognitiven Ebene versuchen wir, die Anforderungen gedanklich zu bewältigen. Unsere Wahrnehmung konzentriert sich verstärkt auf den Stressor, und wir lassen uns weniger leicht durch Nebensächlichkeiten ablenken.

Diese Stressreaktionen werden als unspezifisch bezeichnet, da sie im Organismus als immer gleiche Reaktionsmuster auftreten, egal welchem Stressor oder welcher Anforderung man ausgesetzt ist.

Spezifische Reaktionen. Neben den beschriebenen, unspezifischen Reaktionen, die in jeder Stresssituation auftreten, sind zusätzlich spezifische Reaktionen möglich, die von der Art des Stressors abhängen. So bekommt man Brandblasen, wenn man sich die Finger verbrennt. Das ist eine spezifische Reaktion auf den Stressor Hitze.

Die Summe aller Stressreaktionen nennt Hans Selye das → Allgemeine Adaptationssyndrom oder AAS (Selye, 1956). Durch den Begriff Adaptation (Anpassung) wird ausgedrückt, dass die Stressreaktionen der Anpassung an die Anforderungen dienen und damit eine (bessere) Bewältigung der Anforderungen ermöglicht wird. Die Stressreaktionen verändern die Widerstandsfähigkeit des Körpers. Dabei ergibt sich folgender typischer Verlauf: Wenn der Organismus mit einem Stressor konfrontiert wird, reagiert er mit der Alarmphase, in der die Widerstandsfähigkeit unter das normale Maß sinkt. Es handelt sich hier gleichsam um die Schrecksekunde und ein Kräfteholen. Dann tritt die Widerstandsphase ein, in der die Leistungs- und Widerstandsfähigkeit erhöht werden. Diesen Zustand beizubehalten, kostet den Körper viel Kraft und Energie. Daher geht die Widerstandsphase in das Erschöpfungsstadium über, in der wie in der Alarmphase die Leistungsfähigkeit gemindert ist. Grob vereinfacht zeigt die Abbildung 5.1 diesen Verlauf.

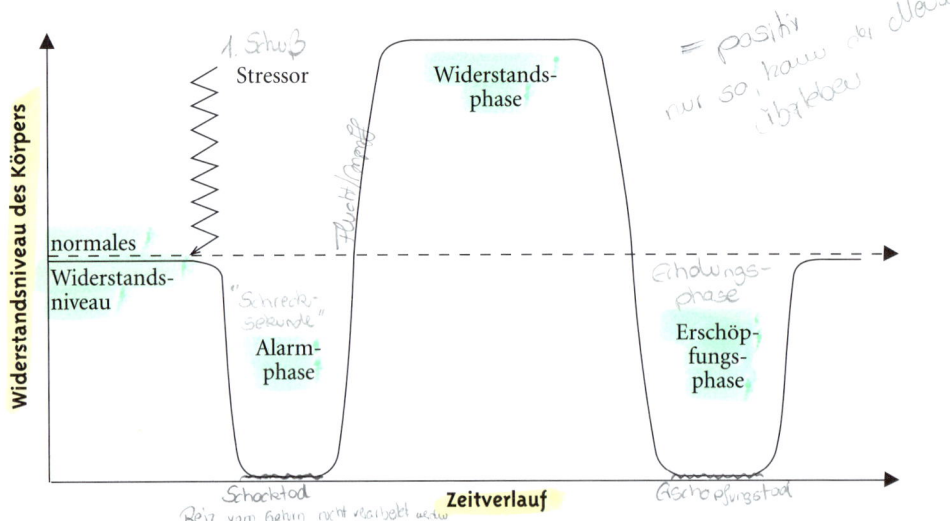

Abbildung 5.1. Darstellung des schematischen Verlaufs einer typischen Stressreaktion: Im normalen, stressfreien Zustand hat der Körper sein normales Widerstandsniveau. Wenn jedoch ein Stressor auftaucht, sinkt in der darauf folgenden Alarmphase das Widerstandsniveau ab. Anschließend steigt es in der Widerstandsphase stark an. Da es für den Körper anstrengend ist, ein solches Widerstandsniveau auf Dauer zu halten, sinkt die Widerstandsfähigkeit nach einiger Zeit in der Erschöpfungsphase wieder ab. Nach einer gewissen Regenerationsphase normalisiert sich das Widerstandsniveau wieder

Nachdem die unspezifischen und spezifischen Reaktionen des Körpers auf einen Stressor erläutert wurden, werden nun verschiedene, psychologische Theorien über die Ursache von Stress vorgestellt.

5.2 Stresstheorien: Wie entsteht Stress?

Es gibt keine einheitliche Definition, geschweige denn eine einzige Theorie, was unter Stress zu verstehen ist und wie er ausgelöst wird. Man kann aber drei Gruppen von Theorien voneinander unterscheiden, die jeweils andere Schwerpunkte setzen und nachfolgend vorgestellt werden:
(1) Stress als Reiz
(2) Stress als Reaktion
(3) Stress als Beziehung zwischen Reiz und Reaktion.

5.2.1 Stress als Reiz
Wenn man Stress als Reiz definiert, dann sind beim Phänomen Stress die Belastungen wesentlich, die auf eine Person einwirken. Der Fachausdruck für solche Reize lautet, wie bereits erwähnt, Stressoren. Dieses Verständnis liegt den meisten Alltagstheorien über Stress und seine Entstehung zu Grunde. Man erhält dementsprechend auf die Frage, was Stress sei, eine mehr oder weniger lange Liste von Stressoren. In der Wissenschaft ist diese Vorstellung weniger verbreitet.

5.2.2 Stress als Reaktion
Andere Theorien über Stress und seine Entstehung legen das Hauptaugenmerk auf die typischen Reaktionen, die durch die Stresso-

---

BEISPIEL

Stressoren
Für POM Lauer aus unserem Eingangsbeispiel stellen die Hitze, die Auspuffgase, der aggressive Fahrstil vieler Autofahrer, die körperliche Anstrengung und die Sorge um seine Tochter Stressoren dar.

---

ren ausgelöst werden. Beispielhaft wird die Theorie von Hans Selye vorgestellt, mit der er 1936 zumindest in Ansätzen die erste wissenschaftlich fundierte Stresstheorie lieferte, die er später noch ausbaute (Selye, 1953, 1974). Selye entdeckte das bereits unter Abschnitt 5.1 dargestellte Allgemeine Adaptationssyndrom (AAS) mit dem typischen Kurvenverlauf der Widerstandsfähigkeit des Körpers während der Alarmreaktion, der Widerstandsphase und des Erschöpfungsstadiums (Selye, 1956).

DEFINITION

Stress kann als die unspezifische Reaktion des Organismus auf jede Art von Anforderung verstanden werden (Selye, 1956).

In dieser allgemeinen Definition kommt zum Ausdruck, dass Stress nicht nur in negativen oder unangenehmen Anforderungen bestehen muss, wie dies bei POM Lauer der Fall ist. Durch Anforderungen kann ebenso positiver Stress verursacht werden. Um zu verdeutlichen, was in der Psychologie unter positivem Stress verstanden wird, werden im Beispielkasten einige Varianten aufgeführt.

Positiver Stress

▶ Die Nachricht über einen Lotteriegewinn bewegte PK Huber dazu, bei der Polizei zu kündigen, obwohl der Geldgewinn nicht bis zu seinem Lebensabend ausreichen würde.

▶ Als KK Schwartz nach der schönen Urlaubsreise, bei der er mit seiner Frau jede Sehenswürdigkeit im Umkreis besichtigt hatte, wieder den Dienst antrat, fühlte er sich nicht erholt, sondern eher urlaubsreif.

▶ Die unverhoffte dienstliche Belobigung führte bei PHM Bauer dazu, dass er sich noch mehr als bisher beruflich engagierte.

5.2.3 Stress als Beziehung zwischen Reiz und Reaktion

Ein bedeutender Vertreter einer dritten Forschergruppe, die Stress als eine Beziehung zwischen Reizen und Reaktionen ansieht, ist der amerikanische Psychologe Richard Lazarus (1966). Lazarus betont in seiner Theorie, dass kognitive Bewertungsprozesse eine fundamentale Rolle dafür spielen, ob man in Stress gerät. Ein Reiz wird erst dadurch zum Stressor, weil man ihn als solchen bewertet, empfindet oder erlebt.

Die Bewertung einer Situation und der möglichen Stressoren muss nicht unbedingt bewusst ablaufen. Ganz im Gegenteil laufen diese Bewertungsprozesse in der Regel unbewusst ab, finden in Sekundenbruchteilen statt, sind mehr oder minder automatisch

Bewertung der Stressoren

▶ Während POM Lauer den Verkehr regelt, empfindet er die Hitze als unangenehm. POM Lauer ist gestresst.

▶ Im Gegensatz zu ihm freuen sich die Schüler der nahe gelegenen Realschule über die Hitze, weil der Nachmittagsunterricht ausfällt. Die Schüler sind aufgrund der Hitze nicht gestresst, sondern freuen sich auf einen Nachmittag im Freibad.

Subjektive Bewertung von Reizen

▶ POM Lauer ist gestresst, weil er sich Sorgen um seine verreiste Tochter macht, die mit 19 Jahren das erste Mal alleine in den Urlaub gefahren ist. Sie will zuerst eine Tante am Lago Maggiore besuchen und dann noch eine Woche nach Florenz in ein bereits gebuchtes Hotel fahren. Andere Eltern würde diese Situation dagegen vielleicht nicht so belasten.

▶ Während der Verkehrsregelung leidet POM Lauer unter der Hitze, andererseits empfände er die gleichen Temperaturen in seinem Griechenlandurlaub als angenehm.

▶ PHM'in Maier ist gestresst, weil sie einen Informationsabend organisieren soll. Sie hat schon mehrere solcher Abende erfolgreich geplant und durchgeführt und sollte daher inzwischen routiniert sein. Trotzdem hat sie immer noch Angst, es könne etwas schief gehen.

mit der Wahrnehmung verknüpft und können durchaus unlogisch sein.

Aufgrund der Ausführungen zur unterschiedlichen Bewertung von Stressoren durch den Einzelnen wird deutlich, dass man einen Reiz nicht allgemeingültig als Stressor bezeichnen kann. Die Auswirkungen eines Reizes hängen von den Bewertungen des Einzelnen und der gegebenen Situation ab.

> **!** Ob durch einen Reiz Stress ausgelöst wird, ist individuell verschieden. Die personen- und situationsabhängige Bewertung macht einen Reiz zum Stressor. Auf Stress reagiert der Mensch mit unspezifischen und spezifischen Reaktionen.

5.3 Auswirkungen von Stress

In jeder belastenden Situation treten Stressreaktionen auf, deren Sinn in einer Steigerung unserer Leistungsfähigkeit besteht, wie wir in Kapitel 5.1 bereits gesehen haben. Aufgrund der Stressreaktionen können wir mit den gestellten Anforderungen besser umgehen als im Normalzustand. Neben diesen situativen Vorteilen gibt es auch langfristige. Nur in kritischen Situationen werden beispielsweise bestimmte Leistungsreserven freigesetzt, so dass man sich nicht bereits in Alltagsfällen verausgabt.

Positive Auswirkungen. Stressoren kann man auch als Probleme ansehen. Durch unsere Probleme bzw. durch deren Bewältigung entwickeln wir uns weiter. Dies gilt sowohl für das Individuum als auch für die Menschheit insgesamt. Stressreaktionen können uns daneben auch als Warnsignal für unsere Leistungsgrenzen dienen oder uns motivie-

ren, Missstände abzuschaffen. Wir trainieren den gesamten Organismus durch die Bewältigung von Problemen, so dass unsere Leistungsfähigkeit beibehalten wird. Von daher ist ein gewisses Maß an Stress sogar lebensnotwendig und unschädlich.

Negative Auswirkungen. Andererseits kann sich intensiver, häufiger oder langandauernder Stress nachteilig auf den Organismus auswirken. Exakter ausgedrückt kann der falsche Umgang mit Stress negative Auswirkungen haben. Die Folge von zu viel oder ständigem Stress sind Muskelverspannungen und -krämpfe, die Überbelastung einzelner Organe, das Nachlassen der Immunabwehr, Panikreaktionen oder Denkblockaden. In schwerwiegenden Fällen können aufgrund des Stresses psychosomatische Krankheiten auftreten. Unter psychosomatischen Krankheiten versteht man körperliche (somatische) Krankheiten, wie ein Magengeschwür, deren eigentliche Ursachen psychischer Natur sind, in diesem Fall der falsche Umgang mit Stress. Diese Erkrankungen sind keine direkte Folge der Stressoren, sondern Nebenwirkungen des falschen Verhaltens in Stresssituationen. Aufgrund dieser Krankheiten kann neuer Stress entstehen. Diese zusätzliche Belastung verschlimmert die Erkrankung und ein Teufelskreislauf entsteht.

Aber auch bei richtigem Umgang mit den Stressoren sind gerade bei länger andauernden Belastungen angemessene Ruhe- und Erholungsphasen nötig, damit man sich wieder regenerieren und Kräfte schöpfen kann. Dauerstress führt daher leicht zu gravierenden Schäden, die der Betroffene unter Umständen gar nicht als Folge seines Stresses erkennt, wie dies bei einem Herzinfarkt, einem Hörsturz, dem Auftreten von Tinnitus

(Ohrgeräusche), Asthma, Bluthochdruck oder Allergien der Fall ist. Auch Stressoren, die man als angenehm oder positiv erlebt, können solche Auswirkungen haben. Dies gilt z. B. für den Schichtdienst, den manche Polizeibeamte als sehr attraktiv erleben. Trotzdem haben verschiedene Untersuchungen ergeben, dass der Schichtdienst häufig negative Folgen für den Körper hat, weil der natürliche Bio-Rhythmus (zirkadiane Rhythmus) durcheinander gerät, was besonders zu Schlafproblemen führt.

BEISPIEL

Stress und seine Folgen
KM'in Hildebrandt hat chronische Magenbeschwerden, da sie dienstlich überlastet ist. Deswegen ist sie häufiger krank. Wenn sie wieder in den Dienst kommt, muss sie zur täglichen Arbeit zusätzlich die Aufgaben erledigen, die während ihrer Krankheit liegengeblieben sind. Dadurch ist KK'in Hildebrand aber noch mehr belastet als vorher, was ihre Magenschmerzen verschlimmert. Dies kann schließlich in einem Magengeschwür enden.

Aus obigen Ausführungen ergibt sich die Erkenntnis, dass Stress an sich weder positiv noch negativ ist. Welche Auswirkungen Stress hat, hängt davon ab, wie wir damit umgehen. Dabei sind wir bei einem mittleren Ausmaß an Stress in der Regel am leistungsfähigsten, da hier die Aktivierung des Organismus optimal ist. Bei zu starken Belastungen schlagen die Stressreaktionen, wie oben gezeigt, ins Negative um. Bei zu geringfügigen Anforderungen sind wir nicht auf Hochleistung eingestellt, so fehlen z. B. eine entsprechende Motivation, Konzentration und

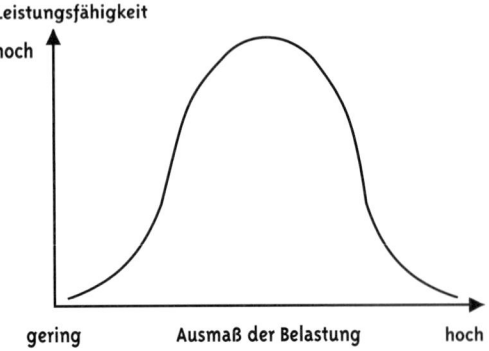

Abbildung 5.2. Beziehung zwischen der Leistung und dem Ausmaß der Belastung. Wenn die Belastung sehr gering ist, ist auch die Leistung gering. Wenn die Belastung ansteigt, so steigt auch die Leistung. Wird die Belastung jedoch zu hoch, so nimmt die Leistung auf Grund von Überbelastung wieder ab

Ausdauer. Diesen Zusammenhang verdeutlicht Abbildung 5.2.

Welche Möglichkeiten sich bieten, mit Stress umzugehen, wird in Kapitel 11 ausführlich beschrieben. In diesem Kapitel sollten nur die theoretischen Hintergründe und Auswirkungen von Stress dargestellt werden.

! Stressoren können allgemein weder als positiv noch als negativ bezeichnet werden. Die Auswirkungen von Stress hängen davon ab, wie man mit dem Stress umgeht.

Zusammenfassung

Stress und die Reaktionen. Wenn bei einer Person durch Anforderungen Stress ausgelöst wird, laufen unspezifische und spezifische Reaktionen ab. Solche Anforderungen oder Reize werden Stressoren genannt.

▶ **Unspezifische Reaktionen auf Stress.** Man unterscheidet zwischen motorischen (Anspannung der Muskulatur), physiologischen (erhöhte Funktion des vegetativen

Nervensystems und bestimmter Organtätigkeiten), emotionalen (motivierende Gefühle) und kognitiven (konzentriertere Wahrnehmung und Denkprozesse) Stressreaktionen.

▶ **Allgemeines Adaptationssyndrom.** Die Reaktionen des Körpers, die in jeder Stresssituation ablaufen, heißen Allgemeines Adaptationssyndrom (AAS): In der Alarmphase sinkt zunächst die Leistungsfähigkeit, sie erhöht sich in der Widerstandsphase über das Normalmaß und fällt in der Erholungsphase wieder ab.

▶ **Spezifische Reaktion auf Stress.** Stressoren haben neben den unspezifischen Reaktionen auch spezifische Auswirkungen. So führen Verbrennungen der Haut dazu, dass sich Blasen bilden.

▶ **Individualität.** Es hängt von der betroffenen Person und der aktuellen Situation ab, welcher Reiz als Stressor empfunden wird und dadurch Stressreaktionen auslöst.

Stresstheorien. Es gibt unterschiedliche Theorien über die Entstehung von Stress, die drei Typen zugeordnet werden können.

(1) Stress als Reiz. Hierbei sind die kennzeichnenden Elemente die Anforderungen (Stressoren), denen wir ausgesetzt sind und die den Stress auslösen.

(2) Stress als Reaktionen. Bei dieser Theorie werden die in Stresssituationen ablaufenden Reaktionen als wesentlich für den Stress bezeichnet (Selye, 1953, 1974).

(3) Stress als Beziehung zwischen Reiz und Reaktion. Die dritte Theorie betont die Bewertungsprozesse eines Reizes, die erst dazu führen, dass Stressoren als solche empfunden werden und in der Folge Stressreaktionen auftreten (Lazarus, 1966).

Auswirkungen von Stress. Stress kann sich positiv auswirken, indem er zur Leistungssteigerung führt, man sich durch Stressbewältigung weiterentwickelt, seine Leistungsfähigkeit trainiert usw. Negative Folgen können jedoch von Leistungsminderung, körperlichen und psychischen Fehlreaktionen bis hin zu schwerwiegenden Erkrankungen reichen.

Weiterführende Literatur

▶ Kaluza, G. (2004). Stressbewältigung. Berlin: Springer.
▶ Lenert, M. (1996). Stress in der Arbeitswelt. Wien: Kammer für Arbeiter und Angestellte für Wien.
▶ Redtenbacher, H. & Strauss-Binsche, G. (1997). Stress. Leoben: Verlag des österreichischen Kneippbundes.
▶ Zimbardo, P. G. & Gerrig, R. J. (2003). Psychologie (7. Aufl.). Berlin: Springer.

6 Persönlichkeitspsychologie

> ► PM Schmitt sagt von seinem Vorgesetzten, dieser habe einen starken Charakter, er sei wirklich eine Persönlichkeit.
> ► Nach Meinung von POM'in Grünwald sieht man schon an der Beleibtheit von PHM Reinhardt, dass er ein sehr gemütlicher Mensch sein muss.
> ► PHM Albrecht erzählt seinen Kollegen stolz, ein Test in einer Illustrierten habe ergeben, er sei sehr kreativ und ideenreich.
>
> ► Auf einer PI in München zeigt ein Bürger seine Wohnungsnachbarn an, da sie ihn angeblich umbringen wollen, indem sie ihn durch sein Fernsehgerät mit tödlichen Strahlen bombardieren.
> ► PK Keil liest in einer Fachzeitschrift, dass Einstellungen ein wesentlicher Bestandteil der Persönlichkeit eines Menschen sind.

Jedes der obigen Beispiele hat etwas mit der Persönlichkeit eines Menschen zu tun. Im folgenden Kapitel sollen Fragen, die mit der Persönlichkeit eines Menschen zusammenhängen, beantwortet werden. Hierbei wird u. a. auf diese Themen eingegangen:

► Was versteht die Psychologie unter Persönlichkeit?
► Welche Arten von Persönlichkeit gibt es?
► Wie lässt sich die Persönlichkeit eines Menschen erfassen?
► Wie äußern sich Persönlichkeitsstörungen?

6.1 Was versteht die Psychologie unter Persönlichkeit?

Generell kann man zwischen laienhaften und wissenschaftlichen Persönlichkeitstheorien unterscheiden. Es gibt in der Psychologie viele Definitionen des Begriffes Persönlichkeit, die sich in bestimmten Aspekten unterscheiden. Wir wollen uns auf die Definition von Theo Herrmann (1991) beschränken, die einen Großteil der geläufigen Vorstellungen von Persönlichkeit wiedergibt.

DEFINITION

Persönlichkeit: „Persönlichkeit ist ein bei jedem Menschen einzigartiges, relativ stabiles und den Zeitablauf überdauerndes Verhaltenskorrelat." (Herrmann, 1991, S. 25)

In der Definition wird das Wort Korrelat benutzt, das kurz erläutert werden soll. Unter einem Korrelat versteht man, dass einzelne Elemente oder in diesem Fall Verhaltensweisen untereinander in enger Beziehung stehen und nicht isoliert und unabhängig voneinander sind. Wie bereits in Kapitel 3 dargelegt wurde, beschränken sich im psychologischen Verständnis die Verhaltensweisen nicht nur auf motorische Bewegungen, sondern umfassen zusätzlich Gefühle (emotionale Reaktionen), Denkvorgänge (kognitives Verhalten) und physiologische Reaktionen und Prozesse (s. Kap. 3.1). Die obige Definition von

Persönlichkeit macht deutlich, dass jeder Mensch eine einzigartige Persönlichkeit hat und diese über längere Zeit gleich bleibend ist. Daraus kann Folgendes abgeleitet werden:

Der wissenschaftliche Persönlichkeitsbegriff ist umfassender als der Alltagsbegriff. Unter Persönlichkeit versteht man in der Psychologie keine Eigenschaft, die nur auffallende oder hervorragende Menschen besitzen, wie dies PM Schmitt von seinem Vorgesetzten behauptet. Es gibt zudem keine Idealpersönlichkeit, von der wir nur einen mehr oder weniger guten Abklatsch darstellen, sondern viele unterschiedliche Persönlichkeitstypen. Dieses Konzept schließt allerdings allgemeine Persönlichkeitsstörungen nicht aus.

Die Persönlichkeit eines Menschen verändert sich nicht von einem Augenblick auf den anderen und wechselt nicht von Situation zu Situation, sondern hat eine gewisse Beständigkeit. Diese Beständigkeit schließt allerdings nicht aus, dass sich einzelne Persönlichkeitszüge erst im Laufe der Zeit entwickeln und andere sich auch wieder verändern.

Die Persönlichkeitspsychologie beschäftigt sich vor allem mit den Unterschieden zwischen Menschen und versucht, das Individuelle am Einzelnen zu erfassen.

Da Polizeibeamte beruflich viele Kontakte mit (fremden) Menschen haben, können für sie Erkenntnisse der Persönlichkeitspsychologie im Umgang mit dem Gegenüber hilfreich sein. Mit diesem Wissen läuft man z. B. weniger Gefahr, unwissenschaftlichen Persönlichkeitstheorien aufzusitzen und sein Gegenüber auf Grund von Vorurteilen falsch zu behandeln. Zusätzlich erhält man Hinweise, wie man den anderen treffsicherer einschätzen kann und erfährt, was im Umgang mit Menschen mit bestimmten Persönlichkeitsstörungen zu beachten ist. Für Vorgesetzte kommt hinzu, dass die Beurteilung der Mitarbeiter die Erfassung und Bewertung bestimmter Aspekte ihrer Persönlichkeit darstellt. Auch für eine Mitarbeiterbeurteilung gibt dieser Zweig der Psychologie Ratschläge, was beim Erstellen einer Beurteilung zu beachten ist, damit sie dem Mitarbeiter möglichst gerecht wird (s. Kap. 10 u. 14).

6.2 Modelle der Persönlichkeit

Es gibt verschiedene psychologische Modelle oder Theorien, die versuchen, die Vielfalt menschlicher Eigenschaften auf einige wenige Grundelemente zurückzuführen, so dass ein Einzelindividuum einem bestimmten Persönlichkeitstyp zugeordnet werden kann. Gelingt dies, ist die Persönlichkeit des Einzelnen erfassbar, und damit weiß man in einem gewissen Ausmaß über Seiten seiner Persönlichkeit Bescheid, die man bisher noch nicht direkt beobachten konnte. So ist bei einem extrovertierten Polizeibeamten die Wahrscheinlichkeit, dass er gemeinsame Freizeitaktivitäten der Dienstgruppe begrüßt, größer als bei einem introvertierten Kollegen. Allerdings kann man bei der Persönlichkeitspsychologie und der Verhaltensvorhersage nur von gewissen Wahrscheinlichkeiten sprechen, da der Mensch ein sehr komplexes Wesen ist und viele Faktoren für ein konkretes Verhalten verantwortlich sind (s. Kap. 1.4). Man muss bei der Einschätzung von Menschen vor allem darauf achten, nicht in stereotypes Denken zu verfallen oder aufgrund anderer sozialer Urteilsprozesse zu einem verzerrten Urteil zu kommen (s. Kap. 6).

Weil die wissenschaftlichen Persönlichkeitsmodelle im Berufsalltag eines Polizeibeamten weniger Relevanz haben, sollen im Folgenden nur zwei Theorien vorgestellt werden. Dabei ähnelt die → Konstitutionstypologie den weit verbreiteten Alltagshypothesen über die menschliche Persönlichkeit. Sie ist jedoch aufgrund moderner Forschungsergebnisse überholt, findet aber immer wieder Anhänger. Das faktorenanalytische Modell (→ Faktorenanalytische Modelle der Persönlichkeit) dagegen ist ein wissenschaftlich anerkannter Ansatz, der veranschaulicht, wie die moderne Persönlichkeitspsychologie ein Ordnungssystem in die Vielfalt der menschlichen Individuen bringt.

6.2.1 Konstitutionstypologien: Rückschluss vom Körper auf die Persönlichkeit

Konstitutionstypologien erklären die Persönlichkeit des Menschen aufgrund seiner Konstitution, also basierend auf seiner körperlichen, physiologischen Natur. Vertreter dieses Ansatzes nehmen an, dass psychische Eigenschaften letztlich auf körperlichen Merkmalen beruhen oder sich zumindest in ihnen äußern. Auch POM'in Grünewald aus dem Einleitungsbeispiel hat eine entsprechende Vorstellung, wenn sie glaubt, die Beleibtheit von PHM Reinhardt deute darauf hin, dass dieser ein sehr gemütlicher Mensch sei.

Konstitutionstypologie nach Kretschmer

Die bekannteste Konstitutionstypologie stammt von Ernst Kretschmer (1921). Er war der Ansicht, dass bei seinen psychiatrischen Patienten die Schizophrenen, Manisch-Depressiven und Epileptiker jeweils einen typischen Körperbau aufwiesen. Diese Erkenntnisse übertrug er auf den Körperbau und die Wesensart gesunder Menschen. Kretschmer unterschied drei Körperbautypen, denen er jeweils einen Charaktertyp zuordnete. Diese drei Konstitutionstypen werden in Abbildung 6.1 dargestellt. Zunächst sollen sie jedoch kurz beschrieben werden.

Athletisch. Typisch für diesen Körperbautyp sind kräftige Muskeln, ein grober Knochenbau, breite Schultern und ein muskulöses Gesicht. Den zugehörigen Charaktertyp bezeichnete Kretschmer als viskös. Seiner Ansicht nach zeichne er sich durch solide, zuverlässige und wortkarge Menschen aus, die sich u. a. nur schwer auf neue, ungewohnte Situationen umstellen könnten. Eine typische psychische Erkrankung dieses Menschenschlags sei die Epilepsie.

Leptosom. Diesem Körperbau ordnete Kretschmer folgende Charakteristika zu: hoch aufgeschossen, ein flacher Brustkorb, lange, schlanke Extremitäten, dünne Muskeln und scharf geschnittenes Profil. Nach Kretschmer geht ein leptosomer Körperbau mit einem schizothymen Charakterzug einher. Diese Menschen seien nach innen gekehrt, kontaktarm, ausdauernd, kühl, überempfindlich, zynisch, pedantisch usw. und die typische psychische Erkrankung dieses Typs sei die Schizophrenie.

Pyknisch. Unter pyknischen Menschen fasste Kretschmer Personen zusammen, die mittelgroß sind und eine gedrungene, dicke Gestalt, einen kurzen, dicken Hals sowie ein weiches, breites Gesicht aufweisen. Pyknische Menschen haben nach Kretschmer einen zykloiden Charakter, d. h. sie seien gemütvoll, kontaktfreudig, weltoffen, anpassungsfähig, praktisch veranlagt, wenig ausdauernd, unterlägen Gefühlsschwankungen usw. Die Manie und die Depression seien die psychi-

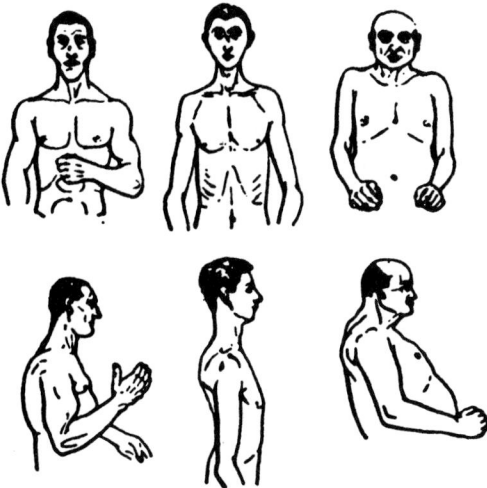

Athletiker   Leptosomer   Pykniker

Abbildung 6.1. Die drei Körperbautypen nach Kretschmer werden jeweils von vorne und im Profil dargestellt

schen Erkrankungen dieses Menschtyps. Kretschmers Typologie wurde von William Herbert Sheldon (1940, 1942) noch verfeinert, indem er ein Verfahren entwickelte, mit dem angegeben werden kann, inwieweit ein Mensch Elemente aller Körperbautypen in sich vereinigt, da Reintypen sehr selten anzutreffen seien. Trotz ihrer ursprünglichen Beliebtheit sind Konstitutionstypologien heute überholt. Die behaupteten Zusammenhänge zwischen Körperbau und Wesen eines Menschen konnten wissenschaftlich nicht nachgewiesen werden. So praktisch es wäre, einen Menschen aufgrund seiner körperlichen Erscheinung charakterlich einordnen zu können, so wenig ist dies möglich. Gerade Polizeibeamte wissen aus ihrer beruflichen Erfahrung, wie viele Menschen auf Betrüger hereinfallen, weil diese so „vertrauenswürdig" aussehen.

> **!** Man kann aufgrund des Körperbaus eines Menschen keine Rückschlüsse auf die Persönlichkeit des Menschen ziehen.

6.2.2 Faktorenanalytische Modelle: Persönlichkeit als Mischung von Grundeigenschaften

Die Persönlichkeit eines Menschen kann beschrieben werden, indem man die Eigenschaften eines Menschen aufzählt. Allerdings gibt es eine Unzahl verschiedener Merkmale, die man dabei erfassen könnte und müsste, um ein umfassendes Bild herzustellen. Statistische Untersuchungen ergaben jedoch, dass verschiedene Eigenschaften mehr oder weniger stark miteinander verknüpft sind, andere wiederum nicht. Wer z. B. viel Selbstvertrauen hat, besitzt auch ein größeres Durchsetzungsvermögen und umgekehrt. Andererseits hängen Durchsetzungsvermögen und Körperfülle nicht zusammen. Aufgrund von wissenschaftlichen Untersuchungen nimmt man an, dass zusammen auftretenden Eigenschaften ein gemeinsames Element oder ein gemeinsamer Faktor zugrunde liegt. Dies bedeutet zugleich, dass die Fülle menschlicher Eigenschaften auf relativ wenige Grundeigenschaften (Faktoren) zurückgeführt werden können und viele Eigenschaften nur eine Mischung aus diesen Faktoren darstellen. Vergleichbar ist dieses Modell mit Farbtönen, die auf die gleiche Grundfarben zurückzuführen sind. So lassen sich alle Farben aus den Farben Rot, Gelb und Blau mischen, die in diesem Zusammenhang die Faktoren wären. In unserem Beispiel wäre der zugrunde liegende Faktor von Durchsetzungsvermögen und Selbstvertrauen die Dominanz. Wer dominant ist, kann sich durchsetzen und hat Selbstvertrauen. Die Faktoren, die den einzelnen Eigenschaften zugrunde liegen, lassen sich mit einem mathematischen Verfahren, der Faktorenanalyse, berechnen. Das Ziel der Faktorenanalyse ist es, Beobachtungen von vielen Merkmalen durch wenige, zusammen gefasste

Kombinationen dieser Merkmale (Faktoren) mit möglichst wenig Informationsverlust zu beschreiben. Dadurch werden die Dimensionen der Beobachtungen reduziert bzw. einfachere Strukturen hinter den Beobachtungen entdeckt. So werden die Ausprägungen verschiedener Merkmale erfasst und anschließend wird mathematisch berechnet, wie viele Faktoren die Basis bilden, durch deren Mischung die Merkmale erklärt werden können.

Um die Persönlichkeit eines Menschen möglichst vollständig zu erfassen, muss demnach nur die Ausprägung der einzelnen Faktoren gemessen werden. Dies ist sehr viel ökonomischer und einfacher, als wenn man alle denkbaren menschlichen Eigenschaften erfassen müsste. Die Messung der Persönlichkeit erfolgt daher z. B. mittels so genannter Persönlichkeitsfragebogen, die erfassen, wie stark einzelne Faktoren der Persönlichkeit vorhanden sind.

BEISPIEL

Fragebogen zur Persönlichkeit

Im deutschsprachigen Raum wird zum Testen der Persönlichkeit häufig das FPI-R (Freiburger Persönlichkeitsinventar, Fahrenberg, Hampel & Selg, 2001) benutzt. Es besteht aus Fragen zur eigenen Person, die mit „stimmt" oder „stimmt nicht" beantwortet werden müssen. Beispiele für diese Fragen sind „Ich gehe abends gerne aus", „Ich bin ungern mit Menschen zusammen, die ich noch nicht kenne" oder „Ich habe häufig Kopfschmerzen".

Persönlichkeitsmodell von Guilford

Ein faktorenanalytisches Persönlichkeitsmodell stammt von Joy Peter Guilford (1964). Seiner Theorie nach existieren in folgenden Bereichen Faktoren, durch deren individuelle Ausprägung die Persönlichkeit eines Menschen bestimmt wird:

▶ **Physiologie.** Zur Physiologie gehören innere und körperliche Eigenschaften, wie der Stoffwechsel, die Drüsentätigkeit, der Pulsschlag und die Erregbarkeit der Nerven.

▶ **Morphologie.** Äußerliche Körpermerkmale wie Gestalt, Größe, Gewicht und Hautfarbe bilden den Faktor Morphologie.

▶ **Eignung.** Unter Eignung fasst Guilford Fähigkeiten, Fertigkeiten und Begabungen, z. B. die Intelligenz, die Kreativität, die Reaktionsgeschwindigkeit und die Bewegungskoordination zusammen.

▶ **Temperament.** Dieser Faktor bezieht sich auf die Art und Weise, wie jemand etwas vollbringt. Beispiele für die verschiedenen Ausprägungen von Temperament sind Selbstvertrauen kontra Minderwertigkeitsgefühle oder soziale Initiative im Gegensatz zur Selbstgenügsamkeit.

▶ **Einstellung.** Guilford zählt konstante Haltungen, Meinungen und Wertvorstellungen, z. B. den Liberalismus, den Konservatismus, die Religiosität und den Nationalismus in den Bereich der Einstellungen.

▶ **Interesse.** Unter Interesse werden in diesem Modell konstante Wünsche von Personen, wie sie sich betätigen oder mit welchen Sachverhalten sie sich beschäftigen wollen, zusammengefasst. Hierunter fallen z. B. verschiedene berufliche Interessen, Abenteuerlust und die Vorliebe für Abwechslung.

▶ **Bedürfnis.** Dieser Faktor beinhaltet zeitlich überdauernde Wünsche nach bestimmten Zuständen oder Gegebenheiten wie Sicherheit, Anerkennung, Bequemlichkeit und Geselligkeit.

Nach der faktorenanalytischen Theorie von Guilford ergeben die Bedürfnisse, Interessen und Einstellungen einer Person zusammen ihre Motivation. Sie sind dafür verantwortlich, inwieweit man vorhandene Fähigkeiten und Fertigkeiten entwickelt bzw. verwirklicht. Das Modell von Guilford und das Zusammenspiel der einzelnen Faktoren soll in der folgenden Abbildung verdeutlicht werden (Abb. 6.2).

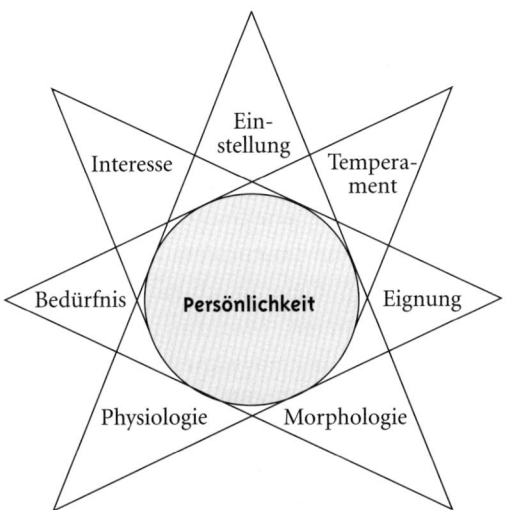

Abbildung 6.2. Das Faktorenmodell der Persönlichkeit. Die Persönlichkeit eines Menschen ergibt sich nach Guilford aus dem Zusammenwirken der Persönlichkeitsbereiche Physiologie, Morphologie, Eignung, Temperament, Einstellung, Interesse und Bedürfnis

Am Beispiel des Modells von Guilford ist ersichtlich, dass die faktorenanalytischen Ansätze eine sehr umfassende, aber doch überschaubare Erfassung der Persönlichkeit eines Menschen erlauben. Mit Hilfe von Persönlichkeitsfragebogen kann gemessen werden, wie stark die einzelnen Faktoren bei einem Individuum ausgeprägt sind, um Vorhersagen über sein zukünftiges Verhalten machen zu können. Negativ an diesem Modell ist, dass der Eindruck entsteht, die Per-

sönlichkeit sei ein statisches Gebilde, sie sei unabhängig von der Umwelt und dass keine Erklärung für ihre Entwicklung geliefert wird. Die Entwicklung für erlernbare Eigenschaften der Persönlichkeit können die Lerntheorien erklären (s. Kap. 3). Die Psychoanalyse liefert weitergehende Modelle zur Persönlichkeitsentwicklung, die aber schwer verständlich sind, teilweise als fragwürdig und spekulativ angesehen werden und für die polizeiliche Praxis wenig hilfreich sind. Deswegen wird auf diese Darstellung verzichtet.

> **!** Die faktorenanalytischen Modelle reduzieren die Unzahl menschlicher Eigenschaften auf einige wenige Grundeigenschaften (Faktoren), deren Ausprägung z. B. mit Persönlichkeitsfragebögen gemessen werden kann.

6.3 Erfassen der Persönlichkeit

Für einen Polizeibeamten kann es nötig sein, zumindest Teile der Persönlichkeit eines Menschen zu erfassen. Das beginnt bei der Beschreibung einer zur Fahndung ausgeschriebenen Person, geht über die Beurteilung eines Mitarbeiters und reicht bis zur Feststellung einer Persönlichkeitsstörung beim polizeilichen Gegenüber. Es gibt nun verschiedene Möglichkeiten, die Persönlichkeit eine Menschen festzustellen. Einige, für den Polizeialltag relevante Vorgehensweisen sollen nachfolgend aufgezeigt werden.

6.3.1 Untersuchung physiologischer und morphologischer Faktoren

Physiologische Merkmale sind in der Regel nur mit technischen Geräten erfassbar. Hierzu gehört z. B. die Bestimmung der Konzentration von Hormonen im Blut aufgrund von Stoffwechselprozessen. Daher spielen diese Merkmale im Polizeialltag keine große Rolle, da sie für die Beurteilung des polizeilichen Gegenübers und von Mitarbeitern zumeist nicht relevant sind. Äußerliche, körperliche (morphologische) Merkmale lassen sich leichter feststellen, sind aber wenig informativ, da keine Rückschlüsse auf psychische Eigenschaften möglich sind, wie im Abschnitt zu den Konstitutionstypologien ausgeführt wurde. Was nützt also z. B. die Erkenntnis, dass das Gegenüber dickleibig, glatzköpfig und klein ist, wenn es darum geht, seine Glaubwürdigkeit einzuschätzen? Bei einer Personenfahndung und zur Täteridentifizierung können aber morphologische Merkmale und physiologische Eigenschaften, wie die Blutgruppe einer Blutspur am Tatort, wichtig sein.

6.3.2 Tests und Fragebogen

Mit Hilfe von psychologischen Tests können einzelne Persönlichkeitsmerkmale wie die Intelligenz, die Kreativität oder die manuelle Geschicklichkeit gemessen werden. Diese Tests sollten nur von geschulten Personen eingesetzt und ausgewertet werden. Leichter zu handhaben sind Fragebogen, die ein Bild der Gesamtpersönlichkeit oder einzelne Aspekte der Person, z. B. ihre Interessen, widerspiegeln. Die Entwicklung solcher Fragebögen und Tests ist zudem sehr zeitaufwendig und kostspielig. Daher spielen diese Methoden im polizeilichen Alltag nur eine geringe Rolle. Es ist eher der Polizeibeamte selbst, der mit Fragebögen untersucht wird, z. B. bei der Einstellungsprüfung oder der Auswahl zu Sondereinsätzen. Psycho-Tests in Zeitschriften sind durchweg minderwertig und nicht wissenschaftlich fundiert. Wenn PHM Albrecht also aufgrund des Ergebnisses des Tests in einer Illustrierten glaubt, er sei sehr kreativ und ideenreich, so kann das richtig sein oder auch nicht. Sein Ergebnis in dem Test lässt keinen gesicherten Rückschluss auf seine Kreativität zu, da der Test alles Mögliche messen kann, aber nicht unbedingt Kreativität.

6.3.3 Beobachtung des Verhaltens

Eine weitere Möglichkeit, sich ein Bild von einer Person zu machen, ist die direkte Beobachtung des Verhaltens. Dabei muss man sich vorher genau überlegen, welche Verhaltensweisen oder Eigenschaften erfasst werden sollen, und dann überprüfen, ob und, wenn ja, wie häufig diese in einem bestimmten Zeitraum auftreten. Man kann eine Person über eine gewisse Zeitspanne hinweg wiederholt oder in einer bestimmten Situation genau beobachten, um ein möglichst umfassendes Bild über diesen Menschen zuerlangen. Im Polizeialltag können solche Beobachtungen nötig sein, um bestimmte Eigenschaften eines Menschen zu erfassen. Dies wäre z. B. der Fall, wenn ein Mitarbeiter beurteilt werden soll (s. Kap. 10) oder die Glaubwürdigkeit einer Aussageperson eingeschätzt werden muss (s. Kap. 15.3.2). Die Methode der Beobachtung ist aber auch wichtig, damit ein Polizeibeamter auf sein Gegenüber situationsangepasst reagieren kann. Bei der Observation von Verdächtigen wird diese Methode eingesetzt, um ohne das Wissen des Beobachteten Informationen über ihn zu bekommen. In vielen anderen Situationen hingegen weiß der Beobachtete, dass seine Verhaltensweisen und Reaktionen erfasst werden.

Beobachtung

▶ PK'in Krämer kontrolliert, wie oft jeder Mitarbeiter in ihrer Dienstgruppe im Juli und August zu spät zum Dienst erscheint.

▶ PHM'in Wagner registriert genau, wann der erregte Kraftfahrer, den sie wegen Falschparkens verwarnt hat, auf ihre beschwichtigende Argumentation ein-

geht und welche ihrer Ausführungen nichts bewirken oder das Gegenüber noch stärker erregen. Zugleich achtet sie darauf, inwieweit der Kraftfahrer ihr überhaupt zuhört und welche Wirkung die beschwichtigenden Äußerungen seiner Ehefrau auf ihn haben, um ihr weiteres Vorgehen darauf einzurichten.

Die Beobachtung zur Feststellung von Persönlichkeitsmerkmalen hat jedoch auch Grenzen. Da man sich bei der Beobachtung meist nur auf das gezeigte Verhalten konzentriert, wird die Ursache der Handlung nicht erfasst. Ist der Beobachtete aggressiv, weil er ein Choleriker ist oder weil er sich gerade über etwas geärgert hat? Solche Fragen lassen sich zumindest durch eine einmalige Beobachtung nicht beantworten. Um ein umfassenderes Bild der Persönlichkeit eines Menschen zu bekommen, ist es nötig, diesen in möglichst verschiedenen Situationen und über einen längeren Zeitraum zu beobachten. Dies ist für einen Laien zudem die einzig praktikable Möglichkeit, um die Persönlichkeit eines Mitmenschen zumindest in Teilaspekten zu erfassen.

6.4 Persönlichkeitsstörungen

Nachdem verschiedene Modelle der Persönlichkeit und die Möglichkeit der Erfassung dargestellt wurden, wenden wir uns den Persönlichkeitsstörungen zu. Die ideale Persönlichkeit gibt es nicht, und man kann nicht sagen, dass ein Mensch nur bestimmte Eigenschaften haben darf und alle anderen negativ sind. Trotzdem kann man verschiedene Persönlichkeitsstörungen erkennen, die sich

nicht so sehr darin äußern, dass ein Mensch nur negative oder schlechte Eigenschaften aufweist, sondern dass er aufgrund seiner Persönlichkeit immer wieder mit seiner Umgebung in Schwierigkeiten gerät. Unter Persönlichkeitsstörungen versteht man – anders ausgedrückt – Persönlichkeitsmerkmale, die aufgrund bestimmter Kriterien als krankhaft gelten. Die Definition von Dilling, Mombour und Schmitt (1993) verdeutlicht, wann man in der Psychologie von Persönlichkeitsstörungen spricht.

DEFINITION

Persönlichkeitsstörungen „umfassen tief verwurzelte, anhaltende Verhaltensmuster, die sich in starren Reaktionen auf unterschiedliche persönliche und soziale Lebenslagen zeigen. Dabei findet man gegenüber der Mehrheit der Bevölkerung deutliche Abweichungen im Wahrnehmen, Denken, Fühlen und in Beziehungen zu anderen. Solche Verhaltensmuster sind zumeist stabil und beziehen sich auf vielfältige Bereiche von Verhalten und psychischen Funktionen. Häufig gehen sie mit persönlichem Leiden und gestörter Funktionsfähigkeit einher." (Dilling et al., 1993, S. 225).

Im Folgenden sollen die Schizophrenie und die antisoziale oder dissoziale Persönlichkeitsstörung als Beispiele für Persönlichkeitsstörungen näher dargestellt werden. Ganz allgemein spricht man von einer Persönlichkeitsstörung, wenn der Betroffene wiederholt bei der zwischenmenschlichen Interaktion mit allgemeinen, situationsspezifischen oder rechtlichen Normvorstellungen in Konflikt gerät, z. B. in der Familie und im Beruf. Im polizeilichen Alltag sind Kontakte mit Menschen, die an einer Persönlichkeitsstörung leiden, gar nicht unwahrscheinlich und beschränken sich nicht nur darauf, Straftäter mit solchen Symptomen festzunehmen.

6.4.1 Schizophrenie

Eine schwere Erkrankung der Gesamtpersönlichkeit ist die Schizophrenie. Mit einer Erkrankungswahrscheinlichkeit von 1–2 % für die Durchschnittsbevölkerung (Schulte & Tölle, 1975; Fiedler, 2001) ist sie die häufigste Persönlichkeitsstörung.

Entstehung und Krankheitsbilder der Schizophrenie

Die genauen Ursachen der Schizophrenie sind unbekannt. Man geht heute davon aus, dass eine Wechselwirkung zwischen psychischen und körperlichen Ursachen sowie Umweltfaktoren für den Ausbruch der Krankheit eine Rolle spielen. Da das Risiko an Schizophrenie zu erkranken, wesentlich ansteigt, wenn ein Elternteil (10–14 %) oder beide Elternteile (38–60 %) betroffen sind, können schizophrene Störungen auch vererbt sein (Fiedler, 2001). Die Krankheit kann schlagartig oder schleichend beginnen. Ebenso gestaltet sich der übrige Verlauf uneinheitlich, d. h. es sind weitere akute Schübe oder eine allmähliche Verschlechterung des Krankheitszustandes möglich. Das akute Stadium kann wieder völlig abklingen oder bleibende Veränderungen hinterlassen. Auch Wiedererkrankungen sind oft zu beobachten. Das entscheidende Merkmal der Schizophrenie ist die Veränderung der Persönlichkeit, die sich in folgenden Symptomen zeigt (Spoerri, 1966; Davison & Neale, 2002):

▶ Störung der Affektivität
▶ Denkstörungen
▶ Störungen der Person.

Störung der Affektivität. Eine Störung der Affektivität kann sich darin äußern, dass der Kranke gleichgültig und apathisch wirkt, er nicht aus sich herausgeht und man nur schwer eine gefühlsmäßige Beziehung zu ihm aufbauen kann. Manchmal passen Gefühl und Situation oder Gefühl und Handeln nicht zueinander. So ist es z. B. möglich, dass der Kranke lachend von einem schweren Schicksalsschlag erzählt. Gegensätzliche Gefühle können gleichzeitig und gleichwertig nebeneinander existieren. Häufig leiden Schizophrene unter starken Ängsten.

Denkstörungen. Für Schizophrenie ist die so genannte Zerfahrenheit des Denkens typisch. Daher sind auch die verbalen Äußerungen für einen Außenstehenden oft unlogisch und zusammenhanglos, da der Kranke häufig von einem Thema zum anderen springt und diese z. T. innerhalb eines Satzes miteinander vermengt. Im Extremfall bringt der Kranke nur noch einen Wortsalat hervor, dem man nicht mehr folgen kann. Manche Schizophrene haben auch den Eindruck, dass ihre Gedanken plötzlich abreißen.

Störung der Person. Eine Störung der Person ist die Depersonalisation, die sich darin äußert, dass der Kranke z. B. Teile seines Körpers oder seiner Person als nicht zu ihm gehörig empfindet. Schizophrene haben oft den Eindruck, ihre Gedanken und Gefühle seien von außen gemacht oder eingegeben. Besonders auffällig ist in diesem Zusammenhang der Autismus. Damit ist gemeint, dass der Kranke den Bezug zur Realität verliert und völlig auf seine Person bezogen ist. Diese Form des Autismus darf nicht mit dem kindlichen Autismus verwechselt werden, der eine Entwicklungsstörung und keine Persönlichkeitsstörung darstellt.

Allerdings stehen die eben genannten Symptome bei einem kurzen Kontakt mit einem Betroffenen häufig nicht im Vordergrund, auch wenn sie die Kriterien für die Diagnose einer Schizophrenie darstellen. Andere, für die Schizophrenie eigentlich weniger charakteristische, jedoch recht auffällige Symptome sind:

▶ Katatone Symptome
▶ Halluzinationen
▶ Wahnideen.

Katatone Symptome. Unter katatonen Symptomen versteht man Störungen der Motorik und des Antriebs. Diese Symptome können sich darin äußern, dass die Motorik der Person völlig aussetzt, sie sich nicht mehr bewegt oder reagiert (Stupor). Andererseits können Schizophrene biegbar wie eine Gliederpuppe werden, als hätten sie keine Knochen (Katalepsie). Weiterhin ist es möglich, dass die Erkrankten ständig die gleichen stereotypen Bewegungen ausführen, grimassieren oder äußerst erregt und unruhig sind, bis hin zu Aggressionen und Gewalttätigkeiten. Ebenso kann der sog. Negativismus auftreten, bei dem der Betroffene immer genau das Gegenteil von dem macht, was er tun

soll. Den Gegensatz stellt der Befehlsautomatismus dar, bei dem der Kranke alle Befehle kritiklos wie ein Automat ausführt. Durch diese Bandbreite an Symptomen allein bezüglich der Motorik wird deutlich, dass es äußerst komplexe und sich auf den ersten Blick widersprechende Erscheinungsformen der Schizophrenie gibt (Stupor vs. Katalepsie; Negativismus vs. Befehlsautomatismus).

Halluzinationen. Unter Halluzinationen versteht man Trugwahrnehmungen, die nicht wie bei einer Wahrnehmungsverzerrung durch äußere Reize ausgelöst werden, sondern auf einer umfassenden Wahrnehmungsstörung beruhen. Der Kranke ist aber fest davon überzeugt, dass seine Wahrnehmungen realistisch sind. Bei Schizophrenen treten vor allem akustische Halluzinationen auf; viele hören z. B. Stimmen, die meist unfreundlich zum Kranken reden. Visuelle Halluzinationen sind ebenfalls weit verbreitet, bei denen der Erkrankte Dinge, Tiere oder Menschen sieht, die für niemand anders sichtbar sind. Die Person, die im Eingangsbeispiel zu diesem Kapitel glaubt, durch Strahlen ihrer Nachbarn misshandelt zu werden, hat ebenfalls Halluzinationen, wie man sie in dieser und ähnlicher Form häufiger bei Schizophrenen vorfindet.

Wahnideen. Eng mit den Halluzinationen sind oft Wahnideen verknüpft. Der Unterschied zwischen Halluzinationen und Wahnideen liegt darin, dass sich letztere auf das gesamte Weltbild und nicht nur auf die Wahrnehmung beziehen. Bei Schizophrenen ist dabei kennzeichnend, dass die Wahnvorstellungen für einen Außenstehenden meist nicht nachvollziehbar und komplett unverständlich sind. Auch hier gibt es mehrere Möglichkeiten, in welcher Form sich diese

Wahnvorstellungen äußern können. Der Kranke bezieht beispielsweise zufällige Ereignisse auf sich und glaubt, sie gelten ihm (Beziehungswahn). So kann ein Schizophrener glauben, ein Unwetter sei das Strafgericht Gottes für seine persönlichen Sünden. Andere fühlen sich verfolgt oder vergiftet oder von außen beeinträchtigt (z. B. durch Strahlen), überschätzen ihre Person und ihre Fähigkeiten völlig (Größenwahn) oder glauben, dass sie eine berühmte Persönlichkeit seien.

Entsprechend den vorherrschenden Symptomen lassen sich verschiedene Unterformen der Schizophrenie feststellen, so z. B. die paranoide Schizophrenie oder die katatone Schizophrenie. Auf diese Einteilung soll hier aber nicht weiter eingegangen werden, weil sie für unsere Belange unwichtig ist. Hinweise zum Umgang mit Schizophrenen werden in Kapitel 14 gegeben.

6.4.2 Antisoziale oder dissoziale Persönlichkeitsstörung

Diese Persönlichkeitsstörung tritt bei bis zu drei Prozent der Männer und einem Prozent der Frauen auf und kommt vermehrt bei jungen Menschen und in den unteren Gesellschaftsschichten vor (Davison & Neale, 2002). Die Grenzen zwischen der antisozialen Persönlichkeitsstörung mit psychischer Gestörtheit und der strafrechtlich zu verfolgenden Kriminalität ohne psychische Gestörtheit sind fließend (Fiedler, 2001).

Entstehung und Krankheitsbilder der antisozialen Persönlichkeitsstörung

Menschen mit antisozialer oder dissozialer Persönlichkeitsstörung wurden früher als Psychopathen bezeichnet. Das Krankheitsbild äußert sich darin, dass die Betroffenen seit ihrer Kindheit wiederholt mit der Gesellschaft in Konflikt geraten. Schon vor dem 15. Lebensjahr schwänzen solche Kinder regelmäßig die Schule, laufen wiederholt von zu Hause weg und fallen durch häufiges Lügen, Diebstahl, Brandstiftung und die vorsätzliche Zerstörung von Eigentum auf. Diese Verhaltensmuster setzen sich im Erwachsenenalter fort, indem die Personen nur zeitweilig arbeiten, häufig das Gesetz übertreten, leicht gereizt und körperlich aggressiv reagieren, Schulden nicht bezahlen und gegenüber ihren Mitmenschen rücksichtslos vorgehen. Individuen mit dieser Persönlichkeitsstörung planen nicht im Voraus, handeln impulsiv, haben keinen Respekt vor der Wahrheit und zeigen keinerlei Reue für ihre Taten (Davison & Neale, 2002). Nachfolgend werden diese und andere typische Symptome des Krankheitsbildes antisoziale Persönlichkeitsstörung aufgeführt:

▶ Mangelndes Krankheitsbewusstsein
▶ Schneller Lustgewinn
▶ Unüberlegtes Handeln
▶ Moralische Defizite
▶ Unbeständiges Leben
▶ Zwischenmenschliche Probleme
▶ Gestörte Emotionalität.

Mangelndes Krankheitsbewusstsein. Der Betroffene empfindet sich und sein Verhalten als normal und hat keinen Leidensdruck. Aus seiner Sicht sind eher die Mitmenschen gestört. In allen Fällen leidet das soziale Umfeld unter der Person mit antisozialer Persönlichkeitsstörung bzw. unter der Rücksichts- und Respektlosigkeit, den Lügen, Betrügereien, Gewalttätigkeiten etc.

Schneller Lustgewinn. Die Bedürfnisse von Personen mit dieser Störung müssen möglichst schnell befriedigt werden, dementsprechend handelt die Person impulsiv. Menschen mit dieser Störung sind zumeist kompromisslos und kennen häufig nur die Alternativen, entweder alles zu bekommen oder völlig zu verzichten.

Unüberlegtes Handeln. Ein Mensch mit antisozialer Persönlichkeitsstörung denkt nicht an die Konsequenzen seines Handelns, setzt sich stur und uneinsichtig über Normen hinweg und verändert sein Verhalten auch nicht auf Grund von negativen Erfahrungen. Er handelt, bevor er denkt und lebt von Augenblick zu Augenblick.

Moralische Defizite. Familiäre, gesellschaftliche oder rechtliche Normen sind Menschen mit dieser Störung meist (theoretisch) bekannt, gelten aber ihrer Meinung nach nicht für sie selbst, sondern nur für andere. Trotzdem kann der Betroffene höchst empfindsam sein, wenn seine eigenen Rechte verletzt werden. Gleichzeitig ist ihrer Ansicht nach eigenes Fehlverhalten völlig in Ordnung, entschuldbar oder sogar von der Umwelt provoziert. Solche Personen zeigen in der Regel keine Reue oder Schuldgefühle aufgrund von schädigenden Taten gegenüber ihren Mitmenschen.

Unbeständiges Leben. Der Kranke ist unfähig zu einem geordneten Leben, wechselt häufig spontan den Beruf, die Wohnung oder den Partner und neigt bei Konflikten zur Flucht oder zum impulsiven Durchsetzen der eigene Vorstellungen durch Aggressionen.

Zwischenmenschliche Probleme. Antisoziale Persönlichkeiten können sich in ihre Mitmenschen zumeist nicht einfühlen, sind selbstsüchtig und mitleidlos, empfinden das Gegenüber als austauschbar und nur als Mittel, um eigene Bedürfnisse zu befriedigen.

Gestörte Emotionalität. Menschen mit dieser psychischen Störung kennen oft keine oder nur geringe Ängste, sind leicht reizbar und verletzlich, neigen zu offenen und verdeckten Aggressionen, sind gefühlsarm dem Leid anderer gegenüber, aber sehr empfindsam bei eigenem Leid.

Je nachdem, welche Symptome im Vordergrund stehen, kann zwischen verschiedenen Formen der antisozialen Persönlichkeit unterschieden werden. Allerdings ist eine solche Unterscheidung genau wie bei schizophrenen Personen für den Polizeialltag nicht relevant. Die Ursachen für die abnorme Persönlichkeitsentwicklung sind nicht eindeutig geklärt, aber Erziehungs- und Sozialisationsdefizite, Vererbung und hirnorganische Störungen scheinen eine Rolle zu spielen, wobei viele in Wechselbeziehungen zueinander stehen. Wie ein Polizeibeamter mit einem Menschen umgehen sollte, der unter einer antisozialen Persönlichkeitsstörung leidet, wird in Kapitel 14 näher erläutert.

Zusammenfassung

Persönlichkeit. Die Persönlichkeit des Menschen ist ein einzigartiges, relativ stabiles und den Zeitablauf überdauerndes Verhaltenskorrelat.

▶ Konstitutionstypologien ziehen Rückschlüsse von der körperlich-physiologischen Natur eines Menschen auf seine psychischen Eigenschaften. Sie sind wissenschaftlich nicht haltbar. Bekannte Vertreter solcher Typologien sind Kretschmer (1921) und Sheldon (1942).

▶ Faktorenanalytische Modelle der Persönlichkeit reduzieren die Vielfalt menschlicher Eigenschaften auf relativ wenige Grundeigenschaften, so genannte Faktoren. Ein wichtiges Modell stammt von Guilford (1964).

► Methoden zur Erfassung der Persönlichkeit eines Menschen sind die Untersuchung morphologischer und physiologischer Merkmale, Tests, Fragebogen und vor allem die Verhaltensbeobachtung.

Persönlichkeitsstörungen. Unter Persönlichkeitsstörungen werden stabile Verhaltensmuster verstanden, die zu starren Reaktionen auf wechselnde persönliche und soziale Lebenslagen führen. Sie führen zu Abweichungen im Wahrnehmen, Denken, Fühlen und in den Beziehungen zu anderen Menschen. Sowohl persönliches Leiden als auch ein Leiden der Umgebung, sowie eine gestörte (gesellschaftliche) Funktionsfähigkeit der Person sind Folgen dieser Krankheit.

► Schizophrenie ist eine der häufigsten Persönlichkeitsstörung. Kennzeichnend sind Störungen der Affektivität, des Denkens und der Person. Zusätzlich können kata-

tone Symptome, Halluzinationen und Wahnideen auftreten.

► Menschen mit antisozialer oder dissozialer Persönlichkeitsstörung kommen mit der Gesellschaft häufig in Konflikt, zeigen kein Krankheitsbewusstsein, handeln unüberlegt, haben moralische Defizite, führen ein unbeständiges Leben, haben zwischenmenschliche Probleme und besitzen eine gestörte Emotionalität.

Weiterführende Literatur

► Fiedler, P. (2001). Persönlichkeitsstörungen (5. Aufl.). Weinheim: Beltz.
► Füllgrabe, U. (1992). Der psychisch auffällige Mitbürger. Zum Umgang mit psychisch auffälligen Menschen. Stuttgart: Boorberg.
► Laux, L. (2003). Persönlichkeitspsychologie. Stuttgart: Kohlhammer Urban-Taschenbücher.
► Litzcke, S. M. (2003). Polizeibeamte und psychisch Kranke. Wahrnehmung, Einstellungen, Emotionen, Verhalten. Frankfurt: Verlag für Polizeiwissenschaft.
► Zimbardo, P. G. & Gerrig, R. J. (2003). Psychologie (7. Aufl.). Berlin: Springer.

7 Soziale Urteile oder Einstellungen

> ▶ Der Beruf des Polizeibeamten ist nur etwas für Männer.
> ▶ Frauen sind eine Bereicherung für die Polizei.
> ▶ Bestimmte gesetzliche Bestimmungen behindern die Arbeit der Polizei unnötig.
> ▶ Frauen sind verständnisvoller als Männer.
> ▶ Alle Ausländer sind kriminell.
> ▶ Frau Schäfer erscheint völlig aufgelöst auf einer PI. Sie ist auf einen Trickbetrüger herein gefallen. Fassungslos sagt sie dem Beamten: „Aber er hat doch so einen guten ersten Eindruck gemacht und sah so seriös aus! Dem hätte ich das nie zugetraut!"
> ▶ PM Meier sagt zu PM Hamann: „Der Verdächtige war bestimmt der Täter. Von seinem ganzen Auftreten und Erscheinungsbild her ist er der typische Verbrecher."

Obige Aussagen sind Beispiele für soziale Urteile. Dieses Kapitel beschäftigt sich mit sozialen Urteilen oder Einstellungen und ihren verschiedenen Erscheinungsformen und hierbei sollen Fragen geklärt werden wie:

- ▶ Was versteht man in der Psychologie unter sozialen Urteilen?
- ▶ Wie entstehen soziale Urteile?
- ▶ Welche Vor- und Nachteile haben soziale Urteile?
- ▶ Wie werden soziale Urteile gefestigt?
- ▶ Wie werden soziale Urteile verändert?
- ▶ Welche Auswirkungen können soziale Urteile haben?

Das Wissen um die Entstehung und die Wirkweisen von sozialen Urteilen ist für Polizeibeamte nützlich, weil sie täglich mit vielen Menschen Kontakt haben und das zwischenmenschliche Miteinander von sozialen Urteilen, Einstellungen, Meinungen, Annahmen, → Stereotypen usw. geprägt wird.

7.1 Was versteht die Psychologie unter sozialen Urteilen?

Wenn Menschen Objekte, Situationen, andere Menschen und deren Verhalten oder auch sich selber wahrnehmen, werden diese Informationen im Regelfall nicht nur von den Sinnesorganen registriert, sondern anschließend u. a. zu sozialen Urteilen oder Einstellungen weiterverarbeitet. Soziale Urteile stellen also die Konsequenzen unserer momentanen und früheren Wahrnehmungen dar, wobei zu ihrer Entwicklung auch Lernprozesse wie das klassische Konditionieren, das operante Konditionieren, das Modelllernen oder das einsichtige Problemlösen beitragen (s. Kap. 3). Soziale Urteile oder Einstellungen können ihrerseits wiederum künftige Wahrnehmungen beeinflussen (s. Abb. 7.1, S. 106). Darauf wird später noch näher eingegangen.

Bevor auf die einzelnen Ausprägungen sozialer Urteile bzw. Einstellungen eingegangen wird, sollen sie definiert werden.

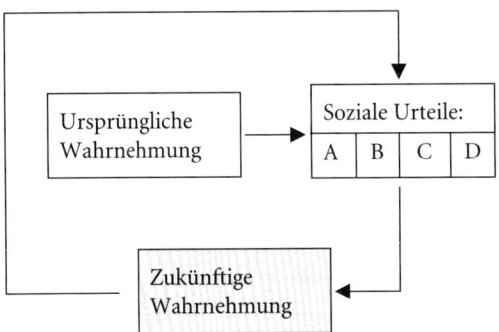

Abbildung 7.1. Die Wahrnehmung und die sozialen Urteile beeinflussen sich in einer Situation wechselseitig. Die Wahrnehmungen führen dazu, dass die sozialen Urteile verstärkt oder verändert werden. Die sozialen Urteile führen im Anschluss zu einer veränderten zukünftigen Wahrnehmung

DEFINITION

Unter **sozialen Urteilen** bzw. **Einstellungen** versteht man Annahmen, Vorstellungen oder Meinungen zu Personen, Dingen, Sachverhalten oder Situationen.

Einstellungen können als persönliche, subjektive Annahmen, Vorstellungen oder Meinungen verstanden werden, die durch frühere Erfahrungen der Person, ihre Erziehung, ihre Umwelt, ihre Lebenssituation und vielem mehr geprägt wurden. Daher können Einstellungen objektiv richtige oder falsche Informationen zum Einstellungsobjekt beinhalten und enthalten eine positive oder negative Bewertung. Soziale Urteile bewirken bei der betroffenen Person zusätzlich passende Gefühle und beeinflussen das Handeln der Person. POM Walther hat beispielsweise die Einstellung, dass der Beruf des Polizeibeamten nur etwas für Männer sei. Folgende Informationen und Bewertungen von POM Walther liegen dieser Einstellung zugrunde: Frauen fehlen öfters wegen Schwangerschaft und Kindererziehung. Wenn Frauen bei der

Polizei arbeiten, gibt es Liebschaften zwischen männlichen und weiblichen Kollegen, was zu Streitigkeiten führt. Männliche Kriminelle lassen sich wegen ihrer körperlichen Überlegenheit von Polizeibeamtinnen nicht beeindrucken. Für POM Walther ist es egal, ob diese Annahmen objektiv betrachtet zutreffen oder nicht. Er lehnt es ab, dass Frauen bei der Schutzpolizei angestellt werden. POM Walther fühlt sich aufgrund seiner negativen Einstellung zu Polizeibeamtinnen unwohl, wenn er daran denkt, mit einer Kollegin zum Dienst eingeteilt zu werden. Er hat Angst, wenn er sich vorstellt, eine Kollegin sollte ihn vor Angriffen betrunkener Neonazis beschützen. Deshalb wird er bei entsprechenden Einsätzen darauf achten, männliche Kollegen bei sich zu haben und behandelt Polizeibeamtinnen generell von oben herab. Soziale Urteile können sich auch auf die Wahrnehmung als ein Teil unseres Handelns auswirken. Dieser Einfluss soll an einem Beispiel dargestellt werden (Tab. 7.1).

7.2 Sonderformen sozialer Urteile

Um das Konzept der sozialen Urteile zu verdeutlichen, werden nun einige spezielle Ausprägungen dargestellt. Zu den Sonderformen der Einstellungen zählen u. a.

▶ Stereotype,
▶ der erste Eindruck und
▶ die implizite Persönlichkeitstheorie.

7.2.1 Stereotype

Jeder Mensch entwickelt im Laufe seines Lebens Stereotype und lebt mit ihnen. Was genau ist jedoch mit Stereotypen gemeint?

Es ist durchaus möglich, dass das Stereotyp für den durchschnittlichen Vertreter

Tabelle 7.1. POK Unrath hat die Einstellung, dass jeder, der sich auf einer Party stark betrinkt, ein Alkoholproblem hat, weil diese Situation nur die Spitze des Eisberges darstellen würde. Im Folgenden wird dargestellt, wie dieses soziale Urteil seine Wahrnehmung beeinflusst

Wahrnehmung	Soziales Urteil
POK Unrath hat bei einem Betriebsausflug bemerkt, dass PHM Huber ziemlich viel Alkohol getrunken hatte.	Seitdem hält er Huber für jemanden, der zumindest leichte Alkoholprobleme hat. _Bewertung_
Als PHM Huber einige Tage später POK Unrath nach einer stressigen Nachtschicht die schwierigen Einsätze schildert, verhaspelt sich Huber aus Übermüdung.	POK Unrath führt dieses Verhaspeln auf heimlichen Alkoholkonsum zurück. _Bewertung_
In der Folge beobachtet POK Unrath PHM Huber sehr genau, um weitere Anzeichen für seinen Alkoholkonsum zu finden.	POK Unrath ist überzeugt, dass PHM Huber ein größeres Alkoholproblem hat, weil er weiteres Fehlverhalten feststellt. _Gefühle_
Jede Nachlässigkeit und jeder kleine Flüchtigkeitsfehler von PHM Huber sind für POK Unrath Bestätigungen seines Urteils: PHM Huber hat ein Alkoholproblem.	Bei der halbjährlichen Beurteilung bekommt PHM Huber eine sehr schlechte Rückmeldung von POK Unrath, der ihm sein Alkoholproblem vorwirft. _Handeln_

PHM Huber hatte solch eine schlechte Beurteilung nicht erwartet. Der Vorwurf des Alkoholproblems trifft ihn völlig unerwartet und verletzt ihn sehr. PHM Huber hat tatsächlich kein Alkoholproblem.

> **DEFINITION**
>
> Bei einem **Stereotyp** werden einer Person bestimmte Eigenschaften zugeschrieben, weil sie einer bestimmten sozialen Kategorie angehört und diese Eigenschaften angeblich für die Mitglieder dieser sozialen Kategorie typisch sind.

einer sozialen Kategorie zutrifft. Vielleicht haben Psychologen tatsächlich häufiger psychische Probleme als Angehörige anderer Berufsgruppen, aber dies gilt sicher nicht für jeden Psychologen (s. Beispiele weiter unten). Daher kann man sehr leicht einen bestimmten Psychologen aufgrund des Stereotyps falsch behandeln.

Durch die meisten Stereotype wird das Gegenüber falsch charakterisiert, da sie Eigenschaften überspitzt herausstellen und häufig auf keinerlei objektiven Grundlagen beruhen. Dazu gehört die Meinung, Frauen seien mehr gefühlsgeleitet als Männer.

Stereotype

▶ Männer sind vorwiegend vernunftge-leitet. Frauen hingegen sind vor allem gefühlsgeleitet.

▶ Deutsche sind fleißig.

▶ Vermummte Demonstranten haben immer Böses im Sinn und werden auf jeden Fall randalieren.

▶ Psychologen haben selbst eine Macke.

7.2.2 Der erste Eindruck

Wenn wir das erste Mal mit einem frem-den Menschen zusammenkommen, machen wir uns sehr schnell ein Bild von ihm, sei-nen Verhaltensweisen und Eigenarten, das häufig über unsere tatsächlichen Beobach-tungen weit hinausgeht (→ Erster Ein-druck).

Der **erste Eindruck** ist das undifferenzierte Bild über eine Person, das man – auch un-bewusst – nach dem ersten Kontakt bildet.

Dieser erste Eindruck ist meist erstaunlich widerspruchsfrei, aber vielfach auch falsch (Hofstätter, 1972). Dafür sind verschiedene Faktoren verantwortlich, von denen nur einzelne angesprochen werden sollen.

Haloeffekt. Der sog. Halo- oder Hofeffekt bewirkt, dass eine Eigenschaft die ganze Per-son „überstrahlt" und die Person insgesamt in Richtung dieser hervorstechenden Eigen-schaft beurteilt wird. Ist einem jemand sofort sympathisch, empfindet man ihn auch als intelligent, hilfsbereit und ehrlich. Bei einem unsympathischen Menschen gilt das Gegen-teil.

Zusammengehörige Eigenschaften. Be-stimmte Eigenschaften gehören für uns „logischerweise" zusammen, obwohl es dafür keine objektive Grundlage gibt. Erinnert sei nur an das Sprichwort: „Wer lügt, der stiehlt."

Verallgemeinerung von Verhalten oder Per-sonen. Wir neigen dazu, unzulässig von einer beobachteten Verhaltensweise auf das Ver-halten dieser Person in anderen Situationen oder von einer Person auf eine andere zu verallgemeinern. Im ersten Fall glaubt man von einem Kollegen, der sich einmal nicht getraute, seinen Vorgesetzten zu kritisieren, er sei prinzipiell ängstlich. Im zweiten Fall lernen wir jemanden kennen, der uns aus irgendeinem Grund, z. B. wegen seines Aus-sehens, an einen Bekannten erinnert und nehmen an, der Fremde habe die gleichen Eigenschaften wie unser Bekannter.

Funktion körperlicher Merkmale oder Analo-gien. Oft werden aufgrund der angenomme-nen Funktion körperlicher Merkmale oder in Analogie zu äußerlichen Eigenschaften Rück-schlüsse auf Charakterzüge gezogen. Daher gehen wir unter Umständen davon aus, dass jemand mit einer hohen Stirn intelligent sei, da ja sein Gehirn viel Platz brauche, oder ein körperlich zerbrechlich wirkender Mensch auch psychisch nicht belastbar sei.

Beobachter. Eigenschaften des Beobachters oder die momentane Situation können das Urteil über andere beeinflussen. Ist man z. B. gut gelaunt, beurteilt man sein Gegenüber eher positiver. Manche Menschen projizieren auch eigene Eigenschaften in andere hinein (s. Kap. 2.2.3).

Allgemein gilt, dass uns diese Mechanis-men in der Regel nicht bewusst sind und uns unsere Fehlurteile daher oft nicht auffallen. Andererseits sind soziale Urteile wie der erste Eindruck nicht immer und nicht unbedingt falsch. Die Qualität hängt von mehreren Faktoren ab.

▶ **Begabung des Beurteilers.** So können Menschen mit Lebenserfahrung und mit Einsicht in ihr eigenes Wesen in der Regel bessere Urteile fällen.

▶ **Beurteilte Eigenschaft.** Bestimmte Eigenschaften sind leichter zu beobachten und einzuschätzen als andere.

▶ **Beurteilte Person.** Manche Menschen sind sehr offen und erzählen von intimsten Regungen, während andere verschlossen und zurückhaltend sind.

Diese Aspekte stehen zudem in mannigfacher Wechselbeziehung. So kann man Eigenschaften, die man selbst hat, auch bei anderen treffender beurteilen als einem selbst fremde.

7.2.3 Implizite Persönlichkeitstheorien

Im Laufe der Zeit entwickelt man seine eigenen Persönlichkeitstheorien, die auf den Erfahrungen, Vorstellungen, Meinungen, Stereotypen, Einstellungen, gesellschaftlichen Konventionen etc. beruhen, die sich im Laufe des Lebens gebildet haben (→ Implizite Persönlichkeitstheorien).

DEFINITION

Unter **impliziten Persönlichkeitstheorien** versteht man individuelle Vorstellungen darüber, welche verschiedenen Menschentypen es gibt und wie Menschen mit bestimmten Eigenschaften in bestimmten Situationen reagieren werden.

Diese Theorien heißen implizit, da sie zum Teil nicht bewusst sind und auf keiner wissenschaftlichen Basis beruhen. Sie stellen ein Sammelsurium aus eigenen Erlebnissen, groben Verallgemeinerungen, Vorurteilen und Aussagen von anderen dar. Sie sind teils richtig und teils falsch.

7.3 Vor- und Nachteile von sozialen Urteilen

Vorteile. Soziale Urteile sind zunächst sinnvoll, da sie das Leben erleichtern. So entsteht ganz allgemein eine Ordnung in der Fülle der Informationen, der wir ausgesetzt sind. Umfassende und komplizierte Sachverhalte werden für uns vereinfacht. Dies ermöglicht uns, in bestimmten Situationen schneller zu handeln (auch wenn noch nicht genügend Informationen vorliegen) und neue Informationen besser zu verstehen. Einstellungen können Erklärungen und Handlungsanweisungen liefern. Vertritt man die Einstellung, die Arbeit der Polizei wird durch rechtliche Bestimmungen behindert, hat man eine Erklärung, warum bestimmte Kriminalfälle nicht geklärt werden. Man wird außerdem weitere Restriktionen des Gesetzgebers ablehnen. Der Polizeibeamte mit der stereotypen Vorstellung, Demonstranten seien gewalttätig, wird verstärkt Demonstrationszüge beobachten. Weiterhin fördern bestimmte Einstellungen die soziale Integration. Habe ich ähnliche Einstellungen wie mein engerer Bezugskreis, werde ich eher akzeptiert und werde für die anderen berechenbarer, da sie aufgrund meiner Einstellungen besser einschätzen können, wie ich in bestimmten Situationen handeln werde. Zudem sind Einstellungen ein ganz wesentlicher Teil unserer Persönlichkeit und Identität und liefern eine Rechtfertigung für unser Handeln. Auch für Polizeibeamte sind soziale Urteile wichtig, weil sie z. B. dadurch mit einem Minimum an Informationen einschätzen können, ob das polizeiliche Gegenüber glaubwürdig ist, ob verstärkt auf Eigensicherung geachtet werden muss oder welche Tatmotive ein Krimineller hatte.

Nachteile. Leider können sich Einstellungen auch nachteilig auswirken. Bestimmte soziale Urteile wie die Stereotype führen zur Schwarz-Weiß-Malerei; man urteilt und handelt nach Schema F. Dies kann Fehlurteile und eine falsche Behandlung des Gegenübers mit sich bringen. Bestimmte Sachverhalte, die nicht zum eigenen Urteil passen, werden kaum oder so verzerrt wahrgenommen, dass sie wieder stimmig sind. Wer z. B. einen Mitarbeiter für inkompetent hält, betraut ihn mit weniger schwierigen Aufgaben. Dadurch hat der Mitarbeiter auch keine Chance zu beweisen, was er wirklich kann. Verbesserungsvorschläge des Mitarbeiters verschwinden sofort im Papierkorb, da sie „sowieso nichts taugen". Und bringt der Mitarbeiter einmal eine besondere Leistung, sucht der Vorgesetzte verstärkt nach Schwachstellen oder qualifiziert sie nach dem Motto „ein blindes Huhn findet auch einmal ein Korn" ab. Außerdem stören manche soziale Urteile auch die Integration, weil entweder das Gegenüber von vornherein abgelehnt wird oder man sich selbst aufgrund seiner eigenen Einstellung an eine neue Gruppe nicht anpassen kann. Vor diesen Problemen stehen vor allem Ausländer oder Randgruppen.

Man kann nicht pauschal sagen, ob Einstellungen gut oder schlecht sind, sondern es muss von Fall zu Fall entschieden werden, ob ein soziales Urteil sich für uns und den Um-

gang mit dem Gegenüber positiv oder negativ auswirkt.

> **!** Soziale Urteile helfen dem Menschen, die Fülle an Informationen, die ständig auf ihn einwirken, schnell einzuordnen und stellen gleichzeitig Handlungsanweisungen zur Verfügung. Sie vereinfachen die Welt jedoch manchmal zu stark und führen dadurch zu falschen Eindrücken.

7.4 Stabilisierung von sozialen Urteilen

Weil wir Einstellungen bilden und uns dementsprechend verhalten, vereinfachen wir uns das Leben. Diesen Vorteil haben Einstellungen aber nur, wenn sie relativ fest gefügt sind und nicht bei der geringsten widersprüchlichen Information neu überprüft und gegebenenfalls verändert werden müssen. Sie müssen also stabilisiert werden. Solche Stabilisierungsmechanismen zeigt die → Dissonanztheorie von Festinger (1957) auf.

Dissonanztheorie. Einzelne Wahrnehmungen, Informationen, Bedürfnisse, Vermutungen, Meinungen usw. nennt Festinger kognitive Elemente. Das sind sozusagen die Grundbausteine, aus denen sich unser Gedächtnisinhalt zusammensetzt. Wenn zwei kognitive Elemente zueinander im Widerspruch stehen, so dass das eine in gewisser Hinsicht das Gegenteil des anderen ausdrückt, entsteht Dissonanz. Ein konsonanter Zustand besteht hingegen, wenn keine Gegensätze vorliegen.

Kognitive Dissonanz

▶ Herr Kiefer ist der Meinung, er sei ein guter Autofahrer, obwohl er weiß, dass er schon mehrere Verkehrsunfälle verschuldet hat.

▶ Am liebsten würde PM'in Konrad ihrem streitsüchtigen Nachbarn die Luft aus den Reifen lassen. Dieser Wunsch passt jedoch nicht zu ihrem Ideal, eine gesetzestreue Bürgerin zu sein.

▶ Herr Lochbichler ist davon überzeugt, dass Polizeibeamte schießwütig sind. Da beobachtet er einen Polizeibeamten, der seine Schusswaffe nicht gebraucht, obwohl er einem flüchtenden Drogendealer angedroht hatte, er werde schießen, wenn dieser nicht stehen bleibe, weil dadurch unschuldige Passanten gefährdet würden.

Nicht immer sind Logik und Vernunft dafür ausschlaggebend, was jemand als dissonant erlebt; es spielen auch subjektive und irrationale Urteile eine Rolle. So gibt es Leute wie Herrn Kiefer aus dem Beispiel, die viele Unfälle verursachen und sich trotzdem für gute Autofahrer halten. Wenn jedoch kognitive Dissonanz auftritt, wie gehen Menschen mit ihr um? Der Zustand der kognitiven Dissonanz versetzt uns in eine unangenehme Spannung, so dass wir ihn vermeiden oder zumindest abzubauen versuchen. Dies ist nach Festinger (1957) auf verschiedene Art möglich, von denen einige Möglichkeiten vorgestellt werden sollen.

Veränderung eines kognitiven Elements. Um einen konsonanten Zustand zu erreichen, können wir ein kognitives Element verändern, so dass der Widerspruch zwischen den dissonanten Elementen wegfällt. Ein Bürger, der bisher glaubte, alle Polizisten seien ehrliche Leute, aber einen Zeitungsbericht liest, dass Polizeibeamte im Rotlichtmilieu bestochen wurden, baut die Dissonanz dadurch ab, dass er die Zeitungsmeldung als falsch oder polemisch ansieht.

Suche nach konsonanten Elementen. Eine weitere Möglichkeit zum Erreichen von Konsonanz besteht in der Suche nach zusätzlichen Argumenten bzw. kognitiven Elementen, die unsere Meinung unterstützen. Ebenso können vorhandene, konsonante kognitive Elemente stärker gewichtet werden. Ein Bürger, der einen Diebstahl durch einen Polizeibeamten erlebt, aber bisher glaubte, Polizisten seien ehrlich, führt für die Ehrlichkeit der Polizei an, dass es bei Prüfungen in Polizeischulen nie Unterschleif gäbe, Polizisten unbestechlich seien und bei der Aushebung von Lagern mit Diebesgut durch die Polizei nie etwas verschwinde. Außerdem sei ihm die Unbestechlichkeit der Polizei wichtiger als ein kleiner Diebstahl. Dadurch fällt das widersprüchliche Element nicht mehr so stark ins Gewicht und die Dissonanz verringert sich.

Leugnung der Zusammengehörigkeit von Elementen. Schließlich können wir annehmen, die widersprüchlichen kognitiven Elemente haben nichts miteinander zu tun, oder die dissonanten kognitiven Elemente in ihrer Bedeutung herunterspielen. Dabei gibt es verschiedene Möglichkeiten, die Beziehung zwischen dissonanten Elementen aufzuheben, wie z. B. das (absichtliche) Vergessen des Widerspruchs, den Glauben an eine Fehlwahrnehmung oder der Versuch, Erklärungen für den Widerspruch zu finden. Der

Beobachter des Diebstahls durch einen Polizisten glaubt, der Polizeibeamte hat im Auftrag der Geschäftsleitung durch einen Scheindiebstahl die Aufmerksamkeit des Verkaufspersonals getestet. Möglich wäre auch, dass er sich nach einiger Zeit nur noch daran erinnern kann, dass der Täter eine grüne Jacke und eine braune Hose trug; dass es sich um eine Polizeiuniform handelte, hat er aber völlig verdrängt. In beiden Fällen hat die Meinung des Bürgers über Polizeibeamte nichts mehr mit seiner Beobachtung zu tun. Außerdem wäre es möglich, dass er sich sagt, es gäbe auch bei der Polizei schwarze Schafe, aber bedeutend weniger als in anderen Bevölkerungsgruppen.

Wahl der Mechanismen. Welcher dieser Mechanismen zur Bewältigung der Dissonanz eingesetzt wird, ist nicht eindeutig vorhersehbar. In der Regel ist es derjenige, der einem am leichtesten fällt oder der mit dem geringsten Aufwand verbunden ist. Auch hier gilt, dass diese Vorgänge nicht logischen Regeln folgen müssen. Das Ganze muss nur subjektiv stimmig erscheinen. So glaubt vielleicht jemand, Polizeibeamte seien ehrlicher als Durchschnittsmenschen, weil sie bessere Rechtskenntnisse haben, obwohl dieser Zusammenhang nicht zwingend ist. Die Verarbeitung der Dissonanz läuft meist unbewusst ab. Es werden nicht systematisch die Pro- und Kontraargumente abgewogen, bis man zu einem Urteil gelangt, sondern viele dieser Prozesse laufen unbemerkt und nebenbei ab. Beim Abbau der Dissonanz spielen ebenfalls Einflüsse auf die Wahrnehmung eine Rolle, die wir bereits in Kapitel 2 kennen gelernt haben. So richten wir unsere Aufmerksamkeit beispielsweise vor allem auf Informationen, die Dissonanz mindern, oder Sachverhalte werden so verzerrt wahrgenommen, dass sie in unser Konzept passen. Dadurch kommen Gestaltbildungstendenzen, Motivationsprozesse, die selektive Wahrnehmung, Gedächtnisprozesse und Abwehrmechanismen zum Tragen und können entweder zur Veränderung dissonanter kognitiver Elemente führen, zusätzliche konsonante kognitive Elemente liefern oder aber die Beziehung dissonanter kognitiver Elemente zueinander aufheben.

> **!** Menschen suchen verstärkt nach Informationen, die zu ihren sozialen Urteilen, Einstellungen, Meinungen etc. passen bzw. konsonant sind. Nicht passende, dissonante Informationen werden nicht wahrgenommen, verändert, geleugnet oder vergessen.

7.5 Veränderung von sozialen Urteilen

Obwohl Einstellungen wegen der beschriebenen Mechanismen eine gewisse Stabilität und Festigkeit aufweisen, sind Einstellungen veränderbar oder können durch neue ersetzt werden. Nachfolgend werden Möglichkeiten aufgeführt, die zu einer Umgestaltung führen können.

Unmittelbare Erfahrung. Eine Veränderung kann durch die unmittelbare Erfahrung entstehen, indem man einen direkten Kontakt zu oder Erlebnisse mit Personen, Objekten oder Sachverhalten hat und Erfahrungen macht, die im Widerspruch zu den bisherigen Ansichten stehen. So entsteht eine Dissonanz zwischen der alten Einstellung und den neuen Erfahrungen, die durch eine Einstellungsänderung beseitigt werden kann.

Einstellungsänderung durch direkte Erfahrung

Herr Häusler hielt Polizeibeamte bisher für unintelligente, obrigkeitshörige Machos. Als er umzugsbedingt seinen Fußballverein wechselte, lernte er dort Polizeibeamte als Mitspieler näher kennen und erlebte, dass diese seinen bisherigen Vorstellungen überhaupt nicht entsprechen. Seither hat er eine positivere Einstellung zu Polizisten.

Zwang zu einstellungskonträrem Verhalten

POM Richter ist gegen eine Autobahn, die durch ein Naturschutzgebiet gebaut werden soll, und sympathisiert mit den Gegnern. Als das Bauvorhaben aber verwirklicht wird, muss POM Richter die Baustelle gegen militante Gegner schützen. Diesem polizeilichen Auftrag kann POM Richter nicht entrinnen. Er entwickelt allmählich eine positivere Haltung zu dem Autobahnbau, weil er ansonsten bei den Einsätzen ständig gegen seine Haltung handeln müsste.

Mittelbare Erfahrung. Sehr viel häufiger als die unmittelbare ist aber die mittelbare Erfahrung für eine Einstellungsänderung verantwortlich. Hierbei erhalten wir Informationen von dritter Seite, also von unseren Mitmenschen oder Medien, die nicht zu unseren bisherigen Urteilen passen. Ein Sonderfall dabei sind Einflüsse durch Experten. Manchmal sind die entsprechenden Personen gar keine Fachleute, sondern wir halten sie nur dafür. So referiert z. B. ein Professor der Astrophysik über gesunde Ernährung und gilt für viele als Experte, weil er eben Professor ist.

Zwang zu einstellungskonträrem Verhalten. Eine Einstellungsänderung kann bewirkt werden, weil man zu einem Verhalten gezwungen wird, das im Widerspruch zur bisherigen Einstellung steht. Dadurch entsteht Dissonanz zwischen dem Verhalten und der Einstellung. Diese Dissonanz kann nicht durch eine Verhaltensänderung beseitigt werden, da wir zu diesem Handeln gezwungen werden oder anderes Verhalten uns massive Nachteile bringen würde. Daher kann Konsonanz nur durch eine veränderte Einstellung hergestellt werden.

Einstellungsänderungen sind allerdings nicht zwangsläufige Konsequenzen der beschriebenen Situationen und erfolgen nicht in jedem Fall. Besonders leicht kommt es aber zu Umbewertungen, wenn die vorhandene Einstellung für uns keinen besonders hohen Stellenwert hat und die Veränderung zudem Vorteile mit sich bringt. Auch hier können die selektive Wahrnehmung, Wahrnehmungsverzerrungen, Gedächtnisprozesse usw. eine wesentliche Rolle spielen.

7.6 Auswirkungen von Einstellungen

Einige Wirkungen von Einstellungen haben wir bei der Betrachtung ihrer Vor- und Nachteile bereits kennen gelernt. Die Effekte beruhen darauf, dass sich die Wahrnehmung bevorzugt auf Sachverhalte richtet, die unsere Urteile bestätigen, und uns widersprüchliche Informationen eher entgehen und nicht registriert werden. Zusätzlich werden verschiedene Inhalte so verzerrt und verfälscht wahrgenommen, dass sie zwar zu unseren sozialen Urteilen passen, aber nicht mit den objektiven Gegebenheiten übereinstimmen. Zwei besonders gravierende Auswirkungen der Einstellungen sollen im Folgenden ausführlich dargestellt werden, die → sich selbsterfüllende Prophezeiung und Etikettierungsprozesse.

7.6.1 Die sich selbsterfüllende Prophezeiung

Wenn man eine Annahme über einen bestimmten Sachverhalt hat, so kann er eintreten, weil die Annahme korrekt war. Es ist aber auch möglich, dass die Annahme falsch war, man sich aber entsprechend der Annahme verhalten hat, und dadurch der Sachverhalt in der Folge eingetreten ist.

> **BEISPIEL**
>
> **Sich selbst erfüllende Prophezeiung**
> Dem neuen PI-Leiter Friedrich geht der Ruf voraus, dass er viel Sport treibt. Nach einem Vierteljahr können die Mitarbeiter bestätigen, dass dieses Urteil stimmt, weil sie regelmäßig mit PI-Leiter Friedrich joggen, Radtouren machen etc. Völlig überrascht erfahren sie bei einer zufälligen Bekanntschaft mit einem früheren Mitarbeiter des neuen PI-Leiters, dass sich dieser früher sportlich nicht sonderlich hervorgetan hat.

Wie konnte sich der falsche Ruf des PI-Leiters, sportlich zu sein, bestätigen, obwohl er falsch war? Für solche Mechanismen ist die sich selbst erfüllende Prophezeiung verantwortlich. Vor der Beantwortung dieser Frage soll die sich selbst erfüllende Prophezeiung kurz definiert werden.

> **DEFINITION**
>
> Unter einer **sich selbsterfüllenden Prophezeiung** versteht man das Phänomen, dass eine Erwartung eintritt, weil man diese Erwartung hat (Rosenthal, 1966).

Eine vorhandene Erwartungshaltung, die hier Prophezeiung genannt wird, führt dazu, dass man sich mehr oder weniger unbewusst so verhält, dass bestimmte Ergebnisse wahrscheinlicher werden als andere. Außerdem fallen einem Sachverhalte, die zur Erwartungshaltung passen, eher auf, und entsprechende Wahrnehmungsverzerrungen sind möglich. Diese Mechanismen führten auch zur Verwirklichung einer Erwartung gegenüber PI-Leiter Friedrich: Eine Beamtin bemerkte, dass der neue Vorgesetzte einen kleinen Fußball als Schlüsselanhänger hatte. Ein Kollege sah die Fußballschuhe „des PI-Leiters" in dessen Auto liegen, wobei er nicht erkannte, dass diese für einen Erwachsenen zu klein sind. Alles deutete demnach darauf hin, dass der Vorgesetzte sportbegeistert sei. Darauf erzählten die Mitarbeiter ihrem Vorgesetzen in seinen ersten Tagen in der PI besonders viel über ihre sportlichen Aktivitäten und luden ihn immer wieder dazu ein. Sie glaubten, dadurch einen guten Eindruck zu machen und gleichzeitig eine gute Gelegenheit zu haben, ihren Vorgesetzten persönlich näher kennen zu lernen. PI-Leiter Friedrich wollte seinerseits seinen Mitarbeitern einen Gefallen tun und trieb mit ihnen Sport, weil diese anscheinend sehr daran interessiert waren, obwohl ihm persönlich Sport nicht viel bedeutete. Allmählich fand er tatsächlich Spaß an körperlicher Betätigung und beteiligte sich auch aus eigenem Interesse. So hatte sich die Erwartung, die die Mitarbeiter an ihren Vorgesetzten hatten, erfüllt. Solche sich selbsterfüllenden Prophezeiungen können auch die eigene Person betreffen. Demjenigen, der z. B. glaubt, einen schlimmen Tag vor sich zu haben, weil ihm morgens eine schwarze Katze über den Weg gelaufen ist, wird es wahrscheinlich wirklich nicht besonders gut ergehen.

7.6.2 Etikettierungsprozesse

Der sog. Labeling-Ansatz (Scheff, 1973; Becker, 1973) erklärt, wie durch soziale Urteile und dadurch bedingte Etikettierungsprozesse (engl.: Labeling) abweichendes Verhalten wie Kriminalität und Geisteskrankheiten, aber auch weniger gravierende Störungen wie schlechte Schulleistungen oder Verschrobenheit entstehen können. Für das Problemverhalten eines Menschen sind nach dieser Theorie nicht psychische, sondern soziale Prozesse maßgeblich verantwortlich. Diese sozialen Prozesse beziehen sich auf die Art und Weise, wie das soziale Umfeld eine Person behandelt und auf sie reagiert. Voraussetzung ist zunächst, dass ein bestimmtes Verhalten als anormal oder abweichend definiert wird. Anormalität ist nicht eine natürliche Eigenschaft bestimmter Verhaltensweisen, sondern ein Verhalten ist anormal, weil es von der Umwelt oder der Gesellschaft als abweichend bezeichnet oder etikettiert wird. Ein- und dasselbe Verhalten kann als abwei-chend oder normal gelten, je nachdem, wer etwas tut und wann und wo das Verhalten auftritt.

Personen oder Gruppierungen, die eine entsprechende Machtposition haben, setzen ihre Vorstellungen oder Definitionen von abweichend und normal durch. Sie etikettieren vor allem ein Verhalten als anormal, wenn sie selbst von seinen Auswirkungen negativ betroffen sind. Solche Mächtigen sind in der autoritären Familie meist der Vater und im Staat der Gesetzgeber bzw. die Lobby, die auf ihn Einfluss hat. Diese Definitionen von anormalen Verhaltensweisen sind eine wesentliche Voraussetzung dafür, dass eine Person eine abweichende Laufbahn einschlägt. Die negative Entwicklung dieser Person kann dabei folgendermaßen ablaufen: Eine Person tut etwas, was als von der Norm abweichend gilt. Sie stiehlt z. B. an ihrer Arbeitsstelle Büromaterial. Dabei spielt es keine Rolle, ob die Person weiß, dass sie damit gegen bestimmte Normen verstößt oder nicht, ob sie dies freiwillig tut oder unter äußerem Zwang oder auch nur das Gerücht in die Welt gesetzt wurde, die Person habe entsprechend gehandelt. Wenn die Person erwischt und ihr Verhalten bekannt wird, wird in Zukunft sie als erstes verdächtigt werden, wenn Unregelmäßigkeiten auftreten und sie wird kein Vertrauen mehr bekommen. Viele Menschen haben das Glück, dass ihr abweichendes Verhalten nicht bekannt

---

BEISPIEL

Bewertung von Verhalten

▶ In autoritären Familien gelten Kinder als frech und ungehorsam, wenn sie ihren Eltern widersprechen. Eltern, die ihre Kinder partnerschaftlich erziehen, machen sich dagegen vielleicht Sorgen, wenn die Kinder ständig mit ihnen einer Meinung sind.

▶ In einer Gesellschaft, die kein persönliches Eigentum kennt, gibt es keinen Diebstahl bzw. ist derjenige ein Dieb, der etwas für sich alleine besitzen will.

---

wird, einige aber haben das Pech, dass ihr Normverstoß in die Öffentlichkeit dringt. Das Verhalten wird so von einem mehr oder weniger großen Personenkreis registriert, d. h. beispielsweise von der eigenen Familie oder Freunden bis hin zu staatlichen Organen oder der Presse. Von dieser Öffentlichkeit wird die Person entsprechend ihrem Verhalten etikettiert.

BEISPIEL

Längerfristige Etikettierung auf Grund eines Verhaltens

▶ Wer einmal gestohlen hat und erwischt wurde, gilt auch in der Zukunft als Dieb.

▶ Wer in der Jugend Rauschgift genommen hat, gilt auch später noch als Drogenabhängiger.

▶ Wer in der Schule unzureichende Leistung brachte, wird oftmals nicht nur als schlechter Schüler sondern auch als nicht intelligent bezeichnet.

Folgen der Etikettierung

Die Beurteilung oder Etikettierung bringt mit sich, dass der Person meist auch andere Eigenschaften zugeschrieben werden, die angeblich zu diesem Etikett gehören, egal, ob die Person diese Eigenschaften hat oder nicht. Zudem werden häufig die Merkmale der Person, die nicht zu dem Bild passen, geleugnet, vergessen oder übersehen. Bei einem Dieb nimmt man an, dass er auch lügt, selbst Freunde betrügt und arbeitsscheu ist. Seine Hilfsbereitschaft und die erfolglosen Versuche, Arbeit zu bekommen, werden übersehen. Zugleich kommen sich selbsterfüllende Prophezeiungen in Gang, so dass sich die Erwartungen dieser Person gegen-

über erfüllen, weil man diese Erwartungen hat (s. Kap. 7.5.1). Oft wird die Person zusätzlich von Gruppen, zu denen sie bisher gehörte, oder von Aktivitäten ausgeschlossen, an denen sie bisher teilnahm. Das kann im konkreten Fall bedeuten, dass der Betroffene seinen Arbeitsplatz verliert, Freunde sich zurückziehen und die Nachbarn ihn scheel anschauen. Dadurch wird die Person (noch stärker) in eine Außenseiterrolle gedrängt. Es wird für die Person noch schwieriger und manchmal unmöglich, zu zeigen, dass sie anders ist, als von ihr behauptet wird. Wer z. B. keine Arbeit bekommt, kann auch nicht zeigen, dass er fleißig und nicht häufiger krank ist als andere. Manche schließen sich zu diesem Zeitpunkt Gruppen von anderen Außenseitern an. Diese liefern Rechtfertigungsgründe für abweichendes Verhalten, so dass es dem (fälschlich) Etikettierten erleichtert wird, sein Etikett allmählich zu akzeptieren. Kriminelle haben in Untersuchungen ihr Handeln damit gerechtfertigt, dass andere schuld an ihrem Verhalten seien, niemand ernstlich geschädigt wurde oder dass der Charakter des Opfers das Vorgehen gerechtfertigt hätte (Schur, 1974).

Wesentlich ist aber, dass der Etikettierte schließlich das Etikett akzeptiert, d. h. die Identität übernimmt, die ihm ursprünglich von außen zugeschrieben wurde. Die Person fühlt sich aufgrund der sozialen Etikettierungsprozesse als Dieb, Drogenabhängiger bzw. schlechter Schüler. Dadurch verhält sie sich tatsächlich so, wie es den Erwartungen der Mitmenschen entspricht. Die Übernahme des Etiketts bringt jedoch auch Vorteile mit sich. Durch die Akzeptanz verschwindet die unangenehme Dissonanz zwischen Fremd- und Selbstbild. Der schlechte Schüler muss sich in der Schule nicht mehr anstrengen. Der Drogenabhängige, der „endlich" zugibt, wie schlecht es ihm geht, wird von anderen bemitleidet und unterstützt. Mit der Übernahme des Etiketts kann die Entwicklung oder Laufbahn einer Person abgeschlossen sein. Sie stiehlt wie ein Rabe, strengt sich in der Schule nicht mehr an bzw. konsumiert exzessiv Drogen und steht mit ihrer ganzen Persönlichkeit hinter diesem Verhalten.

Zusammenfassung

Soziale Urteile. Soziale Urteile oder Einstellungen sind Haltungen zu bestimmten Sachverhalten, die auf richtigen oder falschen Informationen beruhen und ein Werturteil über das Einstellungsobjekt be-

inhalten. Soziale Urteile sind ein Produkt unserer Wahrnehmung und beeinflussen ihrerseits wiederum die Wahrnehmung, die Gefühle und die Handlungen des Einstellungsträgers. Spezielle Formen der sozialen Urteile:

▶ Stereotype sind Annahmen über eine Person und ihrer Eigenschaften auf Grund ihrer Zugehörigkeit zu einer sozialen Gruppierung.
▶ Der erste Eindruck ist die Vorstellung über einen Menschen, die sich bei den ersten Kontakten mit dieser Person bildet.
▶ Die implizite Persönlichkeitstheorie beinhaltet individuelle, weitgehend unbewusste und unwissenschaftliche Theorien über Persönlichkeitstypen.

---

1. Verhalten
Jörg, 16 Jahre, will zur Gang gehören: Taschendiebstahl

| Bewertung und Etikettierung des Verhaltens und der Person durch verschiedene Gruppen | **Gang** ▶ Lob ▶ Aufnahme in die Gang ▶ Coole Sache! ▶ Gutes Mitglied | **Öffentlichkeit** ▶ Wertung als Straftat ▶ Strafverfolgung ▶ Zeichen von Kriminalität ▶ Straffälliger Jugendlicher |

2. Verhalten
Jörg, 18 Jahre, will aus der Gang raus: Bewerbung um Lehrstelle

| Bewertung und Etikettierung des Verhaltens und der Person durch verschiedene Gruppen | **Gang** ▶ Verräter: Dem kann man nicht trauen ▶ Ausstoß aus der Gang | **Lehrbetrieb** ▶ Straffälliger Jugendlicher: Dem kann man nicht trauen! ▶ Absage |

Abbildung 7.2. Labelingansatz: Das gleiche Verhalten einer Person wird von verschiedenen Gruppen anders bewertet und etikettiert und hat unterschiedliche Folgen. **1. Verhalten:** Die Gang findet den Taschendiebstahl cool und er stellt die Aufnahmeprüfung in die Gang dar. Die Öffentlichkeit sieht den Diebstahl als Straftat an und reagiert mit Strafverfolgung. **2. Verhalten:** Als sich Jörg um eine Lehrstelle bewirbt, wertet es die Gang als Grund, ihn auszuschließen. Der Lehrbetrieb hingegen stellt ihn nicht ein, weil er bereits straffällig geworden ist. Das Etikett des straffälligen Jugendlichen verliert Jörg nicht so leicht wieder

Mechanismen des ersten Eindrucks. Bei der Entstehung des ersten Eindrucks können verschiedene Mechanismen eine Rolle spielen: Halo- oder Hofeffekt (eine Eigenschaft überstrahlt die gesamte Person), Annahmen über die „logische" Zusammengehörigkeit bestimmter Eigenschaften, Verallgemeinerungen beobachteter Verhaltensweisen einer Person oder die Zuschreibung psychischer Eigenschaften auf Grund der angenommenen Funktion körperlicher Merkmale bzw. wegen der Analogie zu äußerlichen Eigenschaften und Merkmalen des Beobachters.

Vor- und Nachteile. Bestimmte Einstellungen haben Vorteile für uns, andere sind eher nachteilig. Vorteilhaft ist, dass die komplizierte Welt für uns vereinfacht wird, wir Erklärungen für Sachverhalte erhalten, Handlungsanweisungen bekommen und die soziale Integration erleichtert wird. Nachteilig ist, dass wir zum Schwarz-Weiß-Denken neigen, nach Schema F handeln, unsere Wahrnehmung verzerrt wird oder unsere Integration bzw. die des Gegenübers gestört wird.

Stabilisierung sozialer Urteile. Die Stabilisierung von Einstellungen erklärt u. a. die Dissonanztheorie von Festinger. So können Widersprüche zu vorhandenen Einstellungen so verändert werden, dass sie wegfallen, es können weitere Argumente gesucht werden, die die bisherige Meinung stützen, die Bedeutung konsonanter Elemente kann stärker gewichtet werden oder die widersprüchlichen Elemente können als inhaltlich nicht zusammengehörig erachtet werden bzw. die Wichtigkeit dissonanter Elemente heruntergespielt werden. Bei diesen Mechanismen können selektive Wahrnehmung, Fehlwahrnehmungen, Abwehrmechanismen, Ge-

dächtnisprozesse und andere psychische Vorgänge eine Rolle spielen.

Veränderung sozialer Urteile. Zu einer Einstellungsänderung können die unmittelbare Erfahrung (persönliche Erlebnisse, die im Widerspruch zu bisherigen Ansichten stehen), die mittelbare Erfahrung (Informationen von dritter Seite, besonders von tatsächlichen oder angeblichen Experten) oder der Zwang zu Verhalten, das mit der Einstellung unvereinbar ist, führen. Die Veränderung geschieht besonders leicht, wenn uns die alte Einstellung nicht sehr wichtig war.

Auswirkungen sozialer Urteile. Auswirkungen unserer Einstellungen sind die selektive Wahrnehmung, Wahrnehmungsverzerrungen, die sich selbst erfüllende Prophezeiung und Etikettierungsprozesse.

► Bei der sich selbst erfüllenden Prophezeiung verwirklichen sich Erwartungen, weil man diese Erwartungen hat. Verantwortlich sind selektive Wahrnehmungen, Wahrnehmungsverzerrungen und Handlungen entsprechend der Erwartungshaltung.

► Mittels Etikettierungsprozessen lässt sich die Entwicklung eines Menschen auf soziale Prozesse zurückführen. Ein bestimmtes Verhalten wird als anormal festgelegt oder definiert. Eine Person, die sich tatsächlich oder angeblich anormal verhält, wird entsprechend bezeichnet oder etikettiert. Dadurch werden diesem Menschen weitere Eigenschaften zugeschrieben, die zu diesem Etikett passen, und nicht stimmige Merkmale werden aberkannt. Sich selbst erfüllende Prophezeiungen treten ein und die Person wird aus Gruppierungen, zu denen sie bisher gehörte, ausgeschlossen. Der Mensch akzeptiert das Etikett, was durch die Vorteile, die ihm dadurch erwachsen, noch gefördert wird.

Weiterführende Literatur

▶ Auhagen, A. E. & Bierhoff, H.-W. (Hrsg.). (2003). Angewandte Sozialpsychologie. Weinheim: Beltz.
▶ Mann, L. (2002). Sozialpsychologie (3. Aufl.). Weinheim: Beltz.
▶ Marmet, O. (2003). Ich und du und so weiter (6. Aufl.). Weinheim: Beltz.
▶ Stroebe, W., Jonas, K. & Hewstone, M.R.C. (Hrsg.). (2003). Sozialpsychologie. Eine Einführung (3. Aufl.). Berlin: Springer.
▶ Zimbardo, P. G. & Gerrig, R. J. (2003). Psychologie (7. Aufl.). Berlin: Springer.

8 Kommunikation

> - Der Dienststellenleiter bittet seinen Stellvertreter, in sein Büro zu kommen, um mit ihm ein dienstliches Problem zu besprechen.
> - PM'in Schmidtbauer regelt mit Handzeichen den Straßenverkehr an einer belebten Kreuzung.
> - Der Beschuldigte wird kreideweiß im Gesicht, als KHM'in Böhringer ihm den Anorak präsentiert, den er nach dem Raubüberfall in eine Mülltonne geworfen hatte.
> - Um Auffahrunfälle am Stauende zu verhindern, wird an einer Autobahnbrücke ein Transparent mit der Aufschrift „Stau" befestigt.

In allen Beispielen findet auf unterschiedliche Art und Weise Kommunikation statt. Kommunikation gibt es nicht nur zwischen Menschen, sondern auch zwischen Mensch und Tier, zwischen Tieren, zwischen Mensch und Maschine und zwischen Maschinen, doch interessiert uns nur die zwischenmenschliche Kommunikation. Ein Großteil der polizeilichen Aufgaben beinhaltet Kommunikation. Kommunikation spielt eine Rolle bei Tätigkeiten wie

- Auskünfte erteilen,
- Belehren und Verwarnen,
- Anordnungen und Weisungen geben,
- Zeugenaussagen vor Gericht machen,
- Kontakte zur Staatsanwaltschaft aufnehmen,
- Amtshilfe leisten,
- Befragungen und Vernehmungen durchführen,
- Dienstunterricht erteilen,
- Öffentlichkeitsarbeit betreiben,
- Vorträge vor unterschiedlichen Zuhörerkreisen halten,
- Verhandlungen mit verschiedensten Instituten führen,
- Beurteilungen von Situationen und
- Beschlüsse erstellen.

Wie schon durch diese unvollständige Auflistung deutlich wird, ist die Kommunikation ein sehr wichtiger Bestandteil der Polizeiarbeit. Aus diesem Grunde ist es wichtig, dass Polizeibeamte wissen, wie Kommunikation abläuft und auf welche Art und Weise sie beeinflusst werden kann. Polizeibeamte sollten Ursachen für → Kommunikationsstörungen kennen und förderliches Kommunikationsverhalten beherrschen. Da Kommunikation einen so hohen Stellenwert in der polizeilichen Arbeit hat, wollen wir in diesem Kapitel die folgenden Fragen beleuchten:

- Welche Prozesse laufen bei der Kommunikation ab?
- In welchen Formen tritt Kommunikation auf?
- Welchen Gesetzmäßigkeiten unterliegt die Kommunikation?
- Wieso kann die Kommunikation gestört sein?
- Wie kann man den Kommunikationsprozess positiv beeinflussen?

8.1 Was versteht die Psychologie unter Kommunikation?

Kommunikation ist ein Charakteristikum des Menschen und zeigt sich in vielen verschiedenen Formen, was bereits durch die Auflistung zur Kommunikation im Polizeialltag deutlich wurde. Bevor auf einzelne Formen oder den Prozess der Kommunikation eingegangen wird, soll Kommunikation definiert werden (s. Definition rechts).

Inwiefern diese Definitionen gültig sind, werden wir später noch deutlicher sehen (Kap. 8.3). Aber wie läuft der Prozess der Kommunikation nun genau ab? Abbildung 8.1 zeigt diesen Ablauf schematisch.

Was stellt die Abbildung dar? Eine Person gibt eine Information ab. Es handelt sich dabei um den Sender. Diese Information

---

DEFINITION

Durch **Kommunikation** übermittelt eine Person (Sender) einer anderen Person (Empfänger) mit Hilfe eines Mediums eine Information (Botschaft). Noch abstrakter kann Kommunikation als die Wechselwirkung zwischen Menschen, also ihre Interaktion oder Beziehung zueinander, bezeichnet werden.

---

richtet sich an den sog. Empfänger. Zur Informationsübertragung bedient sich der Sender eines Mediums, d. h. er benötigt ein Übertragungsmittel, um seine Botschaft übermitteln zu können. Die Botschaft oder Information bewirkt einen Effekt beim Empfänger. Bezogen auf die obigen Beispiele sind diese Effekte vorstellbar:

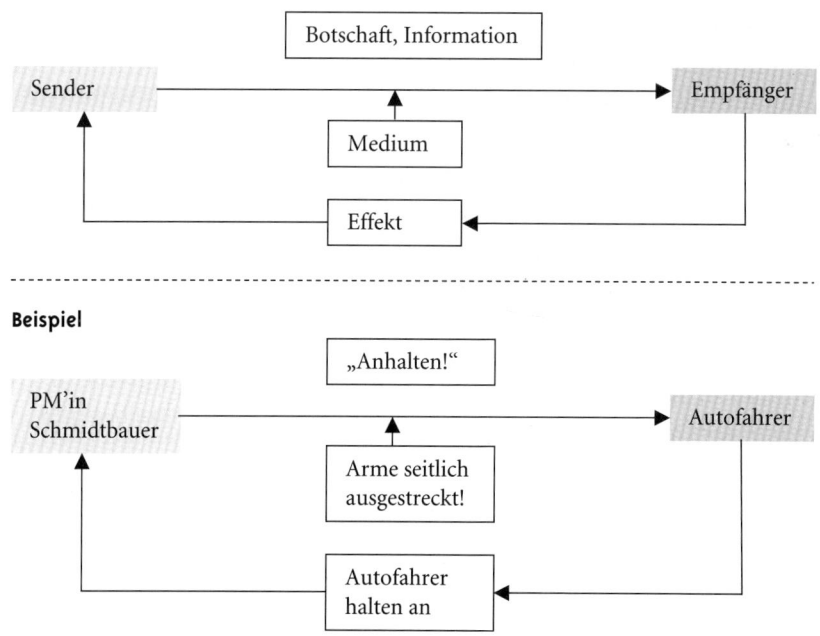

Abbildung 8.1. Schematische Darstellung des Kommunikationsprozesses, wie eine Person (Sender) einer anderen Person (Empfänger) eine Information (Botschaft) vermittelt. So regelt PM'in Schmidtbauer per Handzeichen den Straßenverkehr an einer belebten Kreuzung, weil die Ampelanlage ausgefallen ist

- Der Stellvertreter des Dienststellenleiters sucht diesen auf, weil er darum gebeten wurde.
- Ein Autofahrer stoppt, da die Polizeibeamtin mit ausgebreiteten Armen quer zur Fahrtrichtung steht.
- Der Beschuldigte erschrickt, weil ihm die Kommissarin seinen Anorak präsentiert, den er nach dem Raubüberfall weggeworfen hat.
- Die Autofahrer reduzieren ihre Geschwindigkeit, als sie ein Transparent mit der Aufschrift „Stau" an einer Autobahnbrücke erblicken.

Die durch die Information ausgelösten Effekte können Rückwirkung auf den Sender haben und sein weiteres Verhalten beeinflussen. Dadurch läuft der Fluss der Kommunikation wieder zum ursprünglichen Sender zurück. Als z. B. der Beschuldigte beim Anblick des Anoraks erschrickt, sagt KHM'in Böhringer dem Mann auf den Kopf zu, dass er der Täter sei. Ebenso werden inzwischen vermehrt Transparente mit Stauwarnungen aufgehangen, weil die Autofahrer aufgrund des Hinweises vorsichtiger fahren. Man kann den Kommunikationsprozess auch beschreiben, indem man diese Frage beantwortet:

Wer (Sender) sagt was (Nachricht) zu wem (Empfänger) wie (Medium) und mit welchem Effekt?

Bereits 1948 verfasste Lasswell diese grundlegende Frage zum Kommunikationsablauf. Die Bedeutung von „sagen" ist in diesem Zusammenhang sehr weit gefasst, und man versteht darunter nicht ausschließlich das gesprochene Wort (s. Kap. 8.2), wie auch unsere Beispiele zeigen. Die Funktionen des „Senders" und des „Empfängers" sind keine starren Rollen, sondern sie wechseln sich ständig gegenseitig ab.

Der Dienststellenleiter und sein Stellvertreter aus dem Beispielkasten am Kapitelbeginn sprechen abwechselnd, während der andere jeweils zuhört. So ist jeder einmal Sender und dann wieder Empfänger. Man ist meistens sogar gleichzeitig Sender und Empfänger, weil man die Reaktionen auf seine Botschaft registriert, während man noch weitere Informationen

> **BEISPIEL**
>
> **Gleichzeitige Ausübung der Rollen des Senders und des Empfängers**
> - Während KHM'in Böhringer dem Beschuldigten den Anorak zeigt, den er bei dem Überfall trug (Sendung), sieht sie, wie dieser im Gesicht kreideweiß wird (Empfang).
> - PHM'in Schmidtbauer regelt den Straßenverkehr (Sendung) durch Handzeichen und beobachtet zugleich das Verkehrsaufkommen (Empfang).

sendet. Zum Abschluss dieses Unterkapitels sollen die wesentlichen Punkte zusammengefasst werden.

> **!** Kommunikation bedeutet, dass ein Sender einem Empfänger eine Botschaft mit Hilfe eines Mediums übermittelt.
>
> Kommunikation, also die Interaktion und das miteinander Reden, ist das wichtigste Handwerkszeug des Polizeibeamten.

8.2 Verbale und nonverbale Kommunikation: Sprache, Zeichen, Mimik & Co.

Wie bereits dargestellt wurde, werden im Laufe des Kommunikationsprozesses die Informationen oder Botschaften durch ein

Abbildung 8.2. Im direkten Kontakt kommuniziert man immer verbal und nonverbal, d. h. die Polizei-beamten setzen neben der Sprache z. B. Gesten, ihre Mimik oder die Sprachmelodie ein, um den Passanten den Weg zu erklären

Medium bzw. mittels sog. Zeichen übermittelt. Man kann zwischen verbalen und nonverbalen Zeichen und demnach auch zwischen → verbaler und → nonverbaler Kommunikation unterscheiden.

> **DEFINITION**
>
> **Verbale Kommunikation** umfasst die gesprochenen und geschriebenen Worte. Die dazugehörigen verbalen Übertragungsmittel oder Medien sind die Sprache und die Schrift.
> **Nonverbale Kommunikation** umfasst alle Medien und Zeichen nichtsprachlicher Art, z. B. die Gestik, Mimik, Körperhaltung, Sprachmelodie, Lautstärke, usw.

Verbale Kommunikation

Zur verbalen Kommunikation gehört die Sprache und damit das geschriebene und das gesprochene Wort. Zu den verbalen Medien gehören z. B. Gespräche, Telefonate, Notizen, Zeitungen, Zeitschriften, Bücher, Radio, Gesang und die Kommunikation per Computer. Allerdings können diese Medien auch nonverbale Elemente enthalten, wie z. B. die Abbildung in einer Zeitung.

Nonverbale Kommunikation

Nonverbale Zeichen oder Medien bezeichnen einen viel umfassenderen Bereich als verbale. Zu ihnen wird Folgendes gezählt:

Abbildung 8.3. Wenn Autofahrer mit Hilfe der Kelle aus dem Verkehr gewunken werden, benutzen die Polizeibeamten vor allem nonverbale Zeichen

▶ Mimik oder Gesichtsausdruck: Stirne runzeln, Mund verziehen, mit den Augen zwinkern usw.

▶ Gestik oder Handbewegungen: winken, mit dem Finger zeigen oder über das Kinn streichen

▶ Physiologische Reaktionen: z. B. blass werden, schwitzen und gähnen

▶ Körperhaltung: die gebeugte Haltung des reuigen Täters, die verschränkten Arme vor der Brust etc.

▶ Gezielte Handlungen und motorisches Verhalten: das Weglaufen des Diebes, das Festhalten des Täters durch einen Zeugen und der Faustschlag des Festgehaltenen

▶ Art und Weise des Sprechens: Lautstärke, Sprechgeschwindigkeit, Betonung, Stimmfall, u. ä.

▶ Äußeres Erscheinungsbild: Kleidung, Haartracht oder körperlicher Zustand

▶ Statussymbole.

Beziehung von verbaler und nonverbaler Kommunikation

Für die zwischenmenschliche Verständigung hat die nonverbale Kommunikation ganz wichtige Funktionen, besonders im Zusammenspiel mit der verbalen, da sie zusätzliche, wichtige Informationen liefern kann.

Ersatz. Die nonverbale Kommunikation kann die verbale ersetzen. Angehörige verschiedener Nationalitäten oder Erwachsene und Babys haben oft keinen ausreichenden gemeinsamen Wortschatz und verständigen sich daher mit „Händen und Füßen". Auch aus anderen Gründen kann die nonverbale die verbale Kommunikation ersetzen.

▶ **Taktik.** Taktische oder strategische Gründe können gegen den Einsatz der verbalen Kommunikation sprechen, weil bei einer

Vernehmung z. B. der Beschuldigte nicht mitbekommen soll, wie die Polizeibeamten weiter vorgehen wollen. Andererseits kann auch die räumliche Entfernung zu groß sein, so dass Handzeichen eingesetzt werden müssen, oder eine starke Geräuschkulisse verhindert das Reden.

▶ **Rückmeldung.** Der Gesprächsablauf kann auf einfache Weise geregelt werden, wenn man dem anderen durch nonverbale Signale eine Rückmeldung gibt, ohne ihn unterbrechen zu müssen, und so Zustimmung, Ablehnung oder Interesse ausdrückt.

▶ **Testen der Beziehung.** Es ist möglich, unsere Beziehung zum anderen zu definieren, ohne uns eindeutig ausdrücken zu müssen. So können wir bei einer Person, die wir sympathisch finden, zunächst durch nonverbale Signale vorsichtig testen, ob wir auf Gegenliebe stoßen. Und, wenn dies nicht der Fall ist, ohne größeren Gesichtsverlust einen Rückzieher machen.

▶ **Außenwirkung.** Schließlich können wir uns nonverbal sehr gut selbst darstellen bzw. darüber eine Aussage machen, wie wir von unseren Mitmenschen gesehen werden wollen, z. B. durch Kleidung und Statussymbole. Diese Methode nutzen viele Gruppen, um sich von anderen abzugrenzen.

Verstärkung. Die nonverbale Kommunikation kann die verbale verstärken. Indem wir lauter sprechen, unterstreichen wir die Wichtigkeit unserer Aussage. Durch einen entsprechenden Gesichtsausdruck zeigen wir, dass das ausgesprochene Beileid ernst gemeint ist.

Relativierung. Nonverbale Kommunikation kann die verbale relativieren. Wenn jemand eine andere Person beschimpft und dabei ein freundliches Gesicht macht, kann er dadurch ausdrücken: „Du hast zwar einen Fehler gemacht und ich muss dich darauf hinweisen, aber so tragisch ist die ganze Angelegenheit nicht."

> **!** Nonverbale Kommunikation kann die verbale Kommunikation ersetzen. Nonverbale Kommunikation kann die verbale Kommunikation verstärken. Nonverbale Kommunikation kann die verbale Kommunikation relativieren.

8.3 Distanz: Wie viel Abstand ist gewünscht?

Neben den Informationen, die verbal oder nonverbal übermittelt werden, sind weitere Variablen bei der Kommunikation wichtig. Ein Faktor ist die körperliche Distanz zwischen Sender und Empfänger. Gerade für Polizeibeamte ist dieser räumliche Abstand wichtig, den man zum Gegenüber hat, da hierdurch die Enge der Beziehung nonverbal ausgedrückt wird. Es gibt vier Distanzbereiche (Argyle & Trower, 1981):

▶ **Die intime Distanz** besteht im physischen Kontakt. Neben besonders gefühlsbetonten Situationen liegt sie auch beim körperlichen Kampf vor.

▶ **Die persönliche Distanz** reicht von circa 45 cm bis 120 cm, ist also etwa eine Armlänge lang, und wird in der Regel nur gegenüber Personen eingenommen, zu denen ein persönliches Verhältnis besteht.

▶ **Die soziale Distanz** (von 120 cm bis 270 cm) bevorzugen wir bei unpersönlicher Kommunikation, also mit Menschen, zu denen keine gefühlsmäßige Beziehung besteht. Körperkontakte sind bei diesem Abstand nicht mehr möglich.

▶ **Die öffentliche Distanz**, die bei circa 4 m beginnt, gilt für formelle Beziehungen, wenn z. B. jemand vor einer größeren Zuhörerschaft einen Vortrag hält. Ansonsten liegt sie außerhalb des für die persönliche Kommunikation wesentlichen Bereiches.

Praktische Relevanz. Gerade Polizeibeamte müssen darauf achten, dass sie zu ihrem Gegenüber nicht auf intime oder persönliche Distanz gehen, sondern die soziale Distanz einhalten. Ein zu geringer Abstand zum Bürger wird von diesem als ein zu nahe Treten und damit als aggressiv erlebt, so dass leicht Gegenaggressionen entstehen. Bei bestimmten Gewalttätern ist der Bereich der intimen und persönlichen Distanz noch weiter gesteckt, so dass sie viel früher als andere Menschen das Gefühl des Bedrohtseins haben und zum Gegenangriff übergehen. Andererseits kann auch eine zu große Distanz negative Folgen auf die Kommunikation haben. Das Gegenüber kann sich dadurch abgelehnt oder beleidigt fühlen oder die Zurückhaltung als unhöflich interpretieren. Bei der Einschätzung der unterschiedlichen Distanzen spielen jedoch auch kulturelle Unterschiede eine sehr große Rolle, weil sich in Sizilien Männer beispielsweise bei der Begrüßung umarmen, was für Engländer eher ungewöhnlich wäre. Ein Polizeibeamter sollte immer versuchen, die richtige Distanz zu seinem Gegenüber einzuhalten und grundlegende kulturelle Unterschiede z. B. in der Begrüßung kennen. Ein Polizeibeamter sollte

daher nicht einfach einer verschleierten, muslimischen Frau die Hand zur Begrüßung reichen, weil dies ein Verstoß gegen die Sitten im Heimatland der Frau sein könnte.

> **!** Bei der Kommunikation muss auf die korrekte Distanz zwischen den Gesprächspartnern geachtet werden. Ein Übertreten des angemessenen Abstands wird zumeist als aggressiv gewertet. Zu großer Abstand kann jedoch unhöflich, ablehnend oder beleidigend wirken.

8.4 Gesetzmäßigkeiten der Kommunikation

Die menschliche Kommunikation unterliegt bestimmten Gesetzmäßigkeiten (Watzlawick, Beavin & Jackson, 1996). Paul Watzlawick hat fünf → Kommunikationsgesetze formuliert, die vorgestellt werden sollen.

1. Kommunikationsgesetz: Man kann nicht nicht-kommunizieren

Immer wenn Menschen zusammenkommen, findet automatisch Kommunikation zwischen ihnen statt, auch wenn sie nicht miteinander sprechen. Da jedes Verhalten eine Bedeutung hat, kommunizieren wir automatisch, indem wir etwas tun. Und Menschen machen immer irgendetwas.

Bestimmte Informationen können gerade über nonverbale Zeichen gegen unseren Willen übermittelt werden. Man kommuniziert, ohne es zu wollen. So errötet der Beschuldigte während der Vernehmung, als er lügt, und verrät sich dadurch. Der Polizeibeamte, der bleich und mit geröteten Augen zum Dienst erscheint, gibt damit zu erkennen, dass er am Vortag zu tief ins Glas geschaut und nachts

Tabelle 8.1. Nicht-Kommunikation ist nicht möglich, da jedes Verhalten eine Botschaft übermittelt. Dies wird an zwei Situationen verdeutlicht

Situation	Mögliche Aussagen des Verhaltens
(1) Der Vernommene Strasser antwortet nicht auf die Fragen der Kommissarin. Er schweigt völlig.	▶ „Ich will dazu nichts sagen." ▶ „Ich muss zuerst nachdenken." ▶ „Oh Schreck, jetzt bin ich überführt!" ▶ „Ich habe nicht gehört, dass ich etwas gefragt wurde."
(2) POM Feuchtgruber wechselt die Straßenseite, als ihm PD Horn entgegenkommt.	▶ „Ich will mit Ihnen in meiner Freizeit nichts zu tun haben." ▶ „Ich habe Sie nicht erkannt." ▶ „Ich habe es sehr eilig und befürchte, von Ihnen in ein längeres Gespräch verwickelt zu werden." ▶ „Auf der anderen Straßenseite ist der Bäcker, bei dem ich einkaufen muss."

nicht genügend geschlafen hat. Wir können auch kommunizieren, ohne dass wir davon wissen. Das wäre der Fall, wenn das Schweigen des Vernommenen bedeutet, dass er die Frage nicht gehört hat, oder ein Polizeibeamter nicht auf seinen Vorgesetzten zugeht und ihn begrüßt, weil er ihn nicht erkannt hat.

2. Kommunikationsgesetz: Kommunikation hat einen Inhalts- und einen Beziehungsaspekt

Im Verlauf einer Kommunikation werden immer zwei Arten von Mitteilungen gemacht bzw. auf zwei Ebenen Informationen ausgetauscht. Auf der Inhaltsebene werden Sachinformationen, Daten, Fakten, aber auch Meinungen, Ansichten, Vermutungen u. ä. übermittelt. Dabei spielt es keine Rolle, ob die Informationen richtig oder falsch sind.

BEISPIEL

Kommunikation von Sachinformationen
- ▶ Der Polizeibeamte fordert neugierige Passanten auf, sich von der Unfallstelle zu entfernen.
- ▶ Der Einbrecher schildert, wie er in die Tatwohnung eingedrungen ist.
- ▶ Herr Reutlinger beschuldigt den Nachbarn fälschlicherweise, er habe sein Auto beschädigt.

Auf der Beziehungsebene wird ausgedrückt, wie der Sender sein Verhältnis zum Empfänger empfindet, der Sender macht Aussagen über sich selbst oder er richtet eine Aufforderung an das Gegenüber. Über die Beziehung wird in der Regel nicht direkt gesprochen. Dieser Aspekt wird eher durch nonverbale Zeichen, wie den Umstand, dass man mit dem anderen spricht, oder auch die Art der übermittelten Informationen ausgedrückt.

Kommunikation von Beziehungsinformationen

▶ Durch seinen ironischen Tonfall gibt der Vernehmungsbeamte dem Beschuldigten zu verstehen, dass er ihm nicht glaubt.

▶ Dadurch dass Ltd. PD Gärtner den Polizeianwärter Neugebauer grüßt, zeigt er ihm, dass er dessen Leistungen honoriert.

▶ PHM Bruck vermittelt PHM'in Hesse, dass er ihr vertraut, weil er ihr von seinen Eheproblemen erzählt.

▶ Indem der Vernommene errötet, zeigt er, dass er die Unwahrheit sagt.

▶ Indem KK Dietz den Vernommenen erwartungsvoll anschaut, gibt er ihm zu verstehen, dass er die eben gestellte Frage beantworten soll.

Auch wenn man im Rahmen der Kommunikation Informationen über die Beziehungsebene vermittelt, muss einem dabei nicht bewusst oder klar sein, wie man die Beziehung definiert oder dass man eine bestimmte Art des Verhältnisses zum Ausdruck bringt. EPHK Schreiber bemerkt z. B. nicht, dass er seine Mitarbeiter durch seinen Umgangston von oben herab behandelt.

3. Kommunikationsgesetz: Der Kommunikationsprozess wird strukturiert

Kommunikation ist ein Kreislauf ohne Ende, ein ununterbrochener Informationsfluss. Der Mensch neigt dazu, diesem endlosen Ablauf eine Struktur zu geben und dabei Kommunikation meist eher als linearen statt als kreisförmigen Prozess zu sehen. Man kann auch sagen, dass im Kommunikationsfluss eine Interpunktion stattfindet. Dabei empfinden wir unser Verhalten nur als Reaktion auf das Verhalten des Partners und merken nicht, dass unser früheres Verhalten für die Reaktion des Partners unter Umständen mitverantwortlich war.

Interpunktion des Kommunikationsprozesses

PHM Strobl sagt, dass er nicht mit PHM Teubert auf Streife gehen will, weil Teubert so schweigsam ist. Teubert wiederum sagt, er rede so wenig mit Strobl, weil dieser nicht mit ihm auf Streife gehen will.

Die Situation aus dem obigen Beispiel soll noch einmal graphisch dargestellt werden. In der Abbildung 8.3 wird der Kommunikationsprozess zwischen Strobl und Teubert auf zwei verschiedene Weisen veranschaulicht: als Interpunktion und als Kreislauf.

Die zwei Polizeibeamten Strobl und Teubert nehmen ihren Konflikt sehr unterschiedlich wahr. Strobl interpunktiert die Situation so, dass er – bezogen auf die Abbildung 8.2 – nur die Triaden 2–3–4, 4–5–6 usw. sieht: Strobl lehnt Teubert ab, weil dieser so schweigsam ist. Auf der anderen Seite nimmt Teubert nur die Triaden 1–2–3, 3–4–5 usw. wahr: Teubert glaubt, dass er schweigt, da ihn Strobl ablehnt. Strobl übersieht aber z. B., dass er immer schon etwas zurückhaltender zu Teubert war, und Teu-

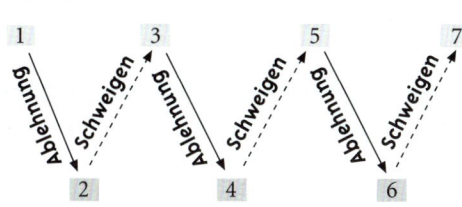

(a) Kommunikationsablauf als Interpunktion

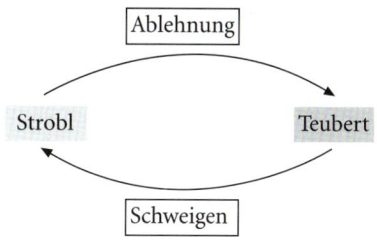

(b) Kommunikationsablauf als kreisförmiger Prozess

Abbildung 8.4. Unterschiedliche Darstellung des Kommunikationsprozesses zwischen PHM Strobl und PHM Teubert, die nicht miteinander auf Streife gehen wollen. PHM Strobl findet PHM Teubert zu schweigsam, während Teubert sagt, er rede nicht mit Strobl, weil dieser nicht mit ihm auf Streife gehen will. Unter **(a)** wird der Kommunikationsprozess als lineare Abfolge veranschaulicht (Interpunktion), unter **(b)** hingegen als kreisförmiger Prozess. Die kreisförmige Darstellung macht die Wechselwirkungen besser deutlich

bert ist sich nicht bewusst, dass er generell nicht sehr redselig ist. An dieser Situation wird deutlich, dass das eigene Verhalten das Verhalten des (Kommunikations)Partners mitbestimmt. Ein weiteres Problem im Kommunikationsprozess ergibt sich daraus, dass der Ausgangspunkt der Interpunktion willkürlich gewählt wird, während ein Kreis keinen Beginn hat bzw. der Beginn an jeder beliebigen Stelle gesetzt werden kann. Daher kommt es zu der fruchtlosen Frage, ob die Ablehnung seitens Strobls oder das Schweigen von Teubert die Ursache für das gestörte Verhältnis der beiden ist. Die Diskussion darüber ähnelt der Überlegung, ob es zuerst das Huhn oder das Ei gab.

> **!** Man glaubt meist, nur auf den Partner zu reagieren und strukturiert den Kommunikationsablauf daher linear. Hierbei berücksichtigt man nicht, dass man unter Umständen selbst Ursachen für das Verhalten des Gegenübers geliefert hat und Kommunikation kreisförmig verläuft.

4. Kommunikationsgesetz: Kommunikation kann digital oder analog erfolgen

Es gibt zwei Möglichkeiten, wie die Zuordnung zwischen den Zeichen, die wir gebrauchen, und den Informationen, die wir dadurch übermitteln wollen, geschieht: die digitale und die analoge Kommunikation.

Digitale Kommunikation. Bei der digitalen Kommunikation liegt eine eindeutige Zuordnung zwischen dem Zeichen und der übermittelten Information vor. Betrachten wir ein Beispiel für digitale Darstellung aus der Technik. Bei Digitaluhren wird die Zeit eindeutig durch Zahlen dargestellt. So bedeutet 14:53, dass es 14 Uhr und 53 Minuten spät ist. Die Zeit ist dadurch exakt bestimmbar. Etwas Ähnliches wie die eindeutige Botschaft der Digitaluhren gibt es auch in der zwischenmenschlichen Kommunikation. Bestimmte Objekte oder Inhalte haben eindeutig zugeordnete Bezeichnungen. So hat das Wort „Polizei" eine ganz bestimmte Bedeutung. Dabei ist die Zuordnung der Zeichen zur damit ausgedrückten Information meist willkürlich. Man hätte die Institution Polizei ganz anders benennen können, aber man hat sich auf die Bezeichnung Polizei geeinigt. Digitale Kommunikation ist in der Regel verbale Kommunikation.

Analoge Kommunikation. Analog zu kommunizieren bedeutet, dass zwischen den Zeichen und der Information nur eine Ähnlichkeitsbeziehung, eine Analogie besteht. Bei analogen Zeichen gibt es keine eindeutige Zuordnung zwischen dem Zeichen und seiner Bedeutung. Die Zeichen erlauben nur eine indirekte und ungefähre Darstellung des übermittelten Inhalts, sie erfolgt im übertragenen Sinn. So wird auf einer Analoguhr die Zeit 3:30 Uhr dargestellt, indem der Stundenzeiger ungefähr ein Viertel des Zifferblattes, also ein Viertel von zwölf Stunden, und der Minutenzeiger das halbe Zifferblatt, also eine halbe Stunde, abgewandert ist. Die Zeit kann bei dieser Darstellung nicht so eindeutig bestimmt werden wie bei der Digitaluhr, da es auch 15:30 Uhr sein könnte.

In der menschlichen Kommunikation kann die nonverbale Kommunikation meist als analog aufgefasst werden, weil nonverbale Zeichen nicht immer eindeutig bestimmten Bedeutungen zugeordnet sind. Weil aber die Information nur durch Entsprechungen und Ähnlichkeitsbeziehungen übermittelt werden, ist die analoge Kommunikation mehrdeutig, und es müssen häufig weitere Informationen dazu kommen, damit die Mitteilung richtig verstanden werden kann. Die Mehrdeutigkeit analoger Medien kann am Beispiel von Tränen dargestellt werden: Tränen können Zeichen der Trauer, des körperlichen Schmerzes, der Freude oder eine Folge von Zwiebeldünsten sein. Über unsere Beziehung kommunizieren wir vor allem

analog mit dem Gesprächspartner, während Sachinformationen, Wissen, Fakten usw. eher digital übermittelt werden.

5. Kommunikationsgesetz: Kommunikation ist symmetrisch oder komplementär

Die Begriffe symmetrisch und komplementär beschreiben die Beziehung des Senders und des Empfängers. Bei der symmetrischen Kommunikation sind die Partner gleichberechtigt, kommunizieren sie komplementär, liegt ein Über-Unterordnungsverhältnis vor.

Symmetrische Kommunikation. Symmetrische Kommunikation bedeutet also, dass die Partner auf der gleichen Ebene stehen und die gleichen Möglichkeiten haben zu kommunizieren. Ihr Verhalten ist in gewisser Weise spiegelbildlich.

BEISPIEL

Symmetrische Kommunikation
▶ PM'in Grimm beschimpft PM'in Jungbluth. Diese lässt sich das aber nicht gefallen und schimpft zurück.
▶ PHM Weingarten und PHM Kühne diskutieren über die jeweiligen Vorzüge ihres PKWs, ohne den anderen überzeugen zu können.
▶ PD Seidel und PD Böhringer wollen sich gegenseitig zuerst durch die Eingangstüre zum Präsidium gehen lassen und bleiben daher beide stehen.

Komplementäre Kommunikation. Kommunizieren zwei Menschen komplementär, verhalten sie sich unterschiedlich und ergänzen sie sich gegenseitig. Es liegt ein Machtgefälle in der Beziehung vor. Dies ist zunächst weder positiv noch negativ, sondern völlig wertfrei

Kommunikationsgesetze

(1) Man kann nicht nicht-kommunizieren.
(2) Jede Kommunikation hat einen In-
    halts- und einen Beziehungsaspekt.
(3) Der Kommunikationsprozess wird
    von den Beteiligten strukturiert, es
    findet Interpunktion statt. Er sollte
    jedoch besser als Kreislauf ohne Ende

verstanden werden, weil ein ununterbrochener Kommunikationsfluss
herrscht und dadurch die Wechselbeziehungen zwischen den Inter-
aktionspartnern deutlicher werden.
(4) Kommunikation kann digital oder ana-
    log erfolgen.
(5) Kommunikation ist symmetrisch oder
    komplementär.

gemeint, da es für einen persönlich durchaus positiv sein kann, sich dem Gegenüber unterzuordnen.

BEISPIEL

Komplementäre Kommunikation
▶ PM'in Grimm beschimpft PM'in Jungbluth und diese nimmt die Beschuldigung wortlos hin.
▶ PHM Weingarten überzeugt PHM Kühne, dass er das bessere Auto fährt.
▶ Als PD Seidel und PD Böhringer gleichzeitig auf die Eingangstüre zum Präsidium zusteuern, lässt Seidel Böhringer den Vortritt, da dieser älter ist.

Über- und Unterordnungsverhältnisse können kulturell und gesellschaftlich vorgegeben sein (z. B. Polizeibeamter – Bürger, Vorgesetzter – Mitarbeiter, Lehrer – Schüler) oder sich aus der Situation heraus ergeben, wie das in unseren Beispielen der Fall ist. Gute Kommunikation zeichnet sich dadurch aus, dass das Verhältnis der Partner situationsgemäß flexibel ist. PHK Heubach lässt sich von seinem Mitarbeiter PM Franz einen Ratschlag geben, da er ihn für kompetent hält. Damit begibt sich Heubach in dieser Situation in die untergeordnete Position, obwohl er der Vorgesetzte von Franz ist, also norma-

lerweise über Franz steht. Die wichtigsten Punkte, die bei der Kommunikation und dem Kommunikationsprozess zu berücksichtigen sind, werden im Merkkasten zusammengefasst.

8.5 Kommunikationsstörungen: Wenn man sich nicht mehr versteht

Wenn die Kommunikation zwischen Menschen nicht funktioniert, kann das verschiedene Ursachen haben. Einige dieser möglichen Gründe werden im Folgenden aufgeführt.

▶ **Umsetzungsschwierigkeiten.** Der Sender kann die Information nicht in Zeichen umsetzen, also sich nicht richtig ausdrücken, oder er gebraucht die falschen Zeichen.
▶ **Sprachschwierigkeiten.** Die Abgabe der verbalen Zeichen kann auch aufgrund eines Sprachfehlers gestört sein.
▶ **Äußere Umstände.** Die Übertragung der Nachricht funktioniert nicht, da z. B. die Entfernung zu groß ist oder starke Nebengeräusche vorhanden sind.
▶ **Aufmerksamkeits- und Verarbeitungsstörungen.** Der Partner empfängt die Bot-

schaft nicht oder nur unvollständig, weil er unaufmerksam ist, kein Interesse hat, zu viele Informationen übermittelt bekommt, schlecht hört oder sieht usw.

▶ **Wahrnehmungsstörungen.** Es liegen Wahrnehmungsverzerrungen vor, die zu Missverständnissen führen (s. Kap. 2). Der Empfänger entschlüsselt die Zeichen falsch, weil er z. B. bestimmte Begriffe nicht kennt oder Zeichen mehrdeutig sind, wie es häufig bei der analogen Kommunikation der Fall ist (s. Kap. 8.3).

▶ **Interpretationsstörungen.** Informationen werden vom Empfänger falsch interpretiert. Er hört Botschaften heraus, die der Sender gar nicht abgeschickt hat, oder er denkt die Gedanken des Senders falsch weiter.

▶ **Reduktion.** Ein weiterer Fehler liegt darin, dass man nicht die gesamte Information, sondern nur einzelne, vielleicht sogar relativ unwichtige Details der Botschaft aufnimmt.

▶ **Widersprüche.** Probleme können sich aus Widersprüchen in der Kommunikation ergeben, wenn z. B. verbal etwas anderes ausgedrückt wird als nonverbal. Durch den Einsatz der zwei Kanäle der Kommunikation kann ein Widerspruch zwischen verbaler und nonverbaler Kommunikation entstehen. So kritisiert PHK Reisenbach POM Eichholtz wegen seiner unzulänglichen Arbeitsmoral und lächelt dabei. Soll dies heißen, dass die Kritik nicht ganz ernst gemeint ist, oder lächelt Reisenbach aus Verlegenheit und weil er Schwierigkeiten hat, andere zu kritisieren? In solchen Fällen kann der Empfänger Probleme haben, sein Gegenüber zu verstehen, weil er nicht entscheiden kann, welche der widersprüchlichen Botschaften richtig ist.

Weitere Probleme können im Zusammenhang mit den Kommunikationsgesetzen auftreten (s. Kap. 8.3), wie nachfolgend dargelegt wird.

BEISPIEL

Probleme bei der Umsetzung von Informationen in Zeichen

▶ POM Erdel kann dem spanischen Touristen nicht sagen, dass er seinen Führerschein sehen will, da er kein Spanisch spricht.

▶ PHM'in Blüm verhaspelt sich, als sie einem Bürger eine Auskunft erteilt, weil sie gerade an etwas ganz anderes gedacht hat.

Falsche Interpretation seitens des Empfängers

KHK Schütz sagt, als er das Büro von KK Bayer betritt: „Du liebe Zeit, da liegt ja ein Wust von Akten auf Ihrem Tisch!" Mit dieser Bemerkung wollte er lediglich mit Bayer ins Gespräch kommen bzw. sein Mitgefühl über dessen Arbeitsbelastung ausdrücken. KK Bayer aber hört den Vorwurf heraus, er sei unordentlich, und ist eingeschnappt.

Kommunikationsstörung durch teilweisen Empfang der Information

KHK Mosbauer hat KK'in Höller für ihren Arbeitseifer, die erbrachte Leistung und die Qualität der Arbeit sehr ausführlich gelobt und nebenbei kritisch bemerkt, dass sie morgens pünktlicher zum Dienst erscheinen solle. Diese Kritik aber verdirbt KK'in Höller ihre ganze Freude; die Lobesworte sind für sie unwichtig geworden.

1. Kommunikationsgesetz. Manche Menschen versuchen, mit bestimmten Personen oder über bestimmte Themen durch destruktives Verhalten nicht zu kommunizieren, obwohl dies unmöglich ist. Konkret kann das so aussehen, dass man unverständlich daherredet, so tut, als würde man den Partner nicht verstehen, die Aussage des anderen verdreht, auf Fragen nicht antwortet, sich über den Partner lustig macht usw., statt direkt zu sagen, dass man mit dem Gegenüber nicht reden will. Ebenso problematisch kann es werden, wenn man unbewusst oder ungewollt Informationen übermittelt, die man zurückhalten möchte.

2. Kommunikationsgesetz. Beziehungsprobleme zwischen den Kommunikationspartnern können sich in vielfacher Weise störend auf den Kommunikationsprozess auswirken. Kommunikationsstörungen treten auf, wenn ein Problem oder ein Konflikt in der Beziehung der Gesprächspartner vorliegt, sie aber nicht darüber sprechen, sondern sich auf der Inhaltsebene auseinandersetzen. Dies kann zum Streit über belanglose Dinge führen.

Im ersten Beispiel im nachfolgenden Kasten wird die Verärgerung (Beziehungskonflikt) im Streit um die Richtigkeit des Protokolls (Inhaltsebene des Gesprächs oder Sachdiskussion) ausgetragen. Dies kann zu einem Endlosstreit führen, da der eigentliche Konflikt nicht angesprochen und damit auch nicht geregelt werden kann. Eine weitere Folge kann sein, dass auch sachliche Proble-

---

BEISPIEL

Unbewusste und ungewollte Kommunikation

KK'in Böhringer glaubt den Aussagen des Beschuldigten nicht. Deshalb grinst sie bei dessen Unschuldsbeteuerungen und liest schließlich in irgendwelchen Akten, als der Tatverdächtige langatmig schildert, was er zur Tatzeit getan hat. Dieser reagiert aggressiv und verbittet es sich, wie ein Lügner behandelt zu werden.

BEISPIEL

Streit um Belanglosigkeiten aufgrund einer gestörten Beziehung

Der Zeuge Schwarz ist verärgert, weil ihn KM Kraus längere Zeit warten ließ, bevor er sich mit ihm unterhielt. Herr Schwarz spricht aber seinen Ärger nicht direkt an, sondern streitet stattdessen mit Kraus ständig über die Formulierungen, mit denen Kraus die Angaben von Herrn Schwarz im Protokoll festhält, obwohl sie nicht sinnentstellend sind.

Sachliche Probleme aufgrund einer gestörten Beziehung

PHM Wailinger möchte dem Dienststellenleiter zum Geburtstag einen Präsentkorb mit Delikatessen, PHM Siegel hingegen möchte ihm lieber einen Bildband schenken. Der Dienststellenleiter würde sich zwar über beides freuen, ist zur Zeit aber auf Diät. Es leuchtet Wailinger im Grunde ein, dass der Bildband passender ist. Weil er sich aber über Siegel ärgerte, da sich dieser gegenüber Kollegen vor einigen Tagen kritisch über Wailinger geäußert hat, beharrt er auf seinem Vorschlag. PHM Siegel ist über die Sturheit von PHM Wailinger erzürnt, daher gibt er nicht nach, obwohl er sich mit einem Präsentkorb als Geschenk anfreunden könnte.

---

me nicht gelöst werden können, weil man dem Gegenüber aus Trotz in der Sache nicht recht geben will, da man sich über ihn geärgert hat (s. 2. Beispiel).

3. Kommunikationsgesetz. Konflikte können auch entstehen, wenn die Partner ihre Kommunikation unterschiedlich strukturieren oder interpunktieren. Häufig sieht das so aus, dass jeder glaubt, nur auf das Verhalten des anderen zu reagieren. Dabei wird übersehen, dass auch das eigene Verhalten für die Handlungen des Partners verantwortlich sein kann. Dieses Problem wurde weiter oben bereits am Beispiel von PHM Strobl und PHM Teubert dargestellt, die nicht zusammen auf Streife gehen wollen und jeweils den anderen dafür verantwortlich machen.

> **BEISPIEL**
>
> **Konflikte aufgrund unterschiedlicher Interpunktion**
> EPHK Langner behandelt PHM Kraft von oben herab, weil Kraft zu ihm unfreundlich ist. PHM Kraft erlebt (oder strukturiert) dagegen die Situation so, dass Langner ihn von oben herab behandelt, so dass er sich ihm gegenüber unfreundlich verhält. Jeder gibt dem anderen die Schuld, keiner sucht Gründe bei sich und so wird sich die Beziehung der beiden auch nicht verbessern, da jeder darauf wartet, dass sich erst der andere verändert. So nimmt sich EPHK Langner vor, Kraft besser zu behandeln, wenn dieser nicht mehr so unfreundlich ist.

4. Kommunikationsgesetz. Aufgrund der Mehrdeutigkeit analoger Zeichen, wie Gesten oder dem Ausdruck von Gefühlen, kann es zu Problemen bei der Entschlüsselung kommen. Ebenso können Kommunikationsschwierigkeiten auftreten, weil Menschen die gleichen Wörter benutzen, um Verschiedenes auszudrücken. Denn wahrscheinlich fühlen sich zwei Menschen unterschiedlich, auch wenn beide sagen „Ich fühle mich schlecht.". Probleme können ebenfalls entstehen, wenn die digitalen und analogen Informationen nicht übereinstimmen. Dies ist z.B. der Fall, wenn der vernehmende Beamte dem Beschuldigten sagt, dass er seinen Aussagen glaube, gleichzeitig aber zweifelnd die Augenbrauen hochzieht.

5. Kommunikationsgesetz. Kommunizieren zwei Menschen ausschließlich symmetrisch oder nur komplementär miteinander, statt ihre Beziehung der Situation angemessen flexibel zu gestalten, kann es zu weiteren Problemen kommen. Eine symmetrische Eskalation tritt ein, wenn in einem Konfliktgespräch jeder Partner ausschließlich seinen Standpunkt vertritt, zu beweisen versucht, dass nur er recht hat, und jedes Argument des anderen ablehnt. Keiner gibt nach, so dass der Streit schließlich eskaliert, in wüste Beschimpfungen oder gar Handgreiflichkeiten ausarten kann. Bei rigider Komplementarität begibt sich der eine Partner sofort in die übergeordnete Position, die er nicht mehr verlässt. Dadurch wird die Ungleichheit in der Beziehung verfestigt.

Für ein Vorgesetzten-Mitarbeiter-Verhältnis würde das z. B. bedeuten, dass nur die Meinung des Chefs gilt, er sich keine Kritik an seiner Person oder seinen Entscheidungen anhört und alles so getan werden muss, wie er es sich vorstellt. Es liegt auf der Hand, dass seine Mitarbeiter auf Dauer damit Schwierigkeiten haben werden. Sie fühlen sich nicht akzeptiert, können sich beruflich nicht entfalten und verlieren ihre Motivation zu dienstlichem Engagement.

Ebenso kann es Schwierigkeiten mit sich bringen, wenn das Über-Unterordnungs-Verhältnis für einen der Beteiligten ungewohnt ist. Wenn ein älterer Herr von einem jungen Beamten verwarnt wird oder der Besitzer einer großen Firma bei einer Vernehmung Rede und Antwort stehen soll, müssen beide eine Rolle übernehmen, die für sie unter Umständen ungewohnt ist. Sie haben daher Probleme, sich dem Polizeibeamten zu fügen. Der Beamte seinerseits pocht auf seine Position, demonstriert noch stärker seine Macht („Ich muss mir das doch nicht bieten lassen!") und dadurch verschärft sich der Konflikt erst recht.

Umgang mit Kommunikationsstörungen

Was sollte man am besten machen, wenn Kommunikationsstörungen auftreten? Eine Möglichkeit ist, dass man über die Kommunikation und den gesamten Prozess an sich mit dem Gegenüber spricht. Anders ausgedrückt: Wenn Kommunikationsstörungen auftreten, sollte man generell metakommunizieren (→ Metakommunikation).

DEFINITION

Metakommunikation ist die Kommunikation über die Kommunikation.

Metakommunikation kann bedeuten, den Gesprächspartner auf Widersprüche zwischen verbaler und nonverbaler Kommunikation anzusprechen, den Verdacht zu äußern, dass für eine fruchtlose Sachdiskussion Beziehungskonflikte verantwortlich sind, oder darüber zu reden, dass man sich vom anderen nicht als gleichberechtigter Partner behandelt fühlt.

! Die Ursachen für Kommunikationsstörungen können beim Sender, beim Empfänger oder bei der Informationsübertragung liegen. Zur Behebung von Kommunikationsstörungen empfiehlt sich die Metakommunikation.

8.6 Förderliches Kommunikationsverhalten

Nachdem ausgeführt wurde, welche Faktoren auf die Kommunikation einwirken und welche Störungen im Kommunikationsprozess auftreten können, soll nun dargestellt werden, wie Kommunikation positiv gestaltet werden kann. Der nächste Abschnitt beantwortet diese Fragen:

▶ Was muss man beachten, damit die Kommunikation möglichst störungsfrei verläuft?

▶ Welches Verhalten fördert die Kommunikation?

Man kann keine allgemeinen Rezepte für gute Kommunikation vorgeben, sondern nur Hinweise, Empfehlungen und Tipps. Kommuniziert man auf die beschriebene Weise, verläuft die Kommunikation mit höherer Wahrscheinlichkeit positiver. Eine Erfolgsgarantie kann nicht gegeben werden, da in jeder Situation eine Vielzahl von Faktoren für deren Verlauf verantwortlich ist (s. Kap. 1). Dieses Unterkapitel ist zur besseren Übersichtlichkeit in das Verhalten des Senders, das Verhalten des Empfängers und die Schlussfolgerungen aus den Kommunikationsgesetzen unterteilt. Die Strukturierung wurde gewählt, obwohl klar ist, dass es mannigfache Überschneidungen zwischen den einzelnen Punkten gibt und einzelne Gesichtspunkte auch an anderer Stelle stehen könnten.

8.6.1 Verhalten des Senders

Es gibt den Spruch: „Wahr ist nicht, was man sagt, sondern was der andere hört.". Er bedeutet, dass der Empfänger etwas anderes verstehen kann, als der Sender beabsichtigte, und dies vielleicht gar nicht bemerkt. Für solche Missverständnisse gibt es viele Gründe, von einfachen Hörfehlern bis zu Interpretationen des Empfängers (s. Kap. 2 u. 7). Der Sender hat jedoch einige Möglichkeiten, den Kommunikationsprozess positiv zu beeinflussen.

Rückfragen. Der Sender sollte sich durch Rückfragen vergewissern, ob er richtig verstanden wurde. Dies gilt besonders bei sehr komplizierten oder umfangreichen Informationen.

Ich-Botschaften. Man sollte persönliche Meinungen und subjektive Aussagen kennzeichnen, indem man das Wort „Ich" gebraucht, eine sog. „Ich-Botschaft" sendet, statt ein objektives Urteil zu fällen oder „man" zu benutzen, was als Verallgemeinerung aufgefasst werden kann. Statt: „Das ist falsch", „Man macht das nicht so" oder „Du machst das falsch" sollte man sagen: „Ich finde, dass das falsch ist" oder „Es stört mich, dass Du das so machst". Diese Empfehlung gilt natürlich nur, wenn es keine objektiven Maßstäbe wie Gesetze und Vorschriften vorliegen, nach denen geurteilt werden kann. Gerade solche Maßstäbe fehlen jedoch meistens im zwischenmenschlichen Bereich. Wie häufig soll ein Vorgesetzter loben? Ab wann ist der Tonfall eines Bürgers dem Polizeibeamten gegenüber aggressiv? Ist das Verhalten des Kollegen Zeichen der Loyalität zum Vorgesetzten oder übertriebene Anbiederei? Auf solche und ähnliche Fragen gibt es in vielen Fällen keine eindeutige, objektiv richtige Antwort.

Gefühle. Man sollte in persönlichen und gefühlsmäßigen Beziehungen seine Gefühle, die durch das Verhalten des anderen ausgelöst werden, direkt ansprechen. Das trifft besonders für negative Gefühle wie Ärger und Wut zu, da bei deren Nichtansprechen die Gefahr besteht, dass sich die Gefühle anstauen. In der Folge kann es bei einem nichtigen Anlass zu einem massiven Gefühlsausbruch kommen, den das Gegenüber nicht verstehen kann. Oder die Gefühle kommen indirekt zum Ausdruck, indem man den anderen piesackt, an ihm ständig herumnörgelt, schnippische Bemerkungen macht usw.

Besteht zum Gegenüber keine engere Beziehung, muss man situativ entscheiden, ob es gut ist, die eigenen Gefühle anzusprechen. Der direkte Ausdruck der Gefühle ist eine Selbstoffenbarung, und man wird angreifbarer, was das Gegenüber ausnützen könnte. So kann es in einem Fall sinnvoll sein, seine Verärgerung über einen Vernommenen, der ständig ausweichende Antworten gibt, anzusprechen, in einem anderen Fall nicht. Aber auch dann sollte man die Bedeutung der Problematik, die Gewichtigkeit der Sache u. ä. betonen (s. Tab. 8.2). Der Gebrauch von Ich-Botschaften und das direkte Ansprechen von Gefühlen hat verschiedene Vorteile:

▶ Von der Formulierung her ist es bereits unmöglich, den anderen anzugreifen oder ihm Vorwürfe zu machen, da man von sich selber ausgeht.

▶ Man schiebt dem anderen keine Schuld zu, sondern lässt die Schuldfrage zunächst offen. Es ist auch möglich, dass man sich selber getäuscht habe. Nicht der andere hat ein Problem, sondern zunächst einmal man selber.

- Da der Gesprächspartner weder angegriffen wird, noch ihm die Schuld zugeschoben wird, braucht er weder mit Gegenangriffen noch mit Rechtfertigungsversuchen zu antworten.
- Die Bedeutung, die das Problem für einen persönlich hat, wird nachdrücklich aufgezeigt. Daher ist der andere unter Umständen eher bereit, zu einer Regelung der Schwierigkeit beizutragen.

Konkretisierung. Stellt man eine Forderung oder übt Kritik an einer Person, soll man konkretes Verhalten ansprechen, das man vom anderen erwartet bzw. das einen stört, und keine abstrakten Begriffe wie z. B. Eigenschaftswörter gebrauchen.

Die konkrete Kommunikation von Kritikpunkten hat den Vorteil, dass der andere genau weiß, worum es geht, und Missverständnisse ausgeschlossen sind. Außerdem

---

BEISPIEL

Ausdruck von Gefühlen
Gefühle können in der Kommunikation unterschiedlich ausgedrückt werden. Auf der linken Seite werden die Gefühle nicht gut dargestellt bzw. versteckt, während sie auf der rechten Seite direkt deutlich werden. Die direkte Äußerung der Gefühle hat viele Vorteile und ist ein Aspekt des förderlichen Kommunikationsverhaltens.

Schlechte, indirekte Kommunikation	Gute, direkte Kommunikation
„Hör endlich mit dem Rauchen auf!"	„Ich ärgere mich darüber, dass du trotz unserer gegenseitigen Abmachung im Streifenwagen rauchst."
„Es muss machbar sein, dass ich entweder an Ostern oder Pfingsten frei bekomme."	„Ich bin enttäuscht, weil ich weder an Ostern noch an Pfingsten meine Überstunden einbringen kann."

Konkretisierung von Kritik und Forderungen
Kritik und Forderungen können unangemessen (allgemein) oder angemessen (konkret) formuliert werden. Auf der linken Seite werden die Kritikpunkte nicht konkret dargestellt oder in Eigenschaftswörtern versteckt, während sie auf der rechten Seite direkt deutlich werden. Die konkrete Äußerung der Kritik hat Vorteile für den Kommunikationsprozess, da in ihr konkrete Handlungsaufforderungen erkennbar werden.

Schlechte, allgemeine Kommunikation	Gute, konkrete Kommunikation
„Ich erwarte von Ihnen künftig mehr Loyalität."	„Ich erwarte, dass Sie künftig gemeinsam gefasste Beschlüsse Außenstehenden gegenüber nicht abfällig kritisieren."
„Sei bitte nicht so schlampig!"	„Räume bitte nach Schichtende Deine Sprudelflasche weg und leere den Aschenbecher aus!"

wird bei dieser Art der Kritik nicht die ganze Person abgewertet, sondern nur eine ganz bestimmte Verhaltensweise als negativ bezeichnet. Darum fällt es in der Regel dem Gegenüber auch leichter, die Kritik anzunehmen.

Durchsetzungsvermögen. Berechtigte Forderungen sollte man bestimmt und nachdrücklich stellen. Man sollte keine abschwächenden Floskeln wie „wäre es vielleicht möglich …", „könnten Sie unter Umständen …" und „hoffentlich ist es nicht zu viel verlangt, wenn …" wählen, denn diese Formulierungen erwecken den falschen Eindruck, man ließe dem anderen die Wahl, ob er der Aufforderung nachkommt oder nicht. Ebenso wenig darf man in das andere Extrem verfallen und drohen, aggressiv oder rüpelhaft werden, sofort massiven Druck ausüben usw. Das löst allzu leicht Gegenaggressionen, Trotzverhalten oder Sturheit aus. Angemessenes Durchsetzungsvermögen entsteht nicht dadurch, dass man aggressiv wird oder schreit, sondern ruhig, bestimmt und klar seine Ansichten darlegt.

Nonverbale Zeichen. Förderlich für den Kommunikationsprozess ist meist auch die Benutzung nonverbaler Mittel, weil dadurch die Kommunikation informativer und lebendiger wird. Man sollte sich dem anderen zuwenden, ihn ansehen, das Gesagte mit Mimik und Gestik begleiten, den richtigen Ton wählen usw. Dabei ist zu beachten, dass verbale und nonverbale Kommunikation übereinstimmen und keine Widersprüche entstehen.

Distanz. Besonders für den Umgang mit dem Bürger soll noch darauf hingewiesen werden, wie wichtig es ist, dass der Polizeibeamte zu ihm den richtigen Abstand einhält und die angemessene Distanz wählt (s. Kap. 8.2).

> **!** Für eine gelungene Kommunikation sollte der Sender Ich-Botschaften senden, seine Gefühle ansprechen, Kritik oder Veränderungswünsche konkretisieren, Forderungen nachdrücklich formulieren, angemessen nonverbal kommunizieren und die richtige Distanz zum Gegenüber einhalten.

8.6.2 Verhalten des Empfängers

Nachdem dargelegt wurde, wie der Sender die Kommunikation positiv beeinflussen kann, soll ebenso für die Seite des Empfängers aufgezeigt werden, welches Verhalten sich förderlich auf den Kommunikationsablauf auswirkt.

Aktives Zuhören. Um den Kommunikationsprozess zu fördern, sollte der Empfänger aktiv zuhören. Das bedeutet nicht, einfach zu schweigen und den Partner reden zu lassen, sondern aktiv auf das Gegenüber einzugehen und es dabei zu unterstützen, das zu sagen, was es sagen will. Das aktive Zuhören setzt sich aus verschiedenen Bausteinen zusammen, die nachfolgend dargelegt werden.

► **Nonverbales Verhalten.** Aktives Zuhören beginnt mit nonverbalem Verhalten, indem man den anderen ansieht, sich ihm zuwendet, mit dem Kopf nickt, entsprechende Mimik einsetzt und keine Nebentätigkeiten ausführt.

► **Zustimmungsäußerungen.** Für eine gute Kommunikation sind zustimmende Floskeln wie „hm", „ja, das ist interessant" oder „aha" förderlich.

► **Zuhören.** Es ist wichtig, das Gegenüber ausreden zu lassen, ihm nicht ins Wort zu fallen und nicht das Gespräch an sich zu reißen, indem man nur von sich redet.

- **Wiederholung.** Komplexere Inhalte kann man mit eigenen Worten wiederholen, um dem anderen zu zeigen, dass man ihn verstanden hat. Dadurch können auch Missverständnisse schnell aufgeklärt und somit weitere Kommunikationsstörungen verhindert werden.
- **Begriffe aufgreifen.** Manchmal ist es hilfreich, einen einzelnen Begriff des Gesprächspartners aufzugreifen, um ihn zum Weiterreden zu motivieren. Sagt der Beschuldigte beispielsweise: „Die Kumpels haben mich dazu überredet", wiederholt der Polizeibeamte: „überredet." Das führt meist dazu, dass der Befragte detailliertere Angaben dazu macht, wie das Überreden ausgesehen hat.
- **Nachfragen.** Sind Sachverhalte unklar, soll man sofort nachfragen.
- **Nicht abwerten.** Es ist empfehlenswert, nicht ironisch oder spöttisch zu reagieren, Probleme des anderen nicht herunterzuspielen oder voreilig Lösungen anzubieten, bevor klar ist, worum es wirklich geht.

> **!** Für eine gelungene Kommunikation sollte der Empfänger aktiv zuhören, d. h., adäquat nonverbal kommunizieren, zustimmende Floskeln gebrauchen, zuhören, wiederholen, zum Weitersprechen motivieren, nachfragen und Aussagen des Gegenübers nicht abwerten.

8.6.3 Schlussfolgerungen aus den Kommunikationsgesetzen

Aus den oben erklärten Kommunikationsgesetzen können weitere Vorschläge abgeleitet werden, wie sich die Kommunikationspartner verhalten sollten, um eine gelungene Kommunikation herzustellen.

Offenheit und Kontrolle nonverbalen Verhaltens. Da man nicht nicht-kommunizieren kann, sollte man offen und direkt sagen, wenn man mit dem Gegenüber nicht oder über ein bestimmtes Thema nicht reden will. Diese Offenheit hilft, zusätzliche Konflikte zu vermeiden, die dadurch entstehen, dass der andere den Versuch der Nichtkommunikation missversteht. Man muss beachten, dass man unbewusst Informationen übermitteln kann, die man für sich behalten möchte. In solchen Situationen muss man besonders auf sein nonverbales Verhalten achten. Dies unterließ KK Hahn, der zwar nicht sagte, dass er den Aussagen des Beschuldigten nicht glaubte, aber süffisant bemerkte: „Das ist ja ungeheuer interessant!".

Beziehung vor Sache. In der Regel ist es nötig, Beziehungskonflikte zu regeln, bevor man Sachdiskussionen führt. Ansonsten ist meist auch keine Lösung des Sachproblems zu finden, da die Beteiligten ihr Beziehungsproblem verdeckt auf der Inhaltsebene austragen. Konkret kann sich das so auswirken, dass man dem Vorschlag des anderen, wie ein Sachproblem zu lösen wäre, nicht zustimmt, obwohl es eine gute Lösung wäre, weil man sich über ihn geärgert hat.

Gleiche Strukturierung. Zur Lösung von Konflikten ist es außerdem unerlässlich, die Interaktion übereinstimmend zu interpunktieren, dies gilt vor allem bei Konflikten. Das heißt, alle Beteiligten erkennen, dass die Ursache für die Probleme auch bei ihnen selbst und nicht nur beim Gegenüber liegen oder dass ein Schuldiger gefunden wird, auf den sich alle einigen, einschließlich des Betroffenen. EPHK Langer behandelte PHM Kraft bisher von oben herab und Kraft war meist unfreundlich zu Langer. Beide sahen die

Ursachen für die negative Behandlung des Gegenübers nur in dessen Verhalten. Eines Tages bekommt EPHK Langer während der Arbeit Besuch von einem alten Freund, Herrn Winter. Der Freund erlebt Langer im Gespräch mit seinen Mitarbeitern. Beim anschließenden Essen sagt ihm Herr Winter, dass er seine Mitarbeiter von oben herab und gönnerhaft behandelt. Als EPHK Langer das nächste Mal PHM Kraft begegnet, erinnert er sich an diese Rückmeldung, und behandelt Kraft anders. Ein Kollege hat in der Zwischenzeit gegenüber PHM Kraft geäußert, dass er generell eher zurückhaltend und abweisend zu anderen Menschen ist. Daher ist auch PHM Kraft freundlicher zu EPHK Langer, als sie sich das nächste Mal begegnen. Sie haben damit ihren ursprünglichen Konflikt gelöst, obwohl sie nicht miteinander darüber gesprochen haben. Eine andere Lösung für den Konflikt wäre, dass sich einer der beiden als Schuldiger in der Sache ansieht und daraufhin sein Verhalten ändert. Eine solche Einigung muss nicht ausgesprochen werden und veranlasst dann trotzdem auch das Gegenüber zu einer Verhaltensänderung. Wenn EPHK Langer nicht mehr so herablassend auftritt, wird wahrscheinlich auch PHM Kraft freundlicher sein. Eine weitere Möglichkeit wäre, dass sich die beiden über die Situation unterhalten. Im Verlauf dieses Gesprächs könnten sie einen Schuldigen benennen, der daraufhin sein Auftreten verändern muss, oder sich auf beidseitige Veränderungen verständigen.

Digitale Kommunikation. Da analoge Zeichen mehrdeutig und damit unter Umständen missverständlich sind, sollte man in kritischen Fällen als Sender verstärkt digital kommunizieren oder die analogen Zeichen durch zusätzliche Informationen erläutern und als Empfänger bei analoger Kommunikation nachfragen, was das Gegenüber meint. PK Hofer gibt PK Weiniger auf seine Fragen nur knappe Antworten und dies in ziemlich gereiztem Tonfall. Damit Weiniger nicht fälschlicherweise meint, Hofer habe etwas gegen ihn, sagt Hofer, dass seine barsche Ausdrucksweise mit seinen Magenschmerzen zusammenhänge. Dadurch greift er einer möglichen Missinterpretation seines Verhaltens vor.

Angemessene Beziehungsebene. Es ist sehr wichtig, die Beziehung der Situation angemessen zu gestalten und nicht ausschließlich symmetrisch oder komplementär miteinander zu kommunizieren. In einer Diskussion sieht das meist so aus, dass alle Beteiligten zunächst ihre Sichtweise und Argumente austauschen (symmetrische Kommunikation). Im nächsten Schritt stimmt man den Ansichten eines anderen zu oder überzeugt den anderen von seiner Meinung (komplementäre Kommunikation).

Zusammenfassung

Kommunikation. Kommunikation ist der Informationsaustausch oder die Wechselwirkung zwischen Menschen. Der Kommunikationsprozess kann durch die Beantwortung dieser Fragen erfasst werden: Wer (Sender) sagt was (Nachricht) zu wem (Empfänger), wie (Medium) und mit welchem Effekt? Man unterscheidet zwischen verbaler und nonverbaler Kommunikation.

▶ **Verbale Kommunikation.** Informationsübermittlung durch Sprache oder Schrift
▶ **Nonverbale Kommunikation.** Informationsübermittlung durch nichtsprachliche Zeichen wie Mimik, Gestik, Körperhal-

tung, motorisches Verhalten, Art des Sprechens oder äußeres Erscheinungsbild. Die nonverbalen Kommunikation kann die verbale Kommunikation ersetzen, verstärken oder relativieren.

▶ **Distanz.** Die Distanz zwischen den Gesprächspartnern variiert nach Situation und Beziehung der Gesprächspartner. Polizeibeamte sollten meist die soziale Distanz einhalten, um Schwierigkeiten aufgrund unangemessener Distanz zu vermeiden.

Kommunikationsgesetze. Die zwischenmenschliche Kommunikation unterliegt folgenden fünf Gesetzmäßigkeiten:

(1) Man kann nicht nicht-kommunizieren. Menschen kommunizieren ständig miteinander, weil jedes Verhalten eine Bedeutung hat und Information übermittelt.

(2) Kommunikation hat einen Inhalts- und einen Beziehungsaspekt. Es werden Sachinformationen oder Meinungen (Inhaltsaspekt) und Aussagen über das Verhältnis zwischen Sender und Empfänger (Beziehungsebene) weitergegeben.

(3) Der Kommunikationsprozess wird strukturiert, es findet Interpunktion statt. Der Kommunikationsprozess, der einen endlosen Kreislauf darstellt, wird vom Menschen so gegliedert, dass er einen Anfang und ein Ende hat. Dabei glaubt man meistens, nur auf das Gegenüber zu reagieren.

(4) Kommunikation kann digital oder analog erfolgen. Bei der digitalen Kommunikation liegt eine eindeutige Zuordnung zwischen dem Zeichen und der übermittelten Information vor. Bei analoger Kommunikation gibt es nur eine Ähnlichkeitsbeziehung zwischen dem Zeichen und seiner Bedeutung.

(5) Kommunikation ist symmetrisch oder komplementär. Sind die Partner des Informationsaustausches gleichberechtigt, kommunizieren sie symmetrisch, anderenfalls liegt eine komplementäre Kommunikation vor, d. h. es besteht ein Über-Unterordnungs-Verhältnis.

Kommunikationsstörungen. Folgende Faktoren können Ursachen für Kommunikationsstörungen sein: Die Informationen können nicht in Zeichen umgesetzt werden, die Abgabe der Zeichen ist gestört, die Übertragung der Zeichen funktioniert nicht, ein oder mehrere Partner empfangen Zeichen falsch oder nur teilweise, es liegen Wahrnehmungsverzerrungen vor, der Empfänger interpretiert die Nachricht falsch oder es bestehen Widersprüche zwischen verbaler und nonverbaler Kommunikation. Weitere Kommunikationsprobleme können durch die Kommunikationsgesetze erklärt werden:

1. Gesetz. Man versucht durch destruktives Verhalten die Kommunikation zu verweigern oder übermittelt Informationen, die man für sich behalten wollte.

2. Gesetz. Wenn Beziehungsprobleme ungelöst sind, kann es zu endlosen Streitereien auf der Inhaltsebene kommen und Sachdiskussionen können unfruchtbar verlaufen.

3. Gesetz. Glaubt jeder Partner im Konfliktfall nur auf das Gegenüber zu reagieren und sieht nicht auch etwaige Ursachen für das problematische Verhalten des anderen bei sich, können Konflikte kaum gelöst werden.

4. Gesetz. Aufgrund von analogen Zeichen können Missverständnisse entstehen.

5. Gesetz. Kommunizieren Partner in einer Auseinandersetzung ausschließlich symmetrisch, eskaliert der Streit, da keiner nachgibt. Bei starrer komplementärer Kommunikation fühlt sich der Partner, der sich ständig unterordnen muss, ausgenommen, missverstanden, vernachlässigt usw.

Förderliches Kommunikationsverhalten. Sowohl der Sender als auch der Empfänger einer Botschaft können den Kommunikationsprozess durch ihr Handeln fördern.

Sender. Der Sender sollte versuchen, die Kommunikation in dieser Weise zu gestalten: Er sollte sich rückversichern, ob ihn das Gegenüber richtig verstanden hat, bei subjektiven Aussagen Ich-Botschaften gebrauchen, Gefühle direkt ansprechen, Forderungen oder Kritik als konkretes Verhalten formulieren, berechtigte Forderungen nachdrücklich stellen, adäquate nonverbale Kommunikation einsetzen, Widersprüche zwischen verbaler und nonverbaler Kommunikation vermeiden und metakommunizieren.

Empfänger. Der Empfänger sollte aktiv zuhören, d. h. angemessen nonverbal kommunizieren, zustimmende Floskeln gebrauchen, den anderen ausreden lassen und das Gespräch nicht an sich reißen, Aussagen des Senders oder Teile daraus mit eigenen Worten wiederholen, nachfragen und Probleme des Gegenübers ernst nehmen.

Schlussfolgerungen. Aufgrund der Kommunikationsgesetze kann die Kommunikation durch diese Verhaltensweisen optimiert werden: Man sollte direkt sagen, wenn man mit dem anderen nicht reden will. Man sollte darauf achten, dass man Informationen, die man für sich behalten will, nicht ungewollt durch nonverbale Kommunikation preisgibt. Vor der Lösung eines Sachproblems sollte man etwaige Beziehungskonflikte mit dem Gegenüber regeln. Bei Konflikten muss eine gemeinsame Interpunktion des Kommunikationsprozesses gefunden werden. Die Bedeutung analoger Zeichen muss unter Umständen geklärt werden. Symmetrische und komplementäre Kommunikation muss von den Partnern flexibel und situationsangepasst eingesetzt werden können.

Weiterführende Literatur

▶ Forgas, J. P. (1999). Soziale Interaktion und Kommunikation (4. Aufl.). Weinheim: Beltz.
▶ Schröder, M. (1998). Sie haben vier Ohren! Paderborn: IFB.
▶ Schulz von Thun, F. (1981). Miteinander reden. Störungen und Klärungen. Allgemeine Psychologie der Kommunikation. Reinbek: Rowohlt.
▶ Schulz von Thun, F. (2003). Miteinander reden 2. Stile, Werte und Persönlichkeitsentwicklung. Differentielle Psychologie der Kommunikation (23. Aufl.). Reinbek: Rowohlt.
▶ Schulz von Thun, F. (2003). Miteinander reden 3. Das „Innere Team" und situationsgerechte Kommunikation (11. Aufl.). Reinbek: Rowohlt.
▶ Schulz von Thun, F., Ruppel, J. & Stratmann, R. (2003). Miteinander reden: Kommunikationspsychologie für Führungskräfte. Reinbek: Rowohlt.
▶ Stahl, E. (2002). Dynamik in Gruppen. Weinheim: Beltz.

9 Gruppen und Massen

> ► Die Beamten der B-Schicht einer PI in Münster haben sich vorgenommen, möglichst viele Fahrraddiebstähle aufzuklären.
>
> ► Mit PM Kirsch geht kein Kollege gerne auf Streife, weil er arrogant und überheblich ist.

> ► Die Beamten der C-Schicht in Rosenheim sind gerne in ihrer Dienstgruppe, weil sie auch in ihrer Freizeit viel gemeinsam unternehmen.
>
> ► Jeder Beamte der D-Schicht in Hannover fühlt sich verpflichtet, an seinem Geburtstag eine größere Feier mit seinen Kollegen zu veranstalten.

In unseren Beispielen kommen unterschiedlichste Gruppenphänomene zum Ausdruck. Zum Thema Gruppen wollen wir uns in diesem Kapitel u. a. mit diesen Fragen beschäftigen:

► Was ist eigentlich eine Gruppe?
► Was sind typische Prozesse, die in einer Gruppe ablaufen?
► Was versteht man unter → Konformität und → Kohäsion einer Gruppe?
► Welche Vorteile kann eine Gruppe, der wir angehören, für uns haben?

Mit diesen Fragen wollen wir uns speziell im Hinblick auf Dienstgruppen beschäftigen. Außerdem wird kurz auf das Thema Massen eingegangen.

9.1 Was versteht die Psychologie unter einer Gruppe?

Der Mensch ist von Natur aus ein soziales Wesen, d. h., dass er nicht ständig allein sein will, sondern lieber mit anderen Menschen zusammen ist. Daher schließen sich Menschen zu Gruppen zusammen. Man hat dadurch Kontakt mit anderen, fühlt sich geborgen, erhält Unterstützung, kann Informationen austauschen und manches Problem ist nur gemeinsam mit anderen lösbar. Aber was ist eigentlich eine Gruppe? Es gibt verschiedene Möglichkeiten, den Begriff Gruppe zu definieren. Wir lehnen uns an den Ansatz von Hofstätter (1972) an.

DEFINITION

Eine **Gruppe** ist eine Anzahl von mindestens zwei Personen, deren Verhalten sich gegenseitig beeinflusst. Kennzeichnende Merkmale einer Gruppe sind das gemeinsame Ziel, die Rollendifferenzierung, das Wir-Gefühl, die Gruppennormen und Gruppenmittel.

Statt von gegenseitiger Beeinflussung könnte man von einer maßgeblichen Interaktion und Kommunikation sprechen, die zwischen den betreffenden Menschen stattfindet. Man benutzt an dieser Stelle das Wort maßgeblich, weil eine intensivere und gezieltere Kommunikation zwischen den Gruppenmitgliedern stattfinden muss und es nicht ausreicht, dass Kommunikation bereits dadurch erfolgt, dass zwei Menschen räumlich und zeitlich beieinander sind (s. das 1. Kommunikationsgesetz in Kap. 8.3). Unter den vielen Möglichkeiten, Gruppen zu systematisieren, ist die Einteilung nach Cooley (1909) in primäre und sekundäre Gruppen die geläufigste (→ Primärgruppen, → Sekundärgruppen).

DEFINITION

Primärgruppen sind Gruppen, in denen enge persönliche Kontakte und eine gewisse Intimität vorhanden sind. Die Mitglieder kennen sich persönlich, daher spricht man im Englischen auch von face-to-face group (Angesicht-zu-Angesicht-Gruppe), und die Beziehungen sind natürlich gewachsen.

In **Sekundärgruppen** sind die Beziehungen unpersönlicher und distanzierter; unter Umständen haben nicht alle Mitglieder direkten Kontakt untereinander.

Eine Dienstgruppe ist häufig eine Primärgruppe, vor allem, wenn die Gruppe klein ist, es keine Untergruppen gibt und auch private Kontakte zwischen den Mitgliedern bestehen. Die Gruppe der Polizeibeamten einer Polizeiinspektion stellen hingegen eine Sekundärgruppe dar. Jede Gruppe weist bestimmte Merkmale auf, von denen einige im Folgenden erklärt werden.

1. Merkmal: Gemeinsames Ziel und gemeinsame Interessen

Unter dem Begriff gemeinsames Ziel versteht man ein überindividuelles und überpersönliches Gruppenziel, das im Bewusstsein der Gruppenmitglieder als solches verankert ist. Das Merkmal des gemeinsamen Interesses bezieht sich nicht darauf, dass alle Mitglieder einfach generell die gleichen Interessen haben, sondern dass die Mitglieder die gemeinsamen Interessen als das Ziel der Gruppe verstehen. Die B-Schicht der PI in Münster hat das Gruppenziel, möglichst viele Fahrraddiebstähle aufzuklären. Dabei unterstützen sich die Kollegen gegenseitig. Hätte jeder Beamte das Ziel nur für sich persönlich, um dadurch z. B. eine bessere Beurteilung zu bekommen, wäre das kein gemeinsames Interesse in unserem Sinn. In diesem Fall wären die einzelnen Beamten nicht am Erfolg des Kollegen interessiert, sondern würden ihn unter Umständen sogar hintertreiben.

2. Merkmal: Rollendifferenzierung oder Gruppenstruktur

Jedes Gruppenmitglied hat eine bestimmte Rolle oder Position in der Gruppe. Dadurch wird eine Aufgabenteilung möglich, durch die die Gruppenziele leichter erreicht werden und die zum Zusammenhalt der Gruppe beiträgt. So kristallisieren sich in Gruppen verschiedene Formen von Gruppenmitgliedern heraus, die in der Psychologie nach ihren Funktionen unterschieden werden:

▶ Alphatypen sind die → Führer der Gruppe.
▶ Betatypen haben ebenfalls Führungsfunktionen, aber in beschränkterem Ausmaß als die Alphatypen oder nur in bestimmten Bereichen, wie z. B. als Spezialisten.
▶ Gammatypen bilden den Großteil der Gruppenmitglieder.
▶ Omegatypen stehen ganz unten in der Hierarchie oder spielen Außenseiterrollen.
▶ Mitglieder mit institutionellen Rollen, deren Inhaber von außen bestimmt werden, z. B. der Dienstgruppenleiter und sein Stellvertreter.

► Mitglieder mit informellen Rollen, die durch gruppendynamische Prozesse entstehen, wie der Vernehmungsspezialist, der Spaßmacher oder der Sündenbock.

3. Merkmal: Wir-Gefühl

Ein Zeichen für eine Gruppe ist, dass zwischen den Gruppenmitgliedern ein → Wir- oder Zusammengehörigkeitsgefühl besteht. Man fühlt sich mit den anderen Gruppenmitgliedern mehr verbunden als mit Personen, die nicht zur Gruppe gehören. Das Wir-Gefühl kann durch Äußerlichkeiten noch verstärkt werden.

BEISPIEL

Wir-Gefühl und dessen Verstärkung durch äußere Zeichen

Die Beamten sind stolz darauf, in der B-Schicht zu sein und haben untereinander einen besseren und intensiveren Kontakt als zu anderen Kollegen der Dienststelle. Zudem tragen alle Beamten der B-Schicht einen Schnurrbart und haben ein bestimmtes Grußritual.

---

4. Merkmal: Gruppennormen und -regeln

In jeder Gruppe gibt es bestimmte Normen und Regeln (→ Gruppennormen). Sie legen fest, was von den einzelnen Gruppenmitgliedern erwartet wird, welche Rechte und Pflichten sie haben und wie man miteinander umgeht. Durch diese Normen wird, anders ausgedrückt, erst ein geregeltes Rollenspiel möglich, so dass jeder seine Funktion wahrnehmen und seine Position einnehmen kann. Man kann zwischen formellen und informellen Normen unterscheiden.

Formelle Normen. Formelle Normen werden offiziell festgelegt. Hierzu gehören das Recht des öffentlichen Dienstes und dienstliche Vorschriften, wie die Anzugsbestimmungen.

Informelle Normen. Die informellen Normen hat die Gruppe selbst entwickelt. Manchmal werden diese informellen Regeln nie direkt angesprochen oder gar festgehalten. Unter diese Normen fallen die Regeln, dass ein Kollege seinen Geburtstag feiert, die Sitzordnung im Aufenthaltsraum festgelegt ist und jeder abwechselnd für Getränkenachschub verantwortlich ist.

5. Merkmal: Gruppenmittel zur Zielerreichung

Jede Gruppe braucht gewisse Mittel, um ihre Ziele erreichen zu können. Eine wichtige Rolle spielen dabei positive und negative Sanktionen, also Belohnungen und Bestrafungen. Bei den nachfolgenden Beispielen werden auf informelle Normen bezogene Sanktionen als Gruppenmittel dargestellt.

BEISPIEL

Sanktionen als Gruppenmittel

► Der Kollege Hofstätter, der seinen Geburtstag nicht feiert, wird in der Folge von den Kollegen geschnitten

► Auf einer PI in Regensburg muss ein bestimmter Betrag in die Gruppenkasse gezahlt werden, wenn man zu spät zum Dienst kommt.

► In Dresden wird PM Schubert von den Kollegen der C-Schicht gelobt, als er sich gegen den ungerechten Dienststellenleiter zur Wehr setzt.

> **!** Gruppen bestehen aus mindestens zwei Personen, zwischen denen eine maßgebliche Kommunikation stattfindet. Sie sind durch ein gemeinsames Ziel, eine Gruppenstruktur, ein Wir-Gefühl, Normen und Gruppenmittel gekennzeichnet.

Vorkommen der fünf Gruppenmerkmale

Wenn die obigen fünf Merkmale fehlen, haben wir es nicht mit einer Gruppe im psychologischen und soziologischen Sinn zu tun, auch wenn man im Alltag oft von einer Gruppe spricht. Daher sind nicht alle Dienstgruppen automatisch in diesem Sinn eine Gruppe, sondern teilweise nur ein → soziales Aggregat. Weil z. B. die A-Schicht einer PI in Schleswig aus zwei untereinander zerstrittenen Gruppen und einigen Einzelgängern besteht, handelt es sich hier um ein soziales Aggregat und keine Gruppe.

> **DEFINITION**
>
> Unter einem **sozialen Aggregat** versteht man eine Anzahl von Menschen, die räumlich und zeitlich beisammen sind, bei denen aber einige der Gruppenmerkmale, vor allem aber eine nennenswerte Kommunikation, fehlen.

9.2 Gruppendynamik

Nachdem die Merkmale dargestellt wurden, die für das Vorhandensein einer Gruppe notwendig sind, sollen nun die Vorgänge innerhalb einer Gruppe beleuchtet werden (→ Gruppendynamik).

> **DEFINITION**
>
> Unter **Gruppendynamik** versteht man das gesamte Gruppengeschehen, die Handlungen und die Interaktionen der Gruppenmitglieder, deren gegenseitige Beeinflussung und die Auswirkungen, die Einflüsse von außen auf die Gruppe haben.

Der Definition folgend laufen in jeder Gruppe gruppendynamische Prozesse ab. Aus dieser Unzahl von Vorgängen wollen wir die Komplexe Rangreihen nach Beliebtheit und Tüchtigkeit, Kohäsion und Konformität herausgreifen und vertieft darstellen.

9.2.1 Rangreihe nach Beliebtheit und Tüchtigkeit

Jedes Gruppenmitglied hat eine bestimmte Position in der Gruppe, je nachdem, wie beliebt es bei den anderen ist bzw. für wie tüchtig es gehalten wird. Diese beiden Positionen sind nicht unbedingt identisch, so dass eine Rangreihe nach der Beliebtheit und eine nach der Tüchtigkeit entsteht.

> **BEISPIEL**
>
> **Rangreihe nach Beliebtheit und Tüchtigkeit**
> ► PM Kaiser, mit dem kein Kollege gerne auf Streife gehen will, befindet sich ganz am Ende der Beliebtheitsskala.
> ► Auf der Rangreihe der Tüchtigkeit steht PHM Ziegler sehr weit oben, so dass zu ihm besonders die jüngeren Kollegen und Kolleginnen kommen, wenn sie ein fachliches Problem haben.

An der Spitze jeder der beiden Rangreihen steht der Führer. Diese Position bildet sich relativ schnell heraus. Es gibt daher einen Führer nach Beliebtheit und einen Führer nach Tüchtigkeit, die jeweils unterschiedliche Aufgaben haben.

> **DEFINITION**
>
> Der **Führer nach Beliebtheit** ist für den sozioemotionalen Bereich zuständig.
>
> Der **Führer nach Tüchtigkeit** ist der aufgabenorientierte Führer, der die Fähigkeiten und Fertigkeiten der einzelnen Gruppenmitglieder am besten koordinieren kann und der Gruppe beim Erreichen ihrer Sachziele hilft.

Führer nach der Beliebtheit

Ein → Führer nach Beliebtheit bzw. Personen, die sehr beliebt sind, haben häufig folgende Eigenschaften:

▶ Alle Gruppenmitglieder können leicht mit ihnen Kontakt aufnehmen. Dadurch wird Distanz abgebaut und man kommt auch mit den übrigen Mitgliedern der Gruppe durch sie eher in Berührung.

▶ Die Gruppenmitglieder haben mit diesen Personen wichtige Gemeinsamkeiten, wie z. B. ähnliche Wertvorstellungen und Einstellungen oder den gleichen sozialen Hintergrund.

▶ Die Person hat Eigenschaften, die den Gruppennormen entsprechend wichtig sind. Auch dies fördert die Ähnlichkeit mit den übrigen Gruppenmitgliedern, weil die Normen für alle Gruppenmitglieder verbindlich und wichtig sind.

▶ Beliebte Personen ermöglichen einem selber, die eigene Bedürfnisse zu befriedigen. Dies ist vorteilhaft und man ist

daher gerne in Gesellschaft dieser Person.

▶ Das Bild, das diese beliebten Personen von einem haben, entspricht häufig dem eigenen Selbstbild. Deswegen fühlt man sich verstanden und es entsteht kein unangenehmer Widerspruch zwischen dem Fremdbild des anderen und dem eigenen Selbstbild, der ansonsten oft dadurch gelöst wird, dass man den anderen ablehnt (Dissonanz, s. Kap. 7.3).

Einige dieser Eigenschaften kann man gezielt einsetzen, wenn man z. B. als Vorgesetzter beliebt sein möchte. Man sollte kontaktfreudig sein, statt sich in sein Dienstzimmer zurückzuziehen, besonders darauf achten, Gruppenregeln einzuhalten und soweit wie möglich auf die Bedürfnisse der Mitarbeiter eingehen. Dabei muss man aber natürlich bleiben und darf nicht schauspielern. Auch Anbiedern und Kumpanei sind schädlich und führen eher zur Ablehnung.

Führer nach der Tüchtigkeit

Beim → Führer nach Tüchtigkeit steht die Sachkompetenz im Vordergrund. Diese Person hat Eigenschaften, die für das Bewältigen der Sachaufgaben wichtig sind. In Abhängigkeit von den Gruppenzielen sind dies

▶ Intelligenz,

▶ Fachwissen und

▶ bestimmte andere Fähigkeiten, z. B. fahrerisches Können in einer Motorradstaffel oder entsprechende Milieukenntnisse im Drogendezernat.

Besonders in Gruppen, die längere Zeit bestehen, und damit auch in Dienstgruppen, sind der Tüchtigste und der Beliebteste häufig nicht identisch, so dass ein Führungsduo vorliegt. Jeder Führer hat dementsprechend seine eigenen Führungsmittel, mit denen beide, wenn sie anerkannt sind, die Gruppe gemeinsam führen.

Übertragung auf die Praxis

Geschicktes Vorgehen. In der Praxis kann z. B. ein junger Polizeikommissar, der vor kurzem seine Ausbildung an der Fachhochschule abgeschlossen hat, der Dienstgruppenleiter oder Führer nach der Tüchtigkeit sein. Einer seiner Mitarbeiter, ein älterer Hauptmeister, ist dagegen der Beliebteste. In diesem Fall sollten die beiden nicht gegeneinander, sondern miteinander arbeiten. Jeder hat davon Vorteile. Der Dienstgruppenleiter kann z. B. unpopuläre Maßnahmen seinen Mitarbeitern gegenüber mit Unterstützung durch den Hauptmeister besser durchsetzen. Letzterer braucht dagegen nicht zu befürchten, dass ihm die Betreuung jüngerer Kollegen weggenommen wird, was seine Beliebtheit unter Umständen verringern würde. Beide haben es auch nicht nötig, in Konkurrenz zu treten, da jeder auf seine Art die übrigen Gruppenmitglieder beeinflussen kann. Man kann in vielen Gruppen beobachten, dass die beiden Führer nach der Beliebtheit und der Tüchtigkeit untereinander mehr Kontakt haben als mit dem Rest der Gruppe.

Auf diese Weise wird die Gruppe in ein harmonisches Gleichgewicht gebracht.

Ungeschicktes Vorgehen. Um in der Gruppe, gerade auch als Vorgesetzter, einen möglichst guten Stand zu haben oder eine günstige Position einzunehmen, sollte man nicht ausschließlich versuchen, möglichst tüchtig zu sein oder nur nach Beliebtheit zu streben. Beides wirkt sich eher negativ aus. Wer ständig seine Tüchtigkeit beweisen will, macht dies leicht auf Kosten anderer. Die übrigen Gruppenmitglieder haben dem übermäßig Tüchtigen gegenüber kein Zusammengehörigkeits- oder Wir-Gefühl mehr. Diese Person schwebt so weit über den Wolken oder wird als so andersartig empfunden, dass man mit ihr keine Gemeinsamkeiten mehr feststellen und sich nicht mehr mit ihr identifizieren kann. Wer andererseits alles tut, nur um beliebt zu sein, muss unter Umständen sachlich falsche Entscheidungen treffen. In manchen Fällen wird man aufgrund dieses Verhaltens sogar abgelehnt, weil man als anbiedernd und übertrieben kumpelhaft erlebt wird. Außerdem kann man sehr leicht zum Spielball der anderen werden, wenn man sich nur nach deren Bedürfnissen orientiert. Daher ist von diesem Vorgehen abzuraten.

BEISPIEL

Negative Auswirkungen des Strebens nach Führerschaft

▶ PK Hafner versucht sich nach außen und seien Vorgesetzten gegenüber zu profilieren, indem er Verdienste seiner Mitarbeiter als seine eigenen ausgibt. Außerdem lässt er in Diskussionen nur seine eigene Meinung gelten, um zu zeigen, wie kompetent er sei. Dadurch macht er sich bei seinen Mitarbeitern immer unbeliebter.

▶ POK Knapp kritisiert seine Mitarbeiter wegen deren Alkoholkonsums im Dienst nicht, weil er befürchtet, sich sonst Sympathien zu verscherzen. Unangenehme Aufgaben erledigt er aus dem gleichen Grund lieber alle selbst, statt sie zu delegieren. Dadurch verliert Knapp, ohne es zu bemerken, immer mehr Einfluss auf seine Mitarbeiter.

Aus den oben genannten Gründen ist für Führer eine schwierige Gratwanderung zwischen Beliebtheit und Tüchtigkeit nötig. Konkret heißt das für den Vorgesetzten, kooperativ zu führen, Aufgaben zu delegieren, andere konstruktiv in Form von Verbesserungsvorschlägen zu kritisieren, Leistungen anzuerkennen, sich selbst der Kritik zu stellen, Interesse an den Problemen der Mitarbeiter zu zeigen u. ä. Außerdem zeigen Untersuchungen (Fiedler, 1958), dass gerade die Arbeitsgruppen am erfolgreichsten sind, in denen der Führer eine gewisse soziale oder psychologische Distanz zu den übrigen Gruppenmitgliedern wahrt. Daher ist seitens des Vorgesetzten ein zu intimer Kontakt mit seinen Mitarbeitern eher negativ.

> **!** Ein guter Führer muss seine fachliche Kompetenz einsetzen und gleichzeitig das Wohl der übrigen Gruppenmitglieder beachten.
>
> Oft entsteht in Gruppen ein Führerduo: Ein Führer nach Beliebtheit und ein Führer nach Tüchtigkeit führen in einer funktionierenden Kooperation die Gruppe gemeinsam.

9.2.2 Kohäsion

Jede Gruppe hat ein gewisses Gefühl von Gemeinsamkeit und Zusammenhalt. Dieses Gefühl kann als eine Kraft verstanden werden, die auf die Gruppenmitglieder wirkt, um die Gruppe vor dem Auseinanderfallen zu schützen und um den Einzelnen in der Gruppe zu halten. Diese Kraft nennt man in der Psychologie Kohäsion.

DEFINITION

Unter der **Kohäsion** einer Gruppe versteht man deren Zusammenhalt.

Aufgrund von Forschungen erwiesen sich die einige Elemente als stärkend für die Kohäsion (Secord, 1964).

Attraktive Interaktion. Wenn eine Interaktion innerhalb der Gruppe besteht, die von den Mitgliedern als attraktiv wahrgenommen wird, ist es angenehm, mit den einzelnen Gruppenmitgliedern Kontakt zu haben, und ein kooperativer und freundlicher Umgang miteinander ist möglich. Dies trifft z. B. in einer Dienstgruppe zu, wenn die Kollegen ähnliche Interessen und Einstellungen haben, so dass man bei einer Diskussion nicht ständig damit rechnen muss, mit seiner Meinung anzuecken.

Attraktive Gruppenaktivitäten. Wenn viel in einer Gruppe getan wird, was die einzelnen Mitglieder positiv finden, kann man von attraktiven Gruppenaktivitäten sprechen. Diese führen dazu, dass man gern Teil der Gruppe ist. Unter solche Aktionen fallen beispielsweise gemeinsame Freizeitunternehmungen oder interessante dienstliche Sonderaktionen.

Mitgliedschaft als Mittel zur Zielerreichung. Man kann Mitglied in einer Gruppe sein, um bestimmte Ziele leichter und mit Hilfe der Gruppe zu erreichen. So helfen sich Kollegen z. B. gegenseitig beim Hausbau oder PM Strohmayr erhofft sich eine gute Beurteilung, weil die B-Schicht, in der er seinen Dienst verrichtet, insgesamt sehr gut beim Dienststellenleiter angesehen ist. Man kann aber keine allgemein gültige Antwort geben, wie eine attraktive Interaktion oder Gruppenaktivität konkret auszusehen hat und welche Ziele mit Hilfe der Gruppe erreichbar sein müssen, damit eine gute Kohäsion besteht. Inwieweit die obigen Aspekte zum Tragen kommen, hängt von vier voneinander abhängigen Faktoren ab, die sich durch die Beziehung zwischen dem Einzelnen und der Gruppe ergeben.

1. Faktor. Motivation des potentiellen Gruppenmitglieds. Die Interessen und Bedürfnisse des Einzelnen sind ausschlaggebend dafür, welche Angebote der Gruppe ihn locken, ihr beizutreten. So ist ein wöchentlicher Kegelabend einer Dienstgruppe nur für denjenigen reizvoll, der gerne kegelt.

2. Faktor. Angebot der Gruppe. Die Gruppe muss ihren Mitgliedern Anreize bieten, die ihrer Motivation entsprechen. Sind die Beamten an bestimmten dienstlichen Sonderaktionen interessiert, müssen diese von der Organisation auch ermöglicht werden können.

3. Faktor. Bedürfnisbefriedigung durch Mitgliedschaft. Damit ein Einzelner einer Gruppe beitritt, muss er die Erwartung haben, dass die Mitgliedschaft in der Gruppe hilft, seine eigenen Bedürfnisse zu befriedigen. Wenn ein Polizeibeamter gern auch außerhalb seines Dienstes Kontakt zu seinen Kollegen hat, muss er damit rechnen können, dass

die neuen Kollegen zu solchen Treffen bereit sind.

4. Faktor. Kosten-Nutzen-Verhältnis. Für den Einzelnen muss sich aufgrund der Gruppenzugehörigkeit ein gutes Verhältnis zwischen den Kosten, die ihm durch die Gruppenmitgliedschaft entstehen, und dem Nutzen für die eigne Person ergeben. Sind die Unkosten der Mitgliedschaft in der Gruppe relativ hoch, während der Gewinn klein ist, wird die Gruppe uninteressant. Sind außerdienstliche Treffen mit Kollegen nur möglich, indem man regelmäßig an exzessiven Trinkgelagen teilnimmt, kann es unattraktiv werden, engere Kontakte mit Kollegen zu haben.

Es spielt keine Rolle, ob die Erwartung des Einzelnen hinsichtlich der Erfüllung dieser vier Faktoren an die Gruppe objektiv gerechtfertigt ist oder nicht. Man muss nur subjektiv davon überzeugt sein, dass die Faktoren erfüllt sind. Ein Beispiel soll zeigen, wie die Attraktivität einer Gruppe von der Erwartung abhängt, dass durch die Mitgliedschaft in der Gruppe bestimmte Bedürfnisse befriedigt werden.

BEISPIEL

Bedürfnisbefriedigung durch Mitgliedschaft

Die Beamten der B-Schicht haben bei der Beurteilung einen Bonus, da die Gruppe beim Dienststellenleiter sehr beliebt ist. PM'in Rautenberg möchte in diese Gruppe kommen, weil sie an einer guten Beurteilung interessiert ist. Dies gilt aber nur insofern, als Rautenberg hoffen kann, dass dieser Bonus auch für sie gelten werde.

Hohe Kosten bei geringem Nutzen einer Mitgliedschaft

Als PM'in Rautenberg erfährt, dass die Beamten dieser Dienstgruppe starke Vorurteile gegenüber weiblichen Beamten haben, kann dieser Nachteil für sie durch den Vorteil einer besseren Beurteilung nicht mehr aufgehoben werden. Damit wird für sie die B-Schicht unattraktiv.

Konsequenzen für die Praxis

Aus dem bisher Gesagten ist ersichtlich, dass ein Vorgesetzter die Kohäsion einer Dienstgruppe fördern kann, indem er die Bedürfnisse und Erwartungen seiner Mitarbeiter kennen zu lernen versucht und diese – soweit möglich – erfüllt, ohne dass dem einzelnen Mitglied zu große Kosten entstehen. Außerdem kann es angebracht sein, entsprechend dem Angebot der Dienstgruppe die Motivation bei einzelnen Mitarbeitern zu fördern, dieses Angebot attraktiv zu finden und anzunehmen. So könnte man z. B. in einer sportbegeisterten Dienstgruppe versuchen, auch weniger sportliche Beamte allmählich für den Dienstsport zu interessieren.

9.2.3 Konformität

Häufig besteht zwischen einzelnen Gruppenmitgliedern eine gewisse Ähnlichkeit im Verhalten oder Aussehen, die entweder Grund für die oder Folge der Gruppenzugehörigkeit sein kann. Die Ähnlichkeit der Gruppenmitglieder wird z. T. durch einen Gruppendruck erreicht, durch den die Gruppe auf die einzelnen Mitglieder einwirkt. Durch diesen Gruppendruck werden die Normen, die in einer Gruppe vorherrschen, durchgesetzt.

> **DEFINITION**
>
> **Konformität** bedeutet, dass eine gewisse Gleichförmigkeit und Einheitlichkeit vorhanden ist.
> **Konformitätsdruck** nennt man den Gruppendruck, der auf die Gruppenmitglieder ausgeübt wird, um die Gruppennormen einzuhalten.

Die Begriffe Konformität und → Konformitätsdruck haben teilweise einen negativen Beigeschmack. Das Vorhandensein von Normen und deren Beachtung haben jedoch für den Einzelnen und die Gruppe viele Vorteile (Secord & Backman, 1976; Mueller & Thomas, 1974; Argyle, 1975). Einige dieser Vorteile werden nachfolgend aufgezählt.

► Normen erleichtern es, die Gruppenziele zu erreichen. Weil Polizeibeamte nicht alkoholisiert zum Dienst erscheinen dürfen, können sie mit dem Streifenwagen zum Einsatzort fahren und ihren Auftrag erledigen.

► Die Interaktion in der Gruppe ist geregelt. Man kann sich auf den anderen besser einstellen, weil sein Verhalten vorhersehbar ist und Konflikte vermieden werden.

► Existieren Normen über die äußere Erscheinung oder typische Verhaltensweisen der Gruppenmitglieder, wird nach außen die Gruppenzugehörigkeit noch deutlicher kommuniziert und das Wir-Gefühl stärkt sich. So ist z. B. ein Polizeibeamter an seiner Uniform erkennbar, und die Kollegen der B-Schicht begrüßen sich mit einer ganz bestimmten Grußformel.

> **BEISPIEL**
>
> **Geregelte Interaktion in der Gruppe durch Normen**
> In der A-Schicht ist reihum jeder Kollege einmal für den Kauf von Getränken zuständig. Damit muss nicht lange gestritten werden, wer an einem bestimmten Tag dran ist und jeder kann damit rechnen, auch wirklich etwas zu trinken zu bekommen.

Nach Festinger (1954) hat der Mensch das Bedürfnis, Meinungen und Einstellungen,

Ansichten usw. zu bewerten. Weil aber häufig keine natürlichen Maßstäbe dafür vorhanden sind, was positiv oder negativ ist, orientiert man sich an anderen Personen oder Normen. Der Mensch hat häufig nur unzulängliche Instinkte, die ihm zeigen, was er in einer bestimmten Situation zu tun hat. Noch dazu reichen die urzeitlichen Instinkte zum Bewältigen des normalen Alltags im 21. Jahrhundert nicht mehr aus bzw. können sogar kontraproduktiv sein. Hier helfen dem Individuum die Gruppennormen und geben ihm eine gewisse Verhaltenssicherheit und Handlungsanweisungen.

> **BEISPIEL**
>
> **Verhaltenssicherheit und Normen**
> KK Eislinger würde den Beschuldigten, der alles ableugnet, am liebsten durch Schlafentzug gefügig machen. In diesem Fall kann Eislinger nicht instinktiv entscheiden, ob sein Verhalten richtig ist oder nicht. Die Gesetze (Normen) zeigen ihm ganz deutlich, dass dieses Vorhaben falsch ist.

Trotz der erwiesenen Nützlichkeit von Normen weichen immer wieder einzelne Gruppenmitglieder davon ab. Dies kann verschiedene Ursachen haben, wovon wir einige beispielhaft aufzeigen wollen (Argyle, 1969).

► **Unkenntnis.** Die Norm ist einem Gruppenmitglied unbekannt oder es erkennt nicht, dass sein Verhalten normwidrig ist.

► **Nachahmung.** Mehrere Gruppenmitglieder missachten eine Norm, so dass ein Nachahmungseffekt eintritt. Dies gilt besonders, wenn das Übertreten der Norm keine (sichtbaren) negativen Konsequenzen hat (Lernen, Kap. 3).

► **Widersprüche.** Da jeder Mensch Mitglied von verschiedenen Gruppen ist, können einzelne Normen der einen Gruppierung im Widerspruch zu denen der anderen stehen. In diesen Fällen wird eine Norm zwangsläufig verletzt.

► **Persönliche Bedürfnisse.** Ein Gruppenmitglied hat starke persönliche Bedürfnisse, die der Norm widersprechen. Daraufhin entscheidet sich die Person, nach den eigenen Bedürfnissen zu handeln.

► **Fehlende Möglichkeiten.** Es kann vorkommen, dass jemand die Norm nicht einhalten kann, weil er dazu nicht die nötigen Fähigkeiten, Mittel oder Voraussetzungen hat.

► **Überholte Normen.** Bestimmte Normen werden als überholt angesehen, so dass man keinen Sinn darin sieht, sie einzuhalten. Im günstigsten Fall versucht ein Gruppenmitglied deshalb, produktive Neuerungen einzuführen. Oft werden jedoch einfach nur die alten Normen nicht mehr beachtet, ohne dass es neue gibt.

► **Herausforderung.** Manche Gruppenmitglieder versuchen, durch Missachtung von Normen den Gruppenführer herauszufordern. Dies kann z. B. aus Neid geschehen, weil man sich selber als die beliebteste oder tüchtigste Person wahrnimmt.

Die Frage, welche Menschen in welchen Fällen eher zur Konformität neigen, ist nicht eindeutig zu beantworten. Wahrscheinlich befolgt man Normen eher, wenn einem die Gruppe wichtig ist (Newcomb, 1943), man öffentlich beobachtet wird (Argyle, 1957) und man einen mittleren Status in der Gruppe einnimmt (Dittes & Kelley, 1956). Man würde vielleicht erwarten, dass sich besonders der Führer an Normen zu halten hat. Dies ist teilweise richtig, andererseits weichen Führer manchmal von der Norm ab, weil dies in bestimmten Situationen eine positive

Normverstöße

Die oben angeführten möglichen Gründe für einen Verstoß gegen die Gruppennormen werden nun in einzelnen Beispielen dargestellt.

▶ **Unkenntnis.** Der neue Kollege weiß nicht, dass im Aufenthaltsraum ein bestimmter Sitzplatz für den Dienstgruppenleiter reserviert ist, und setzt sich dort hin. Der Dienstgruppenleiter findet dieses Verhalten provokativ und frech. Der neue Kollege ist sich aber keiner Schuld bewusst.

▶ **Nachahmung.** Weil der Dienstgruppenleiter nicht die dienstlich gelieferten Socken trägt und der Dienststellenleiter dies nicht kritisiert, tragen einige Beamte einige Tage später ebenfalls andersfarbige Strümpfe.

▶ **Widersprüche.** PHM Probst ist ein aktives Mitglied in einem Sportverein, in dem Alkoholkonsum verpönt ist. Andererseits wird bei den regelmäßigen geselligen Zusammenkünften der Dienstgruppe von jedem erwartet, Schnaps zu trinken.

▶ **Persönliche Bedürfnisse.** In der Dienstgruppe herrscht das unausgesprochene Gesetz, gemeinsam zu essen, wenn dem dienstliche Belange nicht entgegenstehen. Weil PHM'in Spengler abnehmen möchte, nimmt sie an diesen gemeinsamen Mahlzeiten nicht mehr teil.

▶ **Fehlende Möglichkeiten.** POM Maier kann die Regel, Kollegen in der Nachtschicht eine halbe Stunde früher abzulösen, nicht einhalten, weil er auf öffentliche Verkehrsmittel angewiesen ist, die zu dieser Zeit nicht fahren.

▶ **Überholte Norm.** PM Eickmeier hält seiner Kollegin PHM'in Sattler die Türe nicht mehr auf, weil er dies bei einer emanzipierten Frau für unangebracht hält.

▶ **Herausforderung.** POM Appel will durch häufiges Zu-spät-Kommen testen, inwieweit der Dienstgruppenleiter darauf reagiert und seiner Vorgesetztenfunktion gerecht wird.

Entwicklung der Gruppe ermöglicht, und außerdem können sie ihr abweichendes Verhalten eher so begründen, dass die übrige Gruppe dies akzeptiert. Führer haben von der Gruppe nicht die gleichen Sanktionen zu befürchten, wenn sie die Normen übertreten, wie ein normales Gruppenmitglied. Gruppenangehörige niedriger Position hingegen übertreten eher als Mitglieder von mittleren Positionen die Normen, weil sie nicht viel Status und Ansehen aufgrund von Sanktionen verlieren können.

9.3 Gruppenleistung

Ein Spruch lautet „Gemeinsam sind wir stark". Dies kann zum einen darauf bezogen werden, dass man in einer Gruppe besser Interessen durchsetzen kann, und zum anderen darauf, dass in der Gruppe mehr Leistung erbracht werden kann als ein Einzelner oder mehrere Einzelne erbringen können. Es klingt plausibel, dass Gruppen eine bessere Leistung zu Stande bringen als Einzelpersonen. Für eine gelungene Interaktion und eine insgesamt bessere Leistung der Gruppenmitglieder sind verschiedene Ursachen verantwortlich, von denen an dieser Stelle einige vorgestellt werden (Mueller & Thomas, 1974).

Fehlerausgleich. Die Wahrscheinlichkeit, dass ein Fehler als solcher erkannt wird oder man bemerkt, wo der Fehler liegt, ist in der Gruppe größer, als wenn man eine Aufgabe allein löst.

Addition von Ideen und Fähigkeiten. Je mehr Personen mit einer Aufgabe betraut sind, desto mehr Lösungsmöglichkeiten werden gefunden und können durchgeführt werden. Als Folge ist eine einfache Addition (z. B. sehen vier Augen mehr als zwei), eine Ergänzung (was ich nicht kann, macht ein anderer und umgekehrt) oder eine Anregung (die Idee eines anderen liefert mir einen Denkanstoß) durch die anderen Mitglieder möglich.

Gegenseitige Motivation. Durch den Wettbewerb zwischen einzelnen Gruppenmitgliedern kann man zu höherer Leistung angespornt werden. In einigen Fällen können einen die anderen Gruppenmitglieder wieder aufbauen, wenn man selbst bereits aufgeben oder resignieren wollte, und dadurch wird man weitermachen. Allerdings kann auch das Gegenteil passieren, wenn man z. B. das Gefühl hat, mit dem allgemeinen Leistungsniveau nicht mithalten zu können oder wenn man sich auf den Leistungen der anderen ausruht.

Ökonomie und Zeitgewinn. Aufgrund von Arbeitsteilung muss nicht jeder alles machen, und eine Aufgabe kann schneller bewältigt werden.

Führung. Auch die Führung der Gruppe spielt für die Leistungsfähigkeit eine wichtige Rolle. Der anerkannte Führer kann z. B. die Fähigkeiten der einzelnen Gruppenmitglieder koordinieren und auch Minderheiten Geltung verschaffen (Maier, 1950). Dabei gibt es interessante Wechselbeziehungen zwischen dem → Führungsstil und dem Typ von Aufgaben, der gelöst werden muss. So ist z. B. für routinemäßige und schnell zu lösende Aufgaben eine autoritäre Führung besser (→ Autoritärer Führungsstil). Das gleiche gilt, wenn die Mitarbeiter wenig Wissen haben und nicht motiviert sind, selbständig zu arbeiten. Kooperative Führung empfiehlt sich eher, wenn Kreativität und Eigenverantwortung der Mitarbeiter erwünscht sind. Natürlich ist die Art und Weise, wie normalerweise geführt wird, ganz entscheidend für die Auswirkung bestimmter situativer Führungsstile. Beamte, die ständig autoritär geführt werden, sind durch eine plötzliche kooperative Führung unter Umständen zunächst überfordert (→ Kooperativer Führungsstil). Mitarbeiter, die kooperativ geführt werden, werden sich in der Regel autoritären Befehlen weniger widersetzen, wenn diese durch Sachzwänge erforderlich sind, als Beamte, bei denen dies tagtäglich der Fall ist.

Die Gruppenleistungen sind nicht immer besser als die Ergebnisse, die ein Einzelner liefert. Dies gilt z. B. unter folgenden Vorraussetzungen:

Vielzahl richtiger Lösungen. Es gibt Probleme, für die es nicht nur eine denkbare, sondern viele richtige Lösungen gibt. Thorndike (1938) fand z. B. heraus, dass Gruppen Kreuzworträtsel in kürzerer Zeit, vollständiger und fehlerfreier lösen konnten als Einzelpersonen. Hingegen konnten Einzelpersonen schneller und zudem anspruchsvollere Rätsel entwickeln als eine Gruppe. Aus diesen und ähnlichen Untersuchungen ist ersichtlich, dass Gruppen Probleme, die nur eine oder wenige richtige Lösungen haben, besser lösen können. Hier sind viele Einfälle nötig, um dann durch Überlegung die brauchbaren auszuwählen und die falschen Ideen zu verwerfen, bis die richtige Lösung gefunden ist. In diesen Fällen kommen die besprochenen Gruppenvorteile zum Tragen. Gibt es dagegen viele richtige Lösungen, wobei aber der Weg, für den man sich entschieden hat, konsequent weiter verfolgt werden muss, ist eine Einzelperson überlegen. Versucht man in einer solchen Situation die verschiedenartigen Lösungsansätze der Gruppenmitglieder zu integrieren, treten häufig Probleme auf, man braucht mehr Zeit, um über die Qualität der einzelnen Ideen zu diskutieren, schließt Kompromisse zu Lasten der Qualität der Lösung u. ä.

Gesteigert werden kann die Gruppenleistung allerdings, wenn dem Lösungsprozess ein Brainstorming vorgeschaltet wird. Beim Brainstorming werden alle Ideen, die einem einfallen, ohne Zensur oder Bewertung gesammelt, egal wie sinnvoll und brauchbar sie sind. Erst in einem zweiten Schritt erfolgt die Auswahl verwertbarer Lösungen. Übertragen wir die obigen Erkenntnisse auf den polizeilichen Alltag, empfiehlt es sich, dass z. B. die grobe Strategie für einen Einsatz von einem Polizeibeamten entworfen wird. Bei einer Einsatzplanung gibt es verschiedene Lösungsmöglichkeiten. Man kann bei einer Demonstration ein starkes Aufgebot an Kräften öffentlich zeigen oder verdeckt halten, normal uniformierte oder mit Schutzschild, Helm und Schlagstock ausgerüstete Beamte einsetzen, viel oder wenig Zivilbeamte aufbieten usw., ohne dass eindeutig zu beantworten ist, welches Vorgehen im konkreten Fall besser wäre. Es kann natürlich vor der Strategieplanung ein Brainstorming stattfinden, um zu sehen, was es prinzipiell für Möglichkeiten gibt. Die Ausarbeitung des Einsatzplanes sollte jedoch in den Händen eines einzelnen Polizeibeamten liegen. Steht dann das Konzept, können Einzelfragen und Teilprobleme delegiert und in der Gruppe bearbeitet werden. Das wären Fragen, wo die Kräfte verdeckt gehalten werden, ob bestimmte Objekte besonders gesichert werden müssen, welche Kräfte zusätzlich anzufordern sind usw.

Gruppenleistung entspricht der Einzelleistung. Selbst in Fällen, in denen die Gruppe leistungsstärker als der Einzelne ist, muss sie nicht zwangsläufig ein besseres Ergebnis bringen als der Fähigste aus der Gruppe, wenn er alleine am betreffenden Problem arbeiten würde. So ist unter Umständen der Fähigste genauso gut wie die gesamte Gruppe. Dies ist der Fall, wenn erstens die Lösung nicht sehr komplex ist, da dann die Vorteile einer Gruppe keine Rolle spielen. Zweitens muss die Lösung leicht nachvollziehbar sein, wenn sie einem vorgestellt wird. Dadurch kann sie auch den übrigen Gruppenmitgliedern überzeugend dargestellt werden, so dass auch sie den Lösungsansatz annehmen. Außerdem ist es möglich, dass die anderen Gruppenmitglieder nicht zur Problemlösung qualifiziert sind und damit für den Leistungsstarken nur ein Klotz am Bein darstellen.

Negative Einflüsse auf die Gruppenleistung. Manchmal ist eine Gruppe sogar leistungsschwächer als der Einzelne. Dies ist nicht nur von der Art der Aufgabe abhängig. Eine weitere Ursache können gruppendynamische Prozesse sein. Es können beispielsweise bestimmte Normen dagegen stehen, dass sich der beste Lösungsvorschlag durchsetzt. Wenn z. B. in der PI zunächst die Ansicht der Leitung und einzelner Meinungsträger gilt, können sich jüngere Beamte kein Gehör verschaffen, selbst wenn sie sehr gute Lösungen für ein Problem gefunden haben. Des weiteren können bestimmte Vorgänge in der Gruppe Kräfte kosten, die die Problembewältigung behindern. Das gilt vor allem für Konflikte zwischen einzelnen Gruppenmitgliedern. Die A-Schicht einer PI in Stuttgart besteht im wesentlichen aus zwei miteinander zerstrittenen Gruppen. Jeder Vorschlag der einen Gruppierung wird von den übrigen Beamten boykottiert, selbst wenn allen der Vorschlag gut erscheint; aber man möchte der Gegenseite eins auswischen und gibt ihr deswegen nicht Recht. Daher müssen solche Probleme zuerst gelöst werden,

bevor Sachaufgaben angegangen werden. Der Zeitverlust, der dabei zunächst entsteht, wird letztlich wieder eingeholt, weil jetzt Probleme konstruktiv gelöst werden können (s. Kap. 8.6.3).

9.4 Die Masse: Unterschiede und Gemeinsamkeiten zur Gruppe

Nachdem wir uns bisher mit Gruppen beschäftigt haben, wollen wir uns nun der Masse zuwenden. Welche Unterschiede bestehen in der psychologischen Terminologie zwischen der Gruppe und der Masse? Ab wann wird eine Gruppe zu einer Masse und umgekehrt? Nach dem Begründer der Massenpsychologie Le Bon (1895) besteht eine Masse aus primitiven, irrationalen Individuen, die

Abbildung 9.1. Was stellt eine Demonstration dar: eine Gruppe oder eine Masse?

auf der Entwicklungsstufe von Barbaren stehen und sich dementsprechend verhalten. Die moderne Wissenschaft dagegen hat erkannt, dass solches Verhalten einerseits nicht immer in Massen auftreten muss, andererseits auch Einzelpersonen zu entsprechenden Handlungen in der Lage sind. Daher wird als kennzeichnend für Massen lediglich kollektives Verhalten angesehen, das durch bestimmte Ereignisse oder Verhältnisse ausgelöst wird und zur gemeinsamen Lösung der daraus resultierenden Probleme dienen soll (Heinz, 1984). Dabei kann es sich um kurzzeitige Reaktionen handeln, wie z. B. Demonstrationen, Sit-ins, Aufruhr und Panik oder um soziale Protestbewegungen, die bewusst und in organisierter Form die bestehenden Verhältnisse verändern sollen.

> **DEFINITION**
>
> Nach Hofstätter (1957) ist die **Masse** eine aktivierte Menge von Personen, die gleichzeitig am gleichen Ort sind. Entfällt die Ursache für die Aktivitäten, zerfällt auch die aktivierte Menge. Bleibt die Ursache länger bestehen, bildet sich aus der Masse eine Gruppe.

Wie schon durch die Definition von Hofstätter (1957) deutlich wird, sind die Gruppenmerkmale in Ansätzen bereits in der Masse zu finden. In einer Masse besteht jedoch im Vergleich zur Gruppe eine eingeschränkte Kommunikation, so dass zwar einzelne Mitglieder der Masse untereinander Informationen austauschen, dies aber nicht in der Intensität wie in einer Gruppe geschieht. Weiterhin besteht eine gewisse Kohäsion, aber nicht das länger anhaltende Wir-Gefühl wie in einer Gruppe. Für normiertes Verhal-

ten sind weniger anerkannte Normen als viel mehr Gefühle verantwortlich, und es liegt nur eine geringe Rollendifferenzierung der Mitglieder vor (Füllgrabe, Horntal & Meier-Welser, 1979). Durch diese Auflistung wird deutlich, dass ein enger Bezug zwischen einer Gruppe und einer Masse besteht. Es gibt eine Reihe von Faktoren, die für negative Massenprozesse verantwortlich sein können. Davon sollen einige beispielhaft aufgezeigt werden.

Anonymität der Einzelindividuen. Das Bewusstsein, unerkannt zu bleiben, lässt Hemmschwellen leichter fallen. Dadurch lässt sich der Einzelne in der Masse zu Handlungen hinreißen, die er alleine nicht gemacht hätte.

Schwinden der persönlichen Verantwortung. Aufgrund der Größe der Masse und der damit einhergehenden Anonymität fühlt man sich für sein Handeln bzw. dessen Folgen weniger verantwortlich. Unterstützt wird diese Haltung durch zumindest teilweises Außerkraftsetzen ansonsten gültiger Moralvorstellungen und Verhaltensnormen.

Verhaltenskonformismus und Konformitätsdruck. Durch den Druck der Masse, der oft allein durch die Größe der Masse entsteht, kommt es zu einer Gleichschaltung des Verhaltens, und man fühlt sich durch die anderen zu einem Verhalten gezwungen. So kommt es, dass man unter Umständen Dinge tut, die man nicht machen würde, wenn man alleine handeln würde.

Vorübergehendes Wir-Gefühl. In einer Masse fühlt man ein Zusammengehörigkeitsgefühl. Daraus können Solidarisierungen und ein Gefühl der Stärke entstehen.

Dominanz von Gefühlen. Starke Gefühle können die Vernunft bzw. vernünftiges Handeln reduzieren. Sie übertragen sich zugleich von einem Mitglied der Masse auf das andere. Die Gefühle sind manchmal labil, d. h. sie können leicht umschlagen. So entsteht z. B. aus freudiger Erregung sehr leicht Aggression und Wut, wenn bestimmte Ereignisse eintreten.

Informationsmangel. Aufgrund mangelnder Information über Ereignisse entstehen sehr schnell Missverständnisse oder Gerüchte, die die Erregung steigern können. In anderen Fällen ist es möglich, dass infolge eines Informationsdefizits Anordnungen blindlings befolgt werden, ohne dass man überprüft, inwieweit dies sinnvoll ist.

Agitatoren. Führer machen sich die Erregung von Massen häufig zunutze und peitschen sie zu bestimmten Handlungen auf. Die Bereitschaft ist in einer Masse erhöht, sich solchen Führern unterzuordnen.

Gemeinsamer Feind. Durch Entwicklung eines Feindbildes wird eine tatsächliche oder angebliche Bedrohung der Masse durch andere erkannt und dadurch wird die Solidarisierung verstärkt. Häufig wird die Rolle des gemeinsamen Feindes der Polizei übertragen, die es dementsprechend zu bekämpfen gilt.

Praktische Relevanz

Für das polizeiliche Auftreten gegenüber Massen, wie z. B. bei Demonstrationen, ergibt sich daher die Notwendigkeit, die obigen, negativen Faktoren möglichst auszuschalten. Zur Veranschaulichung sollen einige Beispiele gegeben werden, die bei weitem nicht alle Möglichkeiten umfassen.

▶ Durch Vorkontrollen können gewaltbereite Demonstrationsteilnehmer identifiziert oder durch Gespräche mit diesen ihre Anonymität zumindest teilweise gelüftet werden. Durch gezielte Öffentlichkeitsarbeit für die Bürger und Kontaktaufnahme mit den Veranstaltern kann die persönliche Verantwortung der Demonstranten erhöht werden.

▶ Durch differenziertes und unterschiedliches Vorgehen gegen gewaltbereite und friedliche Teilnehmer können der Konformitätsdruck und Solidarisierungstendenzen verringert werden. Ähnlichen Effekt kann eine „hautnahe" Begleitung von Chaotengruppen durch Polizeibeamte haben. Um kein unnötiges Wir-Gefühl aufkommen zu lassen, empfiehlt es sich auch, nicht voreilig oder bei Bagatellen einzugreifen. Es dürfen keine unnötigen Ängste und Aggressionen durch die Polizei geweckt werden (s. dazu Kap. 4.2.2 und 4.3.2).

▶ Informationen können mit Hilfe von Flugblättern, durch das Sprechen mit Demonstrationsteilnehmern, durch Infostände, den Einsatz von Kontaktbeamten und mit gezielten Lautsprecherdurchsagen übermittelt werden. Die Aufklärung der Bevölkerung über die Neutralität und die Aufgaben der Polizei bei Demonstrationen, die polizeilichen Vorstellungen über den Demonstrationsablauf und die öffentliche Würdigung friedfertiger Demonstrationen helfen, Feindbilder gegenüber der Polizei abzubauen.

Solche und ähnliche Maßnahmen fördern die Bildung einzelner Gruppen unter den Demonstrationsteilnehmern und verhindern dadurch die Vermassung in ihrer negativen Form. Dadurch kann die Polizei noch besser gezielt, situationsangepasst und differenziert mit verschiedenen Demonstrationsteilnehmern umgehen, und die Chance erhöht sich, dass Ausschreitungen vermieden oder zumindest reduziert werden.

Zusammenfassung

Gruppe. Eine Gruppe ist eine Anzahl von mindestens zwei Personen, deren Verhalten sich gegenseitig beeinflusst. Wir unterscheiden zwischen Primärgruppen, deren Mitglieder enge persönliche Kontakte haben, und Sekundärgruppen, deren Beziehungen unpersönlicher sind.

Kennzeichnende Merkmale einer Gruppe sind

▶ das gemeinsame Ziel,
▶ die Rollendifferenzierung,
▶ das Wir-Gefühl,
▶ Gruppennormen und
▶ Gruppenmittel.

Das gesamte Geschehen einer Gruppe bezeichnet man als Gruppendynamik.

In jeder Gruppe entwickelt sich je eine Rangreihe der Gruppenmitglieder nach Beliebtheit und Tüchtigkeit. Der Führer nach Beliebtheit ist für den sozioemotionalen Bereich zuständig, der Führer nach Tüchtigkeit für die Aufgabenerfüllung der Gruppe.

Den Zusammenhalt in einer Gruppe nennt man Kohäsion. Die Kohäsion ist umso größer, je attraktiver die Interaktion in der Gruppe ist, je lohnenswerter die Gruppenaktivitäten eingeschätzt werden und je besser die Gruppe dem Einzelnen hilft, bestimmte Ziele zu erreichen.

In jeder Gruppe entsteht eine gewisse Konformität der Mitglieder, da sie die Gruppennormen einhalten.

Normen erleichtern es, die Gruppenziele zu erzielen, die Interaktion zu gestalten, das Wir-Gefühl zu stärken und Verhaltenssicherheit zu erlangen.

Normverstöße entstehen in einer Gruppe, weil Normen unbekannt sind, auch andere gegen die Normen verstoßen, verschiedene Normen nicht miteinander vereinbar sind, persönliche Bedürfnisse gegen die Normerfüllung stehen, Voraussetzung zur Erfüllung der Normen nicht gegeben sind, Normen als überholt angesehen werden oder der Gruppenführer provoziert werden soll.

Gruppenleistungen sind oft höher als Einzelleistungen, da Fehler eher beseitigt werden, sich Ideen und Fähigkeiten der Gruppenmitglieder addieren, man sich gegenseitig motiviert und ökonomischer und zeitsparender handeln kann.

Gruppen sind aber leistungsschwächer als Einzelpersonen, wenn es mehrere Lösungen für ein Problem gibt, aber ein eingeschlagener Lösungsweg konsequent eingehalten werden muss, einzelne Gruppenmitglieder zur Problembewältigung unfähig sind oder hinderliche gruppendynamische Prozesse ablaufen.

Masse. Eine Masse ist eine aktivierte Menge von Personen, die gleichzeitig am gleichen Ort sind. Negative Massenprozesse können u. a. durch folgende Faktoren gefördert werden: die Anonymität der Einzelpersonen, das Schwinden persönlicher Verantwortung für eigenes Handeln, Verhaltenskonformismus, verstärktes Wir-Gefühl, Gefühlsdominanz, Informationsmangel, Agitatoren und ein gemeinsames Feindbild. Maßnahmen, die einer Vermassung entgegenwirken, wären u. a. die Anonymität einzelner Demonstrationsteilnehmer zu lüften, differenziert gegen gewaltbereite und friedliche Teilnehmer vorzugehen, was zugleich die Gruppenbildung in der Menge fördert, nicht voreilig seitens der Polizei einzugreifen, keine unnötigen Ängste und Aggressionen aufzubauen, den Teilnehmern ausreichende Informationen über das Geschehen zu liefern und Feindbilder abzubauen.

Weiterführende Literatur

▶ Haselow, R. & Meyer, H. (1997). Massenverhalten und Polizeiliches Handeln. Der shadow-effect oder wenn Gefühle den Verstand überschatten. Hilden: Deutsche Polizeiliteratur.

▶ Schmalzl, H. P. (1987). Menschen in der Menge. Über das Verhalten von Demonstrationsteilnehmern. Stuttgart: Boorberg.

▶ Schmalzl, H. P., Renner, W. & Hieber, M. (1988). Zwischen Ritual und Randale. Fussballfans verstehen und professionell mit ihnen umgehen. Stuttgart: Boorberg.

▶ Stahl, E. (2002). Dynamik in Gruppen. Weinheim: Beltz.

▶ Stroebe, W., Jonas, K. & Hewstone, M. R. C. (Hrsg.). (2003). Sozialpsychologie. Eine Einführung (3. Aufl.). Berlin: Springer.

▶ Zimbardo, P. G. & Gerrig, R. J. (2003). Psychologie (7. Aufl.). Berlin: Springer.

Teil III
Psychologie im Polizeialltag

Im Teil II dieses Buches wurden psychologische Konzepte und Theorien dargestellt, die für einen Polizeibeamten im Alltag wichtig sein können. So wurden neben den Grundlagen der Wahrnehmung des Menschen verschiedene Konzepte und Theorien zum Lernen und Verhalten, zu Gefühlen, zum Stress und zur Persönlichkeit dargestellt, denen Kapitel über soziale Urteile, Kommunikation und Gruppen und Massen folgten. Im folgenden Teil III werden diese grundlegenden psychologischen Konzepte auf konkrete Situationen im Polizeialltag übertragen.

10 Dienstliche Beurteilung von Mitarbeitern

> ▶ EPHK Wallner muss seinen neuen Mitarbeiter POM Rosen beurteilen. Bestürzt bemerkt Wallner, dass er in den letzten Monaten kaum auf die Leistungen von POM Rosen geachtet hat, so dass Wallner bisher wenig Informationen über Rosen hat. Wallner greift zum Telefon und bittet PHK Steiner zum Gespräch über Rosen.
>
> ▶ Als der neue Dienststellenleiter sein Amt antritt, lässt er einen großen Übersichtskalender im Dienstzimmer aufhängen, auf dem er von allen Mitarbeitern die Fehlzeiten, Krankheitstage und jedes Zu-spät-Kommen notiert.
>
> ▶ KK Frenzel ist sauer. Sein Kollege Baumgarten hat eine bessere Beurteilung als er bekommen. Grund dafür sei die höhere Anzahl von gelösten Fällen. Frenzel fühlt sich ungerecht behandelt, weil er der Ansicht ist, dass KK Baumgarten leichtere Fälle zu lösen hatte.

Alle oben aufgeführten Beispiele haben etwas mit der Beurteilung von Mitarbeitern zu tun. Die Beurteilung eines Mitarbeiters ist letztlich die Erfassung eines Teils seiner Persönlichkeit, hier eben der berufsspezifischen Aspekte. In Kapitel 6 wurde bereits ausführlich dargestellt, was unter der Persönlichkeit eines Menschen zu verstehen ist und welche Erfassungsmethoden die Psychologie kennt. Zur Beurteilung eines Mitarbeiters sind die in Kapitel 6 vorgestellten Untersuchungen morphologischer und physiologischer Merkmale und der Einsatz von Tests und Fragebogen weniger geeignet. Neben den bereits aufgezeigten Gründen, wie der Praktikabilität und Aussagekraft solcher Methoden hinsichtlich der Beurteilung des Mitarbeiters, stehen diesen Erhebungsinstrumenten rechtliche Schranken und teilweise der Mangel an geeigneten Instrumentarien entgegen. Welche psychologischen Mittel hat nun ein Vorgesetzter, um Informationen als Grundlage für eine gerechte Beurteilung zu erhalten? Damit soll sich dieses Kapitel befassen. Juristische wie z. B. dienstrechtliche Gesichtspunkte werden dabei nicht abgehandelt.

Bevor der Vorgesetzte mit der Informationsgewinnung beginnt, muss er sich darüber klar werden, in welcher Hinsicht er den Mitarbeiter zu beurteilen hat. Ansonsten kann es geschehen, dass er Erkenntnisse gewinnt, die zur Erstellung einer dienstlichen Beurteilung irrelevant sind und er auf der anderen Seite Informationsdefizite hat.

10.1 Erheben objektiver Daten

Die erste Methode, die zum Sammeln von Informationen zur Beurteilung eines Mitarbeiters dargestellt wird, ist das Erheben → objektiver Daten.

Objektive Daten sind unabhängig von der Person, die sie erhebt.

Alle objektiven Daten haben ein wesentliches, gemeinsames Merkmal: Jeder Beobachter würde bei der Erhebung dieser Informationen bei ein und derselben Person das gleiche Ergebnis erzielen, da es eindeutige Messkriterien und -verfahren gibt. Unter die objektiven Daten bei der Beurteilung eines Mitarbeiters fallen Angaben wie

► Ausfallzeiten wegen Krankheitstagen,
► Zahl der Überstunden,
► Häufigkeit von Disziplinarstrafen,
► Anzahl der besuchten Fortbildungsveranstaltungen,
► Aufkommen an Aufgriffen und
► Menge der erbrachten Anzeigen.

Vorteile. Der Vorteil objektiver Daten ist die Überprüfbarkeit und damit als Konsequenz die gerechte Beurteilung des Mitarbeiters auf der Grundlage dieser Informationen. Beurteilungen aufgrund von objektiven Daten können von dem beurteilten Mitarbeiter normalerweise leicht nachvollzogen werden. Er kann sich zudem gut mit seinen Kollegen vergleichen und weiß, dass eine etwaige Voreingenommenheit seines Vorgesetzten keine Rolle spielt. Diese Daten liefern somit ein Fundament für eine Beurteilung, die dem Mitarbeitern in vielen Fällen plausibel erscheint.

Nachteile. Allerdings sind diese Daten nur im eingeschränkten Ausmaß verfügbar, und gerade wesentliche Beurteilungsmerkmale sind nicht oder nur sehr schwer objektiv erfassbar. Die Verfügbarkeit solcher Daten beginnt damit, dass ein Bericht über einen Einsatz nur von einem und nicht von allen beteiligten Polizeibeamten erstellt wird, und reicht bis dahin, dass für viele Tätigkeiten keine objektiven Daten erhoben werden können. Wie viele Unfälle durch Trunkenheitsfahrten verursacht werden, ist messbar, wie viele solcher Unfälle durch verstärkte Alkoholkontrollen verhindert wurden, allerdings nicht.

Im Hinblick auf wesentliche Beurteilungsmerkmale ergibt sich z. B. das Problem, wie kann objektiv erfasst werden, ob ein Polizeibeamter durch freundliches und kompetentes Einschreiten das positive Verhältnis des Bürgers zur Polizei fördert. Zusätzlich kann es vorkommen, dass ein Vorgesetzter fälschlicherweise quantitative statt qualitative Daten bevorzugt, da erstere leichter zu erheben sind. So zählt mancher Vorgesetzte nur die Anzahl der bearbeiteten Vorgänge eines Mitarbeiters und lässt die Schwierigkeit und Komplexität der Fälle außer Acht. Dieses Vorgehen beruht dann zwar auf objektiven Daten, führt jedoch nicht zu einer gerechten Beurteilung.

Neben objektiven Daten gibt es auch subjektive Erkenntnisse über den Mitarbeiter, die auf Berichten dritter Personen oder Beobachtungen durch den Vorgesetzten beruhen.

10.2 Berichte dritter Personen

Eine weitere Informationsquelle für die Beurteilung eines Mitarbeiters sind Berichte von Dritten über die zu beurteilende Person, wie die Beurteilungen des Beamten durch andere Dienststellen, Erzählungen von Kollegen, Beschwerden oder auch Dankesschreiben von Bürgern.

Vorteile. Die Vorteile solcher Berichte liegen darin, dass man Zugang zu Daten bekommt, die sonst nicht verfügbar wären und dem Vorgesetzten eigene Beobachtungsfehler durch Vergleiche mit den Aussagen Dritter eher bemerkt.

Nachteile. Nachteilig ist an den Berichten dritter Personen, dass die Informationen nicht immer überprüfbar sind und somit nicht entschieden werden kann, inwieweit sie objektiv richtig sind. So können z. B. Kollegen einen Polizeibeamten gezielt negativ gegenüber dem Vorgesetzten darstellen, weil sie in ihm einen ungeliebten Konkurrenten sehen oder ihn positiv schildern, weil sie dem guten Kumpel, mit dem sie viel Spaß haben, zu einer besseren Beurteilung verhelfen wollen. Außerdem handelt es sich meist um unsystematische Beobachtungen, und sie betreffen eher Ausnahmesituationen im positiven oder negativen Sinn. Welcher Bürger meldet, dass ein Polizeibeamter ihn höflich und korrekt wegen Falschparkens gebührenpflichtig verwarnt hat? War er dagegen mit dem Verhalten des Beamten nicht einverstanden, beschwert er sich schon eher bei dessen Vorgesetzten. Daher sollten der Vorgesetzte die Berichte dritter Personen mit einer gewissen Vorsicht behandeln.

10.3 Beobachtung durch den Vorgesetzten

So banal es klingen mag, aber es wird doch oft übersehen, dass der Beurteilung eines Mitarbeiters eine entsprechende Beobachtungsphase durch den Vorgesetzten vorgeschaltet werden muss. Dabei ist zu beachten,

- dass man gezielt Informationen sammelt, sich also überlegt, welche Daten erhoben werden müssen,
- fortlaufend beobachtet und sich nicht auf Einzelfälle beschränkt und
- Notizen über seine Beobachtungen anfertigt, da man sich meistens extreme und vor allem negative Vorfälle besonders merkt und anderes schneller vergisst.

Wie wichtig ein solch systematisches Vorgehen ist, wird z. B. daran deutlich, dass man sich in der Regel weniger daran erinnert, dass ein Mitarbeiter regelmäßig eine Viertelstunde vor Dienstbeginn erscheint, als daran, dass er einmal 30 Minuten zu spät kam. Weiterhin ist es ratsam, nicht erst eine Woche vor einem Bewertungstermin mit der Beobachtung des fraglichen Mitarbeiters zu beginnen. Jeder Mitarbeiter sollte kontinuierlich vom Vorgesetzten beobachtet werden. Viele Menschen neigen dazu, direkt vor einer Beurteilung besondere Leistungen zu erbringen, die allerdings nicht das normale Verhalten widerspiegeln. Wenn der Vorgesetzte dem Mitarbeiter nur in dieser Zeit Aufmerksamkeit schenkt, kann das zu falschen Beurteilungen führen.

Vorteile. Der Vorgesetzte profitiert von eigenen Beobachtungen, weil er nicht allein auf Aussagen dritter Personen angewiesen ist, die ihm vielleicht wichtige Erkenntnisse gar nicht liefern. Zudem kann er eher Ursachen für objektive Fakten wie z. B. die Zahl der Überstunden gewinnen. Es macht einen Unterschied für die Bewertung, ob ein Mitarbeiter länger arbeitet, weil er sehr engagiert ist oder weil er seine normale Arbeitszeit vertrödelt. Die Eindrücke über verschiedene Mitarbeiter sind auch eher vergleichbar, da der Vorgesetzte, wenn man von Vorurteilen u. ä. absieht, ähnliche Maßstäbe bei allen Mitarbeitern ansetzt. Dritte Personen, die unter Umständen nur mit einzelnen Polizeibeamten zu tun hatten, können einen solchen Vergleich nicht vornehmen. Zudem darf nicht unterschätzt werden, dass die Motivation der meisten Mitarbeiter gesteigert wird, wenn sie erkennen, dass sich der Vorgesetzte für ihre Arbeit interessiert.

Nachteile. Auch die persönliche Beobachtung des Vorgesetzten hat ihre Tücken. Bestimmte Merkmale sind durch den Vorgesetzten selbst schwer erfassbar, z. B. wie ein Beamter bei Fortbildungen tatsächlich mitarbeitet. In diesem Fall muss auf die Berichte dritter Personen zurück gegriffen werden. Die Beobachtung selber kann zudem das Verhalten des Mitarbeiters positiv oder negativ beeinflussen. Wenn sich ein Vorgesetzter nur auf seine Beobachtung stützen würde, käme er dann zu einer falschen Beurteilung des Mitarbeiters.

BEISPIEL

Beeinflussung durch die Beobachtung
▶ PHM Rosenthal ist zum Bürger nur dann höflich, wenn der Vorgesetzte anwesend ist, um nicht schlecht beurteilt zu werden.
▶ Im Gegensatz zu ihm macht die Anwesenheit des Vorgesetzten PM Mattheis so nervös, dass er Fehler macht, die ihm sonst nicht unterlaufen.

Es ist sehr zeitaufwändig, wenn der Vorgesetzte alle Mitarbeiter in möglichst vielen und unterschiedlichen Situationen beobachten möchte. Außerdem unterliegt der Beurteiler unter Umständen Wahrnehmungsver-

fälschungen und -verzerrungen (s. Kap. 2 u. 7). So kann der Vorgesetzte

▶ dem Mitarbeiter gegenüber positive oder negative Vorurteile besitzen,
▶ Abwehrmechanismen wie der Projektion unterliegen,
▶ durch persönliche Motive beeinflusst sein, weil er einen bestimmten Mitarbeiter besonders fördern will,
▶ beeinflussenden Umgebungsreizen ausgesetzt sein, da z. B. ein mittelmäßiger Polizeibeamter unter unfähigen Kollegen hervorsticht,
▶ die Fülle an Informationen über seine Mitarbeiter nicht verarbeiten können usw.

Ratschlag für die Praxis

Alle vorgestellten Möglichkeiten der Informationsgewinnung, die Erkenntnisse für eine angemessene Beurteilung eines Mitarbeiters liefern, haben ihre Vor- und Nachteile. Um die positiven Seiten der unterschiedlichen Datenquellen auszunutzen und die Nachteile möglichst zu reduzieren, sollte man auf alle gangbaren Maßnahmen zurückgreifen, um sich ein möglichst umfassendes Bild von einem Mitarbeiter zu machen. Der Schwerpunkt sollte dabei in der Regel auf der Beobachtung des Vorgesetzten liegen, da diese Erkenntnisquelle die meisten Vorteile aufweist.

Zusammenfassung

Beurteilung. Möglichkeiten des Vorgesetzten, die Persönlichkeit eines Mitarbeiters, soweit sie für eine Beurteilung relevant ist, zu erfassen, sind
▶ die Erhebung objektiver Daten,
▶ die Berichte dritter Personen und
▶ die eigene Beobachtung.

Da alle drei Informationsquellen ihre spezifischen Vor- und Nachteile haben, sollte man möglichst auf alle zusammen zurückgreifen, um einen Mitarbeiter zu beurteilen, wobei der Beobachtung durch den Vorgesetzten selber eine große Bedeutung zukommt.

Weiterführende Literatur

▶ Adrian, G., Albert, I. & Riedel, E. (2002). Die Mitarbeiterbeurteilung (7. Aufl.). Stuttgart: Boorberg.
▶ Griessl, A., Greven, H. van & Vermiert, J. (2000). Grundlagen der Mitarbeiterbeurteilung. Stuttgart: Kohlhammer.
▶ Lecky-Thompson, R. (2001). Professionelle Mitarbeiterbeurteilung. Frankfurt a. M.: mvg.

II Stressbewältigung

▶ In einem Dienstgespräch äußert KK'in Otto ihre Meinung zu einem Fall. Ihr Vorgesetzter weist ihren Vorschlag rüde zurück. KK'in Otto ärgert sich sehr über diese Behandlung und verlässt nach der Besprechung wütend den Raum. Am liebsten würde sie ihren Vorgesetzten sofort zur Rede stellen und ihm gehörig ihre Meinung sagen.

▶ Bei seinem ersten Streifeneinsatz als Polizeibeamter wird POW Sinn mit seinem Kollegen in eine Lagerhalle gerufen, in der ein bewaffneter Einbrecher vermutet wird. POW Sinn bricht der Schweiß aus, er hat Angst und befürchtet, dass er nicht angemessen reagieren kann, wenn er auf den Einbrecher trifft.

▶ Nach einer anstrengenden Nachtschicht bespricht PK Kühn mit seiner Ablösung PK Schuler die Vorkommnisse. PK Schuler ist im Gegensatz zu seinem Kollegen ein starker Raucher und steckt sich sofort eine Zigarette an, als sie mit dem Gespräch beginnen. PK Kühn ist müde und fühlt sich gestresst, weil er noch einen anstrengenden Heimweg durch den morgendlichen Verkehr vor sich hat. Als PK Schuler bei einer Sache nochmals nachfragt, reagiert PK Kühn sehr genervt, weil ihm alles zu viel ist.

In Kapitel 5 haben wir uns bereits mit Stress, seinen Merkmalen und seinen Auswirkungen beschäftigt. Im folgenden Kapitel soll dargestellt werden, wie man mit Stress angemessen umgehen kann. Für eine effektive Stressbewältigung muss man zunächst die jeweiligen Stressoren kennen. Man muss analysieren, wann, wo und wodurch man gestresst wird. Je besser und konkreter das gelingt, um so gezielter kann man dagegen vorgehen. Auch die Kenntnis von typischen Stressreaktionen hilft einem weiter, da sie als Frühwarnsystem dienen können. Wir zeigen nämlich oft Stressreaktionen, bevor uns bewusst wird, dass wir größeren Anforderungen ausgesetzt sind. Diese sollten uns dann veranlassen, genauer nach den Ursachen zu forschen, mögliche Stressursachen zu erkennen und stressvermindernd zu reagieren. Man kann zwischen motorischen, physiologischen, emotionalen und kognitiven Stressreaktionen unterscheiden.

▶ Unter motorische Stressreaktionen fallen z. B. Zittern, Verspannungen, die unter Umständen von Kopfschmerzen begleitet werden, nervöse Ticks (Muskelzuckungen) und weiche Knie.

▶ Physiologisch kann sich Stress u. a. durch Magenschmerzen, Durchfall, Verstopfung, beschleunigte Atmung, Schwitzen, trockenen Mund und Übelkeit äußern.

▶ Typische emotionale Erscheinungen sind Gereiztheit, innere Unruhe und Gefühlsausbrüche.

▶ Auf der kognitiven Ebene kommt es beispielsweise zu Konzentrationsschwierigkeiten oder Denkblockaden.

Sind die Stressoren erkannt, besteht der nächste Schritt in der Stressbewältigung.

Dazu sollen einige grundlegende Möglichkeiten aufgezeigt werden, die ursprünglich für ein Antistresstraining der Polizei in Nordrhein-Westfalen entwickelt wurden (Krauthan & Wagner-Link, 1988). Prinzipiell lassen sich zwei Möglichkeiten der Stressbewältigung unterscheiden:

(1) Kurzfristige Erleichterung
(2) Langfristige Bewältigung.

11.1 Kurzfristige Erleichterung

Die Methoden der kurzfristigen Erleichterung dienen einer vorübergehenden Verbesserung des Befindens, ohne dass die stressauslösenden Bedingungen grundlegend verändert werden. Diese Maßnahmen sind sinnvoll, wenn die Ursachen für den Stress nicht oder nicht schnell genug behebbar sind, wenn man für eine grundlegende Veränderung zu erregt oder aufgebracht ist oder eine grundlegende Bewältigung des Problems unnötig erscheint.

Es gibt verschiedene Möglichkeiten, welche Methoden der kurzfristigen Erleichterung man in einer Stresssituation einsetzen kann. Nachfolgend sollen sechs Maßnahmen vorgestellt werden:

► Spontanentspannung
► Innere Ablenkung

► Äußere Ablenkung
► Selbstgespräche
► Abreaktion
► Verringerung der Stressdosis.

Spontanentspannung. Nach wissenschaftlicher Erkenntnis spannt bzw. verspannt sich die Muskulatur des Menschen in einer Stresssituation. Umgekehrt gilt, dass eine entspannte Person nicht gestresst sein kann. Es besteht somit eine Wechselwirkung zwischen der muskulären Anspannung und dem Stressempfinden. Aufgrund dieser Erkenntnis ist es hilfreich, sich in der Problemsituation zu entspannen, um über die Entspannung des Körpers eine Stressreduktion herbei zu führen. Dies kann geschehen, indem man einzelne Muskeln lockert, tief ausatmet oder Teilübungen eines systematischen Entspannungstrainings einsetzt (s. Kap. 10.3.2).

Innere Ablenkung. Die innere Ablenkung in einer Stresssituation besteht darin, dass man bewusst belastende Gedanken unterbricht und an etwas anderes Positives oder zumindest Neutrales denkt. Damit werden die stressenden Gedanken beiseite geschoben. Als Folge wird der Stress reduziert. PHM Lauer kann z. B. die Sorgen um seine Tochter abblocken, indem er sich an den netten gestrigen Abend erinnert oder sich verstärkt auf

> **BEISPIEL**
>
> **Sinnvoller Einsatz der kurzfristigen Erleichterung**
>
> ► PHM Lauer macht sich Sorgen um seine verreiste Tochter, kann sie aber nicht einfach zurückholen.
> ► KK'in Otto ist über die ungerechte Behandlung durch ihren Vorgesetzten furchtbar verärgert. Sie will ihn aber nicht sofort
>
> darauf ansprechen, weil sie befürchtet, in ihrer Erregung beleidigend zu werden.
> ► POM Arnold ist enttäuscht, dass sich die Touristen für seine ausführlichen Auskünfte über wichtige Sehenswürdigkeiten der Stadt nicht bedankt haben, sieht aber keine Notwendigkeit, dies in einem Gespräch mit den Fremden zu bereinigen.

das Verkehrsgeschehen konzentriert. Durch diese Maßnahme verändert er nicht die stressauslösende Situation, aber der aktuell empfundene Stress wird reduziert, weil die Gedanken an ihn verdrängt werden.

Äußere Ablenkung. Unter einer äußeren Ablenkung versteht man, dass eine Person etwas tut, was sie von der Belastung ablenkt und ihr dadurch eine vorübergehende Erleichterung verschafft. So könnte KK'in Otto, die sich über den Vorgesetzten ärgert, einen Stadtbummel machen, ins Kino gehen oder sich in ihre Arbeit vertiefen. Auch durch diese Art der Ablenkung wird die Situation, die den Stress auslöste, nicht verändert oder reduziert. Durch eine Veränderung der Umgebung versucht man hier, die Stressauslöser zu verdrängen.

Selbstgespräche. Selbstgespräche oder auch Selbstgespräche in Gedanken beinhalten im Gegensatz zur inneren Ablenkung nicht das Beiseiteschieben des Problems, sondern stellen eine konstruktive Auseinandersetzung dar. Im Rahmen der Selbstgespräche kann man sich beispielsweise Mut zusprechen, das Problem in seiner Bedeutung relativieren, die positiven Seiten an der anstrengenden Situation herausstreichen oder ein Verständnis für das unangenehme Verhalten des Gegenübers entwickeln. Auf diese Weise können negative und stressfördernde Gedanken, die sich häufig automatisch und unbewusst einstellen, bewusst durch Umbewertung in positivere und stressminderndere Überlegungen verändert werden.

Abreaktion. Wenn man unter Stress steht, befindet man sich in einem physischen und psychischen Spannungs- und Erregungszustand. Darum ist es hilfreich, diese Anspan-

> **BEISPIEL**
>
> **Stressbewältigung durch Selbstgespräche**
> ▶ PHM Lauer könnte sich klarmachen, dass seine Tochter alt genug ist, alleine zu verreisen oder sich eingestehen, dass bis jetzt noch nichts passiert sei oder dass seine Tochter auch zuhause verunglücken könne.
> ▶ KK'in Otto könnte sich überlegen, ob der Vorgesetzte vielleicht selbst am fraglichen Tag gestresst war und sie daher ungerecht behandelte, oder dass der Vorfall eigentlich nicht besonders schwerwiegend war.

nung, wenn sie zur Bewältigung der Stresssituation nicht produktiv eingesetzt werden kann, anderweitig abzureagieren. Dies kann z. B. durch Sport, körperliche Betätigung oder verbale Äußerungen geschehen. Allerdings muss man bei der Abreaktion von Stress darauf achten, sich durch diese Tätigkeit nicht noch weiter in etwaige Aggressionen hineinzusteigern (s. Kap. 4.2.2). Allerdings bedeutet diese Form des Umgangs mit Stressoren, dass keine bewusste Auseinandersetzung mit oder Veränderung der Stresssituation vorgenommen wird.

Verringerung der Stressdosis. Eine weitere Maßnahme der kurzfristigen Erleichterung besteht darin, einzelne Stressoren auszuschalten und damit die gesamte Stressdosis zu verringern. Dabei ist es sinnvoll, auch Stressoren zu beseitigen, die für sich isoliert keine große Belastung darstellen, denn die Wirkung einzelner Stressoren kann sich nicht nur addieren, sondern potenziert sich in vielen Fällen. PM Kühn stört Zigarettenrauch normalerweise nur wenig. Während einer ereignisreichen Nachtschicht belastet ihn aber das Rauchen des Kollegen ungeheuer und er würde sich gleich viel weniger gestresst fühlen, wenn der Kollege das Rauchen einstellen würde.

Anwendung

Die hier vorgestellten Techniken der kurzfristigen Erleichterung in Stresssituationen lassen sich zumeist kombinieren. Je mehr Strategien man einsetzt, desto größer ist in der Regel der Erfolg. Allerdings sind nicht alle Techniken in jeder Situation einsetzbar. So kann POW Sinn seine Angst beim Durchsuchen einer Lagerhalle, in der sich wahrscheinlich ein bewaffneter Einbrecher versteckt hat, nicht bekämpfen, indem er sich einredet, es könne ihm sowieso nichts passieren. Dadurch würde er wahrscheinlich die Eigensicherung vernachlässigen. Ebenso kann PM Kühn seinen Stress während einer anstrengenden Schicht nicht abbauen, indem er Freunde besucht, sich durch Fernsehschauen ablenkt oder joggen geht.

Missbrauch. Eine Gefahr liegt im Missbrauch der Methoden der kurzfristigen Stressreduktion. Man kann durch diesen Umgang mit Stress die zugrunde liegenden Probleme verdrängen oder braucht sich nicht mehr mit ihnen auseinandersetzen, obwohl dies unbedingt nötig wäre. Solch ein Missbrauch wäre gegeben, wenn sich die Probleme vergrößern oder neue Schwierigkeiten entstehen, indem man sich in einer Stresssituation lediglich eine kurzfristige Erleichterung verschafft, anstatt eine grundlegende Veränderung der Lage zu bewirken.

Vorteile. Richtig eingesetzt sind die Techniken der kurzfristigen Erleichterung eine wesentliche Hilfe in akuten Stresssituationen. Es

> **BEISPIEL**
>
> **Missbrauch der Techniken zur kurzfristigen Erleichterung**
> KK'in Otto spricht ihren Vorgesetzten nicht darauf an, dass er sie ungerecht behandelt, sondern blockt die belastenden Gedanken an diese Vorgänge immer nur ab oder lenkt sich mit anderen Tätigkeiten ab. Langfristig verliert sie dadurch die Freude an der Arbeit, wird nicht leistungsgerecht beurteilt und befördert werden.

gibt eben Belastungen, die im Augenblick nicht langfristig bewältigt werden können oder auch nicht gelöst werden müssen. Man würde sich nur unnötig unter weiteren Stress setzen, wenn man das versuchen würde.

> **!** Stressbewältigung durch kurzfristige Erleichterung behebt nicht die Ursachen der Belastungen, verbessert aber das augenblickliche Befinden. Dies ist in vielen Fällen eine sinnvolle Maßnahme.

11.2 Langfristige Bewältigung

Methoden der langfristigen Bewältigung von Stress können zum einen zur Beseitigung der Ursachen der Belastung eingesetzt werden, so dass eine Lösung oder Regelung für das Problem gefunden wird. Die langfristige Bewältigung kann aber auch der Vorbereitung auf künftigen Stress dienen. Dadurch können bestimmte Belastungen vermieden oder in ihrer Auswirkung abgeschwächt werden, d. h. man kann sich auf die Stresssituationen vorbereiten und ist besser gegen sie gewappnet.

BEISPIEL

Beseitigung und Verhinderung von Stress

▶ KK'in Otto hat sich entschieden, den Vorgesetzten auf die ungerechte Behandlung anzusprechen. Bereits vor dem Gespräch überlegt sie sich, was sie und wie sie es ihm sagen wird und ist daher während der Unterredung weniger aufgeregt, weil sie sich bereits intensiv vorbereitet hat. Sie sucht mit ihm nach einer Übereinkunft, wie er zukünftig eine Ablehnung ihrer Vorschläge äußern kann, ohne sie zu verletzen.

▶ KK Riedel ändert seine Einstellung, er müsse jeden Fall lösen, und setzt sich

▶ seither nicht mehr unter so starken Druck wie früher, wenn er den Täter einer Straftat nicht identifizieren kann.

▶ EKHK Schröder, der an eine andere Dienststelle versetzt wurde, macht seinen neuen Mitarbeitern in mehreren Besprechungen detailliert klar, wie er sich die künftige Zusammenarbeit vorstellt. Er erspart sich durch dieses Vorgehen Ärger, den er in seiner alten Dienststelle hatte, weil er dort nicht bereits zu Anfang seine Anforderungen deutlich gemacht hatte.

Auch bei der langfristigen Stressbewältigung gibt es verschiedene Möglichkeiten der Umsetzung. Welche Methode oder welche Kombination einzelner Techniken in einer konkreten Situation angemessen ist, muss von Fall zu Fall entschieden werden. Nachfolgend werden diese Methoden vorgestellt:

▶ Systematische Problemlösung
▶ Entspannung
▶ Desensibilisierung
▶ Einstellungsänderung
▶ Gespräche.

Systematische Problemlösung

Man kann bei Leuten, die intensiver gestresst sind, sehr oft zwei typische Reaktionen beobachten, wenn Probleme auftauchen. Die einen verfallen in Hektik und versuchen, das Problem von verschiedenen Seiten gleichzeitig anzupacken. Sie verzetteln sich dabei in viele Einzelaktivitäten, ohne die bestehenden Schwierigkeiten effektiv anzugehen. Andere wiederum sind wie gelähmt und sehen überhaupt keinen Ausweg. Sie sind den Problemen

hilflos ausgesetzt und hoffen, dass alles von alleine gut werden wird. Doch dies ist leider nur sehr selten der Fall. Für beide Personengruppen ist es empfehlenswert, die Lösung des Problems zu planen und systematisch anzugehen. Dies erfolgt in fünf Schritten:

(1) Beschreibung des Problems
(2) Erarbeitung potentieller Lösungen
(3) Bewertung und Auswahl der Lösungen
(4) Konkrete Planung des Vorgehens
(5) Überprüfung der Lösung.

(1) Beschreibung des Problems. Zunächst muss man das Problem möglichst konkret und detailliert beschreiben. Je genauer dies geschieht, um so gezielter kann die folgende Planung zur Bewältigung geschehen. Außerdem sollte man sich überlegen, welche Folgen das ungelöste Problem mit sich bringt, da man dadurch eher zu einer Lösung motiviert wird. Schließlich sollte man Zielvorstellungen für die Lösung entwickeln, d. h. sich Gedanken darüber machen, wie der Zustand aussieht, wenn das Problem beseitigt ist.

(2) Erarbeitung potentieller Lösungen. Anhand der Problemstellung erarbeitet man anschließend alleine oder mit Hilfe von Vertrauenspersonen Lösungsvorschläge. Dabei werden zunächst alle Ideen ohne Bewertung gesammelt, egal, wie sinnvoll und brauchbar sie im ersten Moment erscheinen. Dieses Vorgehen hat u. a. den Vorteil, dass man durch unsinnige Vorschläge Denkanstöße für verwertbare Lösungen bekommen kann und zunächst unbrauchbar Erscheinendes später vielleicht doch umsetzbar ist, weil z. B. anfängliche Hindernisse beseitigt werden können.

(3) Bewertung und Auswahl der Lösungen. Erst nach diesen Vorüberlegungen werden die Lösungen auf ihre Brauchbarkeit hin bewertet und eine entsprechende Auswahl getroffen. So werden Lösungen aussortiert, die entweder prinzipiell unbrauchbar sind, nur vorübergehende, aber keine langfristige Lösungen bringen, da massive negative Konsequenzen zu befürchten sind, oder zu deren Verwirklichung bestimmte Voraussetzungen fehlen. Verbleiben nach dieser Aussortierung noch mehrere Möglichkeiten, bildet man eine Rangreihe hinsichtlich der Effektivität und überlegt, ob bestimmte Lösungen miteinander kombinierbar sind. Anschließend trifft man die Entscheidung, was zur Stressreduktion getan werden soll.

(4) Konkrete Planung des Vorgehens. Mitunter sind die ausgewählten Lösungen noch relativ global und abstrakt. Dann ist eine weitere, noch konkretere Planung nötig. Es müssen detailliert die einzelnen Schritte und die Maßnahmen festgelegt werden, die ergriffen werden sollen. Man muss überlegen, wo und wie notwendige Mittel zur Zielerreichung beschafft werden können. Bei längerfristigen Planungen empfiehlt sich ein Zeitplan, damit nicht der zweite Schritt vor dem ersten getan wird und klar ist, bis wann welche Aufgabe erledigt sein muss. Dementsprechend ist das Erstellen von Teilzielen sinnvoll. Auf diese Weise kann man relativ frühzeitig überprüfen, ob man sich auf dem richtigen Weg befindet, bzw. können rechtzeitig Gegenmaßnahmen eingeleitet werden, wenn dies nicht der Fall ist. Außerdem motiviert es im Erfolgsfall zum Weitermachen, wenn zwischendurch auch positive Ergebnisse sichtbar werden.

(5) Überprüfung der Lösung. Dieser letzte Punkt gehört eigentlich zur Planung. Da er aber einerseits so wichtig ist und andererseits oft vergessen wird, soll er eigenständig genannt werden. Ehe die Planung in die Tat umgesetzt wird, müssen messbare Zielkriterien und die Möglichkeit ihrer Überprüfung festgelegt werden. Man muss also konkret definieren, was eine erfolgreiche Lösung wäre und wie festgestellt werden kann, ob dieses Ziel erreicht wurde. Manche Menschen geben sich im Nachhinein mit ihren Erfolgen nicht zufrieden, wollen das Ergebnis ständig verbessern und streben sofort weitere, zusätzliche Ziele an. Das bringt neuen Stress und die notwendigen Erholungsphasen fallen flach.

Andere Personen dagegen sind im Sinne einer „Sauren-Trauben-Politik" mit allem zufrieden, auch wenn das Ergebnis im Grunde unzulänglich ist. Damit sind die Probleme nicht beseitigt oder es treten neue Schwierigkeiten auf. Diese Probleme bekommt man besser in den Griff, wenn man sich bereits vor Beginn Zielkriterien setzt. Sind die Maßnahmen schließlich durchgeführt, müssen die Zielkriterien überprüft werden. Ergibt sich ein Misserfolg, ist eine Fehleranalyse mit den Überlegungen nötig, warum man gescheitert ist und welche Verbesserungsmöglichkeiten es gibt. Im Erfolgsfall soll man sich das positive Resultat auch bewusst machen und sich über das positive Ergebnis freuen.

Anschließend ist man dann motiviert, weitere Probleme ebenso systematisch und geplant anzugehen wie im gerade gelösten Fall. Wie eine solche Problemlösung in einem konkreten Fall zur Stressbeseitigung dienen kann, zeigt das nachfolgende Beispiel.

BEISPIEL

Systematische Problemlösung

(1) Beschreibung des Problems
POM Geiß wird in ein Kaufhaus gerufen, in dem ein Fünfzehnjähriger beim Diebstahl erwischt wurde. Der Jugendliche hat Waren von geringem Wert gestohlen, um die Aufnahme in eine Clique zu bestehen. POM Geiß befürchtet, dass aufgrund falscher Reaktionen des engeren sozialen Umfeldes der Jugendliche erst in eine kriminelle Laufbahn gedrängt wird. Diese Entwicklung möchte Geiß verhindern.

(2) Erarbeiten potentieller Lösungen
POM Geiß kam durch Überlegung zu folgenden, potentiellen Lösungen:

▶ Er könnte auf die Kaufhausleitung einwirken, damit sie keine Anzeige erstattet.

▶ Er könnte die Straftat vertuschen.

▶ Er könnte sich persönlich mit den engeren Bezugspersonen des Jugendlichen in Verbindung setzen, um die Problematik aufzuzeigen.

▶ Er könnte dieses Gespräch durch einen Sozialarbeiter führen lassen, der in einem Freizeitheim arbeitet und zu dem die Polizeibeamten einen guten Kontakt haben.

▶ Er überlegt, dass es vielleicht nicht die Aufgabe eines Polizeibeamten ist, hier weitere Vorkehrungen zu treffen.

(3) Bewerten und Auswahl der Lösungen
POM Geiß verwarf die Möglichkeit der Einwirkung auf die Kaufhausleitung, da diese nicht mit sich verhandeln ließ, und das Vertuschen der Straftat wegen der möglichen Folgen. Das Gespräch mit den Bezugspersonen des Jugendlichen wollte er nicht selbst führen, da er sich dazu nicht in der Lage sah. Genauso wenig kam für ihn in Betracht, einfach zur Tagesordnung überzugehen. Deswegen entschied sich POM Geiß, den Sozialarbeiter des Freizeitheimes einzuschalten.

(4) Konkrete Planung des Vorgehens
Zunächst möchte POM Geiß den Jugendlichen von seinem Vorhaben unterrichten, da er nur mit dessen Einwilligung aktiv werden will. Stimmt der Jugendliche zu, wird Geiß den Sozialarbeiter noch am selben Tag anrufen. Zusätzlich möchte POM Geiß die Problematik beim nächsten Treffen der Vertreter verschiedener Institutionen, die im betreffenden Stadtteil tätig sind, diskutieren.

(5) Überprüfen der Lösung
POM Geiß beschließt, dass er sich in einem Vierteljahr bei dem Jugendlichen erkundigen will, wie es ihm geht. Geiß hofft, dass er dann nicht von Problemen erfährt, die auf den Diebstahl zurückzuführen sind. Dann würde Geiß beim nächsten ähnlichen Einsatz von vornherein ein besseres Gefühl haben.

Entspannung

Eine Möglichkeit, wie man sich in einer Stresssituation eine vorübergehende Erleichterung verschaffen kann, ist die Spontanentspannung, also eine Entspannung in der akuten Belastungssituation selbst (s. Kap. 11.3.1). Eine grundlegende und längerfristige Vorbereitung auf Belastungen sind dagegen verschiedene Formen der Entspannung, die regelmäßig durchgeführt werden, ohne dass ein aktueller Anlass vorliegt, sich entspannen zu müssen. Man kann dabei zwischen systematischen und unsystematischen Arten unterscheiden.

Systematische Entspannung. Bei der systematischen Entspannung handelt es sich um Entspannungsübungen, die aufeinander aufbauen und erlernt werden müssen. Beispiele für diese Form sind autogenes Training, Yoga, Qi Gong und die muskuläre Entspannung. Möglichkeiten zum Erlernen dieser Methoden bieten z. B. Volkshochschulen, Turnvereine, psychosoziale Beratungsstellen und bestimmte Psychologen sowie Ärzte an.

Unsystematische Entspannung. Unter den unsystematischen Formen der Entspannung versteht man Aktivitäten, die einen stark entspannenden Effekt haben wie Baden, Schwimmen, Saunabesuche, Massagen, Schlafen, Lesen, Musikhören und Hobbys.

Vorteile. Werden Maßnahmen der unsystematischen und vor allem der systematischen Entspannung regelmäßig praktiziert, erhöht sich die allgemeine Belastbarkeit, weil die Grundanspannung gesenkt wird. Man befindet sich generell auf einem geringeren Erregungsniveau, so dass Stressoren, die irgendwann auftreten, mit größerer Wahrscheinlichkeit nur zu einer leistungssteigernden Aktivierung und nicht zu Überreaktionen und langfristig zu psychosomatischen Erkrankungen führen (s. Kap. 5.3). Man fährt z. B. nicht gleich aus der Haut, wenn einen das Gegenüber verärgert, sondern kann den anderen ruhiger und gelassener auf sein negatives Verhalten ansprechen. Sind bereits psychosomatische Stressschäden vorhanden, können einige durch regelmäßige Entspannungsübungen abgebaut werden.

Desensibilisierung

Die Desensibilisierung ist eine gedankliche Bewältigung von Stresssituationen in Kombination mit Entspannungsmaßnahmen. Daher ist für diese Art der Stressbewältigung das Beherrschen einer systematischen Form der Entspannung eine gute Voraussetzung.

Ablauf. Das konkrete Vorgehen sieht folgendermaßen aus: Zunächst entspannt man sich möglichst intensiv. Dazu zieht man sich am besten an einen ruhigen Ort zurück, legt sich nieder, schließt die Augen und führt Entspannungsübungen durch. Fühlt man sich weitgehend entspannt, versetzt man sich gedanklich in die Stresssituation. So stellt sich beispielsweise KK'in Otto, nachdem sie sich entspannt hat und sich ruhig und gelassen fühlt, vor, wie sie die Unterredung mit ihrem Vorgesetzten führt. Dabei ist der Erfolg um so größer, je plastischer und detaillierter diese Vorstellung gelingt. Einzelne Aspekte sind nun nicht konkret vorhersehbar. KK'in Otto kann z. B. nicht genau wissen, wie ihr Vorgesetzter argumentieren wird. Aber eine ungefähre Vorstellung des Unterhaltungsablaufs ist aufgrund ihrer Vorerfahrung möglich. Außerdem sind ihr weitere Stressoren ziemlich genau bekannt, da

KK'in Otto das äußere Erscheinungsbild ihres Vorgesetzten, sein Zimmer und den Termin des Gesprächs kennt. Es wird insgesamt sehr viel bewirkt, wenn auch relativ unwichtige Stressoren konkret und andere zumindest annähernd vorstellbar sind. Dadurch können diese Stressoren in der Vorstellung mehr oder minder verarbeitet werden und liefern künftig in der Realsituation keinen oder höchstens einen geringen Beitrag zur Gesamtbelastung. Man kann sich somit sinnvoll auf zukünftige Probleme vorbereiten, auch wenn nicht alles vorhersehbar ist. Fühlt man während der Vorstellung der Situation Stressreaktionen wie z. B. Nervosität, ein flaues Gefühl im Magen oder eine Erhöhung des Pulsschlages, bricht man die Vorstellung ab und führt wieder Entspannungsübungen durch. Hat man den Eindruck, entspannt zu sein, versetzt man sich wieder in die Problemsituation, bis Stressreaktionen auftreten usw. So kommt es ständig zu einem Wechsel von Entspannung – Vorstellung der Stresssituation – Entspannung usw. Dies macht man so lange, bis man sich die Situation mehrmals ohne stärkere Erregung vorstellen kann.

Vorteile. Dieses Vorgehen der Desensibilisierung ist in der Regel nicht nach einem Tag erfolgreich, aber durch intensives Üben erreicht man, dass nach einiger Zeit Situationen, auf die man sich durch die Desensibilisierung vorbereitet hat, weniger stressen als vorher. Auch ähnlich gelagerte Fälle werden dann in Zukunft bedeutend weniger Stress hervorrufen.

Einstellungsänderung

In vielen Fällen entsteht Stress durch die Einstellung zur aktuellen Situation. Wir sind belastet, weil wir bestimmte Vorkommnisse als belastend einschätzen oder erleben, völlig unrealistische Erwartungen haben, so dass Misserfolge dadurch bereits vorprogrammiert sind, von falschen Voraussetzungen ausgehen, zur Schwarz-Weiß-Malerei neigen usw.

Wer glaubt, keine Fehler machen zu dürfen, wird schon durch den kleinsten Ausrutscher massiv getroffen. Es ist unrealistisch, zu erwarten, von allen Menschen geliebt zu werden. Ansonsten bereitet bereits eine einzige Person, die einem distanziert gegenübersteht, ein schwerwiegendes Problem. Wer damit rechnet, beruflich eine Topkarriere zu machen, nachdem die schulischen Leistungen sehr schlecht waren, verrechnet sich in vielen Fällen. Hat man die Einstellung, seine Mitmenschen müssen bedingungslos alles gut heißen, was man tut, und dass jede Kritik bereits von Feindschaft zeugt, wird man zwangsläufig Probleme im zwischenmenschlichen Kontakt bekommen. In solchen Fällen ist es hilfreich, die zugrunde liegenden Denkweisen zu verändern, um den Stress als Folge der Einstellungen abzubauen. Die Veränderung der Einstellungen geht wiederum schrittweise vor sich:

(1) Beschreibung der alten Einstellung
(2) Überprüfung der alten Einstellung
(3) Erarbeitung einer neuen, realistischen Einstellung
(4) Verstärkung der neuen Einstellung
(5) Überprüfung der Wirksamkeit der neuen Einstellung.

(1) Beschreibung der alten Einstellung. Zunächst muss man sich die Einstellungen bewusst machen, die unser Verhalten, unsere Erwartungen, die Art und Weise, wie wir bestimmte Situationen erleben etc. beeinflussen. Je besser man sich die eigenen Denkweisen bewusst machen kann, desto gezielter kann eine Einstellungsänderung erfolgen. Eine Schwierigkeit bei diesem Vorgehen liegt darin, dass uns unsere Einstellungen teilweise nicht bewusst sind. Sie beeinflussen uns zwar, wir kennen sie jedoch nicht und könnten nicht sagen, was unsere Reaktionen hervorruft. Es gibt zwei Hilfen, um sich solche Einstellungen bewusst zu machen, die an dieser Stelle vorgestellt werden sollen.

▶ Eine Möglichkeit besteht darin, sich eine typische Stresssituation zu suchen und sich in Gedanken – am besten im Liegen und mit geschlossenen Augen – in diese Situation zu versetzen. Während man in der Vorstellung diese Situation durchlebt, muss man ganz genau darauf achten, welche Gedanken einem kommen und sich überlegen, warum man sich so verhält, wie man es tut. Auf diese Art kann man sich an die zugrundeliegenden Einstellungen herantasten.

▶ Eine andere Hilfestellung kann sein, mit einer Vertrauensperson über seine Belastungen zu reden. Bei dieser Unterhaltung soll der Gesprächspartner seine Vermutungen und Hypothesen über vorhandene Einstellungen einbringen. In einer kritischen Auseinandersetzung mit diesen Denkanstößen des Partners können schließlich die Einstellungen Schritt für Schritt herausgearbeitet werden.

(2) Überprüfung der alten Einstellung. Nach der Beschreibung einer Einstellung gilt es, in einem nächsten Schritt zu überprüfen, ob die identifizierte Einstellung unangemessen ist und wenn ja, warum. Dazu hilft die Beantwortung folgender und ähnlicher Fragen:

▶ Welche positiven Konsequenzen hat die Einstellung für mich? Hätte eine Einstel-

lung nur Nachteile, würde man sie sofort aufgeben. Für eine Bearbeitung der Einstellung ist es daher nötig, auch die positiven Konsequenzen zu berücksichtigen.

▶ Welche negativen Konsequenzen hat die Einstellung für mich? Welche Probleme ergeben sich aus meiner Einstellung? Inwiefern komme ich durch meine Einstellung in Schwierigkeiten?

▶ Was würde ein Dritter zu dieser Einstellung sagen? Was könnte ein Außenstehender – zumindest theoretisch – an Pro- und Kontra-Argumenten finden?

▶ Wo liegen Fehler in dieser Einstellung? Gehe ich von unbewiesenen Voraussetzungen aus, die dementsprechend falsch sein können? Sind überzogene Erwartungen vorhanden? Denke ich in Extremen, ausschließlich schwarz-weiß und übersehe ich vielleicht die Zwischentöne?

▶ Welche Konsequenzen hätte eine Veränderung meiner Einstellung? Welche Vor- und Nachteile würde es bringen, sich entsprechend der geänderten Einstellung zu verhalten?

Um die Argumentation zu veranschaulichen, kann man die Argumente für und gegen die Einstellung auf einem Blatt Papier in zwei Spalten festhalten. Nach der Auflistung müssen die Argumente dahin gehend überprüft werden, ob sie wirklich an der richtigen Stelle stehen oder nicht sinnvoller Weise einzelne Pro-Argumente der Kontraseite und umgekehrt zugerechnet werden sollten. Wenn die Argumentation überprüft wurde, kann entschieden werden, ob die positiven oder negativen Gesichtspunkte der Einstellung überwiegen, wobei im letzteren Fall eine Einstellungsänderung nötig wird. Wenn eine positive Bilanz gezogen wird, kann die alte Einstellung beibehalten werden.

(3) Erarbeitung einer neuen, realistischen Einstellung. Im dritten Schritt kann eine neue, realistische Einstellung erarbeitet werden. Sie wird aus den Argumenten, die gegen die alte Einstellung sprechen, abgeleitet. Es muss darauf geachtet werden, dass mögliche Fehler der alten Einstellung wie Extremdenken, Übertreibungen oder unrealistische Erwartungen ausgemerzt werden.

(4) Verstärkung der neuen Einstellung. Die Verstärkung der neuen Einstellung erfolgt in zwei Schritten. Zunächst müssen zu den Argumenten, die gegen die alte Einstellung sprechen, solche gesucht werden, die die neue Einstellung unterstützen. Anschließend sollte man versuchen, jedes Pro-Argument der alten Einstellung zu widerlegen. Wo dies nicht gelingt, sollten jedem dieser Gesichtspunkte mehrere oder gewichtigere Argumente für die neue Einstellung gegenübergestellt werden, so dass die Argumente für die alte Einstellung dadurch zumindest indirekt abgeschwächt werden. Damit die neue Einstellung die alte ersetzen kann, muss man möglichst oft an die neue Einstellung und die Argumente dafür denken. Es muss eine geistige Auseinandersetzung und Verarbeitung stattfinden, die eine gewisse Zeit in Anspruch nimmt. Erst dadurch tritt die neue Einstellung an die Stelle der alten und beeinflusst unser Verhalten.

(5) Überprüfung der Wirksamkeit der neuen Einstellung. Man muss zum Abschluss dieses Vorgehens planen, wie überprüft werden kann, ob die neue Einstellung wirksam ist, d. h. ob sie unser Verhalten und die Bewertung einzelner Situationen beeinflusst. Dazu muss man sich typische Situationen überlegen, in denen die neue Einstellung zum Tragen kommen müsste und unter Umständen

solche Situationen auch gezielt herbeiführen. Außerdem sollte man darüber nachdenken, wie das der Einstellung entsprechende und damit stressfreie Verhalten aussieht.

Der mögliche Ablauf einer Einstellungsänderung wird im Beispiel auf S. 179/180 dargestellt.

Gespräche

Eine weitere Möglichkeit der langfristigen Stressbewältigung stellen Gespräche dar. So kann es helfen, mit anderen über Probleme zu reden, weil schon das Sprechen über die Schwierigkeiten Erleichterung bringen kann. Noch hilfreicher ist es natürlich, wenn der Partner sogar eine Lösung für unsere Schwierigkeiten aufzeigen kann. Besonders wichtig aber sind Gespräche, wenn Schwierigkeiten im zwischenmenschlichen Bereich mit der betreffenden Person bestehen. Durch das Miteinanderreden sollte man versuchen, eine Lösung oder Regelung für die Konflikte zu finden. Da bereits im Kapitel 8.6 die Grundlagen einer guten Kommunikation vorgestellt wurden, sollen hier nur die wichtigsten Gesichtspunkte kurz wiederholt werden:

▶ Senden von Ich-Botschaften
▶ Darstellung der eigenen Betroffenheit
▶ Klares Ansprechen von Forderungen
▶ Formulierung von Kritik und Änderungswünsche als konkretes Verhalten
▶ Aktives Zuhören.

Senden von Ich Botschaften. In Gesprächen sollte man Ich-Botschaften senden. Man sollte also das Wort „Ich" gebrauchen, um klarzustellen, dass man seine subjektive Meinung kundtut. Dementsprechend sollte man Wendungen wie „Ich finde es nicht gut …", „Es stört mich …" oder „Mir gefällt es nicht …" benutzen. Denn gerade im zwischen

BEISPIEL

Einstellungsänderung

(1) Stress erzeugende Einstellung. PK Fischer wird zum Suizidversuch eines Jugendlichen gerufen, der sich vom Dach eines Hochhauses stürzen will. Der Beamte kann den Suizid verhindern, hat aber den Anspruch, er müsse auch weitere Versuche vereiteln. Wenn sich der Jugendliche später töten würde, würde PK Fischer das Gefühl haben, er habe als Polizist versagt. Diese Einstellung bereitete dem Polizeibeamten große Probleme, da sie bei ihm Stress erzeugt.

(2) Überprüfung der alten Einstellung. Welche Argumente sprechen für und welche gegen die Einstellung von PK Fischer, dass er zukünftige Suizidversuche des Jugendlichen verhindern muss? Er schreibt sich die Argumente zweispaltig auf ein Blatt auf, um sie gut vergleichen zu können.

Pro-Argumente	Kontra-Argumente
▶ Erreiche ich mein Ziel, werden mir der Jugendliche und seine Eltern ewig dankbar sein.	▶ Erreiche ich mein Ziel nicht, habe ich u. U. zeitlebens massive Schuldgefühle.
▶ Unter Umständen werde ich von meinem Vorgesetzten besonders belobigt.	▶ Suizidprophylaxe ist nicht Aufgabe der Polizei.
▶ Durch die Betreuung des Jugendlichen habe ich endlich eine sinnvolle Freizeitbeschäftigung.	▶ Kümmere ich mich ständig um den Jugendlichen, vernachlässige ich zwangsläufig meine übrigen Aufgaben.
	▶ Eine 100%ig effektive Kontrolle müsste rund um die Uhr erfolgen, was unmöglich ist.
	▶ Eine intensive Kontrolle des Jugendlichen schränkt diesen ein, so dass er größere Schwierigkeiten hat, seine Probleme selbständig zu lösen.

PK Fischer überlegt, ob er die Pro- und Kontra-Argumente richtig zugeordnet hat. Er sah es zunächst als positiv an , dass er durch die Betreuung des suizidgefährdeten Jugendlichen eine sinnvolle Freizeitbeschäftigung habe. Wenn er jedoch ehrlich ist, muss er sich eingestehen, dass er sonst nichts mit seiner Freizeit anzufangen weiß. Die Beschäftigung mit dem Jugendlichen ist nur eine Scheinlösung für das Problem. Durch das Umsorgen des Jugendlichen hindert sich PK Fischer an der Suche nach einer wirklich sinnvollen Aktivität. Damit gehört dieser vermeintliche Vorteil auf die Negativseite der Argumente. PK Fischer kommt zu dem Schluss, dass mehr und gewichtigere Argumente gegen die alte Einstellung sprechen.

(3) Erarbeiten einer neuen realistischen Einstellung. Statt der alten Einstellung, es sei die Aufgabe eines Polizeibeamten, auch künftige Suizidversuche eines akut Suizidgefährdeten zu verhindern, entwickelt der PK Fischer die Einstellung: Es ist meine Aufgabe, den akuten Suizidversuch des Jugendlichen, zu dem ich gerufen werde, zu verhindern. Spätere Versuche zu unterbinden, liegt außerhalb meiner Zuständigkeit und Einflussmöglichkeiten.

(4) Verstärkung der neuen Einstellung. PK Fischer überlegt, dass folgende Argumente noch zusätzlich für die neue bzw. gegen die alte Einstellung stehen:

▶ Für mich selbst ist es besser, an meiner Unfähigkeit, Freizeit sinnvoll zu gestalten, direkt zu arbeiten.

▶ Bei einer erfolgreichen Suizidprophylaxe ist erstens die Dankbarkeit des Jugendlichen nicht gewiss, und zweitens wäre sie sehr teuer erkauft.

(5) Überprüfung der Wirksamkeit der neuen Einstellung. PK Fischer nimmt sich vor, seine neue Einstellung zu überprüfen, indem er mit seinen Kollegen über den vorliegenden Fall diskutieren und ihnen die neue Einstellung begründen will. Wenn ihm die alten Bedenken durch den Kopf gehen, will er an die Argumente für die neue Einstellung denken, und diese müssen ihm sofort einfallen und geläufig sein. Außerdem beabsichtigt er, keinen Kontakt zu dem Jugendlichen aufzunehmen und trotzdem kein schlechtes Gewissen zu haben.

menschlichen Bereich gibt es häufig keine objektiven Maßstäbe für richtig und falsch. Daher ist es für eine Auseinandersetzung förderlich zu zeigen, dass man lediglich seine subjektive Ansicht der Dinge darstellt. Dadurch greift man den anderen nicht an und gibt ihm auch keine Schuld, denn es kann ja sein, dass die eigene Ansicht falsch ist. Bei zwischenmenschlichen Problemen taucht häufig die Frage nach den richtigen Maßstäben auf, da es nicht die eine, richtige Antwort auf die folgenden Fragen gibt: Wie viele gemeinsame Unternehmungen im Monat kennzeichnen eine gute Ehe? Ab wann wird ein Lächeln über eine Bemerkung des anderen beleidigend? Was aus dem Berufsalltag muss man dem Partner unbedingt erzählen?

Darstellung der eigenen Betroffenheit. Die persönliche Betroffenheit über das Problem wird schon durch das Wörtchen „ich" gezeigt. Darüber hinaus soll man die Bedeutung des Problems klar aussprechen, um den anderen zu einer Regelung zu motivieren. Bei persönlichen Beziehungen kann die Betroffenheit verdeutlicht werden, indem man über seine unangenehmen Gefühle wie Ärger, Enttäuschung oder Wut spricht. Dies ist zugleich eine gute Möglichkeit, seine Gefühle zu verarbeiten.

Klares Ansprechen von Forderungen. Forderungen an den (Gesprächs)Partner sollen klar und eindeutig angesprochen werden. Man sollte also keine abschwächenden Floskeln gebrauchen wie „Könnten Sie vielleicht", „Wäre es unter Umständen möglich" oder „Wenn es dir nichts ausmacht, würdest du ...". Andererseits sind Drohungen, aggressive Befehle und Beschimpfungen ebenso unangebracht. Besser sind also Formulierungen wie „Ich erwarte", „Ich bitte dich" oder „Ich bestehe darauf, dass …".

Konkrete Formulierung von Kritik und Änderungswünschen.
Kritisiert man konkretes Verhalten und nicht die gesamte Person, wird Kritik mit größerer Wahrscheinlichkeit vom Gegenüber auch angenommen. Bei Änderungswünschen weiß der andere zudem genauer, was von ihm erwartet wird, wenn statt abstrakter Eigenschaften eindeutiges Verhalten genannt wird. Kritik an konkretem Verhalten wird durch Redewendungen wie „Mich stört es, wenn du nach Schichtende unseren gemeinsamen Schreibtisch nicht aufräumst." viel besser verdeutlicht als durch Äußerungen wie „Sei nicht so schlampig und unordentlich!", die zudem die ganze Person abwerten.

Aktives Zuhören.
Es ist wichtig, es in einem Gespräch auch dem Partner zu erleichtern, seine Sicht der Dinge darzustellen. Dazu ist eine förderliche verbale und nonverbale Kommunikation nötig, die durch Blickkontakt, Kopfnicken, Nachfragen, Zusammenfassen und Ansprechen der Gefühle des Partners gestaltet werden kann (s. Kap. 8.6.2).

> **!** Strategien zur langfristigen Bewältigung von Stress helfen, Ursachen für Belastungen zu beseitigen oder sich auf mögliche Probleme so vorzubereiten, so dass sie im Idealfall gar nicht eintreten oder zumindest in ihrer negativen Auswirkung abgeschwächt werden.

11.3 Untaugliche Mittel

Wir haben nicht alle denkbaren Möglichkeiten der langfristigen Stressbewältigung vorgestellt. Neben weiteren brauchbaren Mitteln,

die hier nicht mehr dargestellt werden, gibt es viele untaugliche Methoden, die leider häufig eingesetzt werden. So sind alle Maßnahmen abzulehnen, die eine vorübergehende Erleichterung verschaffen, aber langfristig Probleme bewirken (s. Kap. 11.1). Unbrauchbare Stressbewältigungsmethoden sind z. B. der Alkohol- und Drogenkonsum, die Flucht in die Arbeit bei privaten Problemen, das Ablassen seines Ärgers an Unbeteiligten und das Nichtansprechen zwischenmenschlicher Probleme. Auf den Missbrauch von Betäubungsmitteln (Alkohol, Medikamente, Drogen) jeder Art soll besonders eingegangen werden, da er auch bei Polizeibeamten häufiger vorkommt.

Diese Mittel helfen zunächst nur, Probleme zu verdrängen, die prinzipiell angegangen und gelöst werden müssen. Der übermäßige Konsum von Betäubungsmitteln hat zudem unerwünschte körperliche, psychische und soziale Nebenwirkungen. So schädigen diese Substanzen z. B. die inneren Organe, das Nervensystem und führen häufig zur körperlichen Abhängigkeit. Körperliche Abhängigkeit bedeutet, dass durch die Veränderungen des Stoffwechsels der Organismus darauf angewiesen ist, dass die Suchtmittel dem Körper regelmäßig zugeführt werden, damit keine Entzugserscheinungen auftreten. Außerdem kann eine psychische Abhängigkeit entstehen, die sich darin äußert, dass der Wunsch nach dem Gebrauch stärker und der Anlass zu deren Konsum nichtiger wird. Musste man z. B. Alkohol zunächst nur trinken, um extrem belastende berufliche Situationen „in den Griff zu bekommen", ist dies schließlich nötig, um den Alltag überhaupt bewältigen zu können. Zusätzlich entstehen Schwierigkeiten, weil das soziale Umfeld verstärkt ablehnend reagiert, die Leistungsfähigkeit abnimmt, negative Charaktereigenschaften verstärkt werden usw. Alle Nebenwirkungen werden zusätzlich verschärft, da durch Gewöhnung an die Betäubungsmittel die Dosis stetig erhöht werden muss, damit sich die erwünschten Effekte einstellen. Eine solche Entwicklung nennt man Toleranzsteigerung und sie ist ein Zeichen für den Missbrauch oder die Abhängigkeit von einer Substanz.

> **!** Unwirksam zur Stressbewältigung sind alle Maßnahmen, die eine kurzfristige Erleichterung verschaffen, aber langfristig negative Auswirkungen haben, die die vorübergehende Verbesserung des Zustandes nicht rechtfertigen.

Zusammenfassung

Arten der Stressbewältigung. Es gibt zwei Arten der Stressbewältigung, die kurzfristige Erleichterung, die zur augenblicklichen Verbesserung des Wohlbefindens führt, und die langfristige Bewältigung, die Ursachen für Belastungen beseitigt oder der Vorbereitung auf zukünftigen Stress dient.

Kurzfristige Erleichterung. Methoden der kurzfristigen Erleichterung sind:
- Spontanentspannung: Entspannung der Muskulatur in der Stresssituation
- Innere Ablenkung: Abblocken belastender Gedanken durch Denken an Unbelastendes
- Äußere Ablenkung: Tätigkeiten, die Belastungen vergessen helfen
- Selbstgespräche: konstruktive gedankliche Auseinandersetzung mit dem Problem

- Abreaktion: Spannungsabbau durch Tätigkeiten
- Verringerung der Stressdosis: Ausschalten einzelner Stressoren.

Langfristige Bewältigung. Methoden der langfristigen Bewältigung von Stress sind:
- Systematische Problemlösung
- Entspannung
- Desensibilisierung
- Einstellungsänderung
- Gespräche.

Systematische Problemlösung. Die systematische Problemlösung erfolgt in fünf Schritten:
(1) Beschreiben des Problems
(2) Erarbeiten potentieller Lösungen
(3) Bewerten und Auswahl der Lösungen
(4) Konkrete Planung des Vorgehens
(5) Überprüfen der Lösung.

Desensibilisierung. Bei der Desensibilisierung stellt man sich Stresssituationen im entspannten Zustand möglichst konkret vor, bricht bei stärkerer Belastung die Vorstellung ab, um sich voll auf die Entspannung zu konzentrieren, versetzt sich dann wieder gedanklich in die Stresssituation und so weiter, bis man die Belastungssituation in der Vorstellung stressfrei durchleben kann.

Einstellungsänderung. Die systematische Einstellungsänderung läuft in fünf Phasen ab:
(1) Beschreiben der alten Einstellung
(2) Überprüfen der alten Einstellung
(3) Erarbeiten einer neuen, realistischen Einstellung
(4) Verstärken der neuen Einstellung
(5) Überprüfen der Wirksamkeit der neuen Einstellung.

Gespräch. Ein Gespräch über zwischenmenschliche Probleme ist in allen Fällen hilfreich. Dabei sollte man folgende Regeln beachten:

- ▶ Ich-Botschaften senden
- ▶ Eigene Betroffenheit darstellen
- ▶ Forderungen klar ansprechen
- ▶ Kritik und Änderungswünsche als konkretes Verhalten formulieren
- ▶ Aktiv zuhören.

Untaugliche Mittel. Untaugliche Mittel der Stressbewältigung sind u. a. Alkohol-, Drogen- und Medikamentenkonsum sowie Flucht- und Vermeidungsverhalten.

Weiterführende Literatur

- ▶ Bellon, R. & Klein, K. (1995). Stress und Stressbewältigung. Baltmannsweiler: Schneider Verlag Hohengehren.
- ▶ Brengelmann, J. C. (Hrsg.) (1988). Stressbewältigungstraining, 1. Entwicklung. Frankfurt/Main: Peter Lang.
- ▶ Kaluza, G. (2004). Stressbewältigung. Berlin: Springer.
- ▶ Kraheck-Brägelmann, S. & Pahlke, C. (1997). Betreuungskonzepte für die Polizei. Alltag – Stress – Sucht: Hilfen für die Helfer. Hilden: Deutsche Polizeiliteratur.
- ▶ Mitchell, J. T. & Everly, G. S. (1998). Stressbearbeitung nach belastenden Ereignissen (SBE). Ein Handbuch zur Prävention psychischer Traumatisierung in Feuerwehr, Rettungsdienst und Polizei. Edewecht: Stumpf & Kossendey.

12 Umgang mit Aggressionen und Angst

> ▶ Wenn sich PHM Korn im Dienst besonders geärgert hat, geht er ins Fitnessstudio, um seine Aggressivität an Kraftmaschinen abzuarbeiten.
> ▶ Um die Aggressionsbereitschaft seines Gegenübers nicht unnötig zu erhöhen, achtet PK Bittner darauf, bei gebührenpflichtigen Verwarnungen den anderen besonders höflich zu behandeln.
> ▶ PHM'in Bäumler nimmt zur Strafrechtsklausur ihren Talisman mit.
> ▶ Weil EPHK Schaller seine Angst vor Hunden abbauen will, zwingt er sich, häufiger im Stadtpark zu joggen, wo viele Hunde frei herumlaufen.

In Kapitel 4 „Gefühle" wurde auf die Entstehung und die Formen von Aggression und Angst eingegangen. In diesem Kapitel sollen, wie in den Eingangsbeispielen bereits gezeigt, Möglichkeiten des Umgangs mit diesen Gefühlen dargestellt werden, wenn sie im Polizeialltag auftreten. Zuerst wird dieses Vorgehen für Aggression und dann für die Angst aufgezeigt.

12.1 Aggressionen

Unter Aggressionen versteht man Verhaltensweisen, die absichtlich Personen oder Gegenstände schädigen sollen. Die Aggressivität wird als Bereitschaft zur Aggression, also als Bereitschaft zur Schädigung von Personen und Gegenständen definiert (s. Kap. 4). Man kann folgende Formen der Aggressionen unterscheiden:

▶ Aktive vs. passive Aggression
▶ Verbale vs. körperliche Aggression
▶ Feindliche/feindselige vs. instrumentelle Aggression.

Zur Entstehung von Aggressivität und Aggressionen sind verschiedene Theorien vorgestellt worden (s. Kap. 4):

▶ Lerntheorien: Modelllernen, klassisches Konditionieren, operantes Konditionieren
▶ Frustrations-Aggressions-Theorie
▶ Triebtheorien.

Eine weitere Erkenntnis der Aggressionsforschung besagt, dass Aggressionen nicht immer oder zumindest nicht sofort ausgelebt werden. Durch Prozesse wie Umbewertungen der Frustration, Resignation, positive Ersatzhandlungen oder verstärkte Motivation, die frustrierenden Probleme zu bewältigen, können Aggressionen abgebaut werden. Gerade als Polizeibeamter wird man immer wieder mit eigenen und fremden Aggressionen konfrontiert. Daher widmet sich dieses Kapitel dem Umgang mit Aggressionen. Es sollen Fragen wie diese beantwortet werden:

▶ Was gibt es für Möglichkeiten, um positiv mit eigener und fremder Aggressivität bzw. Aggression umzugehen?
▶ Wie können Aggressionen verhindert werden?

► Welche Möglichkeiten gibt es, Aggressionen zu dämpfen?

Dabei sind verschiedene Vorgehensweisen denkbar, wie man mit Aggressionen umgehen kann:

► Ausleben der Aggressionen
► Reduktion der Anreger für Aggressionen
► Konstruktive Ersatzhandlung.

Ausleben von Aggressionen

Eine Möglichkeit des Umgangs ist das Ausleben der Aggressionen, das auf verschiedene Weisen ablaufen kann: vorbeugendes Abreagieren, sozial akzeptiertes Abreagieren, nicht aggressives Verhalten und direkte Vergeltung.

Vorbeugendes Abreagieren. Man kann Aggressionen vorbeugend abreagieren, indem man sich aggressiv verhält, ohne dass ein akuter Anlass dazu besteht. Vergleichbar wäre das mit jemandem, der ständig Kleinigkeiten isst, damit kein Hunger aufkommt. So könnte man argumentieren, dass Kinder, die mit Spielzeug wie Waffen, Spielzeugsoldaten und entsprechenden Computerspielen spielen, ihre Aggressionen vorbeugend abreagieren. Nach dieser Sichtweise sollten sich Erwachsene möglichst viele Kriegsfilme und Gewaltvideos ansehen, weil dadurch Aggressionen und entsprechendes Handeln oder Phantasien abgebaut werden sollten. Viele Untersuchungen zeigen aber ganz im Gegenteil, dass solche Handlungen eher zu weiteren aggressiven Handlungen führen, als dass die Aggressivität abgebaut würde. Diese Abreaktion hat zumindest kurzfristig, einen eher stimulierenden Effekt (Pilz & Moesch, 1975).

Wenn durch das Ausleben Aggressionen eher gesteigert als vermindert werden, dann sprechen diese Befunde auch gegen die Triebtheorien der Aggression. Nach den Trieb- oder Dampfkesseltheorien müssen Menschen ab und zu „Dampf" bzw. Aggressionen ablassen, um nicht zu explodieren. Im Gegensatz zu diesen Annahmen werden jedoch durch aggressive Handlungen gewalttätige Taten wahrscheinlicher und verstärken die Erregung. Daher kann man nicht von „vorbeugenden" aggressiven Handlungen sprechen, weil sie im Gegenteil eher weitere Aggressionen bewirken.

Sozial akzeptiertes Ausleben. Eine andere Form des Auslebens akuter Aggressivität wäre die Abreaktion der Erregung auf eine Art, die relativ wenig Schaden anrichtet und

---

BEISPIEL

Aggressionsförderung durch aggressives Handeln

► Kinder, die vorwiegend Spielsachen bekommen, die aggressives Spielen fördern wie z. B. Spielzeugwaffen oder Cowboy- und Indianerfiguren, bauen dadurch eigene Aggressionen nicht ab, sondern streiten miteinander mehr als Kinder mit Spielzeug, das eher aggressionsfreies Spielen nahe legt.

► Fußballzuschauer, die bereits während des Spiels randalieren und dadurch die Möglichkeit hätten, ihren vorhandenen Aggressionen Luft zu machen, lassen sich außerhalb des Stadions verstärkt Sachbeschädigungen und Körperverletzungen zuschulden kommen.

► Täter von Gewalttaten oder Amokläufer schauen häufig begeistert und regelmäßig gewaltverherrlichende Videos oder spielen entsprechende Computerspiele.

sozial akzeptiert ist. Klassische Empfehlungen sind hierbei, einen Teller an die Wand zu werfen oder Holz zu hacken. Obwohl man oft solche und ähnliche Ratschläge hört, reduziert sich die Aggressivität dadurch nicht. Es lässt lediglich die Spannung nach, in der man sich aufgrund seiner Erregung befindet. Da aber die Auslöser für die gereizte Stimmung nicht beseitigt werden bzw. die Probleme mit dem Verursacher der Aggressivität nicht geregelt werden, führt dies in der Regel nur zu einer vorübergehenden Beruhigung und die aggressive Stimmung stellt sich bald wieder ein.

BEISPIEL

Sozial akzeptiertes Ausleben
Als KK Sandes nach einem Beurteilungsgespräch wütend das Zimmer seines Vorgesetzten verlässt, wirft er die Tür fest hinter sich ins Schloss. Auf dem Weg zu seinem Büro knallt er jede Tür zu. Als er in seinem Büro ankommt, schäumt er innerlich immer noch vor Wut und tritt gegen einen Stuhl, der ihm im Weg steht.

Nichtaggressives Verhalten. Ein Abbau der Erregung lässt sich ebenfalls durch nichtaggressives Verhalten erreichen, indem man z. B. mit jemandem über seinen Ärger spricht, spazieren geht oder Sport treibt. KK Sander, der sich über die ungerechte Beurteilung seines Vorgesetzten ärgert, könnte seine Aggressivität abreagieren, indem er z. B. eine halbe Stunde joggen geht. Dadurch kommt es zwar nur zu einer Beruhigung von Sanders Erregung, ohne dass die zu Grunde liegenden Probleme bewältigt werden, aber dadurch werden die Gefahren vermieden, die aggressives Verhalten in sich bergen. Aggressives

Verhalten birgt viele Gefahren, auch wenn es sozial erlaubt ist. Solche Gefahren sind z. B., dass man sich mit der Zeit durch sozial akzeptierte Aggressionen an leichtere Formen der Aggression gewöhnen und schließlich zu gewalttätigerem Verhalten neigen kann. In manchen Fällen steigert man sich durch das Ausleben in seine Wut erst hinein, anstatt sie abzureagieren. Schließlich wird durch das Nachlassen der Spannung die Aggression negativ verstärkt (s. Kap. 3.3), so dass durch die angenehme Konsequenz der Entspannung aufgrund der nachlassenden Aggression das Auftreten von weiteren Aggressionen in Zukunft wahrscheinlicher wird.

Direkte Vergeltung. Eine weitere Methode, seine Aggressionen auszuleben, ist die Vergeltung an der Person, die das Gefühl verursachte. Vergeltung oder Rache führt aber dazu, dass das schädigende Verhalten des anderen mit eigenen Aggressionen beantwortet wird. Es kommt zu einer Eskalation der Gewalt, die aber gerade verhindert werden sollte. Zudem versucht das Gegenüber unter Umständen, diese Maßnahmen seinerseits heimzuzahlen, was die Spirale der Gewalt noch weiter hochschraubt. Außerdem können zusätzliche Probleme entstehen, weil man z. B. für seine Vergeltungsmaßnahmen

---

BEISPIEL

Vergeltung
KK Sander rächt sich für seine aus seiner Sicht ungerechte Beurteilung, indem er seinem Vorgesetzten wichtige Unterlagen vorenthält, die dieser benötigt. Als dieser aber die „Informationspolitik" von Sander durchschaut, übergibt er ihm künftig vor allem die Ermittlungsarbeiten, die kein Mitarbeiter gerne erledigen will.

---

von dritter Seite bestraft wird, vor lauter Rachegedanken keine Zeit findet, sich konstruktive Lösungen für die Regelung des Konflikts zu überlegen oder durch die damit verbundene Gewöhnung an Aggressionen die Gefahr steigt, dass sich der zwischenmenschliche Umgang immer mehr brutalisiert.

Fazit. Unter Berücksichtigung der bisherigen Ausführungen können wir den Schluss ziehen, dass alle Formen des Auslebens eher nicht zur Verminderung von Aggressionen beitragen. Dass viele Menschen trotzdem dazu greifen, liegt daran, dass es meist einfacher ist, aggressiv zu sein, als etwas Anderes, Konstruktives zu tun. Außerdem haben manche Leute auch kein anderes Verhalten zur Bewältigung solcher Situationen gelernt.

Reduktion der Anreger für Aggressionen

Ein anderer Ansatz der Aggressionsbewältigung liegt darin, Anreger für Aggressionen zu vermeiden, so dass erst gar keine Aggressivität entsteht. Es gibt unterschiedliche Möglichkeiten, wie so etwas geschehen kann:

Frustration. Zunächst gilt es, das Gegenüber möglichst wenig zu frustrieren, da eine Frustration leicht zur Aggression führt. So sollte ein Polizeibeamter einen Bürger nicht schikanieren, lächerlich machen, von oben herab behandeln oder eine Vorschrift um der Vorschrift willen durchsetzen. Entsprechendes hat auch innerhalb der Organisation für das Verhältnis Vorgesetzter – Mitarbeiter und für die Kollegen untereinander Gültigkeit.

Modell. Nach den Erkenntnissen der Lerntheorien können andere Personen zum Modell für Aggressivität werden. Daher sollte es ein Polizeibeamter vermeiden, für das Gegenüber zu einem Modell für aggressives Verhalten zu werden. Der Polizeibeamte sollte selbst möglichst wenig aggressiv auftreten, da seine Aggressionen beim Gegenüber die gleichen Erregungen hervorrufen können. Außerdem sollte der Polizeibeamte sein Gegenüber isolieren, wenn weitere Umstehende aggressiv werden, indem sie z. B. den Beamten beschimpfen oder das Gegenüber aufstacheln, weil diese Leute füreinander und für das polizeiliche Gegenüber zum Modell werden können.

Hinweisreize. Ebenso sollte darauf geachtet werden, Hinweisreize zu vermeiden, die Aggressionen in einer Situation als passend erscheinen lassen. Solche Hinweisreize für das Gegenüber können ein starkes Polizeiaufgebot, die Ausrüstung der Beamten mit Helm und Mehrzweckstock oder gereizte Bemerkungen einzelner Polizeibeamter sein. Dadurch kann der anderen Seite, wenn auch ungewollt, signalisiert werden, dass sie aggressiv werden wird und dadurch kann es tatsächlich zu Aggressionen kommen.

Angst. Manchmal neigen verängstigte Menschen dazu, aggressiv zu werden. Dies ist ein Versuch, die Angst in den Griff zu bekommen oder zumindest zu überspielen. Diese Reaktion kann bereits durch eine Verunsicherung ausgelöst werden. Deswegen sollte ein Polizeibeamter sein Gegenüber nicht unnötigerweise in Angst versetzen oder verunsichern.

Umsetzung in der Praxis. Bei Demonstrationen sollten Absperrungen von normal uniformierten Beamten vorgenommen werden und besser ausgerüstete Kräfte zunächst zurückgehalten werden. Auch das wahllose Filmen und Fotografieren sollte unterbleiben, da viele Demonstranten befürchten, die Aufnahmen könnten missbraucht werden und aufgrund des Ablichtens aggressiv reagieren. Einen ähnlichen Reizwert hat häufig auch ein Redeverbot der Polizeibeamten mit den Demonstranten. Dieses Verbot wird z. B. erlassen, um Polizeibeamte vor unfruchtbaren Diskussionen zu schützen oder zu verhindern, dass sie sich bei verbalen Auseinandersetzungen blamieren. Beim Gegenüber kommt dies aber leicht so an, dass die Beamten überheblich und sich zu gut sind, mit Demonstranten zu sprechen, was diese unnötigerweise verärgert. Gerade die Ausrüstung und das Auftreten der Polizeibeamten bei Demonstrationen ist in der Praxis eine schwierige Gratwanderung. Einerseits löst ein „martialisches" Aussehen der Beamten verstärkt Aggressionen bei den Demonstranten aus, andererseits ist ein bestimmter Schutz für die Beamten nötig.

So muss bei jedem Einsatz neu entschieden werden, was unumgänglich nötig ist und wo Abstriche gemacht werden können, um das unnötige Provozieren von Aggressionen zu vermeiden. Schließlich soll das Gegenüber durch die Polizeibeamten nicht unnötig in Angst versetzt werden. Wenn scheinbar jeder Ausweg versperrt ist, schlägt Angst ebenfalls leicht in Aggression um. Von daher stellt sich z. B. die Frage, wie weit ein Geiselnehmer eingeschüchtert werden darf oder in welcher Form Verfolgungsfahrten eines Autofahrers, der ein Rotlicht überfahren hat, angebracht sind. Aus diesem Grund sollten bereits unnötige Verunsicherungen des anderen vermieden werden, was z. B. passieren kann, wenn einem Autofahrer, der gestoppt wurde, nicht sofort gesagt wird, warum dies geschah, sondern man ihn fragt, weshalb er wohl angehalten wurde.

Allgemein gilt für alle Möglichkeiten der Aggressionsminderung, dass man versuchen sollte, möglichst von vornherein Aggressionen zu vermeiden. Dies ist leichter, als bereits vorhandene Aggressionen abzubauen. Unter diesem Gesichtspunkt ist bereits das erste Auftreten des Polizeibeamten ganz wesentlich für den gesamten Verlauf der Situation.

Konstruktive Ersatzhandlungen für Aggressionen

Statt aggressiv zu handeln, ist es oft möglich, anders zu reagieren, indem man konstruktive Ersatzhandlungen zur Aggression findet. Versucht man, eine aggressive Erregung erst gar nicht aufkommen zu lassen oder diese Gefühle durch nicht aggressives Vorgehen abzubauen, müssen diese Alternativen zur Aggression für einen zumindest genauso befriedigend sein, man muss mit den Ersatzhandlungen vergleichbare Erfolge erzielen wie mit Aggressionen usw., damit man auch langfristig solche Mittel einzusetzen bereit ist. Beispielhaft sollen im Folgenden einige Ansätze von konstruktiven Ersatzhandlungen vorgestellt werden.

Neubewertung. Ganz wesentlich zur Reduktion von Aggression ist es, die aggressionsfördernde Situation so umzubewerten, dass die Wahrscheinlichkeit sinkt, dass man aggressiv handelt. Man kann sich beispielsweise fragen, ob sich der Ärger lohnt oder ob wirklich ein größerer Schaden entstanden ist. Anders ausgedrückt kann man überlegen, ob es nicht unsinnig ist, sich über den konkreten Vorfall aufzuregen, ob es sich nicht um eine Kleinigkeit handelt, die man möglichst schnell vergessen kann, ob man sich durch seine Verärgerung über diese Angelegenheit nicht das Leben unnötig schwer macht u. ä. Warum sollte man sich also z. B. über die unqualifizierte Äußerung eines Bürgers aufregen, dass man ein Paragraphenreiter sei? Durch eine Neubewertung relativiert sich das Problem meist, und man wird weniger erregt sein.

Abbildung 12.1. Die Demonstranten und die Polizeikräfte stehen sich direkt gegenüber. Ob es in dieser Situation zum Ausbruch von Gewalt kommt, hängt von vielen Faktoren ab. Durch Präventionsmaßnahmen kann eine Eskalation verhindert werden, z. B. durch Schulung der Beamten

Persönliche Distanz. Beim Umgang mit aggressiven Äußerungen von anderen hilft es, wenn man nicht jeden verbalen Angriff als persönliche Beleidigung auffasst. Gerade ein Polizeibeamter muss unterscheiden lernen, ob eine Beleidigung gegen ihn als Person oder gegen ihn in seiner Funktion gerichtet ist. Beleidigungen, die nicht persönlich gemeint sind, treffen uns in der Regel nämlich weniger. Daher sollte der beleidigte Polizeibeamte immer überprüfen, ob die verbalen Äußerungen der Polizei an sich oder ihm als Individuum gelten. Er muss sich jedoch nicht alle Beschimpfungen gefallen lassen, sondern kann das Gegenüber um Erklärungen bitten oder sogar zur Rechenschaft ziehen.

Abbau von Misstrauen. Ein überzogenes Misstrauen gegenüber anderen Menschen ist kontraproduktiv, wenn man Aggressionen vermeiden will, da man sich sonst ständig bedroht fühlt und zum Gegenangriff neigt. Andererseits dürfen Polizeibeamte nicht leichtgläubig sein und müssen auf Eigensicherung bedacht sein, so dass ein gewisses Maß an Misstrauen notwendigerweise zum Beruf gehört. Es gilt demnach auch in diesem Punkt, den goldenen Mittelweg zwischen gesundem und übertriebenem Misstrauen zu finden.

Einfühlungsvermögen. Besonders bei verbalen Auseinandersetzungen sollte man versuchen, sich in das Gegenüber einzufühlen. Dadurch bekommt man unter Umständen eher ein Verständnis für das Verhalten des anderen und kann konstruktiver damit umgehen. Der Polizeibeamte wird sich durch die verbale Attacke eines jugendlichen Fußballfans weniger angegriffen fühlen, wenn er sieht, dass der sich vor seinen Freunden auszeichnen will. Wenn eine Polizeibeamtin weiß, dass ein Autofahrer bei einer Verkehrskontrolle auch deswegen ausfällig wird, weil er wegen der Behinderung durch Baustellen und dichtes Verkehrsaufkommen bereits vorher Zeit verloren hat, wird sie gereizte Reaktionen weniger persönlich nehmen.

Lösungsorientierung. Man sollte in Konfliktfällen keinen Schuldigen für das Problem suchen (soweit dies möglich ist!), sondern eher überlegen, wie das Problem an sich zu lösen ist. Der Schuldige kann nämlich zur Zielscheibe unnötiger Aggressionen werden. Außerdem ist häufig nicht nur eine Person für einen Missstand verantwortlich, sondern mehrere oder alle Beteiligten. Der Leiter einer PI in Hamburg hat beispielsweise eine wichtige Information von seinen Mitarbeitern nicht bekommen. Statt nachzuforschen, wer Schuld hat, sollte überlegt werden, wie der Informationsfluss künftig besser gestaltet werden kann. Selbst wenn der für den aktuellen Vorfall verantwortliche Mitarbeiter gefunden und zur Rechenschaft gezogen wird, kann dies eine bloße Vereinfachung des Problems sein, ohne es zu lösen. In diesem Fall hat auch der PI-Leiter selber zu den Vorkommnissen beigetragen, weil er Mitarbeiter, die ihm etwas sagen wollten, oft sehr schnell abgewimmelt hat. Daher haben die Mitarbeiter sich zweimal überlegt, ob sie eine Information weitergeben sollen oder nicht. Genau

dies war auch in diesem Fall geschehen und der Mitarbeiter hatte sich fälschlicher Weise gegen die Weiterleitung entschieden.

Transparenz. Ebenso wie man selber versuchen sollte, Situationen anders zu bewerten, um nicht aggressiv zu werden, sollte man versuchen, auch bei anderen eine Umwertung zu unterstützen bzw. einzuleiten. Daher sollte ein Polizeibeamter seine Maßnahmen begründen, sich für Fehler entschuldigen und seine Handlungsabsicht darlegen, damit der andere das Vorgehen nicht als Willkür oder Schikane empfindet. Dazu gehört auch, das positive Verhalten des Gegenübers zu loben, selbst wenn man es als selbstverständlich ansieht, weil dadurch klar wird, was man vom Gegenüber erwartet und weil der Polizeibeamte verdeutlicht, dass er nicht auf Konfrontationskurs geht und nur das Negative am anderen sieht. Deswegen sollte die Polizei den friedlichen Verlauf einer Demonstration lobend erwähnen und die Angaben zu deren Teilnehmerzahl nicht unbedingt drücken.

Stressbewältigungstechniken. Weitere Alternativen zum Umgang mit Aggressionen bieten die Techniken der Stressbewältigung wie Entspannungsübungen, Spontanentspannung, Selbstgespräche, innere und äußere Ablenkung sowie die Abreaktion (s. Kap. 11.1). Durch diese Techniken sinkt das Erregungsniveau des Körpers und obwohl sie vornehmlich der Stressbewältigung dienen, können sie auch bei Aggressionen angewendet werden.

Gespräch. Eine sehr erfolgreiche Maßnahme zur Verminderung von Aggressionen ist das Sprechen über den Vorfall, der die Erregung ausgelöst hat. Zum einen hilft es, sich seinen

Ärger von der Seele zu reden, auch einem Menschen gegenüber, der mit dem Problem nichts zu tun hat. Zum anderen ist gerade das Gespräch mit der Person wichtig, die die Erregung ausgelöst hat. Im Rahmen dieses Gesprächs sollte man metakommunizieren, also das Störverhalten des anderen direkt ansprechen und versuchen, eine Lösung zu finden.

Durchsetzungsvermögen. Die persönliche Zufriedenheit steigt, wenn man seine berechtigten Bedürfnisse selbstsicher durchsetzt. Dadurch kann man Frustrationen vermeiden, die zu Aggressionen führen können. Wenn man seine Wünsche in den meisten Fällen erreicht, kann man sich einen Ersatz für andere Bedürfnisse schaffen, die – aus welchen Gründen auch immer – nicht befriedigt werden können. Damit fallen erneut Ursachen für Aggressionen weg. Dieses Durchsetzungsvermögen muss jedoch sozial kompetent und adäquat sein, um nicht durch sein eigenes Verhalten Aggressionen beim Gegenüber zu wecken, weil man seine berechtigten Bedürfnisse ungeschickt oder unangemessen durchsetzen will.

Aushalten. Zuletzt kann es angebracht sein, sich besonders gegen verbale Aggressionen nicht zur Wehr zu setzen, da dies häufig nur zur Eskalation führt, sondern sie zu ertragen. Man kann seinem Gegenüber Gelegenheit geben, Dampf abzulassen. Hierbei sollte man am besten Beschimpfungen überhören und das Gegenüber nicht beschwichtigen oder versuchen umzustimmen. Das heißt allerdings nicht, dass man sich von dem Gegenüber alles gefallen lassen sollte. Gerade für Polizeibeamte kann dieses Vorgehen sehr schwierig sein, da ein Kompromiss gefunden werden muss zwischen Angriffen, die man aussitzen kann, und solchen, auf die man reagieren muss.

Ratschlag für die Praxis
Mit den vorgestellten Reaktionen haben wir verschiedene Möglichkeiten im Umgang mit Aggressivität und Aggressionen kennen gelernt. Bei diesen Handlungsoptionen handelt es sich nicht um allgemeingültige Erfolgsrezepte. Es ist nicht sicher, dass obige Maßnahmen helfen, allerdings ist die Wahrscheinlichkeit hoch, dass sie zu einer Reduktion der Aggressionen führen. Jede Situation ist darauf zu prüfen, welche Maßnahme Erfolg versprechend ist. Es wird auch immer wieder Fälle geben, bei denen keiner der obigen Vorschläge hilft, die Aggressivität des Gegenübers zu vermindern.

Noch ein Gedanke zum Schluss dieses Abschnitts:

Wenn wir die ganze Zeit davon gesprochen haben, Aggressionen zu vermeiden, heißt das nicht, dass man keine aggressiven Gefühle haben darf. Sie sind wie jedes andere Gefühl erlaubt. Sich Aggressionen zu verbieten, provoziert nur unnötige Schuldgefühle oder führt zu fadenscheinigen Rechtfertigungen für Aggressionen. Aggressive Gefühle sind normal und in Ordnung, sie gehören zur Natur des Menschen und dienen letztlich auch seiner Überlebensfähigkeit. Daher ist nicht verwerflich und manchmal sogar sinnvoll, dass ein Mensch wütend, gereizt oder aggressiv gestimmt ist. Nicht akzeptabel ist aber, wenn eine Person mit ihrer Aggressivität so umgeht, dass sie andere Menschen schikaniert, beleidigt oder quält. Es gibt schließlich auch Situationen, in denen man richtigerweise aggressiv handelt. In der Regel ist es z. B. sinnvoller, eine Person, die einen Polizeibeamten von hinten packt und würgt, mit Selbstverteidigungstechniken kampfunfähig zu machen als mit ihr zu diskutieren, dass sie loslassen solle.

> ❗ Aggressionen können durch die Reduktion von Anregern für die Aggression oder konstruktive Ersatzhandlungen zur Aggression abgebaut werden.
>
> Generell ist die Prävention von Aggressionen sinnvoll, da der Abbau von Aggressionen schwierig ist.

12.2 Angst

Der folgende Abschnitt widmet sich der Angstbewältigung. Die konstruktive Angstbewältigung spielt im Polizeialltag eine wichtige Rolle, weil Polizeibeamte zum einen immer wieder in ängstigende Situationen geraten, wie bei der Verfolgung eines Einbrechers, bei einer Geiselnahme o. ä. Zum anderen haben Polizeibeamte regelmäßig mit Personen zu tun, die verängstigt sind. Daher sollten Polizisten sowohl mit der eigenen als auch mit der Angst anderer Menschen angemessen umgehen können. In diesem Kapitel sollen folgende Fragen geklärt werden:

▶ Wie können Ängste bewältigt werden?
▶ Was kann man tun, damit einen die Angst nicht lähmt oder in Panik stürzt?
▶ Wie kann anderen geholfen werden, ihre Ängste in den Griff zu bekommen?

Vergleichbar mit dem Umgang mit Aggressionen können auch bei der Angstbewältigung verschiedene Handlungsschritte unterschieden werden.

Analyse. Der erste Schritt bei der Bewältigung der Angst besteht immer in einer Analyse der Angst und der angstauslösenden Situation bzw. den angstauslösenden Objekten. Es muss genau überprüft und analysiert werden, wovor und wann man Angst hat, wann nicht, wie sich die Angst äußert, was sie vermindert u. ä. Je besser diese Analyse gelingt, desto effektiver können Gegenmaßnahmen getroffen werden.

Konfrontation. Nach der Analyse ist die beste Hilfe zur Angstbekämpfung der gezielte Umgang mit dem Angstobjekt bzw. mit der ängstigenden Situation. Der Betroffene sollte die für ihn unangenehmen Situationen bewusst aufsuchen, anstatt sie zu vermeiden, was er ansonsten meist macht.

Wenn man sich der Angst auslösenden Situation aussetzt, kann man neue, positive Erfahrungen machen, es kann ein Umlernen stattfinden und alte Ängste können gelöscht werden. Genau diese Konfrontation mit der Angst wird auch in Therapien eingesetzt (s. Kap. 4.3.2). Es ist auch möglich, sich in Gedanken in die angstauslösende Situation zu versetzen. Dabei muss man allerdings darauf achten, dass man keine Horrorvisionen entwickelt, sondern sich vorstellt, wie die Situation, ohne Schaden zu nehmen, gemeistert werden kann.

> **BEISPIEL**
>
> **Angstbewältigung durch Konfrontation**
> POM Werner, der Probleme damit hat, Kollegen gegenüber seine Bedürfnisse durchzusetzen, zwingt sich dazu, seine Wünsche zu äußern, statt ständig zu schweigen und zurückzustecken. Daher fordert er bei der Urlaubsplanung im Gegensatz zu früher, dass er an Ostern frei bekommt, um mit seiner Familie in den Skiurlaub fahren zu können.

Stufenweise Konfrontation oder systematische Desensibilisierung. Manchmal stellt es eine Überforderung für den Betroffenen dar, sich auch nur in Gedanken mit dem Angstobjekt zu konfrontieren. Die Angst ist so stark, dass man sich nicht überwinden kann, die angstbesetzte Situation durchzustehen oder sie sich nur vorzustellen. In diesen Fällen ist eine langsame Annäherung an diese Objekte oder Situationen nötig. Diese systematische Desensibilisierung geht folgendermaßen vonstatten: Ängstliche haben in der Regel nicht vor einem einzigen Objekt oder einer Situation Angst, sondern vor einer ganzen Reihe von Reizen. Diese unterscheiden sich dadurch, dass sie verschieden stark angstbesetzt sind.

Es ist für POM Werner beispielsweise sehr schlimm, wenn er seine Meinung in einer wichtigen Sache äußern soll und er damit im völligen Gegensatz zu seinen Kollegen steht. Leichter fällt es ihm, wenn weitere Kollegen ähnliche Vorstellungen wie er haben. Noch einfacher stellt es sich dar, wenn die Angelegenheit relativ unbedeutend ist. Fast problemlos ist es, wenn POM Werner nach seiner Meinung gefragt wird und sich der Mehrheit anschließen kann. Diese unterschiedlichen, Angst auslösenden Situationen werden, beginnend mit der harmlosesten Situation, entsprechend ihrer Angstintensität, in eine Rangreihe oder Hierarchie gebracht. Schrittweise konfrontiert man sich mit den einzelnen Situationen, um sich schließlich der schlimmsten Situation auszusetzen. Dabei geht man jeweils erst zur nächstschwierigeren Situation über, wenn man die vorherige angstfrei bewältigen kann, so dass durchaus mehrfache Konfrontationen mit einer Situation nötig sein können. Diese Auseinandersetzung mit den Situationen kann in der Realität oder in der Vorstellung stattfinden. Erfolgt die Auseinandersetzung in Gedanken, ist es zusätzlich hilfreich, die Vorstellung der angstbesetzten Situation abzubrechen und sich zu entspannen, wenn Angstreaktionen auftreten. Fühlt man sich wieder entspannt, versetzt man sich gedanklich in die Situation zurück. Auf diese Art ist ein schrittweises Heranarbeiten an schwierigste Situationen möglich. Dieses Herantasten an stark angstbesetzte Situationen ist möglich, da durch die angstfreie Bewältigung einer harmloseren Situation auch die problematischeren Situationen weniger Angst als vorher auslösen. Daher ist POM Werner irgendwann in der Lage, seine Meinung zu äußern, obwohl er sich damit im Widerspruch zu seinen Kollegen befindet. Hätte er dieses ohne eine schrittweise Vorbereitung versucht, wäre er hilflos überfordert gewesen. Allerdings kann man eine schrittweise Konfrontation bei starken Ängsten oft nicht alleine durchführen, z. B. bei starker Höhenangst, sozialer Angst oder einer Tierphobie. Man braucht in diesen Fällen therapeutische Unterstützung. Diese Verfahren werden unter der Bezeichnung „Systematische Desensibilisierung" im Bereich der Verhaltenstherapie eingesetzt.

Stressbewältigungstechniken. Man kann Ängste auch durch bestimmte Stressbewältigungstechniken in den Griff bekommen, da angstauslösende Situationen eine spezielle Form von Stress sind (s. Kap. 11.1). So kann der Betroffene Selbstgespräche führen, in denen er sich Mut zuspricht oder das Problem relativiert. Man kann versuchen, sich spontan zu entspannen oder generell Entspannungsübungen machen. Wenn man aufgrund innerer oder äußerer Ablenkung an etwas denkt oder etwas tut, was einen von der Angst ablenkt, so wird die Angst reduziert. Ein Beispiel für diese Taktik ist das Pfeifen in einem dunklen Keller. Allerdings muss der Polizeibeamte darauf achten, sich nicht von einer realen Gefahrenquelle abzulenken und unvorsichtig zu werden und dadurch z. B. die Eigensicherung aufzugeben. Gerade ein Polizist muss sich oft direkt mit einer Angst auslösenden Situation konfrontieren und sich wissentlich in Gefahr bringen. Daher ist es wichtig, dass jeder Polizist lernt, mit der eigenen Angst umzugehen.

Modelle. Bereits mehrfach ist aufgezeigt worden, dass sich Menschen oft an anderen Personen und deren Handlungen und Reaktionen orientieren. Daher hilft es manchmal in einer ängstigenden Situation, sich angstfreie Modelle zu suchen und von ihnen zu lernen. Wenn jemand einem zeigt, wie mit der Gefahr umgegangen werden kann, reduzieren sich oft die eigenen Ängste. Dieses Vorgehen ist u. a. erfolgreich, weil oftmals Ängste durch ungenügende Informationen über eine Situation ausgelöst werden. Wenn eine andere Person zum Modell wird, bekommt man von ihr Informationen über die Situation und über angemessene Verhaltensweisen. So folgt PM Hildebrand seinem Kollegen über ein schwankendes Brett auf die andere Seite des Flusses, was er sich alleine nie getraut hätte, weil er Angst gehabt hätte, dass das Brett durchbricht.

Umbewertung. Eine kognitive Auseinandersetzung mit der ängstigenden Situation kann in bestimmten Fällen helfen, die Erregung zu vermindern. Vor allem bei leichteren Ängsten hilft eine Aufklärung über die Situation, vorhandene Ängste zu minimieren. Ebenso kann man sich selber Argumente gegen seine Angst überlegen. Auf diese Weise können Angstsituationen anders bewertet werden. Daher

macht sich POM Obermeier vor einer schwierigen Strafrechtsklausur klar, dass er aufgrund seiner bisherigen Leistungen das Semester auch bei einem miserablen Abschneiden in dieser Prüfung bestehen wird und hat bereits dadurch weniger Angst vor der Klausur.

Informationen. Verhaltensregeln und -kataloge können Unsicherheiten und Ängste beseitigen, da Ängste durch Unwissenheit entstehen können, wenn man nicht genügend Informationen hat, um eine Situation einschätzen zu können. Maßnahmenkataloge und Checklisten, wie sie in den PDV enthalten sind, helfen Polizeibeamten daher, mit unsicheren Situationen umzugehen. Wenn für eine Situation eine Handlungsanweisung vorliegt, dann ist sie weniger ängstigend. Allerdings können gerade im Polizeialltag nicht für alle denkbaren Ereignisse Regeln, Kataloge oder Checklisten aufgestellt werden.

Training. Manchmal reichen Informationen über die aktuelle Lage allein nicht aus, um die Angst zu verringern. So kann es in der konkreten Situation unmöglich sein, das vorhandene Wissen in ein Verhalten umzusetzen, weil die Angst zu sehr lähmt. Man weiß vom Kopf her, was zu tun wäre und ist trotzdem nicht in der Lage, angemessen vorzugehen. Hier muss entsprechendes Verhalten eintrainiert werden. Aus diesem Grunde werden z. B. Techniken der Selbstverteidigung gelernt. Ebenso kann man andere problematische Situationen im Rollenspiel nachstellen. Dabei wird neues Verhalten eingeübt, ohne dass Schaden entsteht, wenn etwas schief läuft. Fühlt man sich nach solchen Rollenspielen sicher, kann man sich in die Realsituation wagen.

Die hier vorgestellten Handlungsmöglichkeiten dienen dazu, eigene Ängste abzubauen. Einiges davon kann auch eingesetzt werden, um anderen zu helfen, ihre Angst zu überwinden. Besonders für den Umgang mit den Ängsten des Gegenübers gibt es noch weitere Möglichkeiten, die nachfolgend dargestellt werden.

Angstfreie Modelle. In bestimmten Situationen kann es ratsam sein, angstfreie Modelle einzusetzen. Diese Personen dienen dann nicht nur als positives Vorbild, das einen konstruktiven Umgang mit der Angst aufzeigt, sondern vermitteln auch das Gefühl der Sicherheit. Daher sollten in brenzligen Situationen nicht ausschließlich junge und unerfahrene Polizeibeamte eingesetzt werden.

Sicherheitsreize. Zusätzlich sollte für weitere Reize gesorgt werden, die das Sicherheitsgefühl stärken. Dies bedeutet beispielsweise, dass Polizeibeamte gut ausgerüstet sind und genügend Kollegen zur Verfügung bereitgestellt werden.

Anerkennung. Angstfreies Verhalten sollte auf jeden Fall verstärkt werden, indem man den Betreffenden dafür beispielsweise lobt. So kann der Vorgesetzte nach einem schwierigen Einsatz die gesamte Mannschaft öffentlich loben.

Verhinderung. Für die Verhinderung von Angst ist es wichtig, keine unnötige Auslöser für Angst zu produzieren. Dazu muss man sich in das Gegenüber hineinversetzen, um zu erkennen, was Angst bewirken kann. So erkennt z. B. die Einsatzleitung bei einer Demonstration, dass das lückenlose Filmen des Gesamtgeschehens irrationale Ängste bei den Demonstranten bewirken kann, und lässt nur gezielt und punktuell Filmaufnahmen machen.

Transparenz. Wenn möglich, sollte das eigene Verhalten begründet werden, um das Gegenüber nicht unnötig zu verunsichern. Diese Verunsicherung kann unter bestimmten Umständen in Aggression umschlagen (s. Kap. 12.1). Deswegen sollte ein Polizeibeamter bei einer Verkehrskontrolle einen Autofahrer nicht fragen, warum er ihn wohl aufgehalten habe, sondern den Grund gleich nennen. Ebenso kann bei einer gewalttätigen Demonstration mittels Lautsprecher gesagt werden, warum die Polizei an einer bestimmten Stelle des Geschehens den Wasserwerfer einsetzt, und was damit erreicht werden soll.

> **!** Eigene oder Ängste des Gegenübers können durch den Umgang mit dem Angstobjekt, durch bestimmte Stressbewältigungstechniken, angstfreie Modelle, Trainings Informationen und Umbewertungen verhindert oder abgebaut werden.

Zusammenfassung

Umgang mit Aggressionen. Beim Umgang mit eigenen oder fremden Aggressionen gibt es folgende Möglichkeiten:

▶ Ausleben von Aggressionen. Unter diesen Oberbegriff fallen vorbeugendes, aggressives Handeln ohne konkreten Anlass, sozial akzeptiertes, aggressives Verhalten oder Vergeltung. Alle Alternativen sind als unbrauchbar abzulehnen.

▶ Reduktion der Anreger für Aggressionen. Bei diesem Vorgehen werden unnötige Frustrationen vermieden, aggressive Modelle nicht bereitgestellt, und Angst auslösende oder aggressive Hinweisreize möglichst eliminiert.

▶ Durchführung konstruktiver Ersatzhandlungen. Hierunter fallen die Umwertungen der Situation, die Techniken der Stressbewältigung, das Durchsetzen berechtigter Bedürfnisse oder die unterlassene Gegenwehr auf Aggressionen des Gegenübers.

Umgang mit Angst. Zur Angstbewältigung ist eine genaue Analyse der Angst Voraussetzung. Unter die Methoden der Angstbewältigung fallen der Umgang mit dem Angstobjekt in der Realität oder Vorstellung, die systematische Desensibilisierung, bestimmte Techniken der Stressbewältigung, das Darbieten angstfreier Modelle, die Aufklärung, die Bereitstellung von Verhaltenskatalogen, das Durchführen von Verhaltenstrainings, Lob für angstfreies Verhalten, das Bereitstellen sicherheitsvermittelnder Reize und die Reduktion angstauslösender Reize.

Weiterführende Literatur

▶ Mitchell, J. T. & Everly, G. S (1998). Stressbearbeitung nach belastenden Ereignissen (SBE) Ein Handbuch zur Prävention psychischer Traumatisierung in Feuerwehr, Rettungsdienst und Polizei. Edewecht: Stumpf & Kossendey.

▶ Steffen, W. & Gründler, K. (1990). Vergewaltigt. Zum Umgang mit Opfern sexueller Gewalttaten. Stuttgart: Boorberg.

▶ Zimbardo, P. G. & Gerrig, R. J. (2003). Psychologie (7. Aufl.). Berlin: Springer.

13 Konfliktbewältigung

- ▶ Nachdem PHM Grätz bei einer Verkehrskontrolle von mehreren Autofahrern beleidigt wurde, atmet er tief durch, um sich zu beruhigen und nicht genauso unqualifiziert auf das Gegenüber zu reagieren.
- ▶ PK Meisner bittet einen jugendlichen Autofahrer, kurz auszusteigen. Er hat den Eindruck, dieser bestreite die Notwendigkeit, mit Licht zu fahren, weil er vor seiner Freundin sein Fehlverhalten nicht zugeben wolle.

- ▶ EPHK Leitner informiert den Verkehrssachbearbeiter einige Tage im Voraus, dass er mit ihm über die verzögerte Abgabe diverser Unfallstatistiken sprechen will, damit sich auch dieser auf das Gespräch vorbereiten kann.
- ▶ Zu Beginn des Gespräches begrüßt EPHK Leitner den Verkehrssachbearbeiter mit Handschlag, bietet ihm einen Sitzplatz am Besprechungstisch an und fragt ihn, ob er eine Tasse Kaffee trinken wolle. Er will durch dieses Vorgehen eine angenehme Atmosphäre schaffen.

Es gibt verschiedene Arten von Konflikten, mit denen Polizeibeamte im Polizeialltag konfrontiert werden. Alle möglichen Konflikte hier zu besprechen, würde den Rahmen des Buches sprengen. Jedoch können viele zwischenmenschliche Probleme auf einen gemeinsamen Nenner zurück geführt werden: Die Kommunikation läuft schief und daraufhin eskaliert die Situation. Wir befassen uns daher an dieser Stelle mit Konflikten, die darin bestehen, dass zwei oder mehr Personen scheinbar oder tatsächlich unvereinbare Meinungen haben und dadurch ein negatives Kommunikationsverhalten entsteht. Damit kann man diese Konflikte als Sonderfall der Kommunikation auffassen, für deren Bewältigung es prinzipiell zwei Möglichkeiten gibt:
- ▶ Konfliktbewältigung durch Deeskalation
- ▶ Kooperative Konfliktregelung.

13.1 Konfliktbewältigung durch Deeskalation

Kommunikation und damit auch Konflikte innerhalb der Kommunikation beruhen auf der wechselseitigen Beeinflussung der beteiligten Personen, d. h. das Verhalten des einen Kommunikationspartners wird zu einem großen Teil durch das Verhalten des anderen bestimmt. Diesen Sachverhalt verdeutlicht auch die Redensart: „Zum Streiten gehören immer zwei." Verhält sich daher einer der Beteiligten positiv, also konfliktmindernd oder deeskalierend, ist die Chance gut, dass auch das Gegenüber allmählich sein negatives Verhalten aufgibt. In Auseinandersetzungen zwischen Bürgern und Polizeibeamten ist von Seiten des Beamten Deeskalation zu erwarten, da er der Profi in der Situation ist und er gelernt haben muss, wie solche Probleme in den Griff zu bekommen sind. Das heißt nicht, dass sich ein Polizeibeamter alles gefallen lassen muss. Er soll nur unnötige Reibereien vermeiden und verhindern, dass die Situation eskaliert. Durch deeskalierendes Verhalten trägt der Polizeibeamte nicht nur zu einem positiven Bild der Polizei in der Öffentlichkeit bei, sondern ist auch in der aktuellen Situation eher in der Lage, seinen jeweiligen polizeilichen Auftrag zu erfüllen. Nicht zuletzt tut er sich selbst einen Gefallen, da er unnötigen Stress vermeidet. Wie kann eine solche Deeskalation ablaufen? In diesem Kapitel sollen folgende Handlungsmöglichkeiten aufgezeigt werden:

▶ Selbstkontrolle
▶ Verständnis für den Standpunkt des anderen
▶ Gemeinsamkeiten herstellen
▶ Versachlichung fördern und Emotionalisierung dämpfen
▶ Einsatz nonverbalen Verhaltens.

Selbstkontrolle

Man kann in den unterschiedlichsten Bereichen Selbstkontrolle walten lassen, wobei man generell zwischen kognitiver und körperlicher Selbstkontrolle unterscheiden kann.

Kognitive Selbstkontrolle. Kognitive Selbstkontrolle besteht aus deeskalierenden Gedanken, die man ganz bewusst fasst. Sie entspricht damit der Stressbewältigung durch Selbstgespräche (s. Kap. 11.1). Beispielsweise kann man sich selbst auffordern, ruhig zu bleiben, sich nicht provozieren zu lassen, den Konflikt in seiner Wichtigkeit herunterzuspielen oder zu versuchen, Verständnis für das Verhalten des Gegenübers aufzubringen.

Körperliche Selbstkontrolle. Unter körperlicher Selbstkontrolle versteht man die Spon-

tanentspannung. Durch die Entspannung bestimmter Körperpartien kann man seiner emotionalen Erregung entgegenwirken. Die wechselseitige Beziehung zwischen der körperlichen und kognitiven Anspannung wurde bereits beim Thema Stressbewältigung dargestellt (s. Kap. 11.1). Dieser Mechanismus kann funktionieren, weil man nicht gleichzeitig körperlich entspannt und geistig erregt sein kann, da Körper und Geist bzw. Psyche in einer Wechselbeziehung stehen. Hierbei kann sowohl der Körper den Geist als auch der Geist den Körper beeinflussen.

Verständnis für den Standpunkt des anderen

Es ist so leicht gesagt, dass man Verständnis für die Sichtweise seines Gegenübers aufbringen soll, aber wie soll das genau aussehen? Wie kann man sein Gegenüber besser verstehen?

Missverständnisse klären. Um den Standpunkt des anderen – und damit sein Verhalten – verstehen zu können, muss man zunächst etwaige Missverständnisse klären. Der Beamte muss sich fragen, ob er das Gegenüber richtig verstanden hat und ob er selbst richtig verstanden wurde. Manchmal redet man nämlich aufgrund von Missverständnissen aneinander vorbei und streitet miteinander, obwohl es dafür eigentlich keinen Grund gibt, weil man sich vielleicht sogar in der Sache einig ist.

Metakommunikation. Auch in diesen Konfliktfällen ist die Metakommunikation, die Kommunikation über die Kommunikation, hilfreich, um den Standpunkt des anderen zu verstehen. Man spricht den anderen dabei vorwurfsfrei an, wie man ihn augenblicklich erlebt bzw. wie er sich verhält und versucht zu klären, warum er sich so verhält. So kann man dem Gegenüber sagen, dass man es als sehr gereizt empfände, aber sich nicht erklären könne, woran das läge. Allein wegen dieser Rückmeldung versucht der andere vielleicht, ruhiger zu werden, oder er berichtet von den genauen Ursachen seiner Erregung.

Einfühlungsvermögen. Neben der Metakommunikation und der Klärung von Missverständnissen ist es wichtig, sich in das Gegenüber einzufühlen und die Situation mit dessen Augen zu betrachten. Wie würde man sich z. B. selbst in der entsprechenden Situation fühlen? Was bedeutet es, durch einen anderen, sprich den Polizeibeamten, bei einem Fehler erwischt zu werden? Welche Auswirkung haben die Machtmittel eines Polizeibeamten? Wie tritt man dem anderen gegenüber auf? Solche und ähnliche Fragen helfen hier weiter. Durch die Antwort auf diese Fragen bekommt man ein Verständnis für das Störverhalten des Gegenübers und kann damit besser umgehen

und die Ursachen dafür abstellen. Der Beamte sollte daher seine Maßnahmen nicht nur auf die rechtliche Seite hin prüfen, sondern auch die gefühlsmäßige Lage des anderen berücksichtigen.

Gemeinsamkeiten herstellen

Eine weitere Möglichkeit, Konflikte zu entspannen, ist das Erkennen und Herausstellen von Gemeinsamkeiten zwischen den Konfliktparteien. Diese Gemeinsamkeiten, die zu einer Deeskalation beitragen können, brauchen zunächst gar nichts oder relativ wenig mit dem akuten Konflikt zu tun haben. Das ist beispielsweise der Fall, wenn der Polizeibeamte wie sein Gegenüber Dialekt spricht oder von eigenen, ähnlichen Erlebnissen erzählt. Wenn im Konflikt dem Gegenüber aber klarzumachen ist, dass sein negatives Verhalten allen Beteiligten schadet und positives Verhalten allen nützt, wirkt dies besonders deeskalierend.

BEISPIEL

Deeskalation durch Verständnis

▶ PHM Hüffner führt bei starkem Regen auf einer belebten Bundesstraße eine Verkehrskontrolle durch. Die meisten angehaltenen Autofahrer reagieren sehr unwirsch auf alle Fragen Hüffners. Er kann jedoch auf die aggressiven Bemerkungen der Fahrer gelassen reagieren, weil ihm klar ist, dass er nicht als Person angegriffen wird, sondern dass die widrigen Witterungsverhältnisse, das hohe Verkehrsaufkommen und die Kontrolle die Autofahrer stressen.

▶ POM Gärtner spricht mit seinen Kollegen darüber, wie sie ihn im Umgang

mit dem Bürger erleben, weil er mehrfach Schwierigkeiten bei Gesprächen hatte. Die Personen, mit denen er Kontakt hatte, wurden für ihn unverständlicher Weise alle auf ähnliche Weise aggressiv. Die Kollegen sagen ihm, dass er häufig überheblich und arrogant wirke und dass dieses Verhalten vielleicht der Grund für die Schwierigkeiten sei, die er habe. Aufgrund dieser Rückmeldung stellt Gärtner sich vor, wie es ihm dabei ginge, wenn er von einem Polizeibeamten in gleicher Weise behandelt werden würde und versucht daraufhin, sein überhebliches Auftreten abzulegen.

BEISPIEL

Konfliktbewältigung durch Herstellen von Gemeinsamkeiten

▶ PHM Gruber verwarnt einen Kraftfahrer, weil er im Stand seinen Motor längere Zeit laufen ließ. Dabei weist er diesen darauf hin, dass die Umwelt geschädigt wird, und es auch im Interesse des Autofahrers sei, möglichst reine Luft zu atmen.

▶ Bei einer Verkehrskontrolle zur Überprüfung der Lichtanlagen an Fahrzeugen murren einige Autofahrer. PK'in Meister verdeutlicht daraufhin, dass die Überprüfung auch zu ihrer Sicherheit erfolge, da etwaige Mängel am eigenen PKW entdeckt würden oder andere Fahrer, deren Lichtanlagen defekt seien, zu deren Reparatur bewegt würden.

▶ Einem Mitarbeiter, der gegen seinen Willen zu einem bestimmten Zeitpunkt keinen Urlaub bekommt, macht PHK'in Stiller klar, dass bei einem Einlenken seinerseits später die anderen auf seine Urlaubsplanung Rücksicht nehmen müssen.

Versachlichung fördern und Emotionalisierung dämpfen

Obwohl alle der bisher aufgezeigten Maßnahmen dazu dienen, die Versachlichung zu fördern und die Emotionalisierung zu dämpfen, gibt es darüber hinaus noch weitere Verhaltensmöglichkeiten, die diesen Zweck verfolgen. Einige dieser Methoden sollen beispielhaft aufgezeigt werden.

Wertfreiheit. Man sollte bei Beanstandungen seinem Gegenüber keine Vorwürfe machen und Belehrungen möglichst wertfrei aussprechen. Bei einem Verstoß gegen geltendes Recht sollten die belehrenden Informationen sachlich und auf die spezifische Situation bezogen werden, ohne zu moralisieren. Außerdem sollte man mit seinen Äußerungen nicht die gesamte Person abqualifizieren, sondern nur das konkrete Fehlverhalten thematisieren. Man sollte ein falsches Verhalten daher auch nicht so hinstellen, als sei es generell typisch für die Person (s. Tab. 13.1).

Transparenz. Um eine Eskalation der Konfliktsituation zu vermeiden, ist es wichtig, sein eigenes Verhalten zu begründen und den anderen nicht im Ungewissen zu lassen bzw. kein Rätselraten mit ihm zu veranstalten. So sollte der Mitarbeiter, den man zu sich bittet, wissen, warum er zum Vorgesetzten kommen soll. Der Verkehrsteilnehmer sollte sofort erfahren, weswegen sein Fahrverhalten oder sein Fahrzeug beanstandet wird.

Trennung. Reagiert das Gegenüber mit einer Vielzahl von Vorwürfen wie „Sie sollten lieber Terroristen fangen und keine harmlosen Autofahrer drangsalieren", ist es hilfreich, die unsachlichen Argumente (Terroristen fangen) zu überhören und nur auf die sachlichen Argumente einzugehen. Ebenso empfehlenswert ist es, den Angriff in Teilvorwürfe zu zerteilen und diese der Reihe nach zu behandeln, indem man erfragt, was mit den Anschuldigungen genau gemeint sei. Im obigen Fall könnte eine erste Frage lauten: „Inwiefern fühlen Sie sich drangsaliert?"

Fragen stellen. Manchmal entschärft es eine konfliktreiche Situation, wenn man den anderen um Rat fragt oder um Hilfe bittet. Das Gegenüber fühlt sich durch dieses Verhalten ernst genommen und berücksichtigt, was häufig die Erregung bereits dämpft, da viele Menschen aggressiv reagieren, weil sie sich übergangen oder missachtet fühlen. So beruhigt sich vielleicht der Mitarbeiter, der sich darüber ärgert, dass er keinen freien Tag bekommt, wenn man ihn fragt, wie er den Dienst einteilen würde.

Situationsänderung. Auch atmosphärische Veränderungen sind bei der Konfliktbekämpfung nicht zu unterschätzen. In einer konkreten Lage kann man beispielsweise die Örtlichkeit oder den Raum wechseln, die Diskussion auf den nächsten Tag verschieben o. ä.

Freundlichkeit. Generell ist es für die Deeskalation wichtig, freundlich und höflich zu bleiben. Das bedeutet nicht, dass man jedes Verhalten des anderen akzeptieren muss, aber man sollte das Gegenüber als Person akzeptieren. Auch aus diesem Grund sollte man nie die gesamte Person kritisieren, sondern lediglich deren Fehlverhalten ansprechen.

Einsatz nonverbalen Verhaltens

Die Bedeutung der nonverbalen Kommunikation wurde bereits mehrfach angesprochen. Gerade in Konflikten ist die Beachtung dieses Kommunikationskanals besonders wichtig. In einer konkreten Konfliktsituation sollte man z. B. Blickkontakt aufbauen, einen angemessenen Abstand zum Gegenüber einhalten, die Uniform korrekt tragen und versuchen, den richtigen Ton zu treffen. Die verbalen und die nonverbalen Kommunikationen müssen zudem stimmig sein, da etwaige Unstimmigkeiten zwischen ihnen zu Verunsicherungen bei dem Gegenüber führen können, die wiederum Angst oder Aggressionen auslösen können.

Wir haben nun verschiedene Mittel der Deeskalation beispielhaft besprochen. Zusätzlich hat natürlich Gültigkeit, was wir im Kapitel zum förderlichen Kommunikationsverhalten behandelt haben (s. Kap. 8). Weil menschliches Verhalten in einer konkreten Situation aber von vielen Faktoren abhängt, müssen diese Maßnahmen nicht unbedingt zum Erfolg führen. Wenn sich das Gegenüber trotz des konstruktiven und deeskalierenden Verhaltens des Polizeibeamten nicht beruhigt, da vielleicht zusätzlich andere Ursachen für seine Aggressionen vorliegen, empfiehlt sich eine Eskalation der Mittel.

Tabelle 13.1. Deeskalationsmaßnahmen. In der linken Spalte stehen Sätze, die in einer Situation eskalierend wirken, und in der rechten Spalte Aussagen, die einen deeskalierenden Einfluss haben. Polizeibeamte sollten Belehrungen möglichst wie die Beispiele in der rechten Spalte formulieren

Eskalierende Aussage	Deeskalierende Aussage
► „Fahren Sie immer ohne Licht?"	► „Wir haben Sie angehalten, weil Sie ohne Licht fahren."
► „Sie können hier doch nicht 80 km/h fahren!"	► „Hier sind nur 50 km/h erlaubt, und Sie sind 80 km/h gefahren."
► „Sie sind der unqualifizierteste Sachbearbeiter, den ich bisher erlebt habe!"	► „Ich kann nicht akzeptieren, dass Sie die Unfallstatistiken regelmäßig zu spät abliefern."

Eskalation der Mittel. Mit einer Eskalation der Mittel ist gemeint, dass der Polizeibeamte allmählich zu härteren Mitteln greift, wenn das Gegenüber nicht einlenkt. Wenn man z. B. zunächst mit dem anderen ruhig und sachlich spricht, wird man im Laufe der Konfrontation allmählich lauter, unterbricht sein Gegenüber, schreit ihn unter Umständen sogar an und setzt schließlich im äußersten Notfall, wie bei selbst- oder fremdgefährdenden Reaktionen, sogar körperliche Gewalt ein. Generell soll man aber zunächst mit möglichst konfliktmindernden und aggressionsarmen Mitteln beginnen. Je höher das Konfliktpotential nämlich ist, das der Polizeibeamte durch sein Verhalten in die Situation einbringt, desto größer ist die Gefahr, dass auch sein Gegenüber auf Konfrontati-

onskurs geht. Zudem gibt es die Möglichkeit, die Härte seiner Maßnahmen zu steigern, wenn man zunächst mit „weicheren" Mitteln beginnt. Denn nur dadurch hat man weitere Steigerungspotenziale, die das Gegenüber zur Ruhe bringen können, bevor man sein Pulver verschossen hat. Man bleibt flexibel im Handeln und verschlechtert die Beziehung zueinander nicht unnötig. Es ist in der Regel sinnvoller, ökonomischer und Erfolg versprechender, zunächst zu versuchen, das Gegenüber durch Deeskalation positiv zu beeinflussen zu versuchen, statt sofort möglichst hart durchzugreifen. Wenn man erkannt hat, dass das ursprünglich harte Vorgehen gar nicht nötig gewesen wäre, ist es schwierig, zurückzuschalten, weil der andere inzwischen so verprellt ist, dass er das aggres-

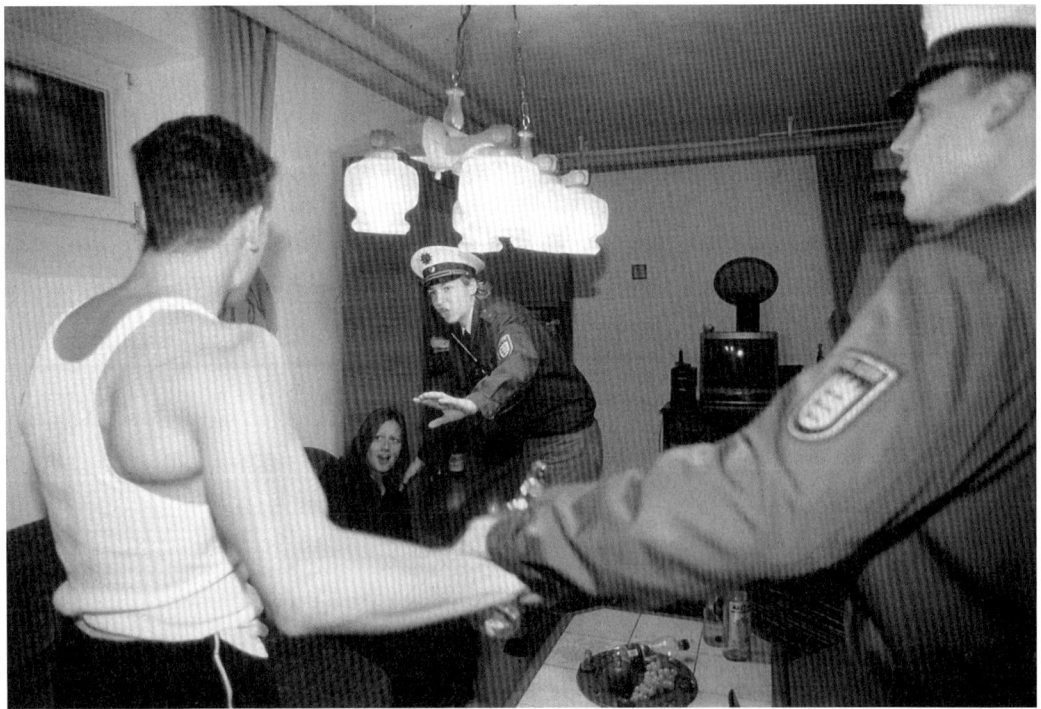

Abbildung 13.1. In Konfliktsituationen müssen Polizeibeamte versuchen, durch ihr Verhalten die Situation zu entspannen. Die Maßnahmen der Konfliktbewältigung durch Deeskalation und der kooperativen Konfliktregelung geben ihnen Hinweise, wie sie sich verhalten können

sionsfreiere Verhalten des Polizeibeamten nicht mehr akzeptiert oder der Polizeibeamte sich aus Angst vor Gesichtsverlust scheut, seine Maßnahmen nachträglich abzumildern.

13.2 Kooperative Konfliktregelung

Nachdem die Konfliktregelung durch Deeskalation aufgezeigt wurde, soll nun die kooperative Konfliktregelung erläutert werden. Wenn bei einem Konflikt alle Beteiligten an einer Regelung mitwirken, ist eine kooperative Konfliktregelung möglich. Dieser Fall ist natürlich idealer, als wenn nur eine Seite deeskalierend wirkt. Für eine kooperative Konfliktregelung sind verschiedene Voraussetzungen nötig, die häufig erst geschaffen werden müssen:

▶ Alle Beteiligten sind motiviert und interessiert, die Ursachen des Konflikts zu finden und eine einvernehmliche Regelung herbeizuführen. Nicht einer hat ein Problem, sondern alle haben ein gemeinsames.

▶ Jeder kann und muss etwas zur Regelung beitragen. Fälle, deren Lösung nur vom Belieben eines Einzelnen abhängen, sind nicht kooperativ lösbar.

▶ Alle müssen bereit sein, zur Not auf eigene Interessen zu verzichten und auf die Bedürfnisse der anderen einzugehen. Es darf nicht darum gehen, möglichst viele Forderungen des Konfliktpartners abzuwehren und möglichst viele eigene durchzusetzen. Man muss eine gemeinsame Lösung für ein gemeinsames Problem finden.

▶ Man muss dem anderen dahingehend vertrauen können, dass man von ihm nicht übervorteilt oder ausgetrickst werden wird.

▶ Es muss Gleichrangigkeit und Gleichwertigkeit zwischen den Beteiligten hergestellt werden und es darf kein Machtgefälle vorhanden sein, das einer für sich ausnutzt. Das bedeutet auch, dass keiner zur Kooperation gezwungen werden darf. Hier muss der ansonsten Stärkere (häufig der Polizeibeamte!) zeigen, dass er seine Überlegenheit nicht ausspielt.

BEISPIEL

Herstellen einer gleichwertigen Beziehung
Herr Winter wird von KK Grewe als Zeuge zu einer Befragung bestellt. Als Herr Winter auf der PI erscheint, bietet ihm KK Grewe sofort einen Sitzplatz an, er erlaubt ihm das Rauchen, hört ihm zu und unterbricht ihn nicht so gut wie nie. KK Grewe bedroht den Zeugen nicht, sondern geht auf ihn zu und räumt durch sein Verhalten Ängste des Gegenübers aus.

Vorbereitungen. Das konkrete Vorgehen bei einer kooperativen Konfliktregelung kann folgendermaßen aussehen: In manchen Fällen ist bereits ohne den Partner eine Vorbereitung des Gesprächs von den Inhalten und Rahmenbedingungen her möglich. Die inhaltliche Vorbereitung besteht in einer genauen Definition des Problems und der Zielvorstellungen. Dazu gehören auch Überlegungen, wie das Gegenüber den Konflikt sehen könnte, wie es argumentieren wird, welche Gegenargumente man dazu hat, wo man nachgeben und welche Position man keinesfalls aufgeben kann. Wichtige Rahmenbedingungen sind der Ort und der Zeitpunkt der Unterredung, die Sitzordnung, die zusätzlich geladenen Teilnehmer, Informationen, die bereits vor dem Gespräch weitergegeben werden sollten, u. ä.

Ablauf. Für die Unterredung selbst hat sich folgender Ablauf bewährt: Zunächst wird die Problematik vorgestellt. Dabei ist es nötig, den Partner durch aktives Zuhören zu unterstützen, damit er auch seine Sicht der Dinge vorbringen kann. Im nächsten Schritt sammelt man Lösungsmöglichkeiten, die erst anschließend bewertet werden. Dann wird gemeinsam entschieden, welche Lösung verwirklicht wird. Die Lösung muss nicht unbedingt in einem Kompromiss bestehen. Im Idealfall kann jeder seine Bedürfnisse befriedigen, weil sie sich gegenseitig ergänzen. So stellt sich bei einem Streit um die Urlaubsplanung z. B. heraus, dass der eine Kollege lieber im Winter und der andere im Sommer in Urlaub geht. Es ist auch möglich, dass einer völlig nachgibt, weil er einsieht, dass die Interessen der anderen aufgrund der Situation vorrangig sind. So verzichtet PM Böhm auf seinen ursprünglich während der Ferien geplanten Urlaub, weil seine Kollegen alle schulpflichtige Kinder haben.

Wichtig ist bei einer kooperativen Konfliktregelung, dass jeder freiwillig hinter der Entscheidung steht. Zuletzt wird die Ausführung der Entscheidung besprochen. Manche Lösungen sind nämlich so komplex und abstrakt, dass sie noch konkretisiert werden müssen. Manchmal müssen Teilaufgaben delegiert, Zeitpläne erstellt, weitere Personen informiert werden usw., so dass noch eine eingehende Diskussion und Planung nötig ist. Außerdem sollte man überlegen, wann und wie man später prüfen will, ob die ursprünglich gesetzten Ziele auch erreicht wurden. Nach dieser späteren Überprüfung sollte

man sich wieder zusammensetzen, um im Fall des Scheiterns eine Fehleranalyse vorzunehmen und Verbesserungen zu planen und im Erfolgsfall sich gegenseitig positive Rückmeldung zu geben. Für die Art und Weise, wie man miteinander spricht, gelten die Punkte, die wir im Kapitel zur Kommunikation (s. Kap. 8.6) und bei der Konfliktbewältigung durch Deeskalation angesprochen haben. Die Metakommunikation ist besonders wichtig, wenn Störungen auftreten. So sollte man das Gegenüber direkt auf sein negatives Verhalten im Gespräch ansprechen und versuchen, die Ursachen dafür zu finden, ohne vorwurfsvoll zu sein oder den anderen anzugreifen.

> **!** Bei der kooperativen Konfliktbewältigung arbeiten alle Beteiligten an der Lösung der Probleme. Man versucht, gemeinsam für gemeinsame Schwierigkeiten eine gemeinsam getragene Regelung zu finden.

Zusammenfassung

Formen der Konfliktbewältigung. Man unterscheidet zwischen der Konfliktbewältigung durch Deeskalation und der kooperativen Konfliktbewältigung. Im ersten Fall verhält sich zunächst nur einer der Konfliktbeteiligten konstruktiv, im zweiten Fall versuchen beide oder alle zusammen ein gemeinsames Problem zu regeln.

Deeskalation. Möglichkeiten zur Bewältigung von Konflikten durch Deeskalation sind:
► Man kann eigene kognitive oder körperliche Kontrolle durch deeskalierende Gedanken oder Spontanentspannung herstellen.

- Man sollte Verständnis für den Standpunkt des anderen aufbringen, d. h. Missverständnisse klären und sich in die Situation des Gegenübers versetzen.
- Die Herstellung von Gemeinsamkeiten ist wichtig, indem man sich z. B. auf die Sprachebene des anderen einstellt und Vorteile aufzeigt, die auch das Gegenüber durch die Auswirkungen bei der Problembewältigung hat.
- Die Förderung der Versachlichung und Dämpfung der Emotionalisierung kann deeskalierend wirken, indem man z. B. keine Vorwürfe macht, eigenes Verhalten begründet, Vorwürfe des anderen aufsplittert oder überhört, das Gegenüber um Rat fragt, Höflichkeitsformen wahrt und auf angemessenes nonverbales Verhalten achtet.

Kooperative Konfliktregelung. Kooperative Konfliktregelung funktioniert nur, wenn alle Beteiligten an einer Regelung interessiert sind, jeder etwas zur Regelung beitragen kann, keiner nur auf seinen eigenen Vorteil bedacht ist, dies auch beim Gegenüber vermutet und Gleichwertigkeit der Partner herrscht. Bei einer kooperativen Konfliktregelung sollte man sich inhaltlich auf das Gespräch vorbereiten und günstige Rahmenbedingungen dafür schaffen. Bei der Unterredung selbst sollte man förderliches Kommunikationsverhalten zeigen und vor allem auch darauf achten, dass sich das Gegenüber einbringen kann.

Weiterführende Literatur

- Hinsch, R. & Pfingsten, U. (2002). Soziale Kompetenz kann man lernen (4. Aufl.). Weinheim: Beltz.
- Kraheck-Brägelmann, S. & Pahlke, C. (1997). Betreuungskonzepte für die Polizei. Alltag – Stress – Sucht: Hilfen für die Helfer. Hilden: Deutsche Polizeiliteratur.
- Kreysler, D. (1988). Überbringung einer Todesnachricht. Überlegungen und Hinweise zu dieser schwierigen Aufgabe. Stuttgart: Boorberg.
- Mitchell, J. T. & Everly, G. S (1998). Stressbearbeitung nach belastenden Ereignissen (SBE) Ein Handbuch zur Prävention psychischer Traumatisierung in Feuerwehr, Rettungsdienst und Polizei. Edewecht: Stumpf & Kossendey.
- Schmalzl, H. P., Renner, W. & Hieber, M. (1988). Zwischen Ritual und Randale. Fussballfans verstehen und professionell mit ihnen umgehen. Stuttgart: Boorberg.

14 Umgang mit Alkohol- und Drogen-abhängigen, persönlichkeitsgestörten und suizidgefährdeten Menschen

▶ Der einzige Zeuge des Überfalls auf eine Spielhalle ist ein 35-jähriger Mann, der so stark alkoholisiert ist, dass er PK Walter auf keine Frage eine zusammenhän-gende Antwort geben kann. Frustriert bricht PK Walter die Befragung ab und bestellt den Mann für den nächsten Tag zu sich.

▶ Bei der Wohnungsdurchsuchung eines 30-Jährigen, der mehrerer Einbrüche in Elektromärkte verdächtigt wird, finden KK Seitz und KK'in Kugler neben origi-nal verpackten Stereoanlagen auch meh-rere Stanniolpapierchen und einen an der Unterseite rußgeschwärzten Löffel. Dadurch hegen sie den Verdacht, der Be-schuldigte sei drogenabhängig.

▶ Im Rahmen einer Ermittlung wird die Zeugin Wiesner vernommen. Während der Vernehmung bekommt PK Radler immer mehr den Eindruck, dass die Zeugin an einer psychischen Erkrankung leidet. Frau Wiesner springt in ihren Aussagen von einem Thema zum an-dern, erzählt wirre Geschichten und un-glaubwürdige Beobachtungen.

▶ KK Bichler vernimmt Herrn Severing, der verdächtigt wird, einen brutalen Raubüberfall begangen zu haben. KK Bichler ist von der Kaltschnäuzigkeit ge-schockt, mit der der Tatverdächtige von dem Überfall erzählt. Ohne jegliches Schuldbewusstsein stellt der Vernom-mene dar, wie er die Opfer misshandelt hat. Zuerst ist Herr Severing relativ ko-operativ, fühlt sich jedoch plötzlich von KK Bichler angegriffen und reagiert so ag-gressiv, dass Kollegen eingreifen müssen.

▶ Nach einem Anruf bei einer PI in Dresden, dass die Hausmeisterin des Hochhauses an der Danziger Straße aus dem 6. Stock zu springen drohe, meint PK Schulze zu seinem Kollegen nur lapidar: „Da ist keine Eile geboten. Die hat das schon öfters an-gedroht und doch nie getan."

▶ Bei den Ermittlungen in einem tödlichen Verkehrsunfall stellt sich für PK'in Rein-hardt nach kurzer Zeit die Frage, ob der Getötete Suizid begannen hat, weil es kaum eine andere Erklärung dafür geben kann, warum er mit Vollgas gegen die Mauer gefahren ist.

Diese Beispiele handeln von Menschen, die unter Abhängigkeiten oder Persönlichkeits-störungen leiden, und von Suizidgefährdung bzw. Suizid. Polizeibeamte haben in ihrem beruflichen Alltag häufiger mit Menschen Umgang, die alkohol- oder drogenabhängig sind, unter Persönlichkeitsstörungen leiden, mit Suizid drohen oder ihn durchführen.

Manche Menschen sind abhängig und gleichzeitig suizidgefährdet, aufgrund ihrer psychischen Erkrankung suizidal oder sowohl abhängig als auch psychisch erkrankt. Da Polizeibeamte öfter mit diesen Personengruppen Kontakt haben, soll auf diese Erkrankungen und den adäquaten Umgang mit Betroffenen näher eingegangen werden. Da die Entstehung und die Symptome von Persönlichkeitsstörungen bereits in Kapitel 6 „Persönlichkeitspsychologie" dargestellt wurden, wird in diesem Kapitel nur der Umgang mit Menschen thematisiert, die unter diesen Erkrankungen leiden. Auf die physische und psychische Abhängigkeit von bestimmten Substanzen wird hingegen breiter eingegangen, weil dieses Thema noch nicht behandelt wurde. Ebenso werden die Ursachen, die zu einem Suizid(versuch) führen können, aufgezeigt.

14.1. Alkohol- und Drogenabhängige

Man kann generell zwischen legalen und illegalen Drogen unterscheiden. Da diese Spaltung aber rein juristischer Natur und aus psychologischer Sicht irrelevant ist, wird im Folgenden nicht getrennt, ob jemand Alkohol und Medikamente oder Halluzinogene, Opiate oder sonstige verbotene Substanzen konsumiert. Aber was ist mit Abhängigkeit gemeint?

Entsprechend der Definition der WHO (World Health Organisation: Weltgesundheitsorganisation) zählt auch Alkohol zu den Substanzen, die abhängig machen können. Der Begriff Drogenabhängigkeit beinhaltet auch die Alkoholabhängigkeit, weil Alkohol eine zentralnervöse Wirkung hat und zu

psychischer und physischer Abhängigkeit führen kann.

> **DEFINITION**
>
> Nach der WHO ist die **Drogenabhängigkeit** ein Zustand psychischer und/oder physischer Abhängigkeit von einer Substanz mit zentralnervöser Wirkung, die periodisch oder kontinuierlich eingenommen wird.

Psychische Abhängigkeit. Unter psychischer Abhängigkeit versteht die Expertenkommission der WHO „das unbezwingbare Verlangen nach periodischer oder fortwährender Einnahme der Droge, um einen angenehmen Zustand (Lust, Glücksgefühl) zu erzeugen oder einen unangenehmen Zustand (Unlust, Missbehagen) zu vermeiden" (Krauthan, 1985, S. 17).

Physische Abhängigkeit. Bei einer physischen oder körperlichen Abhängigkeit wird die Droge so in den Stoffwechsel eingebaut, dass beim Absetzen der Droge körperliche Entzugserscheinungen wie Übelkeit, Erbrechen oder Gliederschmerzen auftreten. Um diese körperlichen Symptome zu vermeiden, nimmt der Abhängige die Substanz regelmäßig ein.

Zentrales Nervensystem. Die Nerven und das Gehirn werden zusammen als das zentrale Nervensystem bezeichnet. Damit bedeutet der Ausdruck einer zentralnervösen Wirkung, dass die Substanz die Nerven und das Gehirn beeinflusst. Lerntheoretisch ausgedrückt würde das heißen, dass die Einnahme von Drogen zu positiver oder negativer Verstärkung führt (s. Kap. 3.3).

Form der Abhängigkeit. Ob „nur" eine psychische oder eine psychische und physische

Abhängigkeit entsteht, hängt von der Drogenart ab. So macht der Missbrauch von Halluzinogenen (LSD, Mescalin, STP u. a.) und Kokain psychisch abhängig, während bei Opiaten (z. B. Morphium, Heroin und entsprechende chemische Präparate) und Alkohol eine physische Abhängigkeit dazukommt. Eine Auflistung verschiedener Drogen sowie ihrer Wirkungen findet sich in Tabelle 14.1.

Entwicklung einer Abhängigkeit

Für die Entwicklung einer Drogenabhängigkeit gibt es keine allgemeingültige oder eindeutige Theorie oder Erklärung. Es sind aber einige Faktoren bekannt, die das Entstehen einer Drogenabhängigkeit begünstigen. Dazu gehören familiäre Rahmenbedingungen wie Spannungen zwischen den Eltern, Trennung der Eltern durch Scheidung oder Tod eines Elternteils, gleichzeitige Berufstätigkeit von Vater und Mutter, die durch Arbeitsstress und Zeitmangel zu einem konfliktreichen Umgang mit den Kindern führen kann, beengte Wohnverhältnisse, Heimerziehung und mangelhafte emotionale Zuwendung. Daneben spielt der Erziehungsstil eine wesentliche Rolle. Generell begünstigt jede extreme Form der Erziehung eine spätere Abhängigkeitsentwicklung, sei es eine sehr strenge, eine überbeschützende oder eine gleichgültige. Genauso negativ kann sich eine inkonsequente (die Kinder werden nach für sie nicht durchschaubaren Kriterien für dasselbe Verhalten einmal bestraft und ein anderes Mal sogar belohnt) und uneinheitliche Erziehung (Vater und Mutter haben völlig verschiedene Erziehungsstile) auswirken.

Diese teils konträren Rahmenbedingungen und Erziehungsstile können, müssen aber nicht, folgende Auswirkungen haben: Das Kind entwickelt soziale Defizite, kann z. B.

seine Interessen nicht oder nur aggressiv durchsetzen, tut sich schwer, tragfähige Beziehungen einzugehen und aufrecht zu erhalten und kann Belastungen und Stress nur schwer bewältigen. Hinzu kommen emotionale Probleme wie Ängste und Unsicherheiten und verfehlte Erwartungshaltungen an die Umwelt mit entsprechenden Enttäuschungen. Viele Kinder bekommen aufgrund dieser Schwierigkeiten Probleme in der Schule, haben schlechte Noten, bleiben sitzen, werden von anderen Mitschülern gehänselt oder aber reagieren aggressiv und unterdrücken ihrerseits ihre Klassenkameraden. Des Weiteren mangelt es Kindern, die unter diesen Bedingungen aufgewachsen sind, häufig an Selbstkontrolle, d. h. es fällt ihnen schwer, auf augenblicklich Angenehmes zu verzichten, das langfristig negative Folgen hat (Drogenkonsum) oder sie können Unangenehmes schlecht durchstehen, um später etwas Positives zu erlangen. Letzteres wäre z. B. bei einer längeren, anstrengenden Ausbildung notwendig, um später einen attraktiven Beruf ergreifen zu können. Außerdem drängen solche Jugendliche häufig sehr frühzeitig aus der Familie, in der sie sich nicht wohl fühlen, und damit erhöht sich die Wahrscheinlichkeit, dass sie mit anderen Alkohol- und Drogenkonsumenten in Kontakt treten. Diese Teenager verbringen häufig viel Zeit auf der Straße und suchen den Kontakt zu Randgruppen. Hier kommen sie dann oft das erste Mal mit Drogen oder größeren Mengen Alkohol, den man meist im Familienkreis schon probiert hat, in Berührung. Doch auch zu diesem Zeitpunkt entsteht noch nicht zwangsläufig eine Abhängigkeit. Jedoch ist die Wahrscheinlichkeit für eine Abhängigkeit oder für die Entwicklung einer anderen psychischen Störung aufgrund dieser Risikofak-

Tabelle 14.1. Auflistung von Beispielen für Drogen und andere Substanzen, die eine Auswirkung auf die Psyche bzw. das Bewusstsein haben, und ihre Wirkungen

Gruppe und Substanzen	Psychische Wirkungen	Gruppe und Substanzen	Psychische Wirkungen
Halluzinogene	Bewusstseinsverändernde Wirkung	**Kokain**	▲ Rededrang
▲ LSD	▲ Illusionäre Verkennungen, Halluzinationen (vor allem Formen und Farben)		▲ Erregung, sexuelle Enthemmung, Euphorie
	▲ Erlebnisse von Depersonalisation (Fremdwerden der eigenen Person, abnorme Veränderung in der Wahrnehmung des Körpers und der Gefühle u. ä.)		▲ Langfristig Persönlichkeitsabbau
	▲ Derealisation (abnorm veränderte Umwelt)		▲ Starke psychische Abhängigkeit
	▲ Horrortrip, Angst, Panik, psychotische Symptome	**Psychostimulantien (Aufputschmittel)**	▲ Rasche Gewöhnung und Dosissteigerung
	▲ Gefahr von Fremd und Selbstgefährdung	▲ Captagon ▲ Ritalin	▲ Starke Gefahr psychischer Abhängigkeit, keine körperliche Abhängigkeit
	▲ Psychische Abhängigkeit	▲ Ecstasy ▲ Weckamine	▲ Aufputschend, euphorisierend
▲ Meskalin	wie LSD	▲ Ephedrin ▲ Amphetamine	▲ Kurzfristige Konzentrationssteigerung und Erhöhung der Leistungsfähigkeit
▲ Pilze (Psilocybin)	4–6 Stunden lang die Wirkung wie LSD	▲ Pervitin	
▲ Cannabis (in hohen Dosen)	▲ Gehobene Stimmung, euphorisch, albern, friedlich	**Alkohol**	▲ Bis 0,2 ‰: Enthemmende Wirkung mit Steigerung der Redseligkeit.
	▲ Wahrnehmungsstörungen		▲ Ab 0,3 ‰: Erste Beeinträchtigungen wie die Einschränkung des Sehfeldes und Probleme bei der Entfernungseinschätzung.
	▲ Veränderung der Realität		▲ Ab 0,5 ‰: Deutliches Nachlassen der Reaktionsfähigkeit bzw. -zeit, besonders auf rote Signale.
	▲ Intensivierung von Sinneserlebnissen (Farben, Musik, Geschmack) und Gefühlen		▲ Ab 0,8 ‰: Erste Gleichgewichtsstörungen, das Gesichtsfeld ist eingeengt (Tunnelblick), deutliche Enthemmung.
	▲ Veränderung des Zeitgefühls (Zeitdehnung)		▲ Von 1,0 bis 1,5 ‰: Sprachstörungen, Risikobereitschaft und Aggressivität steigen.
	▲ Größere Bewusstheit gegenüber dem „Inneren Universum"		▲ Von 2,0 bis 2,5 ‰: Starke Koordinations- und Gleichgewichtsstörungen, lallende Aussprache.
Opiate und opiatähnliche Substanzen	▲ Stimulation, Euphorisierung		▲ Ab 2,5 ‰: Bewusstseinseintrübung, Lähmungserscheinungen, Doppeltsehen und Ausschaltung des Erinnerungsvermögens.
▲ Codein	▲ Rückzug auf inneres Erleben		▲ Ab ca. 3,5 ‰: Lähmung des Atemzentrums, lebensbedrohlicher Zustand
▲ Heroin	▲ Schmerzbetäubung		
▲ Methadon	▲ Hohe Abhängigkeitsgefahr		
▲ Morphium	▲ Schon nach wenigen Tagen Toleranz- und Dosissteigerung		
▲ Opium			

toren erhöht. Neben diesen Faktoren begünstigen noch weitere Gründe das Entstehen einer Abhängigkeit. Eine wichtige Rolle spielen Vorbilder, die Drogen konsumieren, wie z. B. die Eltern, die ihren Kindern vorleben, dass man mit Alkohol oder Tabletten Probleme „lösen" kann. Außerdem wird die Einnahme von Drogen durch ihre unmittelbaren positiven und deshalb gewünschten Konsequenzen verstärkt (s. Kap. 3.3).

Beispiele für diese kurzfristigen Folgen sind

► Glücksgefühle,
► Rauschzustände,
► Steigerung des Selbstbewusstseins,
► Ausgeglichenheit,
► Anerkennung im Freundeskreis,
► Spaß an Verbotenem und Risiken,
► Leistungssteigerung,
► Problemverdrängung oder
► Kontaktfreudigkeit.

Durch die Einnahme von Drogen werden zusätzlich unangenehme Zustände wie Langeweile, Hoffnungslosigkeit oder schlechte Stimmung beendet. Weiterhin bilden sich, nach dem Prinzip des klassischen Konditionierens, Auslöser für den Wunsch und das Bedürfnis nach Drogen (s. Kap. 3.2). So können Situationen, die denen ähneln, in denen man früher Drogen nahm, oder Personen, mit denen man unter Drogeneinfluss Kontakt hatte, oder Gegenstände, die zum Drogengebrauch einen Bezug haben, ein starkes Verlangen nach Drogen aufkommen lassen, dem der Abhängige bzw. der Konsument nur sehr schwer widerstehen kann. Wenn all diese oder ein Teil dieser Faktoren zusammen kommen, kann eine psychische Abhängigkeit entstehen.

Erschwerend kommt bei manchen Drogen, wie beim Alkohol und den Opiaten, eine physische Abhängigkeit hinzu, so dass diese Drogen vom Abhängigen weiter genommen werden müssen, um die körperlichen Entzugserscheinungen zu beseitigen. Bei Alkoholabhängigen äußert sich der Entzug häufig in Zittern, Schweißausbrüchen oder Nervosität. Der Entzug von Heroinabhängigen kann Gänsehaut, Schweißausbrüchen, Tränenfluss, Unruhe, Angst, Durchfall, Erbrechen, Anstieg der Körpertemperatur und der Herzfrequenz, starke Schmerzen im Bauch und den Extremitäten, Blutdruckkrisen und Kreislaufversagen bewirken.

Umgang mit Abhängigen

Im Folgenden werden einige Hinweise gegeben, worauf ein Polizeibeamter im Umgang mit Abhängigen oder Personen unter akutem Alkohol- und Drogeneinfluss, der entweder während des Kontaktes mit der Polizei vorliegt oder in der Situation, zu der der Betreffende Auskunft erteilen soll, vorgelegen hat.

Notfälle. Bei akuten Vergiftungen z. B. durch Überdosierungen sollte man auf die Person, die Halluzinationen, Realitätsverkennung oder starke Erregungszustände aufweist, beruhigend und beschwichtigend einreden und eine erhöhte Selbst- und Fremdgefährdung beachten. Auch medizinische Erste-Hilfe-Maßnahmen können angebracht sein, auf deren Darstellung nicht weiter eingegangen werden soll.

Ausnüchterung. Wenn kein Zeitdruck besteht, sollte man die Person, die befragt oder vernommen werden soll, ausnüchtern lassen, weil ein vernünftiges Gespräch danach sehr viel leichter fällt. Man muss die Person aber vorher unbedingt einem Arzt vorstellen, weil lebensgefährliche innere Verletzungen oder andere Krankheiten wie Anfallsleiden oder

Durchblutungsstörungen vorliegen könnten, die fälschlicherweise als Anzeichen für Drogenkonsum gedeutet oder durch diesen überdeckt werden. Nicht jeder, der intensiv nach Alkohol riecht und hilflos wirkt, ist tatsächlich betrunken. Während der Ausnüchterung ist der Betreffende zu überwachen, damit er nicht an Erbrochenem erstickt oder einen Suizid versucht. Auch ansonsten kann die Suizidgefährdung erhöht sein.

Befragung. Ist die Person nicht zu stark betäubt bzw. betrunken, oder ist eine sofortige Befragung unumgänglich, sollte man mit ihr möglichst einfach und unkompliziert sprechen. Man sollte also nur kurze Sätze bilden, statt Fürwörtern die Namen der betreffenden Personen verwenden und keine Fremdwörter gebrauchen. Fragen und Aufforderungen müssen gegebenenfalls mehrfach wiederholt werden und möglichst im gleichen Wortlaut, damit sie das Gegenüber trotz seiner Benommenheit verstehen kann. Beschimpfungen, aggressive Äußerungen u. ä. des Betroffenen sollte der Polizeibeamte nicht auf die Goldwaage legen, sondern sie dem entsprechenden Zustand des Gegenübers zuschreiben. Auch langatmigen Ausführungen des Befragten, die nicht zum Sachverhalt gehören, muss man toleranter als normalerweise gegenüberstehen. Wichtig zu wissen ist, dass die Beobachtungsgabe länger als die Bewegungskoordination erhalten bleibt. Ein Betrunkener, der kaum mehr auf den Füßen stehen kann, hat eventuell durchaus noch verwertbare Wahrnehmungen gemacht.

Weiterhin sollte ein Polizeibeamter jeden Moralismus Drogen- und Alkoholabhängigen gegenüber vermeiden, also sich mit Äußerungen wie „Wie kann man sich nur so voll laufen lassen!" zurückhalten. Dies belastet das Verhältnis zum Gegenüber nur unnötig, und außerdem hat der Polizeibeamte keinen therapeutischen Auftrag. Vor allen Dingen sollte man den anderen menschlich behandeln. Auch wenn man Drogen- und Alkoholmissbrauch missbilligt, ist die Menschenwürde des Abhängigen unbedingt zu achten.

> **!** Personen, die stark betrunken sind oder massiv unter Drogen stehen, müssen unter Umständen ausgenüchtert werden. Bei einer Befragung sollte sich der Polizeibeamte einer einfachen Sprache bedienen und moralische Bemerkungen zum Alkohol- und Drogenrausch unterlassen.

14.2 Menschen mit Persönlichkeitsstörungen

In Kapitel 6 zu den Persönlichkeitsstörungen wurden die Schizophrenie und die antisoziale Persönlichkeitsstörung näher erläutert. Daher sollen an dieser Stelle Hinweise gegeben werden, wie ein Polizeibeamter mit Menschen umgehen kann, die an diesen Krankheiten leiden.

Umgang mit Schizophrenen

Wie bereits erläutert wurde, ist die Schizophrenie eine der häufigsten Persönlichkeitsstörung. Kennzeichnende Symptome sind Störungen der Affektivität, des Denkens und der Person, zu denen katatone Symptome, Halluzinationen und Wahnideen hinzu kommen können (s. Kap. 6). Für den Umgang mit Schizophrenen sollen an dieser Stelle Hinweise gegeben werden, wie die Polizeibeamten mit der möglicherweise gezeigten Aggressivität und Wahnideen des Kranken umgehen können.

Aggressivität. Schizophrene sind in der Regel nicht gewalttätig, können aber aggressiv und tätlich werden. Die Gefahr liegt dabei darin, dass solche Aggressionen für die Umgebung überraschend kommen können. Die Ursachen für diese spontanen, aggressiven Handlungen sind meist wahnhafte Ängste oder Stimmen, die dem Kranken entsprechende Befehle geben. Wenn dem Polizeibeamten bekannt ist, dass sein Gegenüber an einer Schizophrenie leidet, sollte er es genau beobachten, ohne aber überzogen misstrauisch zu sein. Ist die Person bereits aggressiv, sollte man sich nicht auf lange Diskussionen über die Angemessenheit der Aggression einlassen, da gerade die Unentschiedenheit, was man tun soll (Ambivalenz), kennzeichnend für Schizophrene ist. Daher ist ein eindeutiges Vorgehen der Polizeibeamten auch für den Kranken hilfreich.

Man muss man klare Aufforderungen geben, was vom Gegenüber erwartet wird und dem Kranken erklären, was man vorhat und warum man so handelt, auch wenn dieser die Ausführungen nicht zu verstehen scheint. Geht der Kranke nicht darauf ein, ist es wichtig, dass die Polizeibeamten sich untereinander über das weitere Vorgehen eindeutig verständigen. Es sollte genau geplant werden, wer den Kranken, wo und wann packt, auf welches Zeichen der Angriff erfolgt usw. Dann ist entschlossen und ohne Zögern zu handeln. Außerdem sollten mindestens zwei Beamte eingreifen, wenn es zu einer tätlichen Auseinandersetzung mit einem Schizophrenen kommt, da Schizophrene ungeheure Körperkräfte entwickeln können und diese auch ungehemmt einsetzen. Dauert die Erregung weiter an, ist Selbst- oder Fremdgefährdung gegeben oder liegt sozial störendes Verhalten vor, ist der Schizophrene ins Krankenhaus bzw. in eine Psychiatrie zu bringen, damit er ruhiggestellt werden kann.

Wahnideen. Kranken, die aufgrund einer Wahnidee Anzeige erstatten wollen, sollte der Beamte ruhig und sachlich gegenübertreten. Das Beispiel des Mannes, der seine Wohnungsnachbarn anzeigen will, da sie ihn angeblich umbringen wollen, indem sie ihn durch sein Fernsehgerät mit tödlichen Strahlen bombardieren, ist ein solcher Fall (s. Kap. 6). Man sollte Schizophrene bzw. Personen, die aufgrund solcher oder ähnlicher Wahnvorstellungen eine Anzeige erstatten, in ihrem Wahn nicht unnötig verstärken, ihnen also nicht in jeder Hinsicht, wenn auch nur scheinbar, Recht geben. Andererseits sollte man nicht alle Aussagen von vornherein als unglaubwürdig bezeichnen, da sich der Schizophrene sonst auch noch von der Polizei verfolgt oder zumindest missverstanden fühlen kann. Auf keinen Fall darf man sich über die Angaben des Kranken in seinem Beisein lustig machen. Es empfiehlt sich, die Aussage des Schizophrenen anzuhören und ihm zu verstehen zu geben, dass der Sachverhalt so sein könne, wie er geschildert wurde, aber weitere polizeiliche Nachforschungen zur endgültigen Beurteilung nötig seien. Diese sind im Anschluss wirklich anzustellen, da manchmal auch eine sehr unglaubwürdige und verschrobene Beschuldigung im Kern einen wahren Gehalt hat. So ist es unwahrscheinlich, dass die Nachbarn den Mann aus dem Beispiel mit Hilfe von TV-Strahlen umbringen wollen, aber vielleicht fühlt sich der Bürger aufgrund anderer, real vorliegender Sachverhalte bedroht, die er nur in eine Wahnidee verändert hat.

Umgang mit Menschen mit antisozialer Persönlichkeitsstörung

In Kapitel 6 wurde ausführlich dargestellt, dass Menschen mit antisozialer oder dissozialer Persönlichkeitsstörung häufig mit der Gesellschaft in Konflikt geraten, dass sie kein Krankheitsbewusstsein zeigen, häufig unüberlegt, impulsiv und spontan handeln, moralische Defizite haben, zumeist ein unbeständiges Leben führen, bei der zwischenmenschlichen Interaktion ständig Probleme haben und ihre Emotionalität gestört ist. Mit solchen Menschen muss der Polizeibeamte anders umgehen als mit Schizophrenen.

Aggressivität. Es ist durchaus möglich, dass ein Mensch mit einer antisozialen Persönlichkeitsstörung anfangs zu den Polizeibeamten nett und freundlich ist, aber schlagartig aggressiv wird, wenn sich die Situation zu seinem Nachteil verändert. Wenn die Erkrankung bekannt ist und die Möglichkeit besteht, sollten bereits im Vorfeld Informationen eingeholt werden, wie stark die Aggressionsbereitschaft der Person ist, da diese nicht zwangsläufig gegeben sein muss. Auf jeden Fall sollte man den Kranken sehr aufmerksam beobachten und auf Eigensicherung bedacht sein. Versprechungen des Gegenübers sollte man mit Skepsis begegnen, da für diese Personen Lügen Kavaliersdelikte sind und sie nur auf eigene Vorteile aus sind.

Um das Gegenüber nicht unnötig zu provozieren, sollte man zur „Eskalation der Mittel" greifen, d. h. mit möglichst weichen Maßnahmen starten und sie erst nach Bedarf steigern. Gleichzeitig ist zu beachten, dass es der andere unter Umständen darauf anlegt, die Polizeibeamten zu Überreaktionen zu bringen, um ihnen später aus dieser Reaktion einen Strick drehen zu können. Wichtig ist, dass man diesen Personen gegenüber klar Stellung bezieht, eindeutig und selbstbewusst eigene Ziele aufzeigt bzw. darlegt, was vom Gegenüber erwartet wird. Appelle an die Vernunft des anderen sind in solchen Fällen eher sinnlos. Ein Mensch mit dieser Störung lässt sich mehr dadurch beeindrucken, dass ihm klar gemacht wird, dass es keine Handlungsalternativen gibt und es in der Situation klare Richtlinien zu beachten sind. Zusätzlich sollten die Polizeibeamten versuchen, das Gegenüber Schritt für Schritt in die gewünschte Richtung zu bewegen, ohne zu viel auf einmal zu verlangen.

> **!** Beim Umgang mit Menschen, die unter Persönlichkeitsstörungen leiden, muss der Polizeibeamte klare Handlungsanweisungen geben, sollte ein ruhiges und bestimmtes Verhalten zeigen und auf mögliche selbst- und fremdgefährdende Handlungen vorbereitet sein.

14.3 Suizidale Menschen

Jedem Polizeibeamten kann es widerfahren, dass er den Versuch einer Selbsttötung vereiteln soll. Ebenso gehört es zum Polizeialltag, an den Schauplatz eines vollzogenen Suizids gerufen zu werden oder sogar bei einem Suizid zusehen zu müssen, weil er nicht mehr verhindert werden konnte. Daher soll auf diese Problematik und den Umgang mit Menschen, die einen Suizid vornehmen wollen, etwas näher eingegangen werden.

Ursachen der Suizidgefährdung und Selbsttötung

Es kann viele Ursachen für einen Suizidversuch geben. Den Entschluss fällen Personen häufig in Situationen, die für sie unlösbar erscheinen und denen sie sich nur durch den Tod entziehen zu können glauben. Beispiele für solch problematische Konstellationen sind schwere Krankheiten bei sich selber oder einem nahe stehenden Menschen, Abhängigkeitserkrankungen, Prestigeverlust, Schulden, Trennung vom Partner, Tod oder Behinderung eines Kindes und Verlust der Arbeit. Weitere Gründe für einen Selbsttötungsversuch können sein, dass man seine Umwelt auf die eigene Lage aufmerksam machen, sich durch den Suizid an jemandem rächen, andere Menschen in Angst versetzen oder jemanden erpressen will, bestimmten Forderungen nachzukommen.

Suizidformen

In Abhängigkeit von den Ursachen für eine Selbsttötung kann man zwischen einem Kurzschluss- und einem Bilanzsuizid unterscheiden. Bei letzterem handelt es sich um einen Suizid, wo der Betreffende das Für und Wider des Weiterlebens abwägt und sich aufgrund der negativen Bilanz für die Selbsttötung entscheidet. Obwohl mancher Suizidversuch einen demonstrativen Charakter hat, stümperhaft durchgeführt wird und nur ein Bruchteil der Versuche tödlich endet, ist jeder Versuch, ja bereits dessen Ankündigung, ernst zu nehmen! Es ist irrig, zu glauben, dass Menschen, die ständig vom Suizid reden, keinen entsprechenden Versuch unternehmen. Eine besondere Gefährdung des Betroffenen liegt vor, wenn folgende Kriterien erfüllt sind:

Suizidspezifische Anhaltspunkte. Wenn bereits Suizide in der näheren Umgebung (Familie, Freundeskreis) stattgefunden haben, der Betroffene frühere Selbsttötungsversuche unternommen hat oder er entsprechende Ankündigungen und konkrete Vorbereitungen gemacht hat, sind dies sehr ernst zu nehmende Faktoren.

Krankheiten. Schwere körperliche Behinderungen und Erkrankungen, Depressionen, Abhängigkeiten und Phobien (krankhafte Ängste) sind häufig die Ursache für Suizidversuche.

Persönlichkeitsstörungen. Aufgrund von massiven Schuldgefühlen, psychischer Labilität oder Entwicklungsdefiziten können sich Personen zu einem Suizid entschließen.

Bestimmte oder fehlende Wertmaßstäbe. Wenn jemand kein Lebensziel hat, ethische Bindungen (Suizid ist keine Sünde) fehlen und die Person nur noch eine Sinnlosigkeit des Weiterlebens wahrnimmt, steigt die Suizidgefährdung.

Höheres Alter. Obwohl oft die Meinung herrscht, dass vor allem Jugendliche unter Suizidabsichten leiden, werden gerade mit zunehmendem Lebensalter vermehrt Suizidversuche durchgeführt, die häufiger tödlich enden als bei jüngeren Menschen.

Negative Umwelteinflüsse. Menschen, die keine oder wenige soziale Bindungen oder keinen Partner haben, die den Verlust nahe stehender Menschen erlitten haben oder Konflikte mit anderen durchleben, sind verstärkt suizidgefährdet. Aber auch drohende oder momentane Arbeitslosigkeit kann Menschen zu einem Suizidversuch treiben.

Umgang mit Suizidgefährdeten

An dieser Stelle sollen Hinweise gegeben werden, wie man mit einer Person umgehen soll, die vor einem konkreten Suizidversuch steht. Genau dies ist die Situation, mit der ein Polizeibeamter beruflich konfrontiert werden kann. Detailliertere Ausführungen, auf denen auch die folgenden Ratschläge basieren, finden sich bei Trum, Schmalzl & Langer (1987).

Wenn dies ohne größeren Zeitaufwand möglich ist, sollte der Beamte zunächst versuchen, Informationen über die Person, deren Lebensumstände und die augenblickliche Verfassung wie den Grad der Alkoholisierung oder mögliche Verwirrtheitszustände zu bekommen, um sein weiteres Vorgehen darauf einzustellen und diese Informationen im Gespräch mit dem anderen zu verwerten. So könnte der Polizeibeamte z. B. auf ähnliche eigene Lebensumstände oder Probleme verweisen, um dem Gegenüber zu signalisieren, dass er sich in die Situation des anderen einfühlen kann. Daneben sind durch Kollegen organisatorische Vorbereitungen zu treffen, wie z. B. Absperrungen vorzunehmen und unter Umständen weitere Helfer (Feuerwehr, Arzt, Psychologe) herbeizuholen. Darauf wird an dieser Stelle nicht weiter eingegangen, da es sich nicht um psychologische Maßnahmen handelt.

Dann kann das Gespräch mit dem Suizidgefährdeten beginnen, wozu der Beamte Mütze und Uniformjacke ablegen und sich mit Namen, aber ohne Nennung des Dienstgrades vorstellen sollte. Durch diesen Akt weist er darauf hin, dass er als Mensch und nicht als Amtsperson mit dem anderen sprechen will. Dies kann zusätzlich noch direkt thematisiert werden. Soweit möglich, empfiehlt sich namentliche Begrüßung des Gegenübers. Beim weiteren Gespräch sollte man das Gegenüber die Inhalte bestimmen lassen. Auch Gesprächsinhalte, die nicht mit der augenblicklichen Situation zu tun haben scheinen, können für den anderen wichtig sein. Und sei es nur darum, dass ihm das Gefühl vermittelt wird, der Polizeibeamte interessiere sich für ihn und versuche, seine Lage zu verstehen.

Das Gespräch sollte auf keinen Fall dazu dienen, die Neugierde des Beamten zu befriedigen. Der Beamte muss darauf achten, den anderen nicht zu bedrängen, zu belehren oder ihm gar Vorwürfe zu machen. Will das Gegenüber über bestimmte Themen nicht sprechen, ist das zu akzeptieren. Stattdessen sollte der Polizeibeamte zuhören, auf die Probleme des anderen eingehen, gemeinsam mit dem anderen Lösungsmöglichkeiten suchen, Hilfen anbieten, die realisierbar und ernst gemeint sind und dann auch erfolgen müssen, und mögliche Gründe fürs Weiterleben aufzeigen. Fachleute aus der Suizidberatung berichten von dem verblüffenden Erfolg der Frage, was der andere morgen machen wolle. Manchem Suizidgefährdeten wird erst dadurch klar, dass es für ihn vielleicht kein Morgen mehr geben wird. Äußert der andere Zweifel an der Sinnhaftigkeit einer Selbsttötung, muss man ihn darin bestärken. Hilfen können dabei sein, dass man ihm verspricht, seine Anonymität gegenüber der Presse zu wahren, ihn vor Neugierigen beim gemeinsamen Weggang von der Stelle, an welcher er Suizid begehen wollte, abzuschirmen und ihn weiter zu betreuen, bis weitere Schritte, wie die Notwendigkeit einer Einweisung in eine psychiatrische Klinik, geklärt sind. Diese Entscheidung sollte dann im Einvernehmen mit Fachleuten wie Psychologen oder Psychiatern getroffen werden. Während des gesamten Gesprächs muss der

Beamte darauf achten, keine zusätzliche Hektik, Nervosität und Erregung, auch nicht bei sich, aufkommen zu lassen. Ein wesentlicher Aspekt nach einem solchem Einsatz ist, dass vielleicht der Polizeibeamte, auch wenn der Suizid des Bürgers verhindert werden konnte, psychologischer Betreuung bedarf.

> **!** Jede Suiziddrohung ist ernst zu nehmen. Beim Gespräch mit einem Suizidgefährdeten sollte man diesen die Themen bestimmen lassen und selbst größtmögliche Ruhe bewahren.

Zusammenfassung

Abhängigkeit. Drogen- oder Alkoholabhängigkeit ist ein Zustand psychischer und/oder physischer Abhängigkeit von einer Substanz mit zentralnervöser Wirkung.

▸ Faktoren, die die Entwicklung einer Abhängigkeit erhöhen, sind negative familiäre Bedingungen, falsche Erziehung, Kontakte zu Abhängigen und positive Erlebnisse mit Drogen.

▸ Man sollte, so weit möglich, das unter Drogen oder Alkohol stehende Gegenüber ausnüchtern lassen. Ansonsten sollte ein Arzt die Abhängigkeit diagnostizieren, bei einer Befragung sollte man mit dem Gegenüber möglichst unkompliziert sprechen, dessen ausfälliges Verhalten nicht überbewerten, jede Moralisierung unterlassen und eine Suizidgefährdung bedenken.

Persönlichkeitsstörungen. Unter Persönlichkeitsstörungen werden stabile Verhaltensmuster verstanden, die zu starren Reaktionen auf wechselnde persönliche und soziale Lebenslagen führen und sich in Abwei-

chungen im Wahrnehmen, Denken, Fühlen und in den Beziehungen zu anderen Menschen äußern. Sie führen häufig zu persönlichem Leiden, dem Leiden der Umgebung, sowie einer gestörten (gesellschaftlichen) Funktionsfähigkeit des Betroffenen.

▸ Beim Umgang mit Schizophrenen ist zu beachten, dass sie gewalttätig werden können, auch wenn dies nicht typisch ist. Bei Schizophrenen sind besonders klare Anweisungen und Erklärungen des Vorgehens der Polizei zu geben und auch wahnhafte Äußerungen des Kranken ernst zu nehmen.

▸ Beim Umgang mit Menschen, die unter antisozialer oder dissozialer Persönlichkeitsstörung leiden, ist ein klares und zielstrebiges Vorgehen nötig und der Polizeibeamte muss berücksichtig, dass sie aggressiv werden und unberechenbar reagieren können.

Suizid. Jede Androhung eines Suizides oder Suizidversuches ist ernst zu nehmen. Folgende Faktoren sprechen für eine besondere Gefährdung, wenn die Person (schwer) krank ist, bei ihr Persönlichkeitsstörungen vermutet werden oder diagnostiziert sind, über 50 Jahre alt ist, nur mangelnde Wertmaßstäbe besitzt und bereits eigene Suizidversuche vorgenommen hat. Zusätzlich begünstigen Suizide in der näheren Umgebung oder andere negative Umwelteinflüsse wie soziale Isolation oder Arbeitslosigkeit einen Selbsttötungsversuch. Bei einem akuten Suizidversuch sollte man mit dem Gefährdeten ruhig, sachlich und nicht moralisierend sprechen, dem Gegenüber zuhören, Hilfe anbieten und Zweifel an der Sinnhaftigkeit der Selbsttötung verstärken.

Weiterführende Literatur

▶ Egg, R. (Hrsg.). (1990). Brennpunkte der Rechtspsychologie. Polizei – Justiz – Drogen. Forum Verlag Godesberg.

▶ Julien, R. M. (1997). Drogen und Psychopharmaka. Heidelberg: Spektrum Akademischer Verlag.

▶ Langer, M. & Wanninger, E. (1992). Alkohol im Dienst. Zum Umgang mit alkoholkranken Kollegen. Stuttgart: Boorberg.

▶ Lindenmeyer, J. (2001). Lieber schlau als blau (6. Aufl.). Weinheim: Beltz.

▶ Nöldner, W. & Renner, W. (1993). Polizei und Angetrunkene. Vom Umgang mit alkoholisierten Bürgern. Stuttgart: Boorberg.

▶ Schäfer, D. & Knubben, W. (1996) ... in meinen Armen sterben? Vom Umgang der Polizei mit Trauer und Tod. Hilden: Deutsche Polizeiliteratur.

▶ Trum, H., Schmalzl, H. P & Langer, M. (1987). Einen Schritt weiter – und ich springe! Die angedrohte Selbsttötung durch Sprung in die Tiefe. Stuttgart: Boorberg.

15 Vernehmungspsychologie

> ▶ KK Schneider stößt bei dem Beschuldig-
> ten auf eine eisige Wand des Schweigens.
> Als aber KK'in Lehmann die Verneh-
> mung übernimmt, erhält sie innerhalb
> kurzer Zeit ein Geständnis des Tatver-
> dächtigen.
> ▶ PHM Schulte und PM Reuter sind sich
> uneins darüber, ob auch Straftätern oder
> ausschließlich Zeugen während der Ver-
> nehmung das Rauchen erlaubt werden
> sollte, da erstere schließlich wegen ihrer
> Gesetzesverstöße härter angepackt wer-
> den müssten.
> ▶ Die Befragung des Zeugen gestaltet sich
> sehr schwierig, weil er minderbegabt ist
> und massive Schwierigkeiten hat, die
> Fragen der Beamtin zu verstehen und
> sich verständlich auszudrücken.
> ▶ KHM Graf ist fest davon überzeugt, dass
> jeder Vernommene, bevor er lügt, kurz
> den Blickkontakt aufgibt und nach oben
> sieht.

Die oben genannten Beispiele haben alle etwas mit Befragungen oder Vernehmungen zu tun. Die wichtigsten psychologischen Aspekte, die bei diesen Situationen eine Rolle spielen, sollen in diesem Kapitel aufgezeigt werden. Hierbei werden u. a. folgende Fragen behandelt:

▶ Was ist bei der Gestaltung der Verneh-
mungssituation zu beachten?
▶ Was kennzeichnet einen guten Verneh-
mungsbeamten?
▶ Was ist wesentlich an der Kommunika-
tion während einer Vernehmung?
▶ Wie geht man mit speziellen Gruppierun-
gen von Aussagepersonen wie Kindern,
Betrunkenen oder Minderbegabten um?
▶ Was beeinflusst den Wahrheitsgehalt einer
Aussage und wie kann deren Glaubwür-
digkeit beurteilt werden?

Gleichzeitig sollen am Beispiel dieser polizei-lichen Tätigkeit einzelne psychologische Phänomene und Prozesse, die in früheren Kapiteln besprochen wurden, nochmals in ihrer konkreten Auswirkung dargestellt wer-den. Rechtliche und polizeitaktische Ge-sichtspunkte dagegen werden höchstens am Rande behandelt.

15.1 Psychologische Gesichts-punkte bei Vernehmungen

Vernehmungen sind komplexe Situationen, bei denen viele Gesichtspunkte in vielfältiger Weise eine Rolle spielen können. Die Psycho-logie kann Ratschläge zur Gestaltung der Situation, zum Auftreten des Vernehmenden und zum Ablauf des Kommunikationspro-zesses selber geben, die helfen, eine qualitativ hochwertige Aussage zu erhalten. Zunächst soll dargestellt werden, was aus psychologi-scher Sicht bei der Gestaltung der Verneh-mungssituation zu berücksichtigen ist.

15.1.1 Gestaltung der Situation

Bei der Gestaltung der Vernehmungssitua-tion ist daran zu denken, dass bestimmte situative Einflüsse sich auf die Motivation zur Aussage und die Qualität der Aussage positiv oder negativ auswirken können. Daher sollte der Polizeibeamte im eigenen Interesse eine für die Befragung günstige Atmosphäre schaffen, weil dies die Wahrscheinlichkeit für eine Aussage erhöht und häufig zu deren besseren Qualität führt.

Behandlung. Das Wohlbefinden des Gegenübers ist nicht nur Selbstzweck, sondern soll helfen, optimale Informationen zu gewinnen. Dementsprechend sollten Straftäter genauso gut behandelt werden wie die Zeugen. Die Erstgenannten sollen ja während der Vernehmung nicht bestraft, sondern ebenfalls zu einer lückenlosen und wahren Aussage motiviert werden.

Zeit. Lange Wartezeiten bis zur Vernehmung oder Zeugenaussage erhöhen die Aufregung oder verärgern die Aussageperson. Daher sollte man darauf achten, die Befragten möglichst zeitgenau zum Gespräch kommen zu lassen.

Örtlichkeit. Auch die Räumlichkeit spielt bei einer Vernehmung eine große Rolle. Idealerweise sollte sie in einem freundlichen, eigens dafür eingerichteten Zimmer durchgeführt werden oder zumindest in einem Raum, in dem man vor Störungen durch Telefonanrufe, andere Polizeibeamte oder gar Publikumsverkehr sicher ist.

Sitzposition. Der Vernommene sollte während der Vernehmung so sitzen, dass der Polizeibeamte seine Reaktionen gut beobachten kann. Das bedeutet allerdings nicht, dass man die Person wie auf einem Präsentierteller in den Raum setzt oder sie gar stehen lässt, da diese Behandlungen verunsichernd wirken. Allerdings gibt es auch nicht die ideale Sitzposition, die in jedem Fall richtig ist.

Aufwärmphase. Vor der eigentlichen Vernehmung kann ein Gespräch über ein belangloses Thema, wie z. B. das Hobby, den Beruf der Aussageperson oder ein aktuelles Tagesereignis, zum Aufwärmen dienen. Zur Auflockerung kann man der Aussageperson auch das Rauchen erlauben, wenn es einen selbst nicht stört, oder eine Tasse Kaffee oder ein Glas Wasser anbieten.

Anwesenheit anderer Personen. Während der Vernehmung sollten möglichst wenig Personen, vor allem aber keine Bekannten oder Verwandten des Zeugen bzw. Beschuldigten anwesend sein. Dies hat verschiedene psychologische Gründe. Es fällt leichter, vor weniger Leuten Fehler und Intimitäten preiszugeben, man braucht weniger Hemmungen und Angst zu haben, andere zu beschuldigen, und muss sich auch nicht als besonders kompetenter und informationsreicher Zeuge aufspielen. Ist die Anwesenheit Dritter nötig, sollten diese dem Vernommenen vorgestellt und die Notwendigkeit ihrer Teilnahme begründet werden.

Transparenz. Schließlich muss man sich als Polizeibeamter stets vor Augen halten, dass im Gegensatz zu einem selbst für die meisten Aussagepersonen eine Vernehmung eine ungewohnte Situation ist, die Angst einflößen, verunsichern und zu Stress führen kann. Daher sollte der Beamte das Verfahren und die weiteren Schritte erklären und, falls keine taktischen Gründe dagegen sprechen, den Sachverhalt klarlegen.

15.1.2 Persönlichkeit des Vernehmenden

Wie sollte der ideale Vernehmungsbeamte aussehen, der bei jeder Befragung oder Ver-

Abbildung 15.1. Bei einer Vernehmung spielen viele Faktoren eine Rolle. Die Qualität der Aussagen und die Stimmung während der Vernehmung werden beispielsweise durch die Gestaltung der Situation, die Persönlichkeit des Vernehmenden, die Persönlichkeit des Vernommenen und die Interaktion zwischen den beiden beeinflusst

nehmung das optimale Ergebnis erzielt? Dies ist eine Frage, die sicherlich von großem Interesse für die Ausbildung und Schulung von Polizeibeamten ist. Wenn es auf diese Frage eine allgemeingültige Antwort gäbe, wüsste man, warum der Beschuldigte in unserem Eingangsbeispiel erst gestand, als KK'in Lehmann die Vernehmung übernahm, aber nicht bei KK Schneider. Um es gleich vorweg zu nehmen: Den idealen Vernehmungsbeamten gibt es nicht. Welcher Beamte mit welcher Aussageperson am besten umgehen kann, hängt von vielen Faktoren ab, vor allem von der Interaktion dieser beiden Menschen. So kann der Polizeibeamte irgendwelche Merkmale, Eigenschaften o. ä. haben, die beim Vernommenen Gefühle und Einstellungen auslösen, die sich positiv oder negativ auf die

Vernehmung auswirken, auch ohne dass sich der Befragte dessen bewusst ist.

BEISPIEL

Negative Einflüsse auf die Vernehmung
Der Beschuldigte Herr Dreher hat ein sehr gespanntes Verhältnis zu seinem Vater, so dass er Männern, die seinem Vater in irgendeiner Weise ähnlich sind, gegenüber prinzipiell distanziert ist. Deswegen hat er von Anfang an Probleme mit dem älteren Vernehmungsbeamten KK Vornweg. Zusätzlich erinnert der Beamte den Beschuldigten wegen seines Dialekts an einen Bekannten, der ihn hintergangen hat, und daher hat Herr Dreher mehr oder weniger unbewusst eine Abneigung gegen KK Vornweg.

Die gleichen Mechanismen der Ablehnung aufgrund bestimmter Merkmale oder Eigenschaften gelten natürlich für den Polizeibeamten. Auch ihn können bestimmte Eigenschaften des Vernommenen positiv oder negativ beeinflussen. Trotzdem gibt es einige allgemeine Eigenschaften, die für den Erfolg eines Vernehmungsbeamtens förderlich sind:

► Selbstkritik
► Kenntnisse
► Ehrlichkeit
► Professionelle Distanz
► Menschlichkeit
► Verständnis
► Objektivität
► Vernehmungsstil.

Selbstkritik. Es ist für den Vernehmungserfolg eines Beamten förderlich, wenn er selbstkritisch und distanziert zu seiner eigenen Person sein kann. Dadurch fällt es ihm leichter, eigene Stereotype, Einstellungen und seine impliziten Persönlichkeitstheorie zu erkennen. Durch diese Auseinandersetzung mit seinem eigenen Wahrnehmungs- und Beurteilungsverhalten kann er entsprechende Fehlwahrnehmungen zwar nicht immer ausschließen, aber er kann zumindest auf diese achten und dadurch einige dieser Verzerrungen bemerken und vielleicht sogar gegensteuern (s. Kap. 2.2).

Kenntnisse. Um bei einer Vernehmung wertvolle Informationen zu erhalten, sind gute Menschen-, Milieu-, Rechts- und Sachkenntnisse notwendig. Der Polizeibeamte sollte zusätzlich eine gute Vorstellungsfähigkeit und Beobachtungsfähigkeit haben und sich in die Situation des Gegenübers hinein versetzen können. Wichtig ist eine – zugegebenermaßen schwierige – Gratwanderung zwischen Vertrauen und Misstrauen. Man sollte eine gesunde Skepsis haben, aber nicht nur Dinge glauben, die „150%ig" nachgewiesen sind.

Ehrlichkeit. Der Beamte sollte während der Vernehmung ehrlich bleiben, d. h. er sollte nichts versprechen, was er nicht halten kann, und den Beschuldigten nicht austricksen. Das heißt andererseits nicht, dass er sofort alle Karten aufdecken muss. Dem Befragten gegenüber Informationen zu verschweigen, ist in vielen Fällen angemessen. Wichtig ist jedoch, dass der Vernommene eine Art Vertrauensverhältnis zum Beamten aufbauen kann, dass er sich auf dessen Aussagen verlassen kann. Dann wird der Befragte sein Wissen eher preisgeben. Dies gilt gerade dann, wenn der Vernommene Aussagen machen soll, die für ihn selbst oder ihm persönlich Nahestehende negativ sind.

Professionelle Distanz. Manche Polizeibeamte fühlen sich durch die Tat des Beschuldigten persönlich beleidigt oder empfinden Lügen oder das Schweigen des Täters gegen ihre eigene Person gerichtet. Diese Interpretation ist jedoch für die Vernehmung sehr schädlich und jeder Polizeibeamte sollte sich immer wieder selbst überprüfen, ob solche Mechanismen bei seinen unwirschen oder ablehnenden Reaktionen auf den Vernommenen eine Rolle spielen. Der Beamte darf in einer solchen Situation das Verhalten des Gegenübers nicht persönlich nehmen, sondern sollte sie als Ablehnung seiner Funktion als Ermittler begreifen und als Selbstschutz des Vernommenen.

Menschlichkeit. Der Polizeibeamte muss dem Beschuldigten gegenüber freundlich und menschlich bleiben, d. h. er soll alles unterlassen, was das Selbstwertgefühl des anderen beeinträchtigt. Er muss die Würde des Menschen wahren, auch wenn der Polizeibeamte die Tat des Beschuldigten als äußerst verwerflich und abstoßend empfindet. Daher sollte der Vernehmende den Befragten nicht beschimpfen, ihn ausreden lassen, nicht anbrüllen und nicht schikanieren. Freundlichkeit und Menschlichkeit bedeuten andererseits nicht, dass man nicht zielbewusst und konsequent vorgeht oder das Verhalten des Täters für richtig oder entschuldbar hält.

Verständnis. Wenn man nachvollziehen kann, warum der Beschuldigte die Tat beging (ohne sie als Rechtens anzusehen!), ist meistens eine bessere Verständigungsbasis bei der Vernehmung gegeben. Allerdings darf sich der Beamte mit dem Vernommenen nicht solidarisieren und muss die schwere Gradwanderung zwischen Verständnis und Distanz meistern.

Objektivität. Bei jeder Vernehmung und Befragung muss der Polizeibeamte vor allem auf Objektivität bedacht sein. Er muss sowohl den Beschuldigten belastende als auch entlastende Faktoren erfassen und darf sich nicht ausschließlich in die eine oder andere Richtung engagieren.

Vernehmungsstil. Die Frage, ob ein autoritärer, partnerschaftlicher, distanzierter, jovialer oder sonstiger Vernehmungsstil zu bevorzugen ist, kann ebenfalls nicht allgemeingültig beantwortet werden. Zum einen hängt dies von der Persönlichkeit, den Vorlieben und den Fähigkeiten des Polizeibeamten, zum anderen von der Person des Vernommenen ab.

15.1.3 Die Vernehmung als Kommunikationsprozess

Befragungen oder Vernehmungen sind eine spezielle Art der Kommunikation. Daher soll auf die Vernehmungssprache und die Auswirkung der Kommunikationsgesetze auf die Vernehmung eingegangen werden (s. Kap. 8.6.3).

Sprachwahl. Der Polizeibeamte sollte sich immer bemühen, eine dem Gegenüber angemessene und verständliche Sprache zu finden. Das beginnt damit, dass man im Dialekt nur mit einer Dialekt sprechenden Aussageperson redet und auch nur, wenn man ihn selbst beherrscht. Genauso sollte man den Vernommenen ermuntern, Dialekt zu sprechen, wenn er dies normalerweise tut, weil das zur Entspannung beiträgt. Besonders gegenüber Ausländern und Personen mit einfacher Schulbildung muss auf eine klare und deutliche Aussprache geachtet werden. Hier empfiehlt es sich, kurze Sätze zu bilden, Fremdwörter, Fachausdrücke und abstrakte Begriffe zu vermeiden und statt persönliche Fürwörter zu gebrauchen, das Subjekt namentlich zu wiederholen. Bei Verständigungsschwierigkeiten sollte man den gleichen Satz in ruhigem Tonfall mehrfach genau wiederholen und nicht jedes Mal verändern.

Suggestion. In jedem Fall muss man sich hüten, Suggestivfragen zu stellen, also Fragen, die aufgrund ihrer Formulierung eine bestimmte Antwort bereits nahe legen. Solch beeinflussende Fragen können z. B. so aussehen:

▶ „Haben Sie nicht gesehen, dass der Täter bewaffnet war?"
▶ „Der Täter war doch bewaffnet?"
▶ „Sie haben doch gesehen, dass der Täter bewaffnet war, oder?"

Bei dieser Art der Kommunikation wird dem Befragten suggeriert, dass der Täter bewaffnet gewesen sein musste. Daher wird der Betreffende mit großer Wahrscheinlichkeit die Frage bejahen, auch wenn er keine entsprechenden Beobachtungen gemacht hat. Der Vernommene antwortet in der vom Beamten vorgegebenen Richtung, weil er z. B. davon ausgeht, der Polizeibeamte wisse dies und man ihn für unglaubwürdig halten werde, wenn er Entsprechendes nicht beobachtet habe oder es eigentlich logisch sei, dass der Täter bewaffnet war. Aus solchen Gründen sind letztlich die Antworten der Aussageperson nicht verwertbar.

Geschwindigkeit. Der Beamte sollte in der Regel nicht zu schnell befragen, d. h. er sollte nicht eine Frage nach der anderen ohne Überleitung und Erklärung stellen. Ein zu schnelles Befragen kann beim Gegenüber Stress auslösen. Sicherlich ist das in manchen Fällen gewollt, jedoch ist darauf zu achten, dass der Befragte nicht irgendwann irgendetwas aussagt, um der Vernehmung zu entfliehen, dass er sich gar nicht mehr auf einzelne Fragen konzentrieren oder aufgrund von Ermüdungserscheinungen keine Überlegungen mehr zu dem Thema vornehmen kann. Andererseits kann eine schnelle Befragung, besonders der Wechsel verschiedener Themen, dazu dienen, Lügen beim Befragten aufzudecken oder ihn absichtlich unter Druck zu setzen.

Nonverbale Kommunikation. Wie in jeder Kommunikationssituation ist auch bei einer Vernehmung die nonverbale Kommunikation sehr wichtig (s. Kap. 8.2). Der Vernehmende sollte sich immer darüber bewusst sein, dass er ohne Unterlass zumindest nonverbal kommuniziert. Die verbale und die nonverbale Kommunikation sollten übereinstimmen. Es darf zwischen den Informationen der beiden Kommunikationskanäle kein Widerspruch vorhanden sein.

> **BEISPIEL**
>
> **Widersprüche zwischen verbaler und nonverbaler Kommunikation**
> ▶ PHM Post sagt, er fände die Ausführungen des Zeugen sehr interessant. Gleichzeitig blättert er aber gelangweilt in seinen Akten.
> ▶ KOK'in Müller bemerkt mit süffisantem Tonfall zu ihrem Kollegen, dass der Tatverdächtige gerade behauptet hat, unschuldig zu sein, und dass sie ihm natürlich glauben würde.

Die Körpersprache kann ebenfalls suggestiv wirken, wenn z. B. der Polizeibeamte sich dem Gegenüber bei sehr interessanten Ausführungen besonders zuwendet, bei unglaubwürdigen Aussagen ironisch lächelt oder dann immer stark mit dem Kopf nickt, wenn die Angaben des Zeugen die Vermutungen des Beamten bestätigen. Hier erhält der Vernommene durch die nonverbalen Zeichen des Beamten Hinweise über den Stand der Ermittlungen und darüber, in welche Richtung er antworten sollte. Dadurch kann die Aussage verfälscht werden. Neben der möglichen Beeinflussung des Vernommenen muss der Polizeibeamte also auf seine nonverbale Kommunikation achten, damit er auf diesem Weg keine Informationen übermittelt, die er für sich behalten möchte. Dies fällt nicht immer leicht, da wir meist nicht bewusst gelernt haben, unsere Körpersprache zu kontrollieren. Ein guter Vernehmungsbeamter achtet jedoch auf diese Signale und hat gelernt, sie zu kontrollieren.

Aktives Zuhören. Für einen guten Verlauf einer Vernehmung ist es wichtig, dass der Polizeibeamte aktiv zuhört (s. Kap. 8.6.2). Er sollte demnach sein Gegenüber ansehen, sich ihm zuwenden, wichtige oder missverständliche Aussagen mit eigenen Worten wiederholen, dem anderen nicht ständig ins Wort fallen und bei unklaren Angaben nachfragen.

Kommunikationsgesetze

Zum Abschluss soll in einigen Ausführungen deutlich gemacht werden, wie die Kommunikationsgesetze bei Befragungen und Vernehmungen zum Tragen kommen können (s. Kap. 8.4).

Nicht-Kommunikation ist nicht möglich. Auch in diesen speziellen Formen der polizeilichen Kommunikation gilt, dass man nicht nicht-kommunizieren kann (1. Kommunikationsgesetz). Wie oben bereits angeführt, muss daher der Polizeibeamte besonders auf seine nonverbale Kommunikation achten, damit er keine Information gegen seinen Willen preisgibt. Er sollte aber auch sein Gegenüber genau beobachten, um bei diesem entsprechende Reaktionen zu erkennen und dadurch Informationen zu erhalten, die wichtig sein können.

Inhalts- und Beziehungsaspekte. Es kann bei einer Befragung Probleme geben, weil jede Kommunikation einen Inhalts- und Beziehungsaspekt hat (2. Kommunikationsgesetz). So werden bei einer Befragung oder Vernehmung nicht nur inhaltliche Informationen ausgetauscht, was wo wann und warum geschah, sondern auch (teilweise unbewusst) Aussagen darüber gemacht, wie die Beziehung zwischen dem Polizeibeamten und dem Befragten von beiden Seiten erlebt wird. Falls Probleme in der Beziehung zwischen beiden vorliegen, können diese die Kommunikation über Sachthemen negativ beeinflussen oder unmöglich machen.

Aufgrund der geschilderten Mechanismen ist es für den Polizeibeamten wichtig und notwendig, über die Beziehung zwischen sich und seinem Gegenüber nachzudenken, um entsprechende Störeinflüsse auf die Vernehmung oder Befragung auszuschließen. Konkret heißt das, sich etwaiger Vorurteile und Stereotype bewusst zu werden und sie abzubauen (s. Kap. 7.1.2). Man sollte auf seine durch das Gegenüber ausgelösten Gefühle achten, um sich durch diese Emotionen nicht beeinflussen zu lassen. Des weiteren ist darauf zu achten, Beziehungsprobleme nicht auf der Inhaltsebene auszutragen, indem man beispielsweise einem als unsympathisch empfundenen Zeugen vor allem Fragen stellt, die sehr schwer zu beantworten sind, um ihn dadurch als unglaubwürdig zu disqualifizieren und ihm eins auszuwischen.

Strukturierung. Schließlich ist für eine konstruktive Vernehmungssituation relevant, dass und wie der Kommunikationsprozess strukturiert wird (3. Kommunikationsgesetz). Dies geschieht häufig so, dass jeder

---

> **BEISPIEL**
>
> **Negativverhalten des Vernommenen als Reaktion**
> ► KOK Wiese hat den Zeugen brüskiert, weil er bei dessen Eintreten nicht gegrüßt und sein Telefonat weitergeführt hat. Aus diesem Grunde ist der Zeuge nicht sehr aussagefreudig, obwohl er prinzipiell kooperativ wäre.
> ► PM'in Edelbroich bemerkte nicht, dass sie wegen einer Kritik durch ihren Vorgesetzten schlecht gelaunt war und daher den Vernommenen aggressiv behandelte. Daraufhin gab dieser schnippische Antworten, obwohl er nicht bereits von Anfang an negativ eingestellt war, wie PM'in Edelbroich glaubte.

Gesprächspartner den Eindruck hat, er habe lediglich auf das Verhalten des Gegenübers reagiert, ohne sich dessen bewusst zu sein, wie weit das Verhalten des anderen bereits durch eigenes Tun beeinflusst war.

Für eine gelungene Vernehmung ist es nötig, dass der Polizeibeamte sich immer wieder selbstkritisch überprüft, ob Mechanismen der gegenseitigen Beeinflussung mit im Spiel sein könnten, um solche Teufelskreise, wie sie in den Beispielen entstanden sind, rechtzeitig zu unterbrechen.

Digitale oder analoge Information. Bei der Interpretation nonverbaler Signale stellt sich ein Problem: Nonverbale Zeichen sind häufig mehrdeutig, es besteht also keine eindeutige Zuordnung zwischen dem Zeichen und der übermittelten Information, es handelt sich also um analoge Kommunikation (4. Kommunikationsgesetz). Daher besteht die Gefahr, dass die nonverbale Kommunikation des Polizeibeamten vom Gegenüber missverstanden wird oder auch umgekehrt.

Um solche Missverständnisse auszuschließen, ist es wichtig, sein nonverbales Verhalten zu erklären. So hätte KOK Wiese sagen können „Setzen Sie sich doch bitte. Entschuldigen Sie, aber ich muss leider noch kurz in einer nicht verschiebbaren Angelegenheit telefonieren." . Eine andere Möglichkeit ist, das Gegenüber auf seine nonverbale Kommunikation anzusprechen, wenn man aufgrund der Reaktionen Schlussfolgerungen zieht oder weil die verbalen und nonverbalen Informationen Unstimmigkeiten aufweisen. So hätte PK Meisterjahn Herrn Hochfelder im Beispiel auf S. 226 fragen können: „Sie zucken so zusammen, kennen Sie Herrn Hans Meier doch?"

BEISPIEL

Missverstandene nonverbale Kommunikation

▶ KOK Wiese telefonierte gerade in einer wichtigen Angelegenheit, als der Zeuge das Zimmer betrat. Wiese nickte Herrn Müller nur kurz zu und bedeutete ihm mit einer Handbewegung, sich zu setzen. Daraufhin telefonierte er noch einige Minuten weiter. Herr Müller empfand, Wiese signalisiere ihm durch sein Verhalten, er habe eigentlich gar keine Zeit und die Aussage sei unwesentlich. Dementsprechend war Müller bei der anschließenden Befragung sehr reserviert und zurückhaltend.

▶ In einem anderen Fall zuckte ein Zeuge zusammen, als er von PK Meisterjahn gefragt wurde, ob er einen Herrn Hans Meier kenne, verneinte aber die Bekanntschaft. Der Vernehmungsbeamte deutete dies als Falschaussage, dabei war Herr Hochfelder nur erschrocken, weil ihm siedend heiß einfiel, dass er seinem Nachbarn Fritz Mayer noch 50,– Euro schuldete.

Machtverteilung. Es kann wesentliche Auswirkungen auf den Kommunikationsprozess haben, dass die Kommunikation symmetrisch oder komplementär gestaltet sein kann, da die Partner gleichberechtigt sein oder in einem Über-Unterordnungsverhältnis stehen können (5. Kommunikationsgesetz). Manche Menschen sind im Alltag häufig in einer übergeordneten Position, wie z. B. Vorgesetzte gegenüber Mitarbeitern, Lehrer gegenüber Schülern und Polizeibeamte gegenüber dem Bürger. Für sie kann es unter Umständen Schwierigkeiten mit sich bringen, wenn sie sich bei einer Befragung oder Vernehmung in der ungewohnten untergeordneten Position wiederfinden. Demzufolge versuchen sie manchmal, die Leitung der Vernehmung an sich zu reißen, den Vernehmungsbeamten zu belehren, sich bestimmte Fragen zu verbitten u. ä. Wenn der Beamte merkt, dass solch eine Situation entsteht, sollte der Vernehmungsbeamte einfühlsam und geduldig sein und sich und dem Gegenüber klarmachen, wo die Problematik liegt.

Weitere Empfehlungen der Gesprächsgestaltung aufgrund der Kommunikationsgesetze finden sich bei Schneider und Krauthan (1988).

> **!** Durch die Gestaltung der Vernehmungssituation, das Verhalten des Vernehmungsbeamten und vor allem seine Art der Kommunikation mit der Aussageperson erfolgen wesentliche Weichenstellungen zum Erfolg der Befragung oder Vernehmung.

15.2 Umgang mit speziellen Aussagepersonen

Zusätzlich zu den allgemeinen Ausführungen zur Befragung und Vernehmung ist es wichtig, bestimmten Personen gegenüber weitere Gesichtspunkte besonders zu beachten. Dabei handelt es sich nicht um Patentrezepte, sondern nur um Empfehlungen, die sich in der Praxis bewährt haben. Im Folgenden soll daher beispielhaft auf die Vernehmung bzw. Befragung von diesen Personengruppen eingegangen werden:

▶ Kinder und Jugendliche
▶ Minderbegabte
▶ Emotional erregte Personen

► Betrunkene und unter Drogeneinfluss stehenden Personen.

Die Tipps stammen teilweise von Arntzen (1978) und Schubert (1983), wo noch weitergehende Hinweise zu finden sind.

15.2.1 Kinder und Jugendliche

Bei Kindern und Jugendlichen müssen besonders die unter Kapitel 15.1 gemachten Ausführungen zur Gestaltung der Vernehmungssituation, der Wahl des Vernehmungsbeamten und der Kommunikation beachtet werden. Gerade hier ist eine einfache und verständliche Sprache zu gebrauchen, und Suggestivfragen sind zu vermeiden. Jugendliche und vor allem Kinder werden negativ durch lange Wartezeiten und die Hektik des Polizeibeamten beeinflusst.

Dokumentation. Man sollte genaue Aufzeichnungen von den Aussagen machen, da bei diesem Personenkreis der Erinnerungsverlust sehr groß sein kann. Außerdem müssen Ausschweifungen hingenommen werden, da Kinder oft aufgrund ihrer geistigen Entwicklung noch nicht prägnant und präzise antworten können. Es können im Verlauf oder am Ende von langatmigen Erzählungen jedoch für den Ermittler interessante Informationen versteckt sein.

Vorwürfe. Der Beamte sollte Kindern und Jugendlichen keine Vorwürfe machen, wenn sie sich aus seiner Sicht falsch, ungeschickt oder unverantwortlich verhalten haben, besonders wenn sie Opfer einer Straftat wurden. Auch pädagogische Empfehlungen, wie sie sich in Zukunft verhalten sollten, sind zu unterlassen. Solche Auslassungen können das Gegenüber unnötig verärgern oder einschüchtern und dementsprechend die Aussagequalität beeinträchtigen.

Pubertät. Bei pubertierenden Jugendlichen ist zu berücksichtigen, dass sie aufgrund ihrer entwicklungsbedingten Unsicherheit häufig aggressiv, läppisch, überheblich, schnippisch usw. reagieren, was seitens des Polizeibeamten nicht überbewertet werden darf. Solche Jugendliche sollte man einerseits behandeln wie einen Erwachsenen, aber andererseits ihnen gegenüber nachsichtig sein wie zu einem Kind, ohne selbst ein entsprechendes Verhalten zu erwarten.

Bezugspersonen. Soweit möglich, sollten die Bezugspersonen der Kinder und Jugendlichen bei einer Vernehmung, besonders bei Sexualdelikten, nicht anwesend sein, auch wenn sie ein Anrecht darauf hätten. Aus verschiedenen Gründen wirkt sich die Anwesenheit der Angehörigen oder nahe stehenden Personen eher negativ auf die Qualität der Aussage aus. So kann das Kind oder der Jugendliche z. B. Angst haben, für sein Verhalten von Angehörigen bestraft zu werden, Hemmungen haben, auch nahestehende Personen beschuldigen zu müssen oder aus Scham bestimmte Vorfälle verschweigen. Zudem besteht die Gefahr, dass Angehörige versuchen, das künftige Aussageverhalten des Kindes bzw. Jugendlichen zu beeinflussen. Warum die Anwesenheit der Angehörigen nicht erwünscht ist, sollte der Polizeibeamte den Bezugspersonen diplomatisch zu vermitteln versuchen. Bei kleinen Kindern können allerdings Eltern, Verwandte oder Aufsichtspersonen helfen, Ängste und Unsicherheiten abzubauen. In jungen Jahren ist sich das Kind auch meist der Tragweite seiner Aussage nicht bewusst, so dass die Anwesenheit der Angehörigen weniger stört und die Vorteile ihrer Anwesenheit die etwaigen Nachteile eher überwiegen.

15.2.2 Minderbegabte

Es gibt körperliche und kognitive Ursachen für Minderbegabungen und sie können die einzige Behinderung eines Menschen sein oder Begleitumstände weiterer Störungen sein. Da dies aber weitgehend irrelevant für den polizeilichen Umgang mit diesem Personenkreis ist, wird darauf nicht weiter eingegangen. Allerdings ist es für einen Laien oft schwer, eine Minderbegabung festzustellen. Folgende Anzeichen können, müssen aber nicht, auf eine Schwachbegabung hindeuten. Kritisch zu bewerten sind: Eine schwerfällige Auffassungsgabe, gleichgültiges und träges Verhalten, stereotype und primitive Reaktionen, kindisches und unangemessenes Verhalten, massive Sprach- und Ausdrucksschwierigkeiten, starke Ermüdbarkeit oder Zerstreutheit.

Wenn die Gewissheit oder der Verdacht einer Minderbegabung vorliegt, sollte sich der Polizeibeamte vor der Vernehmung mit der Aussageperson über ein belangloses Thema unterhalten, um das Ausmaß der Behinderung einschätzen zu können. Stellt sich z. B. heraus, dass die Person Schwierigkeiten hat, sich verständlich auszudrücken, massive Gedächtnislücken hat oder den Polizeibeamten inhaltlich schwer versteht, kann die Minderbegabung so massiv sein, dass auch Angaben zum Sachverhalt kaum oder gar nicht verwertbar sind. Dieses Gespräch über Themen, die keinen Bezug zur Vernehmung oder Befragung besitzen, hilft außerdem, das Gegenüber auf den vernehmenden Beamten einzustimmen, und erhöht damit die Aussagequalität.

Bei der Befragung sind im wesentlichen die gleichen Punkte wie bei Kindern und Jugendlichen zu beachten. Zusätzlich sollte man eine einfache Sprache benützen, Sugges-

tionen unterlassen, eine raschere Ermüdbarkeit des Gegenübers berücksichtigen und den anderen auf keinen Fall dessen Minderbegabung spüren lassen. Bei leichteren Formen der Minderbegabung ist die Aussage genauso brauchbar wie die eines Durchschnittsbürgers. Erst in schwereren Fällen können Probleme entstehen, weil Wahrnehmungs- und Gedächtnisstörungen wahrscheinlicher und die Ausdrucksfähigkeit sowie das Sprachverständnis geringer werden. Was die beiden letzten Aspekte angeht, kann es hilfreich sein, eine Bezugsperson des Vernommenen hinzuzuziehen, welche bei den Fragen und Antworten zwischen beiden Seiten vermittelt.

15.2.3 Emotional erregte Personen

Ein Teil der Aussagepersonen ist häufig mehr oder weniger stark erregt, sie sind z. B. entrüstet, dass sie Opfer einer Straftat wurden, selbst als Täter beschuldigt werden, als Unbescholtener von der Polizei vernommen werden sollen oder sind aufgeregt, weil die Befragungssituation für sie ungewohnt ist. Aber auch Alkohol, Drogen, körperliche Krankheiten oder psychische Schübe sind als Auslöser für Erregung denkbar. Bei sehr hohen Erregungszuständen und wenn es die Zeit erlaubt, sollte die Befragung bzw. Vernehmung verschoben werden. Ob die Person einfach nach Hause geschickt wird, ärztlicher Betreuung bedarf oder zumindest in die Obhut von Angehörigen übergeben werden muss, ist im Einzelfall zu entscheiden.

Wird die Befragung oder Vernehmung allerdings durchgeführt, ist von dem Polizeibeamten besonders die Eigensicherung zu beachten, vor allem, dass sich in Reichweite der befragten Person keine Gegenstände befinden, die sie als Wurfgeschosse missbrauchen kann. Manche Erregte sind suizidgefährdet. Daher sollte man z. B. die Fenster schließen, um ein plötzliches Hinausstürzen zu verhindern. Der Polizeibeamte selbst sollte ruhig bleiben und keine Hektik verbreiten, um die Erregung des anderen nicht noch zu verstärken. Der Aussageperson muss man mehr Zeit als normalerweise üblich zum Nachdenken lassen, darf sie nicht unter Druck setzen und sollte ein Kreuzverhör vermeiden. Ebenso sollte man dem Gegenüber seinen Zustand nicht vorhalten und muss Äußerungen wie diese unterlassen:

▶ „Seien Sie nicht so aufgeregt!"
▶ „Sie brauchen gar keine Angst zu haben."
▶ „Die Sache ist es nicht wert, sich so zu erregen."

Aufgrund solcher Bemerkungen kann es passieren, dass sich das Gegenüber noch mehr aufregt, weil es sich aus seiner Sicht begründet ärgert und noch wütender wird, weil ihm seine Gefühle verboten werden, oder sich gezwungen fühlt, seine Erregung zu unterdrücken, was so viel Stress bereitet, dass die Emotionen verstärkt werden. Manchmal kann allerdings das vorwurfsfreie Ansprechen des Verhaltens der Aussageperson hilfreich sein, dass man also, anders ausgedrückt, über den Erregungszustand metakommuniziert (s. Kap. 8.6.1). Dies kann man mit Bemerkungen wie den folgenden versuchen:

▶ „Ich habe den Eindruck, Sie sind stark aufgeregt."
▶ „Ich habe das Gefühl, irgend etwas erzürnt Sie sehr. Stimmt das?"

Diese Sätze sollen als Beispiele dienen, wie man eine Person auf ihre Erregung ansprechen kann. Diese Metakommunikation kann verschiedene positive Effekte haben. Manchmal wird sich das Gegenüber dadurch erst

seines Zustandes bewusst und kann selber etwas dagegen tun, eine andere Person fühlt sich so eher verstanden und akzeptiert, und es wird ihr so erleichtert, über die Ursachen ihrer Erregung zu sprechen.

15.2.4 Alkoholisierte und unter Drogeneinfluss stehende Personen

Personen, die unter akutem Alkohol- oder Drogeneinfluss stehen, sind vom Gesetz her nicht vernehmungsfähig, aber eine Befragung ist häufig möglich. Auf jeden Fall sollte der Alkohol- oder Drogenkonsum aktenkundig gemacht werden. Erscheint eine Ausnüchterung notwendig, ist die Person zuvor einem Arzt vorzustellen. Dieser muss untersuchen, ob nicht vielleicht sogar lebensgefährliche Verletzungen oder Erkrankungen vorliegen, die der Berauschte nicht wahrnimmt oder nicht mitteilen kann, oder ob während der Ausnüchterung Komplikationen zu erwarten sind, die z. B. eine Einweisung in ein Krankenhaus notwendig machen.

Wird eine Befragung durchgeführt, ist die Qualität der Antworten zu überprüfen, indem man sie mit Aussagen von Dritten vergleicht. Es ist wichtig zu wissen, dass eine betrunkene Person noch realistische Beobachtungen machen kann, auch wenn sie sich nicht mehr kontrolliert bewegen kann, also z. B. herumtorkelt und lallt. Bei bestimmten Drogen, vor allem nach der Einnahme von Halluzinogenen (LSD, (Peyote)Kaktus, Magic Mushrooms, (Fliegen)Pilze), sind aber Wahrnehmungs- und Erinnerungsverfälschungen leicht möglich.

Der Polizeibeamte sollte auf jeden Fall eine einfache Sprache wählen und besonders darauf achten, Suggestivfragen zu unterlassen, weil in diesem Zustand die Beeinflussbarkeit der Antwortrichtung erhöht ist. Fragen, die das Gegenüber nicht sofort versteht, sollten im gleichen Wortlaut mehrmals wiederholt werden, da so eine bessere Chance der Verständigung gegeben ist. Es ist wesentlich sinnvoller, die gleiche Frage mehrmals zu wiederholen, als sie immer zu verändern. Auch diesem Personenkreis gegenüber muss die Eigensicherung besonders beachtet werden, weil durch Wahrnehmungsverzerrungen oder der vorhandenen erhöhten Reizbarkeit das Gegenüber aus nichtigen Anlässen aggressiv gegenüber dem Polizeibeamten werden kann. Der Polizeibeamte sollte weiterhin aggressive Äußerungen, Beschimpfungen u. ä. eher tolerieren und dem Berauschten seinen Alkohol- bzw. Drogenkonsum nicht vorwerfen. Weitere Hinweise für den Umgang mit Personen im Rauschzustand finden sich auch im Kapitel 14.1.

> **!** Kindern, Jugendlichen, Minderbegabten, emotional Erregten, Betrunkenen und unter Drogeneinfluss stehenden Personen gegenüber sollte der Beamte eine einfache Sprache benutzen, hinsichtlich ihres Verhaltens Toleranz walten lassen und besonders diesen Personengruppen gegenüber suggestives Verhalten unterlassen.

15.3 Glaubwürdigkeit von Aussagen

Abschließend soll dargestellt werden, welche Einflüsse den Wahrheitsgehalt einer Aussage mindern können, und welche Möglichkeiten es gibt, die Glaubwürdigkeit einer Aussage zu beurteilen.

15.3.1 Einflüsse auf den Wahrheitsgehalt der Aussage

Falschaussagen lassen sich in unwahre Aussagen und Lügen untergliedern. Erstere erfolgen unbewusst, letztere wissentlich und in Täuschungsabsicht.

Unwahre Aussagen

Unwahre Aussagen kommen aufgrund verschiedener Umstände zustande, die im Folgenden beleuchtet werden sollen.

Gründe beim Vernommenen. Für unwahre Aussagen gibt es verschiedene Gründe. Zunächst können Fehlwahrnehmungen und Wahrnehmungsverzerrungen des Beobachters vorliegen. Hierfür kann z. B. die mangelnde Aufmerksamkeit eines Zeugen bei einem Verkehrsunfall verantwortlich sein, so dass er nur einen Teil des Geschehens mitbekommt. Oft werden diese Wahrnehmungslücken im Bemühen, ein möglichst geschlossenes und vollständiges Bild von der Situation zu geben, unbewusst mit Schlussfolgerungen gefüllt (s. Kap. 2). Daher glaubt z. B. ein Zeuge, die von ihm wahrgenommenen Bremsgeräusche stammten von einem der Unfallbeteiligten, obwohl dies nicht der Fall war. Weiterhin spielen für die Wahrnehmung und spätere Aussage die Beschaffenheit und Beschränkungen der Sinnesorgane eine Rolle, so dass z. B. bei diffusen Lichtverhältnissen die Farbe des unfallflüchtigen Fahrzeugs blau statt grün wirken kann.

Auch Einstellungen, Stereotype oder Vorurteile können einen wichtigen, oftmals verzerrenden Einfluss auf die Aussagen haben. Der ältere Zeuge mit Vorurteilen gegenüber jugendlichen Autofahrern glaubt daher, beobachtet zu haben, dass von den Unfallbeteiligten der jüngere Mann und nicht die ältere Dame zu schnell gefahren sei. Weitere und genauere Darstellungen zu diesen Einflüssen auf die Wahrnehmung finden sich in Kapitel 2 und 7. Ähnliche Faktoren wie bei der Wahrnehmung verfälschen auch die Erinnerung. So können sich erst bei der Erinnerung Wahrnehmungslücken „schließen", werden Vermutungen nach einiger Zeit für reale Beobachtungen gehalten, werden komplexe Vorgänge im Nachhinein zu stark vereinfacht oder wird Widersprüchliches weggelassen. Zusätzlich können sich Vergesslichkeit und Denkstörungen negativ auf die Qualität der Aussagen auswirken.

Aber auch bei der Wiedergabe treten manchmal Schwierigkeiten auf. Die Aussageperson kann sich beispielsweise aufgrund der Drogeneinwirkung nicht verbal oder zusammenhängend ausdrücken. Sie steht vielleicht unter Schock oder will sich aus Angst, Ekel oder anderen Gefühlen nicht mit dem Vorfall auseinandersetzen. Deswegen macht sie nur lückenhafte Angaben oder stellt Sachverhalte verzerrt dar. Der Vernommene könnte ebenso unter Zeitdruck stehen und daher leichtfertig antworten, um die Angelegenheit möglichst schnell hinter sich zu bringen. Ist er in Gedanken mit anderen Problemen beschäftigt, unkonzentriert, müde, alkoholisiert oder aufgeregt, kann die Aussage ebenfalls fehlerhaft sein. Möglich wäre ebenfalls, dass der Aussagende von dritter Seite unbewusst beeinflusst wird, beispielsweise durch die nonverbalen Reaktionen des Polizeibeamten auf die Aussagen.

Gründe beim Vernehmenden. Nicht zuletzt beeinflusst die Person des Vernehmungsbeamten die Qualität der Aussagen. Er kann das Gegenüber z. B. durch Suggestivfragen oder durch seine Person beeinflussen und Abneigung oder Vorurteile auf Seiten der Aussage-

person auslösen. Abneigung oder Vorurteile können entstehen, weil beispielsweise der Beamte den Vernommenen an einen verhassten Bekannten erinnert. Zudem kann der Polizeibeamte in seinem kommunikativen Verhalten Fehler machen, indem er sich unklar ausdrückt oder durch Nebentätigkeiten einen desinteressierten Eindruck erweckt.

Lügen

Für Lügen gibt es eine Vielzahl von Ursachen, die teilweise mit den Faktoren für unwahre Aussagen übereinstimmen. Einige sollen kurz angesprochen werden.

Aussageperson. Bewusste Lügen können aus Scham des Beschuldigten über seine Tat oder des Opfers über sein ungeschicktes Verhalten erzählt werden. Die Angst vor einer Bestrafung oder die Rache Dritter wegen der für sie negativen, aber wahrheitsgemäßen Angaben können ebenfalls eine Rolle spielen. Aber auch Rache an Dritten durch die Falschaussage kann der Grund für die unwahre Darstellung sein. Manchmal können die Normen einer Gruppe, denen sich die Aussageperson verpflichtet fühlt, gegen eine wahre Aussage stehen, so dass z. B. kein Gruppenmitglied beschuldigt oder verraten werden darf. Möglicherweise lügt die Person aus Geltungstrieb und prahlt mit nicht vorhandenem Wissen.

Vernehmungsbeamter. Ursachen für die Lügen können aber ebenfalls in der Person des Vernehmungsbeamten zu finden sein. Berechtigt oder unberechtigt hat vielleicht die Aussageperson kein Vertrauen zu diesem. So kann der Polizeibeamte z. B. im Vorfeld Versprechungen gemacht haben, die er nicht einhielt oder ein Mann hält eine Beamtin wegen ihres Geschlechts für inkompetent.

Der Beamte kann auch Fehler in der Kommunikation machen, indem er beispielsweise moralisierend redet, nicht richtig zuhört oder dem Gegenüber ständig ins Wort fällt. Vielleicht erweckt er auch bei der Aussageperson den Eindruck, er habe ihr gegenüber Vorurteile, ignoriere für den anderen wesentliche Aussagen fälschlicherweise oder wisse alle wesentlichen Sachverhalte bereits, so dass ihn die Angaben des Gegenübers nur langweilen.

Situation. Bereits die Rahmenbedingungen einer Befragung können sich negativ auf deren Ergebnis auswirken. Manchmal fürchtet sich ein Befragter davor, dass Außenstehende seine Kontakte zur Polizei mitbekommen und negativ auslegen. Daher versucht er, die Angelegenheit möglichst schnell über die Runden zu bringen und behauptet, keine Angaben machen zu können o. ä. Ein anderer steht unter Zeitdruck und will daher die Vernehmung bzw. die Befragung möglichst schnell erledigt haben. Auch die Anwesenheit Dritter kann stören, weil deswegen der Betroffene aus Scham, Imponiergehabe oder Einschüchterung lügt.

Schlussfolgerungen für die Praxis

Aufgabe des Vernehmungsbeamten ist es, alle Störeinflüsse, die zu unwahren Aussagen führen können, in Rechnung zu ziehen und – soweit möglich – auszuschalten. Zusätzlich muss die Motivation zu wahren Angaben geschaffen oder, wenn sich Anzeichen dafür bereits finden, gefördert werden. Dies geschieht z. B. dadurch, dass die negativen Konsequenzen von Falschaussagen für den Aussagenden oder dritte Personen aufgezeigt werden, die Notwendigkeit der Wahrheitsfindung erläutert wird und die Vorteile einer wahren Aussage, die auch ein Beschuldigter

haben kann, dargelegt werden. Zugleich sollten dem Gegenüber vom Vernehmenden Brücken gebaut werden, lügenhafte Angaben zurückzunehmen, etwa durch Formulierungen wie:

▶ „Ich verstehe, dass Sie aus Sorge um Ihren Freund die Tat beschönigen wollen, wir müssen aber den wahren Tatbestand herausfinden."

▶ „Jeder kann sich einmal täuschen, wichtig ist nur, Irrtümer rechtzeitig zu korrigieren."

Andererseits sollte man nicht grundlos ständig betonen, wie wichtig wahre Aussagen sind, da dies den anderen leicht irritieren kann. Der Beamte sollte außerdem den Befragten nicht zu früh auf unwahre Angaben hinweisen, da dieser sonst seine Lüge leichter vertuschen kann. Bei umfangreicheren falschen Aussagen ist der Beweis der Unwahrheit besser zu führen, da die Anzahl der Widersprüche und Ungereimtheiten zunimmt. Andererseits können trotz unwahrer Ausführungen zusätzlich weitere wahrheitsgemäße und wichtige Informationen gegeben werden und schließlich kann sich der Polizeibeamte in seinem Eindruck der Lüge auch täuschen. Daher sollte der Vernehmende sein Gegenüber zunächst seine Aussage machen lassen, um dann hinterher mögliche Ungereimtheiten anzusprechen.

15.3.2 Beurteilung der Glaubwürdigkeit von Aussagen

Wie ist es nun möglich, die Glaubwürdigkeit einer Aussage zu beurteilen? KHM Graf aus dem Beispiel am Anfang dieses Kapitels glaubt, dass jeder Lügner kurz den Blickkontakt aufgibt und nach oben sieht. Solche einfachen Kriterien gibt es leider nicht, auch wenn man immer wieder davon hört. Um die Glaubwürdigkeit der Aussage zu beurteilen, muss der Beamte zunächst überprüfen, inwieweit die unter 15.3.1 besprochenen Störeinflüsse vorliegen. Dies kann er z. B. machen, indem er mögliche Einwirkungen gegenüber der Aussageperson anspricht, die Aussagen mit Angaben Dritter vergleicht oder indirekt den Wahrheitsgehalt durch Fangfragen oder durch das Erheben objektiver Sachbefunde überprüft. Auch das Verhalten des Befragten bzw. Vernommenen kann Hinweise auf die Glaubwürdigkeit, den Wahrheitsgehalt und die Güte der Aussagen liefern. Hierzu sollte sich der Beamte folgende und ähnliche Fragen stellen:

▶ Zeigt das Gegenüber besondere körperliche und physiologische Reaktionen wie Erröten, Blasswerden, Schweißausbrüche, trockenes Schlucken oder Gespanntheit?

▶ Kann der Vernommene den Polizeibeamten normal anschauen oder vermeidet er den Blickkontakt bzw. sieht er ihn verkrampft und starr an?

▶ Wirkt die Aussage auswendig gelernt, kommt es an bestimmten Stellen zu wortwörtlichen Wiederholungen, wirkt die Ausdrucksweise gekünstelt?

▶ Wird nur Belastendes betont, Entlastendes übergangen oder umgekehrt?

▶ Werden ernste Fakten lächerlich gemacht?

▶ Ist die Aussage bei wichtigen Dingen unklar, bei unwichtigen Gesichtspunkten aber sehr ausführlich?

▶ Werden andere ständig und in übertriebener Form der Lüge bezichtigt?

▶ Betont der Befragte immer wieder, dass er die Wahrheit sagt, ohne eine inhaltliche Begründung dafür zu liefern oder danach gefragt zu werden?

Können einige dieser Fragen bejaht werden, kann dies ein Hinweis sein, dass der Vernommene gelogen hat. Es handelt sich aber nicht um allgemeingültige, eindeutige Lügensymptome, da auch andere Ursachen für diese Äußerungen und Verhaltensweisen verantwortlich sein können. Allerdings sollte der Vernehmungsbeamte eine gewisse Skepsis gegenüber der Aussage entwickeln, wenn mehrere dieser Merkmale vorliegen.

Sieben Glaubwürdigkeitsmerkmale

Eine weitere Beurteilungsmöglichkeit liefern die sieben Glaubwürdigkeitsmerkmale nach Arntzen (1983), die kurz vorgestellt werden sollen:

(1) Detaillierung

(2) Ergänzbarkeit der Aussage

(3) Homogenität

(4) Konstanz

(5) Gefühlsbeteiligung

(6) Ungesteuerte Aussageweise

(7) Inkonsistenz.

(1) Detaillierung. Positiv ist es zu bewerten, wenn eine Aussage viele Details enthält, da es schwierig ist, sich Einzelheiten bis ins Letzte auszudenken. Dies gilt besonders, wenn der Vernommene wenig Zeit zum Überlegen hatte. Hoch einzuschätzen sind Details wie die Schilderung eigener Gefühle und Überlegungen, das Erzählen von Komplikationen, gestörten Handlungen, enttäuschten Erwartungen und aufgetauchten Hindernissen, die Darstellung komplexer Interaktionen und Handlungsabläufen und das Erwähnen von ausgefallenen und originellen Fakten.

(2) Ergänzbarkeit der Aussage. Wenn die Aussageperson zu einem späteren Zeitpunkt wesentliche Ergänzungen bringt, Lücken schließen kann und dies ohne Widersprüche geschieht, ist eine Aussage mit größerer Wahrscheinlichkeit wahr. Wer lügt, ist meist bemüht, sofort vollständige Angaben zu machen und meint, dadurch glaubwürdiger zu wirken. Außerdem ist bei einer auf Anhieb vollständigen Lügenaussage die Gefahr geringer, dass man bei späteren Aussagen den Überblick verliert und sich in Widersprüche verwickelt.

(3) Homogenität. Unter Homogenität versteht man ganz allgemein gesprochen eine Gleichartigkeit. Im Zusammenhang mit Vernehmungen bedeutet sie, dass innerhalb der Aussage einer Person keine Widersprüche auftreten, die Angaben verschiedener Personen übereinstimmen und die Aussage zu objektiven Sachbefunden passt. Je mehr dies zutrifft, um so glaubwürdiger dürfte die Aussage sein.

(4) Konstanz. Konstanz liegt vor, wenn die Angaben von ein und derselben Person, die sie bei verschiedenen Vernehmungen gemacht hat, übereinstimmen. Wie die Erfahrung zeigt, kann man sich tatsächlich Passiertes und selbst Erlebtes besser merken als Phantasieprodukte und Berichte Dritter. Dementsprechend entstehen bei Falschaussagen eher Inkonstanzen. Allerdings beruhen nicht alle Unstimmigkeiten auf Lügen, es gibt auch andere Ursachen, wie z. B. die Ermüdung und Unkonzentriertheit des Aussagenden oder ein natürlicher Erinnerungsverlust. Einschränkend muss gesagt werden, dass eine Konstanzprüfung nur sinnvoll ist, wenn zwischen den Vernehmungen mehrere Wochen verstrichen sind, so dass dieses Kriterium für die polizeiliche Praxis im Normalfall nicht geeignet ist.

(5) Gefühlsbeteiligung. Bei diesem Glaubwürdigkeitsmerkmal sind nicht besonders starke Gefühlsregungen während der Aussage wichtig. Bedeutsam ist eher, dass verschiedene und wechselnde Gefühle gezeigt werden, die dem damaligen Geschehen entsprechen oder der Konflikt sich widersprechender Gefühle aufgezeigt wird. Zu beachten ist aber das mögliche schauspielerische Talent der Aussageperson. Außerdem sprechen fehlende oder eintönige Gefühle nicht per se gegen die Glaubwürdigkeit einer Aussage. Dies kann z. B. auch daran liegen, dass die Person emotional tatsächlich nicht stark betroffen war, sie ihre Gefühlsäußerungen stark kontrolliert oder entsprechende Emotionen bereits verarbeitet hat.

(6) Ungesteuerte Aussageweise: Man spricht von einer ungesteuerten Aussageweise, wenn der Vernommene nicht versucht, die Vernehmung in eine bestimmte Richtung zu steuern. Darunter gehören Aspekte wie, dass das Gegenüber nicht probiert, das Gespräch an sich zu reißen oder bestimmte Schwerpunkte zu setzen, ungekünstelt spricht, Blickkontakt hält oder Fragen zügig, aber nicht voreilig beantwortet.

(7) Inkonsistenz. Eine inkonsistente Aussage ist zunächst unverständlich, da unzusammenhängend berichtet wird, kein roter Faden in der Schilderung vorhanden ist, unbekannte Sachverhalte als bekannt vorausgesetzt werden u. ä. Erst allmählich, häufig erst nach gezieltem Nachfragen, ergibt sich ein geschlossenes Bild und die Angaben werden verständlich. Aus diesem Grund ist es empfehlenswert, die Aussageperson zunächst spontan berichten zu lassen, da diese Art der Aussage nur entstehen kann, wenn dem Gegenüber nicht durch sofortige Fragen des Polizeibeamten eine strukturierte und logische Darstellung des Geschehens vorgegeben wird.

Sind oben genannte Kriterien erfüllt, spricht dies eher für die Glaubwürdigkeit einer Aussage (Arnzten, 1983). Das bedeutet jedoch nicht, dass die Angaben unwahr sind, wenn einige dieser Aspekte fehlen. Es ist also durchaus möglich, die Glaubwürdigkeit einer Aussage einzuschätzen. Allerdings ist die Bewertung nicht ganz einfach und ein hundertprozentig richtiges Urteil nicht immer zu fällen. Die dargestellten Kriterien ermöglichen aber ein treffsichereres Urteil als reine Intuition oder der „gesunde Menschenverstand".

> **!** Der Polizeibeamte sollte versuchen, Ursachen für Falschaussagen zu erkennen und soweit wie möglich auszuschalten. Es gibt keine absolut gültigen Kriterien für unwahre Aussagen oder Lügen, allerdings sind Hinweise darauf aus dem Verhalten der Aussageperson und der Überprüfung der Glaubwürdigkeitsmerkmale der Aussage zu gewinnen.

Zusammenfassung

Vernehmungssituation. Man sollte bei einer Vernehmung eine positive Atmosphäre schaffen, indem man z. B. die Aussageperson nicht unnötig warten lässt, Störungen von außen unterbindet, den Teilnehmerkreis möglichst klein hält und das Gegenüber über das Verfahren aufklärt. Zudem sollte der Vernommene während der Vernehmung für den Beamten gut beobachtbar sein.

Vernehmender. Welcher Vernehmungsbeamte für eine Vernehmung ideal ist, hängt zum großen Teil von den spezifischen Konstellationen des Befragten und des Befragenden ab. Förderlich für gute Vernehmungserfolge sind jedoch diese allgemeinen Merkmale auf Seiten des Polizeibeamten:

▶ Selbstkritik
▶ gute Menschen-, Milieu-, Rechts- und Sachkenntnisse
▶ Ehrlichkeit
▶ Unvoreingenommenheit
▶ Freundlichkeit
▶ Objektivität.

Kommunikation. Für den Aufbau einer konstruktiven Vernehmung sollte der Vernehmungsbeamte seine Sprache dem Gegenüber anpassen, deutlich sprechen, sich einfach ausdrücken, nicht zu schnell befragen, weder verbal noch nonverbal suggestiv wirken, Widersprüche zwischen verbaler und nonverbaler Kommunikation vermeiden, sich nicht durch ungewollte nonverbale Signale verraten, aktiv zuhören, eigene analoge Zeichen oder solche des Gegenüber klären, Schwierigkeiten des Vernommenen, sich unterzuordnen, bedenken, mögliche Störungen in der Beziehung berücksichtigen und bei Negativverhalten des anderen etwaige Ursachen auch bei sich suchen.

Kinder und Jugendliche. Bei Kindern und Jugendlichen sollten die generellen Ausführungen zum Umgang mit Aussagepersonen besonders beachtet werden. Zudem sollte man genaue Aufzeichnungen der Aussagen machen, Störverhalten nicht auf die Goldwaage legen und – außer bei sehr kleinen Kindern – die Anwesenheit der Bezugspersonen unterbinden.

Minderbegabte. Eine Minderbegabung des Vernommenen ist unter Umständen nicht einfach feststellbar. Hinweise darauf können eine schwere Auffassungsgabe, auffälliges Verhalten, Sprachprobleme oder absonderliche Wahrnehmungen sein. Für die Vernehmung selbst gelten die Empfehlungen für die Vernehmung von Kindern und Jugendlichen.

Emotional erregte Personen. Bei der Vernehmung erregter Aussagepersonen ist die Eigensicherung und eine etwaige Suizidgefährdung des Gegenübers zu beachten. Man sollte keine unnötige Unruhe verbreiten und über das Verhalten des anderen metakommunizieren.

Alkoholisierte und unter Drogeneinfluss stehende Personen. Alkoholisierte oder unter Drogen stehende Personen müssen vor einer Ausnüchterung unter Umständen einem Arzt vorgestellt werden. Bei einer Befragung ist die Qualität ihrer Aussage verstärkt zu überprüfen, es sollte eine einfache Sprache gewählt, Nichtverstandenes im gleichen Wortlaut wiederholt, Beschimpfungen nicht überbewertet und die Eigensicherung des Vernehmenden besonders beachtet werden.

Unwahre Aussagen. Ursachen für unwahre Aussagen können Fehlwahrnehmungen, Wahrnehmungsverzerrungen, Gedächtnisprozesse, Wiedergabeprobleme und der psychische und körperliche Zustand der Aussageperson sein oder in der Person des Vernehmungsbeamten liegen.

Lügen. Manche der Gründe für unwahre Aussagen führen auch zu Lügen. Zusätzlich können jedoch auch Ängste, psychische Störungen, Konformitätsdruck oder die Beeinflussung von außen durch Dritte eine Rolle spielen. Solche Störeinflüsse sollte der Vernehmungsbeamte soweit möglich ausschalten. Es ist zumeist hilfreich, das Gegenüber nicht zu frühzeitig auf unwahre Aussagen hinweisen, damit die Lüge besser belegt werden kann.

Glaubwürdigkeit. Für die Beurteilung der Glaubwürdigkeit einer Aussage sollte der Beamte überprüfen, inwieweit negative Einflüsse auf den Wahrheitsgehalt der Aussage vorliegen, ob Hinweise auf unwahre Aussagen oder Lügen im Verhalten der Aussagepersonen zu beobachten sind und inwieweit diese sieben Glaubwürdigkeitsmerkmale erfüllt sind:
(1) Detaillierung,
(2) Ergänzbarkeit der Aussage,
(3) Homogenität,
(4) Konstanz,
(5) Gefühlbeteiligung,
(6) ungesteuerte Aussageweise und
(7) Inkonsistenz.

Weiterführende Literatur

▶ Greuel, L., Fabian, T. & Stadler, M. (Hrsg.). (1997). Psychologie der Zeugenaussage. Weinheim: Beltz.
▶ Greuel, L., Offe, S., Fabian, A., Wetzels, P., Fabian, T., Offe, H. & Stadler, M. (1998). Glaubhaftigkeit der Zeugenaussage. Weinheim: Beltz.
▶ Musloff, C. & Hoffmann, J. (2001). Täterprofile bei Gewaltverbrechen. Mythos, Theorie und Praxis des Profilings. Berlin: Springer.
▶ Schneider, R. & Krauthan, G. (1988). Wahrheit und Lüge. Kommunikative Grundsätze und praktische Tips für die Vernehmung. Stuttgart: Boorberg.
▶ Steffen, W. & Gründler, K. (1990). Vergewaltigt. Zum Umgang mit Opfern sexueller Gewalttaten. Stuttgart: Boorberg.

Glossar

Abwehrmechanismen. Abwehrmechanismen sind unbewusst eingesetzte Strategien, um Konflikte zwischen den Triebbedürfnissen („Es") und dem Gewissen („Über-Ich") zu regeln. Der Begriff stammt aus der psychoanalytischen Psychologie. Wichtige Abwehrmechanismen sind die Verdrängung, Reaktionsbildung, Projektion, Realitätsleugnung, Verschiebung, Rationalisierung und Regression. → Kognitive Beschränkungen der Wahrnehmung, → Psychoanalyse, → Wahrnehmung, → Wahrnehmungsverzerrungen

Adaptation. Unter Adaptation versteht man die Gewöhnung des Organismus an bestimmte → Reize, die entweder längere Zeit auf einen einwirken oder sehr intensiv sind, so dass diese Reize gar nicht mehr oder nicht mehr in voller Stärke wahrgenommen werden. → Sensorische Beschränkungen der Wahrnehmung, → Wahrnehmung

Aggression. Aggression stellt ein Verhalten dar, das absichtlich Personen oder Gegenstände schädigen soll, dabei muss sich die Person allerdings nicht ihrer Schädigungsabsicht bewusst sein. Man unterscheidet aktive, passive, körperliche, verbale, feindselige und instrumentelle Aggressionen. → Aggressivität, → Frustrations-Aggressions-Theorie, → Gefühle, → Psychoanalyse, → Triebtheorien der Aggression

Aggressivität. Aggressivität bedeutet die Bereitschaft zur → Aggression, also die Bereitschaft zur Schädigung von Personen oder Gegenständen.

Aktive Aufmerksamkeit. Unter aktiver Aufmerksamkeit versteht man, dass man die → Wahrnehmung gezielt und bewusst auf bestimmte → Reize oder Informationen richtet, weil man etwas Bestimmtes wahrnehmen will. → Kognitive Beschränkungen der Wahrnehmung, → Passive Aufmerksamkeit

Allgemeines Adaptationssyndrom. Die Reaktionen des Körpers, die in jeder Stresssituation ablaufen, heißen Allgemeines Adaptationssyndrom (AAS). Sie dienen dazu, den Stress besser bewältigen zu können: In der Alarmphase sinkt zunächst die Leistungsfähigkeit, sie erhöht sich in der Widerstandsphase über das Normalmaß und fällt in der Erholungsphase wieder ab. → Stress, → Stressor, → Verhalten

Angst. Angst ist ein unangenehmes Gefühl, das auftritt, wenn man sich bedroht fühlt, und einen motivieren soll, etwas gegen die Bedrohung zu unternehmen. Kennzeichnend für die Angst sind auffallende, körperliche Symptome wie Schwitzen, beschleunigte Atmung und erhöhter Pulsschlag. Massive Angst kann zum Kontrollverlust in Form von Panik oder Lähmung führen. Man kann zwischen normalen und → neurotischen Ängsten unterscheiden. → Fluchtverhalten, → Gefühle, → Vermeidungsverhalten

Aufmerksamkeit. Unter Aufmerksamkeit versteht man in der → Psychologie einen Bewusstseinszustand, in dem sich der Mensch auf einen oder mehrere → Reize konzentriert und der Körper vorbereitet ist, auf diese Reize zu reagieren. Man kann zwischen den Formen der → aktiven Aufmerksamkeit und der → passiven Aufmerksamkeit unterscheiden. Beide Formen der Aufmerksamkeit führen zur → selektiven Wahrnehmung und werden durch → Filter- und → Verstärkungsprozesse gelenkt. → Kognitive Beschränkungen der Wahrnehmung, → Wahrnehmung

Aufmerksamkeitslenkung. Aufgrund der Lenkung der Aufmerksamkeit kann der Mensch verschiedene Informationen unterschiedlich stark wahrnehmen. Je mehr Aufmerksamkeit ein Inhalt geschenkt bekommt, umso weniger können weitere Sachverhalte wahrgenommen werden. Für die Aufmerksamkeitslenkung sind v. a. die sich gegenseitig ergänzenden → Filter- und → Verstärkungsprozesse verantwortlich. → Aufmerksamkeit

Cocktailparty-Phänomen. Unterhält man sich auf einer Party mit einer Gruppe von Gästen, wird man hellhörig, wenn in einer anderen Gesprächsrunde der eigene Name fällt. Obwohl man über den vorherigen Gesprächsverlauf keine Angaben machen kann, hört man plötzlich seinen Namen. Dieses Phänomen beweist, dass man Informationen unbewusst wahrnehmen kann, aber die Informationen bzw. → Reize vor der bewussten → Wahrnehmung ausgefiltert werden, da sie als unwesentlich bewertet werden. → Filterprozesse der Wahrnehmung

Diskrimination. Bei der Diskrimination engt sich die Bandbreite der → Reize ein, die eine Reaktion auslösen, welche nach dem Prinzip des → klassischen Konditionierens erlernt wurde. Es erfolgt eine Unterscheidung oder Diskrimination zwischen relevanten und irrelevanten Reizen. → Lernen

Dissonanztheorie. Nach Festinger, dem Begründer der Dissonanztheorie, besteht die Tendenz, dass alle Gedächtnisinhalte zueinander konsonant, d. h. widerspruchsfrei, stimmig und inhaltlich miteinander vereinbar sind. Wenn Inhalte zueinander im Widerspruch stehen, der eine in gewisser Hinsicht das Gegenteil des anderen ausdrückt, entsteht Dissonanz. Der Zustand der kognitiven Dissonanz führt zu einer unangenehmen Spannung, so dass wir ihn zu vermeiden oder zumindest abzubauen versuchen. Nicht passende, dissonante Informationen werden daher nicht wahrgenommen, verändert, geleugnet oder vergessen. → Abwehrmechanismen, → Aufmerksamkeit, → Gestaltbildung, → Motivation, → selektive Wahrnehmung, → Wahrnehmung, → Wahrnehmungsverzerrungen

Einsichtiges Problemlösen → Lernen durch Einsicht

Einstellungen. Unter Einstellungen versteht man Annahmen, Vorstellungen oder Meinungen zu Personen, Dingen, Sachverhalten oder Situationen. Jede Einstellung beinhaltet Inhalte, die richtig oder falsch sein können, und eine Bewertung der inhaltlichen Thematik. → Erster Eindruck, → Implizite Persönlichkeitstheorien, → selektive Wahrnehmung, → Sich selbsterfüllende Prophezeiung, → Soziale Urteile, → Stereotyp, → Wahrnehmungsverzerrungen

Emotionale Reaktion. Mit emotionaler Reaktion sind Gefühle wie Ärger, Wut, Freude und Liebe gemeint. → Kognitives Verhalten, → Motorisches Verhalten, → Physiologische Reaktion, → Verhalten

Erleben. Die → Psychologie untersucht, welche Motive Menschen haben, was sie denken, welche Erinnerungen sie haben, was sie fühlen oder – anders ausgedrückt – wie sie etwas erleben. Nach psychologischem Verständnis ist das Erleben eine spezielle Form des → Verhaltens.

Erster Eindruck. Der erste Eindruck ist das undifferenzierte Bild über die Persönlichkeit, die Einstellungen, die Meinungen und das Wesen eines Menschen, das man sich weitgehend unbewusst nach dem ersten Kontakt von einer Person macht. Der erste Eindruck ist oft erstaunlich widerspruchsfrei, was die Eigenschaften betrifft, die man der entsprechenden Person zuschreibt und geht meist über das, was man tatsächlich beobachtet hat, hinaus. → Einstellungen, → Soziale Urteile

Faktorenanalytische Modelle der Persönlichkeit. Die faktorenanalytischen Modelle reduzieren die Unzahl menschlicher Eigenschaften auf einige wenige Grundeigenschaften (Faktoren). Das Ziel der Faktorenanalyse ist, die Beobachtungen von vielen menschlichen Eigenschaften durch wenige, zusammengefasste Kombinationen dieser Eigenschaften (Faktoren) mit möglichst wenig Informationsverlust zu beschreiben. Dadurch werden die Dimensionen der Beobachtungen reduziert bzw. einfachere Strukturen hinter den Beobachtungen entdeckt. Um die → Persönlichkeit eines Menschen möglichst vollständig zu erfassen, muss demnach nur die Ausprägung der einzelnen Faktoren gemessen werden. Guilford (1964) fand Faktoren, durch deren individuelle Ausprägung die Persönlichkeit eines Menschen bestimmt wird, in den Bereichen Physiologie, Morphologie, Eignung, Temperament, Einstellung, Interesse und Bedürfnis. → Persönlichkeitsstörungen, → Konstitutionstypologien

Filterprozesse der Wahrnehmung. Durch Filterprozesse wird ein Teil der → Reize, die auf unsere Sinnesorgane eintreffen, abgeblockt. Diese Reize werden entweder nicht registriert oder nach der Aufnahme durch die Nerven nicht in höhere Hirnregionen weitergeleitet, so dass zumindest keine bewusste Wahrnehmung erfolgt. → Aufmerksamkeit, → Cocktailparty-Phänomen, → Verstärkungsprozesse, → Wahrnehmung

Fluchtverhalten. Fluchtverhalten besteht darin, dass man versucht, aus angstbesetzten Situationen möglichst schnell zu entkommen. → Angst, → Phobie, → Verhalten, → Vermeidungsverhalten

Frustration. Unter Frustration wird in der Psychologie jede Situation, in der ein Organismus an der Erreichung seines Zieles gehindert wird, verstanden. → Frustrations-Aggressions-Theorie

Frustrations-Aggressions-Theorie. Nach der Frustrations-Aggressions-Theorie führen → Frustrationen stets zu → Aggressionen, und Aggressionen sind immer von Frustrationen abhängig. Dieser Ablauf ist allerdings nicht zwangsläufig, auch wenn es häufig dazu kommt. → Triebtheorien der Aggression

Führer. In einer → Gruppe hat jedes Gruppenmitglied eine bestimmte Position inne, je nachdem, wie beliebt es bei den anderen ist bzw. für wie tüchtig es gehalten wird. Diese beiden Positionen sind nicht unbedingt identisch, so dass eine Rangreihe nach der Beliebtheit und eine nach der Tüchtigkeit entsteht. An der Spitze jeder Rangreihe steht ein Führer.

Führer nach Beliebtheit. Der Führer nach Beliebtheit ist für den sozioemotionalen Bereich zuständig.

Führer nach Tüchtigkeit. Der Führer nach Tüchtigkeit ist der aufgabenorientierte Führer, der die Fähigkeiten und Fertigkeiten der einzelnen Gruppenmitglieder am besten koordinieren kann und der → Gruppe zum Erreichen ihrer Sachziele verhilft.

Oft entsteht in Gruppen ein Führerduo, so dass ein Führer nach Beliebtheit und ein Führer nach Tüchtigkeit in einer funktionierenden Kooperation die → Gruppe gemeinsam leiten. → Führungsstil

Führungsstil. Bei der Führung von Gruppen oder Mitarbeitern kann man u. a. den → autoritären und den → kooperativen Führungsstil unterscheiden.

Autoritärer Führungsstil. Für die Erledigung routinemäßiger und schnell zu lösender Aufgaben und wenn die Mitarbeiter wenig Wissen haben und nicht motiviert sind, selbstständig zu arbeiten, ist eine autoritäre Führung sinnvoll. Beim autoritären Führungsstil kommen vor allem Prinzipien des → klassischen und → operanten Konditionierens zum Tragen. Auf bestimmte → Reize werden bestimmte Reaktionen erwartet, der Mitarbeiter wird durch → Verstärkung und häufig durch → Strafen geführt. Zum Teil liegt auch → Lernen am Modell vor, indem der Vorgesetzte dem Mitarbeiter vormacht, was er wie zu tun hat.

Kooperativer Führungsstil. Wenn Kreativität und Eigenverantwortung der Mitarbeiter erwünscht sind, empfiehlt sich ein kooperativer Stil. Eine kooperative Führung baut verstärkt auf das → Lernen durch Einsicht. Es werden Eigeninitiative und Verantwortung vom Mitarbeiter erwartet, der durch Mitdenken und -entscheiden seine Aufgaben bewältigen soll. → Führer

Gefühle. Gefühle sind u. a. ein Ergebnis der Bewertung der wahrgenommenen Situation. Sie beeinflussen unser weiteres → Verhalten. Gefühle haben damit einen wesentlichen Einfluss darauf, wie sich Menschen in bestimmten Situationen verhalten. Man kann zwischen angenehmen und unangenehmen Gefühlen unterscheiden: Angenehme Gefühle wie Freude, Liebe und Stolz will man herbeiführen oder versucht, sie aufrecht zu erhalten. Unangenehme Gefühle wie Trauer, Wut und Angst will man vermeiden oder beenden. Zusätzlich gibt es gemischte Gefühle, die angenehme und unangenehme Elemente beinhalten, wie Heimweh, das aus Zuneigung und Trauer besteht. Bei anderen Gefühlen hängt es von der Intensität ab, wie sie empfunden werden. → Angst, → Aggression

Gegenkonditionierung. Im Fall der Gegenkonditionierung tritt beim → klassischen Konditionieren der gelernte → Reiz nicht mehr mit dem ursprünglichen ungelernten Reiz auf, sondern es kommt ein weiterer Reiz hinzu, der ein anderes Verhalten als der ungelernte Reiz auslöst. Dadurch löst nach dem Prozess der Gegenkonditionierung der gelernte Reiz das → Verhalten aus, das der neu hinzugekommene Reiz bewirkt. → Lernen

Generalisierung. Unter Generalisierung versteht man beim → klassischen Konditionieren, dass auch → Reize, die dem gelernten Reiz nur äußerlich oder der Bedeutung nach ähnlich sind, die gelernte Reaktion auslösen können. Um die Reaktion auszulösen, muss kein weiterer Lernvorgang stattgefunden haben. → Lernen

Gestaltbildung. Unter Gestaltbildung verstehen Psychologen, dass bei der → Wahrnehmung Einzelreize (→ Reize) organisiert, geordnet und zusammengefasst werden. Menschen nehmen also subjektiv meist keine isolierten Einzelreize wahr, sondern fügen diese Einzelreize zu übergeordneten Einheiten oder „Gestalten" wie Objekte, Geräusche und Gerüche zusammen. → Selektive Wahrnehmung, → Sensorische Beschränkungen der Wahrnehmung, → Wahrnehmungsverzerrungen

Gruppe. Eine Gruppe besteht aus mindestens zwei Personen, deren Verhalten sich gegenseitig beeinflusst und zwischen denen eine maßgebliche → Kommunikation stattfindet. Sie ist durch ein gemeinsames Ziel, eine Gruppenstruktur, ein Wir-Gefühl, Normen und Gruppenmittel gekennzeichnet. → Gruppendynamik, → Gruppenmittel, → Gruppennormen, → Kohäsion, → Konformität, → Masse, → Primärgruppen, → Sekundärgruppen, → Soziales Aggregat, → Wir-Gefühl

Gruppendynamik. Mit Gruppendynamik bezeichnet man das gesamte Gruppengeschehen, die Handlungen und die Interaktionen der Gruppenmitglieder, deren gegenseitige Beeinflussung und die Auswirkungen, die Einflüsse von außen auf die → Gruppe haben. → Kohäsion, → Konformität, → Primärgruppe, → Sekundärgruppe

Gruppenmittel. Jede → Gruppe braucht gewisse Mittel, um ihre Ziele erreichen zu können. Eine wichtige Rolle spielen dabei positive und negative Sanktionen, also Belohnungen und Bestrafungen.

Gruppennormen. In jeder → Gruppe gibt es bestimmte Normen und Regeln, die festlegen, was von den einzelnen Gruppenmitgliedern erwartet wird, welche Rechte und Pflichten sie haben und wie man miteinander

umgeht. Formelle Normen werden offiziell festgelegt (Recht des öffentlichen Dienstes, dienstliche Vorschriften). Die informellen Normen hat die Gruppe selbst entwickelt. Manchmal werden diese informellen Regeln sogar nie direkt angesprochen oder gar festgehalten (Regel, dass ein Kollege seinen Geburtstag feiert; die Sitzordnung im Aufenthaltsraum). → Kohäsion, → Konformität, → Konformitätsdruck

Implizite Persönlichkeitstheorien. Implizite Persönlichkeitstheorien sind individuelle Vorstellungen darüber, welche verschiedenen Menschentypen es gibt und wie Menschen mit bestimmten Eigenschaften in bestimmten Situationen reagieren werden. Sie sind zumindest zum Teil wissenschaftlich nicht haltbar und dem Betroffenen nicht bewusst. → Einstellungen, → Soziale Urteile

Instrumentelles Lernen → Operantes Konditionieren

Klassisches Konditionieren. Es handelt sich beim klassischen Konditionieren um eine Form des → Lernens. Dabei tritt ein ungelernter, unkonditionierter → Reiz für eine bestimmte Reaktion räumlich und zeitlich mit einem anderen, neutralen Reiz zusammen auf. Durch die Koppelung wird der neutrale Reiz zum gelernten, konditionierten Reiz für die Reaktion, weil er diese auch alleine auslösen kann. Die Reaktion wird als gelernt bzw. konditioniert bezeichnet, wenn sie vom gelernten, konditionierten Reiz ausgelöst wird. Das klassische Konditionieren verändert vor allem die → physiologischen und → emotionalen Reaktionen sowie das → kognitive Verhalten. → Verhalten

Kognitive Beschränkungen der Wahrnehmung. Neben → sensorischen Beschränkungen beeinflussen auch kognitive Faktoren, die mit Informationsverarbeitungsprozessen zusammenhängen, die → Wahrnehmung. Sie liegen auf einer höheren Verarbeitungsebene als die sensorischen Beschränkungen, weil nicht nur Nerven, sondern auch Hirnstrukturen beteiligt sind. Hierzu zählen die → Aufmerksamkeit, die → Motivation und die → Abwehrmechanismen.

Kognitives Verhalten. Unter dem kognitiven → Verhalten versteht die Psychologie Wahrnehmungs- und Denkprozesse wie z. B. sehen, nachdenken und sich erinnern. → Emotionale Reaktion, → Lernen, → Motorisches Verhalten, → Physiologische Reaktion, → Wahrnehmung

Kohäsion. Unter der Kohäsion einer → Gruppe versteht man deren Zusammenhalt. → Gruppendynamik, → Konformität

Kommunikation. Durch Kommunikation übermittelt eine Person (Sender) einer anderen Person (Empfänger) mittels eines oder mehrerer Medien eine Information (Botschaft). Der dabei erzielte Effekt beim Empfänger kann das weitere Verhalten des Senders beeinflussen. Noch abstrakter kann Kommunikation als eine Wechselwirkung zwischen Menschen, also deren Interaktion oder Beziehung zueinander, bezeichnet werden. Man unterscheidet die → verbale Kommunikation und die → nonverbale Kommunikation. Die Kommunikation erfolgt nach bestimmten → Kommunikationsgesetzen. → Kommunikationsstörungen, → Metakommunikation

Kommunikationsgesetze. Watzlawick stellte 5 Kommunikationsgesetze auf: (1) Man kann nicht nicht-kommunizieren. (2) Jede Kommunikation hat einen Inhalts- und einen Beziehungsaspekt. (3) Der Kommunikationsprozess wird von den Beteiligten strukturiert, es findet Interpunktion statt. (4) Kommunikation kann digital oder analog erfolgen. (5) Kommunikation ist symmetrisch oder komplementär. → Kommunikationsstörungen können in diesen Bereichen auftreten. → Kommunikation

Kommunikationsstörungen. Funktioniert Kommunikation nicht oder nicht reibungslos, liegen Kommunikationsstörungen vor. Die Ursachen dafür können beim Sender, beim Empfänger oder bei der Informationsübertragung liegen. → Kommunikation

Konformität. Konformität in einer → Gruppe bedeutet, dass eine gewisse Gleichförmigkeit und Einheitlichkeit im Verhalten und Aussehen der Gruppenmitglieder vorhanden ist. Eine wesentliche Ursache dafür sind die → Gruppennormen, zu deren Einhaltung sich die Gruppenmitglieder in der Regel verpflichtet fühlen. Die Ähnlichkeit der Gruppenmitglieder wird z. T. mittels → Konformitätsdruck erreicht, durch den die Gruppe auf die einzelnen Mitglieder einwirkt. → Gruppendynamik, → Kohäsion

Konformitätsdruck. Konformitätsdruck nennt man den Gruppendruck, der auf die Gruppenmitglieder ausgeübt wird, um die → Gruppennormen einzuhalten. → Gruppe, → Gruppendynamik, → Kohäsion, → Konformität

Konstitutionstypologien. Konstitutionstypologien ziehen von der körperlich-physiologischen Natur eines Menschen Rückschlüsse auf seine psychischen Eigenschaften und seine → Persönlichkeit. Am bekanntesten sind die Konstitutionstypologien von Kretschmer und Sheldon, die die drei Typen athletisch, leptosom und pyknisch unterschieden haben. Konstitutionstypologien sind jedoch wissenschaftlich nicht haltbar. → Faktorenanalytische Modelle der Persönlichkeit, → Persönlichkeitsstörungen

Lernen am Modell. Lernen am Modell erfolgt durch die Beobachtung und die mehr oder weniger exakte Nachahmung des → Verhaltens eines Vorbildes durch den Lernenden. Der Lernprozess läuft oft unbewusst ab. → Klassisches Konditionieren, → Lernen, → Lernen durch Einsicht, → Operantes Konditionieren

Lernen durch Einsicht. Beim Lernen durch Einsicht setzt man sich in Gedanken mit einer Problematik auseinander und versucht, Lösungsmöglichkeiten zu finden. Dabei werden die möglichen Konsequenzen der gefundenen Handlungsalternativen in Gedanken vorweggenommen, bevor man sich entschließt, die gefundene Lösung umzusetzen. → Klassisches Konditionieren, → Lernen, → Lernen am Modell, → Operantes Konditionieren, → Verhalten

Lernen durch Signale → Klassisches Konditionieren

Lernen. Die Psychologie definiert Lernen als relativ überdauernde Veränderung des Verhaltenspotentials (Möglichkeit des → Verhaltens) aufgrund vorausgegangener Erfahrung. Lernen umfasst die Veränderung von → kognitiven und → motorischen Verhaltensweisen oder → emotionalen und → physiologischen Reaktionen, besteht also nicht nur im Erwerb von Wissen. → Diskrimination, → Gegenkonditionierung, → Generalisierung, → Klassisches Konditionieren, → Lernen am Modell, → Lernen durch Einsicht, → Löschung, → Operantes Konditionieren

Löschung. Beim → klassischen Konditionieren bedeutet Löschung, dass ein gelernter → Reiz nach einiger Zeit wieder zum neutralen Reiz wird. Wenn er nicht ab und zu mit dem ursprünglichen ungelernten Reiz gemeinsam auftritt, verliert er die Fähigkeit das gelernte → Verhalten auszulösen. Beim → operanten Konditionieren heißt Löschung, dass die bisherigen → Verstärker für ein Verhalten ausbleiben und dieses Verhalten deswegen verschwindet. → Lernen

Maskierung. Bei der Maskierung überdeckt ein sensorischer → Reiz einen gleichzeitig auftretenden, anderen Reiz, so dass nur noch einer von beiden Reize wahrgenommen wird. → Selektive Wahrnehmung, → Sensorische Beschränkungen der Wahrnehmung, → Wahrnehmung

Masse. Die Masse ist eine aktivierte Menge von Personen, die gleichzeitig am gleichen Ort sind. Entfällt die Ursache für die Aktivitäten, zerfällt auch die aktivierte Menge. Bleibt die Ursache länger bestehen, kann sich aus der Masse eine → Gruppe bilden.

Metakommunikation. Metakommunikation ist die → Kommunikation über die Kommunikation. Man tauscht Informationen aus, wie man den Kommunikationsprozess bzw. das Verhalten des Gegenübers dabei empfindet. → Verbale Kommunikation, → Nonverbale Kommunikation

Modelllernen → Lernen am Modell

Motivation. Unter Motivation versteht man die Summe der Beweggründe für unser Wollen und Handeln. → Kognitive Beschränkungen der Wahrnehmung, → Wahrnehmung, → Wahrnehmungsverzerrungen

Motorisches Verhalten. Zum motorischen Verhalten zählt alles → Verhalten, wozu der Mensch seinen Skelettapparat und/oder seine willkürliche (willentlich beeinflussbare) Muskulatur benötigt. Hierzu gehören z. B. Körperbewegungen, -haltung und Mimik. → Emotionale Reaktion, → Kognitives Verhalten, → Physiologische Reaktion

Negativer Verstärker. Ein negativer Zustand, der durch ein → Verhalten beendet wird, ist ein negativer Verstärker. Weil diese Beendigung als positiv empfunden wird, führt das zum Aufbau bzw. der Stabilisierung dieses Verhaltens. → Lernen, → Löschung, → Operantes Konditionieren, → Positiver Verstärker, → Strafen, → Verstärker

Neurotische Ängste. Unter neurotischen oder krankhaften Ängsten versteht man übersteigerte normale oder für Außenstehende nicht nachvollziehbare Ängste. Neurotische Ängste sind häufig behandlungsbedürftig, weil sie die Person, die unter ihnen leidet, in ihrer Lebensführung sehr einschränken können. → Angst, → Phobie

Nonverbale Kommunikation. Die nonverbale Kommunikation umfasst alle Medien nichtsprachlicher Art, z. B. die Gestik, Mimik, Körperhaltung oder Handlungen, aber auch die Art und Weise, wie man spricht, also z. B. Lautstärke und Sprachmelodie. Die nonverbale Kommunikation kann die → verbale Kommunikation ersetzen, verstärken oder relativieren. → Kommunikation, → Metakommunikation

Operantes Konditionieren. Eine Form des → Lernens ist das operante Konditionieren. Hierbei wird eine Verhaltensänderung durch die Konsequenzen des → Verhaltens bewirkt.

Positive Auswirkungen führen in der Regel zu einer Stabilisierung und negative zu einer Beseitigung des Verhaltens. → Löschung, → Strafen, → Verstärker

Passive Aufmerksamkeit. Bei der passiven → Aufmerksamkeit schaffen es → Reize auf Grund ihrer Beschaffenheit, die → Wahrnehmung mehr oder weniger automatisch auf sich zu ziehen, so dass der Mensch bestimmte Reize wahrnimmt, ohne dies bewusst zu steuern. Diese → Aufmerksamkeitslenkung kann auch gegen den Willen der betroffenen Person geschehen. → Aktive Aufmerksamkeit, → Wahrnehmung

Persönlichkeit. Die Persönlichkeit ist das einen Menschen kennzeichnende einzigartige, relativ stabile und den Zeitablauf überdauernde → Verhaltenskorrelat. Aus psychologischer Sicht hat jeder Mensch eine Persönlichkeit und es gibt auch keine ideale Persönlichkeit. → Faktorenanalytische Modelle, → Implizite Persönlichkeitstheorien, → Konstitutionstypologien, → Persönlichkeitsstörungen, → Verhalten

Persönlichkeitsstörungen. Persönlichkeitsstörungen umfassen tief verwurzelte, situationsabhängige Verhaltensmuster, die sich in starren Reaktionen auf unterschiedlichste persönliche und soziale Lebenslagen zeigen. Dabei findet man gegenüber der Mehrheit der Bevölkerung deutliche Abweichungen im Wahrnehmen, Denken, Fühlen, Handeln oder in den Beziehungen zu anderen. Je nach Art der Störung leiden Betroffene darunter oder auch nicht. → Gefühle, → Persönlichkeit, → Verhalten, → Verhaltenskorrelat, → Wahrnehmung

Phobie. Bei einer Phobie liegt ein die Lebensführung beeinträchtigendes, angstvermitteltes → Flucht- oder → Vermeidungsverhalten vor, das in keinem Verhältnis zu der Gefahr steht, die von dem gemiedenen Gegenstand oder der gemiedenen Situation ausgeht. Die Betroffenen wissen, dass ihre → Angst übersteigert ist. Es gibt Phobien vor Orten, Objekten, Tieren, sozialen oder sonstigen Situationen. → Gefühle

Physiologische Reaktion. Unter einer physiologischen Reaktion versteht man Nerven-, Organ- und Drüsentätigkeiten wie die Reaktion der Nerven auf → Reize, den Puls oder die Hormonausschüttung. → Emotionale Reaktion, → Kognitives Verhalten, → Motorisches Verhalten, → Verhalten

Positiver Verstärker. Wenn auf ein → Verhalten ein positiver Zustand folgt, nennt man diese Konsequenz einen positiven Verstärker. Positive Verstärker bewirken einen Aufbau oder eine Stabilisierung eines Verhaltens. → Lernen, → Löschung, → Negativer Verstärker, → Operantes Konditionieren, → Strafen, → Verstärker

Praktische Psychologie. Die praktische Psychologie setzt die Erkenntnisse der → theoretischen Psychologie für konkrete Fragestellungen um, daher wird sie auch angewandte → Psychologie genannt. Zu ihr gehören z. B. die diagnostische Psychologie, die klinische Psychologie, die pädagogische Psychologie, die forensische Psychologie, die Arbeits-, Betriebs- und Organisationspsychologie und die Werbe- und Marktpsychologie.

Primärgruppen. Primärgruppen sind → Gruppen, in denen enge persönliche Kontakte und eine gewisse Intimität zwischen den Gruppenangehörigen vorhanden sind.

Die Mitglieder kennen sich persönlich, daher spricht man im Englischen auch von face-to-face group (Angesicht-zu-Angesicht-Gruppe) und die Beziehungen sind natürlich gewachsen. → Masse, → Sekundärgruppen

Problemlösen → Lernen durch Einsicht

Psychoanalyse. Die Psychoanalyse wurde von Sigmund Freud Anfang des 20. Jahrhunderts begründet. Nach dieser Theorie wird das Verhalten des Menschen von verschiedenen Kräften beeinflusst; die wichtigsten sind die Triebe und die Moralvorstellungen. Bei den Trieben unterscheidet Freud zwischen lebenserhaltenden Trieben, die er in ihrer Gesamtheit Sexualtrieb nennt, und dem lebenszerstörenden Aggressionstrieb. Er bezeichnet alle Triebe als „Es". Die Moralvorstellungen werden dem Einzelnen von außen, durch Eltern, Lehrer, Freunde oder die Gesellschaft nahe gebracht und werden im „Über-Ich" des Menschen gespeichert. Das „Ich", das Bewusstsein des Menschen, versucht, zwischen den Ansprüchen von „Es" und „Über-Ich", die sich häufig zuwider laufen, einen gemeinsamen Nenner zu finden. → Abwehrmechanismen, → kognitive Beschränkungen der Wahrnehmung

Psychologie. Die Psychologie ist die Wissenschaft vom → Verhalten und → Erleben, wobei die Psychologie das Erleben als eine Form des Verhaltens versteht. Die Ziele der Psychologie sind: Beobachtung und Beschreibung von Verhalten und Erleben; Erklärung von Verhalten und Erleben; Kontrolle von Verhalten und Erleben. → Praktische Psychologie, → Theoretische Psychologie

Reize. Das → Verhalten eines Menschen wird durch seine → Persönlichkeit und die Reize, denen er ausgesetzt ist, bestimmt. Reize können einfache chemische und physikalische Einwirkungen wie Gerüche, Licht, Berührungen, Geräusche, Kälte und Wärme sein, aber auch komplexe Einflüsse wie das Verhalten der Mitmenschen oder Geschehnisse in der Umwelt. Ebenso werden in der → Psychologie innere Ereignisse wie ein plötzlicher Schmerz, eine Gefühlsregung, eine Idee oder eine Erinnerung als Reiz aufgefasst. Reize sind somit alle vorübergehenden Einflüsse auf den Menschen, die Ursachen für sein Verhalten darstellen. → Adaptation, → Aufmerksamkeit, → Generalisierung, → Klassisches Konditionieren, → Wahrnehmung

Sekundärgruppen. In Sekundärgruppen sind die Beziehungen der Gruppenmitglieder unpersönlicher und distanzierter als in → Primärgruppen; unter Umständen haben nicht alle Mitglieder direkten Kontakt untereinander. → Gruppe, → Masse

Selektive Wahrnehmung. In der → Psychologie wird von selektiver Wahrnehmung gesprochen, wenn nur ein Teil der vorhandenen Informationen registriert wird. → Reize werden dabei entsprechend der Realität wahrgenommen, im Gegensatz zum Fall von → Wahrnehmungsverzerrungen. Es liegt hierbei das Problem vor, dass man nicht alle Informationen mitbekommt. Selektive Wahrnehmung entsteht durch die beschränkte Aufnahmekapazität der Sinnesorgane, kann aber auch durch → Einstellungen, → Abwehrmechanismen oder die → Motivation bedingt sein. → Adaptation, → Gestaltbildung, → kognitive Beschränkungen der Wahrnehmung, → Maskierung, → sensorische Beschränkungen der Wahrnehmung, → Verschmelzung, → Wahrnehmung

Sensorische Beschränkungen der Wahrnehmung. Unter sensorischen Beschränkungen werden in der → Psychologie Einflüsse bzw. die Beschränkungen der → Wahrnehmung, die durch den Aufbau und die Funktionsweise unserer Sinnesorgane (Sensorik) bedingt sind, verstanden. Zu den sensorischen Beschränkungen zählen die Kapazität der Sinnesorgane und des Bewusstseins, die Empfindlichkeit der Sinnesorgane und die → Gestaltbildung. → Adaptation, → Kognitive Beschränkungen der Wahrnehmung, → Maskierung, → Untere und obere Wahrnehmungsschwelle, → Unterschiedsschwelle, → Maskierung

Sich selbsterfüllende Prophezeiung. Unter einer sich selbsterfüllenden Prophezeiung versteht man das Phänomen, dass eine Erwartung eintritt, weil man diese Erwartung hat. Ursachen dafür sind ein der Erwartung entsprechendes → Verhalten, die → selektive Wahrnehmung und → Wahrnehmungsverzerrungen. → Einstellungen, → Soziale Urteile

Signallernen → Klassisches Konditionieren

Soziale Urteile. Soziale Urteile helfen dem Menschen, die Fülle an Informationen, die ständig auf ihn einwirken, schnell einzuordnen und stellen damit gleichzeitig Handlungsanweisungen zur Verfügung. Sie vereinfachen die Welt jedoch manchmal zu stark und führen dadurch zu falschen Eindrücken. Unter sozialen Urteilen versteht man Annahmen, Vorstellungen oder Meinungen zu Personen, Dingen, Sachverhalten oder Situationen. → Einstellungen, → Erster Eindruck, → Implizite Persönlichkeitstheorien, → Sich selbsterfüllende Prophezeiung, → Stereotyp

Soziales Aggregat. Unter einem sozialen Aggregat versteht man eine Anzahl von Menschen, die räumlich und zeitlich beisammen sind, bei denen aber einige der Gruppenmerkmale, vor allem aber eine nennenswerte Kommunikation, fehlen. → Gruppe, → Primärgruppen, → Sekundärgruppen

Stereotyp. Bei einem Stereotyp werden einer Person bestimmte Eigenschaften zugeschrieben, weil sie einer bestimmten sozialen Kategorie angehört und diese Eigenschaften angeblich für die Mitglieder dieser sozialen Kategorie typisch sind. → Einstellungen, → Soziale Urteile

Strafen. Unter Strafen werden negative Verhaltensfolgen zusammengefasst. Sie können darin bestehen, dass ein negativer Zustand auf ein → Verhalten hin einsetzt oder ein angenehmer Zustand dadurch beendet wird. Strafen führen zu einem Abbau des Verhaltens. → Löschung, → Operantes Konditionieren, → Verstärker, → Verhalten

Stress. Stress kann als die Reaktion des Organismus auf jede Art von Anforderung bzw. als die Reaktion auf einen → Stressor verstanden werden. Inwieweit die Reaktion erfolgt, hängt davon ab, ob man die Situation als Anforderung empfindet oder bewertet. Die Auswirkungen von Stress hängen davon ab, wie man mit Stress umgeht, so dass man nicht allgemein sagen kann, dass Stress positiv oder negativ ist. Stress kann sowohl zu Leistungssteigerungen als auch zu psychosomatischen Krankheiten führen. Man unterscheidet zwischen unspezifischen und spezifischen Reaktionen auf Stress. Unspezifisch bedeutet, dass die Reaktionen bei allen Stressoren gleich sind. Bei den unspezifischen Reaktionen unterscheidet man zwischen

motorischen (Anspannung der Muskulatur), physiologischen (erhöhte Funktion des vegetativen Nervensystems und bestimmter Organtätigkeiten), emotionalen (motivierende Gefühle) und kognitiven (konzentriertere Wahrnehmung und Denkprozesse) Stressreaktionen. Stressoren haben neben den unspezifischen Reaktionen auch spezifische Auswirkungen. So führen Verbrennungen der Haut dazu, dass sich Blasen bilden. → Allgemeines Adaptationssyndrom, → Emotionale Reaktion, → Kognitives Verhalten, → Motorisches Verhalten, → Physiologische Reaktion, → Stressbewältigung, → Stressor

Stressbewältigung. Man kann zwei Arten der Stressbewältigung unterscheiden. Die kurzfristige Erleichterung behebt nicht die Ursachen des → Stresses, führt jedoch zur augenblicklichen Verbesserung des Wohlbefindens und ist daher in vielen Fällen eine sinnvolle Maßnahme. Hierzu zählen die Spontanentspannung, die innere Ablenkung, die äußere Ablenkung, Selbstgespräche, die Abreaktion oder die Verringerung der Stressdosis. Die langfristige Bewältigung beseitigt die Ursachen für Belastungen oder dient der Vorbereitung auf zukünftigen Stress. Maßnahmen dazu sind die systematische Problemlösung, die Entspannung, die Desensibilisierung, die Einstellungsänderung und Gespräche. → Stressor

Stressor. Reize oder Anforderungen, die bei einer Person Stressreaktionen auslösen, werden Stressoren genannt. Ob durch einen Reiz Stress bewirkt wird, ist individuell verschieden, da die personen- und situationsabhängige Bewertung einen Reiz erst zum Stressor macht. → Allgemeines Adaptationssyndrom, → Stress, → Stressbewältigung

Theoretische Psychologie. Die theoretische Psychologie erklärt die Gesetzmäßigkeiten, denen menschliches → Verhalten und → Erleben unterliegt. Sie beschäftigt sich u. a. mit der → Wahrnehmung, dem Denken, dem → Lernen, der → Motivation, der Entwicklung des Menschen, der → Persönlichkeit und sozialen Prozessen. → Praktische Psychologie, → Psychologie

Theorie. Als Theorie bezeichnet man in der Wissenschaft abstrakte Erklärungen für Phänomene, die einen sehr hohen Allgemeinheitsgrad haben. In der → Psychologie ist damit eine Theorie eine Erklärung für menschliches → Verhalten und → Erleben, die für viele Personen und unterschiedlichste Situationen zutrifft.

Triebtheorien der Aggression. Triebtheorien der Aggression gehen davon aus, dass im Körper ohne Einwirkung der Umwelt ständig aggressive Impulse entstehen, die sich im Körper anstauen. Der Druck würde mit der Zeit immer größer, so dass es durch ein äußeres Ereignis zur Entladung des Aggressionstriebes komme. Die Triebtheorien der Aggression sind sehr umstritten und werden von der Wissenschaft heute weitgehend abgelehnt. → Aggression, → Aggressivität, → Frustrations-Aggressions-Theorie, → Psychoanalyse

Untere und obere Wahrnehmungsschwelle. Die untere und die obere Wahrnehmungsschwelle nennt man die Grenzwerte, zwischen denen der Mensch mit Hilfe seiner Sinnesorgane → Reize aufnehmen kann. → Sensorische Beschränkungen der Wahrnehmung, → Wahrnehmung

Unterschiedsschwelle. Als Unterschiedsschwelle bezeichnet man die kleinste Differenz zwischen zwei → Reizen, ab der ein Unter-

schied zwischen den Reizen durch die Sinnesorgane feststellbar wird. Dabei muss die Differenz zwischen den Reizen umso größer sein, je stärker der erste Reiz ausfällt (→ Webersches Gesetz). → Sensorische Beschränkungen der Wahrnehmung, → Wahrnehmung

Verbale Kommunikation. Die verbale Kommunikation besteht in der Informationsübertragung durch gesprochene oder geschriebene Worte. Die dazugehörigen Medien sind vor allem die Sprache und die Schrift. → Kommunikation, → Nonverbale Kommunikation, → Metakommunikation

Verhalten. Die Psychologie bezeichnet als Verhalten die → emotionalen Reaktionen (→ Gefühle), das → kognitive Verhalten (Denken), das → motorische Verhalten (Bewegungen) und die → physiologischen Reaktionen (Puls, Atmung, Drüsen- und Hormontätigkeiten, etc.) eines Menschen. → Fluchtverhalten, → Lernen, → Persönlichkeit, → Verhaltenskorrelat, → Verhaltensvorhersage, → Vermeidungsverhalten

Verhaltenskorrelat. Unter einem Korrelat versteht man, dass einzelne Elemente oder in diesem Fall Verhaltensweisen untereinander in enger Beziehung stehen und nicht isoliert und unabhängig voneinander sind. Mit Verhaltenskorrelat ist gemeint, dass Verhaltensweisen im Wechselspiel zueinander stehen und sich gegenseitig beeinflussen. In der → Psychologie beschränkt sich der Ausdruck der Verhaltensweisen nicht nur auf das → motorische Verhalten, sondern umfassen zusätzlich Gefühle (→ emotionale Reaktionen), Denkvorgänge (→ kognitives Verhalten) und → physiologische Reaktionen. → Persönlichkeit, → Verhalten

Vermeidungsverhalten. Vermeidungsverhalten führt dazu, angstbesetzten Situationen nicht ausgesetzt zu sein, indem man sie umgeht. → Angst, → Fluchtverhalten, → Gefühle, → Phobie, → Verhalten

Verschmelzung. Bei der Verschmelzung werden einzelne → Reize, die sehr schnell hintereinander dargeboten werden, nicht mehr als isolierte Einzelreize wahrgenommen, sondern gehen ineinander über und erscheinen als Dauerreiz. → Sensorische Beschränkungen der Wahrnehmung, → Wahrnehmung

Verstärker. Unter Verstärkern werden in der → Psychologie die positiven Konsequenzen eines → Verhaltens verstanden. Man unterscheidet dabei zwischen → positiven und → negativen Verstärkern. Verstärker bauen Verhalten auf und stabilisieren es. → Lernen, → Löschung, → Operantes Konditionieren, → Strafen

Verstärkungsprozesse der Wahrnehmung. Durch Verstärkungsprozesse wird → Reizen bzw. Informationen, die im Prozess der → Wahrnehmung nicht ausgefiltert wurden, weitere → Aufmerksamkeit zugewandt. Dadurch wird eine immer detailliertere und schließlich bewusste Wahrnehmung dieser Reize möglich. Ob eine Verstärkung erfolgt, hängt von der meist unbewussten Bewertung ab, ob die Informationen als wichtig, nützlich, relevant usw. eingestuft werden. → Filterprozesse der Wahrnehmung

Wahrnehmung. Als Wahrnehmung wird die Aufnahme und Verarbeitung von → Reizen mittels der Sinnesorgane bezeichnet. Sie wird durch die → sensorischen und → kognitiven Beschränkungen der Wahrnehmung bestimmt. Die subjektive Wahrnehmung muss nicht der objektiven Realität entsprechen, dies liegt an der → selektiven Wahrnehmung und → Wahrnehmungsverzerrungen. → Adaptation, → Einstellungen, → Lernen, → Maskierung, → Selektive Wahrnehmung, → Untere und obere Wahrnehmungsschwelle, → Unterschiedsschwelle, → Verschmelzung

Wahrnehmungsverzerrungen. Bei Wahrnehmungsverzerrungen glaubt man, Informationen über die Realität mittels der Sinnesorgane zu haben, die aber tatsächlich nicht zutreffen. Ursachen für Wahrnehmungsverzerrungen können u. a. in den → sensorischen oder → kognitiven Beschränkungen der Wahrnehmung liegen oder durch → Einstellungen bedingt sein. Die → Motivation kann durch die Lenkung der → Aufmerksamkeit dazu führen, dass Wahrnehmungsverzerrungen entsprechend der momentanen Bedürfnisse und Interessen entstehen. Hierbei wird nicht nur ein bestimmter Teil der → Reize ausgeblendet (→ selektive Wahrnehmung), sondern die wahrgenommenen Reize werden in Richtung der Motivationslage verändert. → Wahrnehmung

Webersches Gesetz. Je größer der Ausgangsreiz S ist, desto größer muss der Unterschied zwischen zwei → Reizen (ΔS) sein, damit ein Unterschied zwischen zwei → Reizen wahrgenommen wird. → Wahrnehmung

Wir-Gefühl. Ein Merkmal einer → Gruppe ist ein Zusammengehörigkeits- oder Wir-Gefühl zwischen den Mitgliedern. Man fühlt sich mit den anderen Gruppenmitgliedern mehr verbunden als mit Personen, die nicht zur Gruppe gehören. Das Wir-Gefühl kann durch Äußerlichkeiten noch verstärkt werden. → Gruppendynamik, → Kohäsion, → Konformität, → Konformitätsdruck

Internetadressen zum Thema Psychologie

Allgemeine Informationen

Berufsverband Deutscher Psychologinnen
und Psychologen
www.bdp-verband.org
Das Portal bietet umfassende Informationen
zum Beruf des Psychologen und zu den verschiedenen Aktivitäten des Verbandes. Service für Betroffene: „Hilfe in der Not".
Glossar zu psychischen Störungen

Institut für psychotherapeutische Information und Beratung
www.ipsis.de
Wer allgemeinverständliche Informationen
zu psychologischen Themen sucht, findet
hier von Angst bis Zwang interessante und
aktuelle Infos. Die Website liefert zwar keine
Patentrezepte, dafür aber viele Adressen für
Hilfesuchende.

Landesverband Mecklenburg-Vorpommern
der Angehörigen und Freunde psychisch
Kranker e.V. (LapK MV e.V.)
www.lichtblick99.de
Nachrichten, Berichte, Interviews, Kommen-
tare, Foren und Leserbriefe sollen die Diskussion zwischen den Betroffenen, Angehörigen
und Professionellen beleben. Verwandte
psychisch Kranker, aber auch die Betroffenen
selbst werden mit Anhaltspunkten zur Bewältigung ihres Alltages versorgt. So helfen
Beschreibungen, Kontaktadressen und sor-
tierte Link-Listen bei der Suche nach An-
sprechpartnern weiter. Mindestens zweimal
im Monat informiert der kostenlose „Licht-
blick-newsletter" per E-Mail, was es Neues

auf dem Gebiet der Forschung, Therapie und
Selbsthilfe gibt. Zusätzlich stehen Beiträge
über psychische Erkrankungen, Heilungs-
möglichkeiten und Selbsthilfeaktivitäten zum
Download bereit.

MedizInfo®
http://www.medizinfo.de
MedizInfo® ist ein Gesundheitsportal im
Internet. „Unser Ziel ist es" so der Gründer
Jürgen Wehner, „Verbrauchern und medizi-
nischem Fachpersonal einen Informations-
service zu bieten, der einen wirklichen Nutzen stiftet. Wir wollen Verständnis schaffen
für den menschlichen Körper, für Gesund-
heit und für medizinische Behandlungen –
und damit die Verständnislücke zwischen
Profis und Verbrauchern abbauen. Es gilt,
eine gemeinsame Sprach- und Verständnis-
ebene zu finden."

Neuro 24
www.neuro24.de
Diese private Homepage ist ein Geheim-Tipp
für jeden, der sich rund um Psyche und Nervensystem informieren möchte. Ein Blick ins
Gästebuch zeigt: Ratsuchende Patienten wie
auch Fachleute sind von Fülle und Qualität
der hier präsentierten Informationen begeistert.

Psychologie.de
www.psychologie.de
Kern dieses Dienstes ist eine Sammlung von
Verweisen zu psychologischen Informationen im Internet, die nach Stichwörtern oder

Rubriken durchsucht werden kann. Außerdem gibt es einen Veranstaltungskalender, Diskussionsforen und eine Psychologen-Datenbank.

Psychotherapie-Informations-Dienst
www.psychotherapiesuche.de
Die Seite des Berufsverbandes Deutscher Psychologen hilft sowohl Laien als auch Leuten vom Fach schnell und direkt den richtigen Therapeuten in nächster Nähe zu finden.

therapie.de
www.therapie.de
Therapeuten-Suche leicht gemacht! Betroffene finden auf der übersichtlichen Website über 16 000 Adressen. Genaue Beschreibungen zu den verschiedenen Fachrichtungen, Schulen und Verfahren bietet das Glossar.

Angststörungen
Agoraphobie e.V.
www.angstzentrum-berlin.de
Das Berliner Angstzentrum und Selbsthilfeprojekt stellt auf der Homepage sein breites Hilfsangebot bei Ängsten, Panikattacken oder Phobien vor. Die Hintergrund; Informationen zu Angststörungen und ihrer Behandlung sind allerdings recht knapp gehalten.

Depressionen
denkepositiv
www.die-positivliste.de
Das übersichtliche Angebot der Wyeth Pharma informiert Ärzte und Patienten über Symptome und biologische Hintergründe der Depression. Es gibt eine Checkliste zu den Themen Träume, Lust, Sehnsucht, Existenz und Freude.

Depression.ch
www.depression.ch
Anzeichen, Entstehung und Behandlung von Depressionen werden gut verständlich erläutert. Auch spezielle Formen (z. B. bei Kindern, Männern, Älteren, prämenstruell) kommen nicht zu kurz. Ein Selbstbeurteilungs-Fragebogen hilft, Symptome von Depression richtig zu deuten.

Kompetenznetz Depression
www.kompetenznetz-depression.de
Eine übersichtliche Navigation hilft Besuchern, sich über das Krankheitsbild Depression und die Therapien gezielt zu informieren. Die lebhaft besuchten, moderierten Diskussionsforen sind eine Anlaufstelle für alle, die sich mit Betroffenen austauschen wollen oder Rat suchen.

Raus ins Leben – Wegweiser aus der Depression
www.raus-ins-leben.de
Diese unabhängige Seite des Klinikums Garmisch-Partenkirchen, Fachkrankenhaus für Psychiatrie und Psychotherapie richtet sich an Betroffene, Interessierte, Angehörige und Freunde. Eine informative, sachliche Seite, die in Sachen Depression kaum Fragen offen lässt.

Virtuelle Praxis
www.depression24.de
In der virtuellen Praxis von Pharmacia gibt es im Wartezimmer medizinisch Informatives querbeet und im Behandlungszimmer Infos und Tipps zu Depression, Parkinson, Angststörungen, RLS-Syndrom und Demenz.

Internet-adressen

Deutsche Gesellschaft für Bipolare Störungen e.V.
www.dgbs.de
Der Internetauftritt der DGBS bietet Patienten wie Ärzten und Psychologen eine Fülle an Informationen, die auch Aspekte wie Kinderwunsch und Suizid aufgreifen. Zudem gibt es zahlreiche Buchtipps. Hoch frequentiert: Das Forum, in dem sich Betroffene austauschen können.

Kinder-Psychiatrie
Bundesverband Hilfe für das autistische Kind
www.autismus.de
Autismus.de stellt die wichtigen Merkmale zur Erkennung der frühkindlichen Autismus dar. Eine ausführliche Liste von Autismus-Therapie-Zentren und Landesverbänden ermöglicht es Betroffenen, Infos und Ansprechpartner zu finden. Bücher und Broschüren sind online bestellbar.

Berufsverband der Ärzte für Kinder-und Jugendpsychiatrie und Psychotherapie e.V.
www.kinder-psychiatrie.de
Hilfreiche Seite für Patienten, die neben vereinsbezogenen Infos auch einen Suchservice für Ambulazen, Kliniken und Ärzte nutzen können. Wichtige Themen der Kinderpsychiatrie stehen im Lexikon. Für kleine Patienten gibt es interessante Links mit Anregungen zum Basteln, Malen oder Geschichten erzählen.

Mobbing
Mobbing am Arbeitsplatz
http://www.mobbing-am-arbeitsplatz.de
Hier finden Sie alles rund um das Thema Mobbing am Arbeitsplatz. Das Forum des ANTI-MOBBING-NETWORKs hat sich seit dem Start im Januar 2001 quasi zu einer Online-Selbsthilfegruppe mit mittlerweile fast 300.000 Aufrufen entwickelt.

Mobbing-Zentrale Schweiz
http://www.mobbing-zentrale.ch
Die Mobbing-Zentrale Schweiz ist ein politisch und konfessionell neutraler, in der Schweiz tätiger Verein mit nicht wirtschaftlichem Zweck. Sie bietet Mobbing-Opfern erste Hilfe an, wahrt die Interessen der Betroffenen gegenüber dem Arbeitgeber, der Pensionskasse, den Versicherungen und vor Gericht.

Posttraumatische Belastungsstörungen (PTBS)
http://www.neuro24.de/ptbs1.htm
Auf dieser privaten Homepage werden u. a. die Posttraumatischen Belastungsstörungen dargestellt. Sehr umfassend und gut recherchiert.

http://www.tombeck.com/gewalt/
Die Homepage befasst sich mit dem Problemfeld der zunehmend feststellbaren, erhöhten Gewaltbereitschaft von Bürgern und Bürgerinnen gegenüber Angestellten der öffentlichen Verwaltungsdienste einerseits, andererseits aber auch von Kunden und Kundinnen gegenüber Mitarbeitenden in privaten Dienstleistungsbetrieben und Organisationen.

Psychiatrie allgemein
Lundbeck Institute
www.luinst.org
Das dänische Institut erforscht Erkrankungen des Zentralnervensystems, u. a. Depressionen, Schizophrenie und Alzheimer. Der Brain Explorer bietet eine Info-Tour durch das menschliche Gehirn.

Das Psychiatrienetz
www.psychiatrie.de
Ein Forum für den Austausch zwischen beruflich Interessierten, Betroffenen und Angehörigen. Menschen mit psychischen Problemen erfahren, wo sie Hilfe finden. In der
Online-Sprechstunde beantwortet ein Exper-
tenforum Fragen per E-Mail. Literatur gibt
es per Post oder Download.

Psychatrie aktuell
www.psychiatrie-aktuell.de
Dieses Portal, das auf Initiative der Jans-
sen-Cilag GmbH entstanden ist, erklärt
Ursachen, Symptome und Therapiemög-
lichkeiten von seelischen Erkrankungen
wie Depression, Schizophrenie, Manie und
Angststörungen.

Schizophrenie
BASTA – Bayerische-Anti-STigma-Aktion
www.openthedoors.de
Wer an Schizophrenie erkrankt, erfährt in
der Folge oft gesellschaftliche Stigmatisierung
und Diskriminierung. Das Antistigma-
Programm open-the-doors sucht Wege aus
dieser Problematik. Hier gibt es dazu jede
Menge Informationen und Adressen.

Kompetenznetz Schizophrenie
www.kompetenznetz-schizophrenie.de
Sorgfältig aufbereitete Informationen für alle
Patienten, die an Schizophrenie erkrankt

sind, sowie deren Angehörige. Zu den Servi-
celeistungen gehört u. a. ein Suchprogramm
für Versorgungseinrichtungen, eine Exper-
ten-Hotline und eine übersichtlich geglie-
derte Linkliste.

Leitlinienorientierte Patienteninformationen
www.patienten-information.de
Die umfassenden Patienteninformationen
stützen sich auf die Inhalte ärztlicher Thera-
pieleitlinien und sind in Abstimmung mit
der Deutschen Gesellschaft für Psychiatrie,
Psychotherapie und Nervenheilkunde
(DGPPN) entstanden. Auch als PDF zum
Download.

Stress
http://www.stressmanagement.de
Auf diesen Seiten finden sich Informationen über die Ursachen zahlreicher stress-
bedingter Symptome und Krankheiten,
darunter auch Allergien und Hauterkran-
kungen und deren verhaltensmedizinische
Behandlung.

Zwangsstörungen
Deutsche Gesellschaft für Zwangserkrankun-
gen
www.zwaenge.de
Betroffene und Experten können sich hier
einen Überblick über Veranstaltungen und
Selbsthilfegruppen verschaffen, in Foren
mitdiskutieren oder Broschüren bestellen.

Literatur

Antons, K. (2000). Praxis der Gruppendynamik (8. Aufl.). Göttingen: Hogrefe.

Argyle, M. (1957). Social pressure in public and private situations. Journal of Abnormal and Social Psychology, 54, 172–175.

Argyle, M. (1975). Soziale Interaktion (3. Aufl.). Köln: Kiepenhauer und Witsch.

Argyle, M. & Graumann, C. F. (1986). Soziale Interaktion. Köln: Kiepenhauer und Witsch.

Argyle, M. & Trower, P. (1981). Signale von Mensch zu Mensch. Die Wege der Verständigung. Weinheim: Beltz.

Arntzen, F. (1978). Vernehmungspsychologie. München: C. H. Becksche Verlagsbuchhandlung.

Arntzen, F. (1993). Psychologie der Zeugenaussage. System der Glaubwürdigkeitsmerkmale (3. Aufl.). München: C. H. Becksche Verlagsbuchhandlung.

Asanger, R. & Wenninger, G. (1999). Handwörterbuch Psychologie (6. Aufl.). Weinheim: Beltz PVU.

Bandura, A. (1969). Principles of Behavior Modification. London, New York: Holt, Rinehart & Winston.

Becker, H. S. (1973). Außenseiter. Zur Soziologie abweichenden Verhaltens. Frankfurt/Main: S. Fischer.

Betz, D. (1974). Psychophysiologie der kognitiven Prozesse. München: Reinhardt.

Bredenkamp, J., Bredenkamp, K. & Hesse, H. (1985). Pädagogische Psychologie. Weinheim: Beltz.

Cooley, C. H. (1909). Social organization. New York: Scribner.

Davison, G. C. & Neale, J. M. (Hrsg.) (2002). Klinische Psychologie (6. Aufl.). Weinheim: Beltz, PVU.

Dittes, J. E. & Kelley, H. H. (1956). Effects of different conditions of acceptance on conformity to group norms. Journal of Abnormal and Social Psychology, 53, 100–107.

Dollard, J., Dobb, L. W. & Miller, N. (1985). Frustration und Aggression. Weinheim: Beltz.

Fahrenberg, J., Hampel, R. & Selg, H. (2001). Das Freiburger Persönlichkeitsinventar (FPI-R, 7. Aufl.) Göttingen: Hogrefe.

Fiedler, F. E. (1958). Interpersonal perception and group effectiveness. In Tagiuri & Petrullo (Eds.). Person perception and interpersonal behavior. Stanford: Stanford University Press.

Fielder, P. (2001). Persönlichkeitsstörungen (5. Aufl.). Weinheim: Beltz PVU.

Festinger, L. (1954). A theory of social comparison processes. Human Relations, 7, 117–140.

Festinger, L. (1957). A theory of cognitive dissonance. Stanford: Stanford University Press.

Freud, A. (2003). Das Ich und die Abwehrmechanismen (18. Aufl.). München: Kindler.

Freud, S. (1895). Über die Berechtigung, von der Neurasthenie einen bestimmten Symptomkomplex als „Angstneurose" abzutrennen. Studienausgabe, Bd. 6. Frankfurt/Main: S. Fischer.

Freud, S. (2004). Hemmung, Symptom und Angst (5. Aufl.). Frankfurt/Main: S. Fischer.

Freud, S. (1987). Jenseits des Lustprinzips (9. Aufl.). Frankfurt/Main: S. Fischer.

Freud, S. (1994). Abriss der Psychoanalyse. Frankfurt/Main: S. Fischer.

Füllgrabe, U., Hornthal, S., Meier-Welser, C., Pioch, J. & Trum, H. (1990). Polizeipsychologie (3. Aufl.). Stuttgart: Boorberg.

Guilford, J. P. (1984). Persönlichkeit. Weinheim: Beltz.

Heinz, W. R. (1984). Massenpsychologie. In Heigl-Evers (Hrsg.). Kindlers Psychologie des 20. Jahrhunderts. Sozialpsychologie. Bd. 1. Weinheim: Beltz.

Herrmann, T. (1991). Lehrbuch der empirischen Persönlichkeitsforschung (6. Aufl.). Göttingen: Hogrefe.

Hilgard, E. R. & Bower, O. H. (1971). Theorien des Lernens. Stuttgart: Klett.

Hofstätter, P. R. (1985). Gruppendynamik. Die Kritik der Massenpsychologie. Reinbek: Rowohlt.

Hofstätter, P. R. (1981). Psychologie. Frankfurt/Main: S. Fischer.

Holland, J. G. & Skinner, B. F. (1983). Analyse des Verhaltens. München: Urban & Schwarzenberg.

Köhler, W. (1929). Intelligenzprüfungen an Menschenaffen (2. Aufl.). Berlin: Springer.

Korbmacher, R. (1980). Polizei und Psychologie. Münster: Böhmker & Rochner.

Krapp, A. & Weidenmann, B. (Hrsg.). (2001). Pädagogische Psychologie (4. Aufl.). Weinheim: Beltz.

Krauthan, G. (1985). Drogenabhängigkeit. In Hilfe für Behinderte (Hrsg.). Kommunikation zwischen Partnern, Alkoholismus und Drogenabhängigkeit. Band 239. Schriftenreihe der Bundesarbeitsgemeinschaft Hilfe für Behinderte.

Krauthan, G. & Wagner-Link, A. (1988). Stressbewältigungsmanual. In Brengelmann, J. C. (Hrsg.). Streßbewältigungstraining, 1. Entwicklung. Frankfurt/Main: Peter Lang.

Kretch, D., Crutchfield, R. S. & Norman, L. (1969). Elements of psychology. New York: Knopf.

Kretschmer, E. (1961). Körperbau und Charakter (24. Aufl.). Berlin: Springer.

Lasswell, H. D. (1948). The structure and function of communication in society. In Bryson, L. (Ed.). Communication of ideas. New York: Harper.

Lazarus, R. S. (1966). Psychological stress and the coping process. New York: Mc Graw-Hill.

Le Bon, G. (1895). Psychologie des faules. Paris: F. Olean.

Lorenz, K. (1992). Das sogenannte Böse. Zur Naturgeschichte der Aggression. München: Deutscher Taschenbuchverlag.

Maier, N. R. F. (1950). The quality of group decisions as influenced by the discussion leader. Human Relations, 3, 155–174.

Mietzel, G. (1976). Psychologie in Unterricht und Erziehung. Einführung in die Pädagogische Psychologie für Pädagogen und Psychologen. Göttingen: Hogrefe.

Mietzel, G. (2000). Wege in die Psychologie (10. Aufl.). Stuttgart: Klett.

Mueller, E. F. & Thomas, A. (1976). Einführung in die Sozialpsychologie (2. Aufl.). Göttingen: Verlag für Psychologie.

Newcomb, T. H. (1943). Personality and social change. New York: Dryden.

Oerter, R., Dreher, E. & Dreher M. (1983). Kognitive Sozialisation und subjektive Struktur. München: Oldenbourg.

Pawlow, I. P. (1972). Die bedingten Reflexe. Eine Auswahl aus dem Gesamtwerk. München: Kindler.

Pawlow, I. P., Baader, G., Schnapper, U. & Drischel, H. (Hrsg.). (1985). Die bedingten Reflexe. München: Kindler.

Pilz, G. & Moesch, H. (1982). Der Mensch und die Graugans. Frankfurt/Main: Umschau.

Rosenthal, R. & Jacobson, L. (1973). Pygmalion im Unterricht. Lehrererwartungen und Intelligenzentwicklung der Schüler. Weinheim: Beltz.

Scheff, T. J. (1983). Das Etikett „Geisteskrankheit". Soziale Interaktion und psychische Störung. Frankfurt/Main: S. Fischer.

Schneider, R. & Krauthan, G. (1988). Wahrheit und Lüge. Stuttgart: Boorberg.

Schriever, K.-H. & Schuh, F. (1971). Enzyklopädie Naturwissenschaft und Technik. Landsberg/Lech: Moderne Industrie.

Schubert, O. (1983). Die Vernehmung im Ermittlungsverfahren. Karlsfeld: Jüngling.

Schulte, W. & Tölle, R. (1975). Psychiatrie (3. Aufl.). Berlin: Springer.

Schur, E. M. (1974). Abweichendes Verhalten und soziale Kontrolle. Frankfurt: Herder & Herder.

Secord, P. F. & Backman, C. W. (1997). Sozialpsychologie. Eschborn: Klotz.

Selye (1953). Einführung in das Adaptationssyndrom. Stuttgart: Thieme.

Selye, H. (1974). Stress without distress. New York: New American Library.

Sheldon, W. H. (1940). The varieties of human physique. New York: Harper.

Sheldon, W. H. (1942). The varieties of temperament. New York: Harper.

Skinner, B. F. (1982). Die Funktion der Verstärkung in der Verhaltenswissenschaft. München: Kindler.

Spoerri, T. (1963). Kompendium der Psychiatrie (4. Aufl.). Frankfurt/Main: Akademische Verlagsgesellschaft.

Thorndike, R. L. (1938). On what type of task will a group do well? Journal of Abnormal and Social Psychology, 33, 409–413.

Trum, H., Schmalzl, H. P. & Langer, M. (1987). „Einen Schritt weiter – und ich springe!" Stuttgart: Boorberg.

Watzlawick, P., Beavin, J. H. & Jackson, D. D. (1996). Menschliche Kommunikation, Formen, Störungen, Paradoxien (9. Aufl.). Bern: Huber.

Sachregister

Sachregister

Bewertungsprozesse   34, 65, 66, 74, 78, 83, 84, 88, 91
Beziehungsaspekt   127, 131, 141, 224
Beziehungsinformationen   128
Brainstorming   155

C

Cannabis   209
Captagon   209
Cocktailparty-Phänomen   33, 40
Codein   209

D

Daten   127, 163–166
– objektive   163, 164, 166
– subjektive   164
Deeskalation   197–199, 201–204
Denken   4, 7, 99, 104, 118, 216
Denkstörungen   100, 231
Desensibilisierung   172, 175, 176, 182, 193, 196
Diagnostische Psychologie   5
Digitale Kommunikation   129, 130, 140, 141
Diskrimination   46, 47, 62
Dissonanztheorie   110, 118
Dissoziale Persönlichkeitsstörung   100, 102
Distanz   125, 126, 138, 141, 147, 149, 189, 221, 222
– intime   125
– öffentliche   126
– persönliche   125, 126, 189
– professionelle   221
– soziale   126, 141, 149
Drogen   43, 117, 183, 207–211, 217, 228, 229, 236
Drogenabhängige   207
Drogenabhängigkeit   207, 208
Durchsetzungsvermögen   95, 137, 138, 191

E

Ecstasy   209
Eignung   5, 8, 96, 97
Einfühlungsvermögen   189, 199
Einsichtiges Problemlösen   62
Einstellung   17, 36, 39, 48, 96, 97, 106, 110, 112, 113, 118, 176–178, 180–182
Einstellungsänderung   112, 113, 118, 172, 176–178, 180, 182
Einzelleistung   155
Emotional erregte Personen   226, 228, 236
Emotionale Reaktion   43, 44, 85

Empfänger   121, 122, 125, 127, 132, 135, 138–142, 149, 166
Empfindlichkeit der Sinnesorgane   22–24, 40
Enthemmung   54, 71, 209
Entspannung   169, 172, 175, 176, 182, 186, 198
– muskuläre   175
– systematische   175
– unsystematische   175
Entwicklung des Menschen   4, 5
Ephedrin   209
Erklärung eines Verhaltens   11
Erster Eindruck   105, 106, 108, 109, 117
Es   36, 41
Eskalation der Mittel   201, 202, 213
Etikettierung   116, 117
Etikettierungsprozesse   114–116

F

Face-to-face group   144
Faktor   150
Faktorenanalyse   95
Figur-Grund-Prinzip   27–29
Filterprozesse   33, 34
Fluchtverhalten   80, 84
Forensische Psychologie   5, 6
FPI-R (Freiburger Persönlichkeitsinventar)   96
Fragebogen   96, 98, 104, 163
Frustration   9, 72–75, 83, 184, 187
Frustrations-Aggressions-Theorie   69, 72, 184
Führer   144, 147, 149, 152–154, 158, 159
– nach Beliebtheit   147, 149, 159
– nach Tüchtigkeit   147, 159
Führung   7, 39, 61, 63, 154
Führungsstil   61, 63, 154
– autoritärer   61, 63, 154
– kooperativer   61, 63, 154

G

Gebiete der Psychologie   4, 5, 7, 17
Gegenkonditionierung   46, 48, 62
Gemeinsamer Feind   158
Gemeinsames Ziel   144, 146
Generalisierung   46, 47, 62
Gesetz der Ähnlichkeit   27, 28
Gesetz der Geschlossenheit   27, 28
Gesetz der Nähe   27, 28
Gespräch   14, 33, 40, 78, 123, 127, 132, 133, 138–140, 142, 158, 163, 168, 169, 172, 174, 176,

Sachregister

L

Labeling-Ansatz 115
Langfristige Bewältigung 169, 171, 182
Leptosom 94
Lernen 4–7, 18, 19, 39, 42–45, 47–50, 53–63,
  69, 70, 72, 78, 79, 152, 161
– am Modell 44, 53, 54, 56, 62, 69, 70, 78,
  79
– durch Beobachtung 53–55, 62, 69
– durch Einsicht 44, 57–60, 62, 63
– instrumentelles 49, 61, 62
– unbewusstes 43, 50, 59
– ungewolltes 43
Lerntheorie 44, 69, 70, 72, 97, 184, 187
Löschung 46–48, 50, 62, 80
LSD 208, 209, 229
Lügen 102, 213, 221, 223, 230, 231, 234–236

M

Maskierung 23, 26, 40
Masse 5, 143, 145–149, 151–160
Medien 54, 113, 123, 130
– nonverbale 122–127, 130, 138, 140, 142, 179,
  223–226, 235
– verbale 122
Medium 121–123, 140
Meskalin 209
Metakommunikation 135, 198, 199, 204, 229
Methadon 209
Mimik 44, 122–124, 138, 140
Minderbegabte 218, 226, 228, 235
Misstrauen 189, 211
Mitgliedschaft 149, 150
Modell 11, 44, 53–57, 62, 63, 69–72, 76, 78, 79,
  93–97, 99, 103, 104, 187, 194–196
– faktorenanalytisches 94
Modelllernen 53–56, 58, 59, 61, 63, 71, 72, 79, 83,
  84, 105, 184
Morphium 208, 209
Morphologie 96, 97
Motivation 4, 5, 7, 22, 31, 34, 35, 40, 41, 43, 75, 90,
  97, 134, 150, 151, 154, 166, 184, 219, 232
Motorisches Verhalten 43, 44, 64, 140

N

Nachahmung 54, 152, 153
Negativer Verstärker 49
Neurotische Ängste 78, 83

Nonverbale Kommunikation 123–125, 130, 138,
  140, 142, 223–226
Nonverbale Medien 123
Normen 103, 115, 145, 147, 151–154, 157, 159,
  231
– formelle 145
– informelle 145
Normverstöße 153, 159
Nutzen 3, 15, 17–19, 57, 150

O

Objektivität 221, 222, 235
Operantes Konditionieren 44, 48, 49, 59, 61, 62,
  69, 70, 79, 83, 184
Opiate 207–210
Opium 209

P

Pädagogische Psychologie 5–7
Persönlichkeit 4, 5, 11, 12, 17, 92–97, 99, 100,
  102–104, 109, 117, 161, 163, 166, 219, 220, 222
– Modelle der 94
Persönlichkeitsfragebogen 96, 97
Persönlichkeitsgestörte Menschen 93, 100, 102,
  104, 206, 211, 213
Persönlichkeitsstörung 5, 6, 92, 93, 97, 99–104
– antisoziale 100, 102
– dissoziale 100, 102
– Schizophrenie 5, 100, 104, 211
Persönlichkeitstheorien, implizite 109
Pervitin 209
Physiologie 96, 97
Physiologische Reaktion 43, 44, 85, 92, 124, 233
Physische Abhängigkeit 207, 208, 210
Pilze 209, 229
Positiver Verstärker 49, 62
Prägnanzprinzip 27, 29
Praktische Psychologie 4–7
Primärgruppe 144, 159
Problemlösen 57, 59, 60, 62, 105
Projektion 36, 37, 41, 166
Psychische Abhängigkeit 181, 207, 209
Psychoanalyse 35, 36, 41, 82, 84, 97
Psychologie 3–13, 15, 17, 19, 30–32, 41–44,
  47–49, 61, 64, 65, 69, 75, 78, 83, 85, 87, 92, 93,
  99, 105, 121, 143, 144, 149, 161, 163, 218
– angewandte 4, 6, 17
– diagnostische 5

Sachregister

Bildnachweis

Kapitel 1

Abb. 1.1. Polizei Baden-Württemberg, Bereitschaftspolizeipräsidium Baden-Württemberg, Heininger Straße 100, 73037 Göppingen.

Abb. 1.2. Bayerische Bereitschaftspolizei, Präsidialbüro/Pressestelle, Pödeldorfer Str. 77/79, 96052 Bamberg.

Kapitel 2

Abb. 2.5. Antons, K. (1976). Praxis der Gruppendynamik. Göttingen: Hogrefe. S. 48.

Kapitel 3

Abb. 3.2. Bayerische Bereitschaftspolizei, Präsidialbüro/Pressestelle, Pödeldorfer Str. 77/79, 96052 Bamberg.

Abb. 3.3. Polizei Baden-Württemberg, Bereitschaftspolizeipräsidium Baden-Württemberg, Heininger Straße 100, 73037 Göppingen.

Kapitel 4

Abb. 4.1. Bayerische Bereitschaftspolizei, Präsidialbüro/Pressestelle, Pödeldorfer Str. 77/79, 96052 Bamberg.

Abb. 4.3. Mietzel, G. (1976). Psychologie in Unterricht und Erziehung. Einführung in die Pädagogische Psychologie für Pädagogen und Psychologen. Göttingen: Hogrefe. S. 205.

Abb. 4.4. Bayerische Bereitschaftspolizei, Präsidialbüro/Pressestelle, Pödeldorfer Str. 77/79, 96052 Bamberg.

Kapitel 6

Abb. 6.1. Spoerri, T. (1963). Kompendium der Psychiatrie (4. Aufl.). Frankfurt/Main: Akademische Verlagsgesellschaft. S. 8.

Abb. 6.2. Guilford, J.P. (1984). Persönlichkeit. Weinheim: Beltz. S. 9.

Kapitel 8

Abb. 8.2. Bayerische Bereitschaftspolizei, Präsidialbüro/Pressestelle, Pödeldorfer Str. 77/79, 96052 Bamberg.

Abb. 8.3. Polizei Baden-Württemberg, Bereitschaftspolizeipräsidium Baden-Württemberg, Heininger Straße 100, 73037 Göppingen.

Kapitel 9

Abb. 9.1. Bayerische Bereitschaftspolizei, Präsidialbüro/Pressestelle, Pödeldorfer Str. 77/79, 96052 Bamberg.

Kapitel 12

Abb. 12.1. Bayerische Bereitschaftspolizei, Präsidialbüro/Pressestelle, Pödeldorfer Str. 77/79, 96052 Bamberg.

Kapitel 13

Abb. 13.1. Polizei Baden-Württemberg, Bereitschaftspolizeipräsidium Baden-Württemberg, Heininger Straße 100, 73037 Göppingen.

Kapitel 15

Abb. 15.1. Bayerische Bereitschaftspolizei, Präsidialbüro/Pressestelle, Pödeldorfer Str. 77/79, 96052 Bamberg.